KB036903

포스트모던 해석학

Hermeneutics: Facts and Interpretation in the Age of Information
by John D. Caputo

포스트모던 해석학
— 정보 시대에서의 사실과 해석

존 카푸토 John D. Caputo

이윤일 옮김

도서출판 b

| 일러두기 |

1. 이 책은 존 카푸토의 *Hermeneutics: Facts and Interpretation in the Age of Information*, John D. Caputo, PELICAN BOOKS, 2018을 옮긴 것이다.
2. 외국 인명, 지명 등은 현행 외래어 표기법을 기준으로 표기하는 것을 원칙으로 하였으나, 표기 원칙이 정해지지 않은 것은 일반적으로 통용되고 있거나 굳어진 표현을 사용하였다.
3. 원서의 이탤릭체는 고딕체로 표기하였다.
4. 기호의 쓰임은 다음과 같다.
  「 」: 논문 제목
  『 』: 책 제목 및 잡지명
  < >: 그림, 영화, 시, 노래, 일간지 등의 제목
5. 인명, 중요한 용어나 어구 중 일부는 원어를 병기하였다.

| 차 례 |

일러두기 ………………………………………………… 4

감사의 글 ………………………………………………… 9

서론: **해석의 문제** ……………………………………… 11

  해석학: 자주 묻는 질문들 | 여행 일정표

제1장 **하이데거는 어떻게 모든 것을 변화시켰는가** ……………… 31

  1. 하이데거 추문 | 2. 초기 프라이부르크 시대 | 3. 『존재와 시간』

제2장 **다시 떠오른 하이데거** ……………………………… 71

  우리보다 더 훌륭한 그 무엇 | 휴머니즘의 문제 | 도대체 '존재'라는 것에
  무슨 문제가 있는가? | 존재로부터 메시지 받기 | 실존적 주체성을 넘어서
  | 객관성을 넘어서 | 더 뛰어난 휴머니즘? | 궁지에 몰린 사르트르 | 『존재
  와 시간』 이후의 해석학 | 존재로부터 메시지를 나름 | 언어 | 하이데거는
  해석을 극복하였는가? | 하이데거라는 녀석 | 그의 그리스인, 그의 독일인,
  그의 시인들 | 우리는 존재의 부름을 추방해야 하는가?

제3장 **가다머의 『진리와 방법』** ………………………… 93

  철학적 해석학 | 해석학은 경찰이 아니다 | 1. 예술작품 | 2. 전통과 인간
  과학 | 3. 언어 | 소나타 명명하기와 많은 것을 시사하는 침묵 | 세 개의
  기술

제4장 **데리다와 해석에 대한 두 가지 해석** ……………… 119

  요약 | 데리다의 본업 | 해체는 국외자인가? | 독해의 원리들 | 일탈한 방법
  | 왜 독자는 창작자이기도 한가 | 일탈은 어리석음을 의미하지 않는다 |
  작가가 통제하는 것과 통제하지 못하는 것 | 내가 말하려 하지 않는 것을

말함 | 반복의 두 유형 | 랍비와 시인 | 루소와 니체 | 후설과 조이스 | 그것
은 두 해석들 사이를 선택하는 문제가 아니다 | 해석에 대한 세 번째 해석이
있는가?

제5장 **구조주의, 후기 구조주의 그리고 프로그램의 시대** ····· 145

언어/세계 문제 | 차이를 일으키는 차이들 | 구조주의 언어학 | 우리말에는
얼마나 많은 낱말이 있는가? | 보편 문법이 있는가? | 의미를 제작하는
기계 | 포스트모더니즘인가 아니면 후기 구조주의인가? | 살아 있는 말보
다 죽은 문자를 선호하는 것 | 정치적 여담 | 후기 구조주의와 프로그램화
할 수 없는 것 | 하나의 예 | 경건주의 신학자들이 아닌 파리의 무신론자들 |
혼성에 대한 변명 | 천의 얼굴을 가진 신 | 우리가 반대해서는 안 되는
휴머니즘 | 프로그램화 할 수 없는 것을 어떻게 프로그램화 하는가? | 왓슨
이 헤르메스를 대신할 것인가?

제6장 **바티모와 로티의 악동 같은 해석학** ····························· 171

바티모: 약한 사유의 해석학 | 니체와 허무주의의 역사 | 신은 죽었다 | 약
한 사유 | 약화시키기의 네 형식 | 기독교 이후 | 로티의 양키식 해석학 | 무
토대주의 | 철학은 글쓰기의 한 형태이다 | 우연성, 아너러니 그리고 연대
성 | 바티모와 로티의 공동 연구

제7장 **정의의 부름과 법이라는 권총** ································ 189

새로운 방향들 | 해체 불가능한 것이 있는가? | 결코 모습을 보여주지 않는
메시아처럼 | 유령론적 해석학 | 정의는 불가능한 (것)이다 | 아브라함과
이삭: 역설인가 범례인가? | 역설은 하나의 범례이다 | 해체는 정의이다 |
마땅히 해야 함 대 억지로 해야 함 | 신비적 권위 | 정의의 해체 불가능성 | 불
가능한 것의 경험 | 계산 불가능함, 프로그램화 할 수 없음 | 책임 회피 |

세 가지 아포리아 | 약속들, 약속들 | 아마도

제8장 **가다머 식 간호사** ·· 215

"나는 제도를 사랑한다" | 제도 밖에는 아무것도 없다 | 가다머 식 간호사 |
이해되고 있는 질병은 언어이다 | 간호사의 세 아포리아 | 다음 사례의 해석
학 | 사례들 | 종양학은 해석학으로서만 가능하다 | 해석학에 한 수 가르치
다 | 왜 어린아이들이 죽어야 하는가? | 힘든 대화 | 고통을 통해 배움 | 불
가능한 애도: 인터뷰 | 정밀성과 정확성 | 사건의 교육학 | 프로
그램화 할 수 없는 프로그램들 | 이런 말들의 저자는 누구인가?

제9장 **포스트-휴먼이라는 유령** ······································ 241

새로운 괜찮은 것 | 포스트-휴먼 상상계에 오신 것을 환영함 | 플라톤과
아리스토텔레스를 울부짖게 만드는 법 | 물질은 문제가 되지 않는다 | 물질
이 문제이다 | 두 유형의 포스트-휴먼 유령 | 그것은 둘 사이를 선택하는
문제가 아니다 | 글자 발명 신화 | 파르마콘론적인 결과 | 최신의 인간 편집
| 인간, 신 그리고 로봇 | 가소성의 해석학 | 큰 타자는 빅 데이터이다 | 포
스트모던적 약국

제10장 **포스트모던, 포스트-세속, 포스트-종교** ············· 267

더 이상 선택의 여지가 없는가? | 포스트-종교, 포스트-세속 | 종교의 위기
| 하늘을 우러러 봄 | 종교를 탈신화함 | 세속화 대 세속주의 | 세속주의 |
누가 함정에 빠졌는가? | 틸리히의 신학적 무신론 | 반쯤 신성모독적이고
신화적인 | 무조건적인 것 | 궁극적 관심의 문제 | 상징 | 상징의 해석 | 틸
리히가 독일인이었음을 기억하라 | 데리다의 의사-유대적 원리 | 틸리히
와 데리다 간의 차이는 무엇인가? | 정신을 유령으로 약화시킴 | 모든 계시
는 특별하다

제11장 **짧은 회고** ···································· 297

철학적 해석학−또는 신학적 해석학? | 거두절미하고 포스트모던 해석학은
무엇인가? | 유령이 출몰한다

결론 없는 결론 ······································ 305

더 읽을거리들 ···································· 311

옮긴이 후기 ······································ 321

찾아보기 ·· 343

감사의 글

펭귄 출판사의 편집자인 아난다 펠레린과 이 책의 초고를 읽어준 제임스 리서 그리고 낸시 물레스에게도 감사드린다. 이 분들은 모두 내게 깊이 감사드릴 수밖에 없는 소중한 조언을 마다하지 않으셨다.

서론

해석의 문제

— 포스트모던 해석학 입문

"그건 해석interpretation하기 나름이야."

이런 말은 여러분이 그렇게 말하고 싶다 해도 사람들을 아주 기분 나쁘게 만드는 말이다. 하지만 기분 나쁘게 만드는 것을 제쳐두고 나면, 이 말은 건전한 철학적 주장을 밝히는 것이기도 하다.

그럼에도 불구하고, 하나의 사실은 하나의 사실이다. 정말 그런가? 이는 여러분 얼굴에 코가 붙어 있다는 것만큼이나 분명하다. 그런데 그렇지 않을지도 모른다. 자문해보라. 지금 여러분 주위에 얼마나 많은 사실들이 있는가? 문제가 있다는 것을 알 것이다. 우리는 말term과 사물의 테두리framework를 구체적으로 제시해주어야 한다. 여러분은 코를 세고 있는 것인가, 의자를 세고 있는 것인가, 아니면 아원자 입자를 — 또는 그 무엇을 — 세고 있는 것인가? 우리는 수를 세어가기 전에 해석을 필요로 한다. 모든 것이 해석의 문제라는 이론을 해석학hermeneutics이라고 한다. 이것은 사람들을 지극히 기분 나쁘게 만드는 것처럼 들릴지도 모르지만 또한 전적으로 타당한 말이기도 한 것이다. 해석학은 냉정하고 진지한 이론이며, 과학과 예술에서의 우리의 창의성 밑에, 정치학에서의 우리의 민주적 자유 밑에, 그리고 혁신적인 제도와 살아 있는 전통 밑에 자리하고 있다. 해석학 없이 모든 사태는 급정거해버리고 말 것이다.

따라서 한 유명한 연사가 책상을 내리치면서 '사실은The fact of matter...'이라고 주장할 때마다, 그 연사가 힘주어 의미하고자 하는 것이 그 어떤 해석이든지 간에, 올바른 철학적 반응은 해석되지 않은 사실facts of matter은 없다는 것이다. 모든 사실 문제는 사실을 가려내는 해석의 문제이다. 해석학은 사실과 해석 간의 구분을 철저하게 검토하는 이론이며, 그것이 바로 우리가 이 책에서 다루고자 하는 문제인 것이다.

이런 문제들을 공론에 부치기 위해서, 포스트모던 해석학에 관한 간단한 FAQ(자주 묻는 질문들)와 함께 시작해보도록 하자. 이는 사실과 해석 간의 구분을 건전한 신조라고 여기는 탐구자들에 맞서서 내가 해석학을 옹호하기 위해 만든 상상의 대화이다. 우리는 이 책의 결론 장에 가서 그동안에 우리가 성취했던 것을 보여주기 위해서 이 대화를 재개할 것이다.

해석학: 자주 묻는 질문들

해석학이란 무엇인가?

해석학은 해석의 이론이다. 해석학은 모든 것이 해석의 문제라는 이론이다.

그러나 어떤 것들은 그냥 사실이 아닌가?

해석학에서 우리는 순수한 사실이란 없다는 생각을 옹호한다. 모든 해석 뒤에는 또 다른 해석이 놓여 있다. 우리는 결코 해석이 아닌 그 무엇의 이해에 도달하지 못한다. 우리는 어떤 순수한, 해석되지 않는, 있는 그대로의 문제의 사실을 얻기 위해서 지층을 벗겨낼 수 없다. 아무리 여러분이 사실을 꿰뚫고 있다고 큰소리친다 할지라도, 여러분은 자기 해석의 소리만을 키우고 있을 뿐이다. 이렇게 말하는 게 좋겠다. 해석학에서 해석은 끝이 없는 것goes all the way down이다.

이것은 방금 한 말에도 해당되는가?

물론이다. 앞으로 나아가면서 언급할 것인데, 나는 지금 해석학에 대한 하나의 해석을 보여주고 있는 것이고, 다른 대안적 해석과 비교해서 이를 옹호하려고 한다. 해석은 끝이 없지만, 그러나 어떤 해석은 다른 해석보다 더 낫다(이것도 앞으로 설명해줄 것이다). 이런 생각들을 동시에 우리의 머릿속에 붙잡아두는 것이 중요하다.

그러니까 당신은 사실이 문제되지 않는다고 말하고 있다. 중립적 사실과 해석 간에 차이가 있다는 것을 어떻게 당신은 부정할 수 있는가?

사실이 크게 문제가 된다. 그 이유는 사실이 무엇인가를 우리가 이해하는 일이 실제로 문제가 되기 때문이다. 도대체 무언가를 이해한다는 것은 그것에 대한 시각, 관점, 해석적 견해를 가질 것을 요구한다. 이런 관점들 없이는 우리는 아무것도 이해하지 못할 것이다. 중립적이고 사심 없는 이해란 거의 공허하고 멍하니 보는 눈길이다. 그것은 어떤 주제도 받지 못하고 글짓기 숙제를 해야 할 학생들의 얼굴에서나 보게 될 눈길이다. 이 학생들이 처한 문제는 무엇일까? 글짓기를 시작할 관점, 시각, 해석이 없다는 것이다. 여러분이 찾아낸 사실들은 여러분이 가진 관심이 작용해서 얻은 것이고, 그래서 사심 없는 해석이란 그 어느 곳에도 없는 것이다. 사심 없는 이해는 결코 학기말 리포트를, 또는 어떤 것이든 쓰지 못하게 만든다.

'해석학'과 '해석'은 서로 교환될 수 있는 말인가?

'해석학'이라는 말은 그리스어에서 유래하고, '해석'은 그 그리스어의 라틴어 번역이다. 그러나 이 두 말을 구별하는 것이 더 유용하다. 해석은 하나의 기술이고, 해석학은 그 기술에 대한 이론이라고 해두면 좋겠다. 해석은 일차적 행위first-order act나 과정이다. 그것은 비평가가 영화를 분석하는 것, 방사선 전문의가 X-레이를 분석하는 것, 역사가가 1차 세계대전의 원인을 분석하는 것, 경제학자가 경제적 불황을 분석하는 것, 또는 판사가 한 증인의 증언을 분석하는 일과 같은 것이다. 해석학은 그런 행위들에 대한, 즉 예술, 과학, 교실과 법정 일반에서 수행된 구체적 해석 작업에 대한 이차적 반성second-order reflection이다.

그럼, 해석학에서 우리는 이런 사람들에게 해석하는 법을 보여주는가?
　그것은 주제넘은 짓일 것이다. 구체적인 해석은 특수한 분야에 종사하는 전문가들의 소관이다. 해석학은 아는 체하는 짓을 하려는 것이 아니며, 안내서인 것도 아니다. 해석학은 철학적 이론이다. 우리는 사람들에게 해석에서 일어나고 있는 일을 이해하는 법을 보여준다.

왜 철학적이라고 하는가?
　해석학은 진리론 — 해석학은 진리의 본성을 해석을 통해서만 획득되는 그 무엇인 것으로 기술한다 — 이기 때문이며, 또 해석이 우리 인간이 누구인지를 밝히는 가운데 놓여 있다고 주장하므로, 인간 존재에 관한 이론이기도 하기 때문이다.

왜 해석학에 '포스트모던'이라는 말을 덧붙이는가?
　해석학은 아리스토텔레스까지 거슬러 올라가는 긴 역사를 지닌다.[1] 이 역사를 두 시기로 나눌 수 있는데, 첫 번째 시기는 프로테스탄트 종교개혁에 의해 촉발된 성서 연구에서부터 시작하여 19세기에서 절정에 이른,

1. 해석학의 역사에 대해서 내가 알고 있는 가장 좋은 설명은 장 그롱댕(Jean Grondin)의 『철학적 해석학 입문(*Introduction to Philosophical Hermeneutics*)』, trans. Joel Weinsheimer(New Haven: Yale University Press, 1994)이다.

우리가 근대modern era라고 부르는 시기이다. 20세기에 와서 모든 것이 변화하였고, 우리가 포스트모던이라고 부르는 말에서 정점에 이르렀다. 우리가 여기서 실제로 관심을 두는 것은 이 두 번째 시기이다.

그럼, 차이는 무엇인가?

근대에 와서 새로운 자연과학의 흥기와 과학적 방법의 성공은 모든 것을 떠맡겠다고 위협하였고, 이런 사태에 직면하여 인문학humanities은 방어 자세를 취하였다. 그리하여 인문학에 종사했던 사람들은 이렇게 말하였다. 봐라. 인문학에도 방법이 있다. 우리도 진리와 객관성에 도달할 수 있지만 그 방법은 다르다, 라고. 자연과학은 수학적으로 측정 가능한 현상을 인과적으로 설명하는 반면, 인문학에서 우리는 비수학적 의미를 가진 현상인 예술작품이나 역사적 사건에 대한 해석적 이해에 도달한다. 인문학은 다르기는 하지만 그 나름대로 정당하다.

그 말은 맞는 것 같은데, 뭐가 잘못되었는가?

첫째, '포스트모던'은 반-근대anti-modern를 의미하거나 전-근대pre-modern로 되돌아가는 것이 아니라는 점을 분명히 해두도록 하자. 포스트모던은 근대성에서 배웠다는 것을 인정하고 근대성을 뚫고 지나가면서도, 근대성에서 시작되었던 것을 다른 수단에 의해 계속하면서, 새롭게 방향을 틀어서 다른 결과에 이른다. 20세기에 전통 해석학의 방향을 바꾼 두 가지 상황이 출현하였다. 첫째, 포스트모던 철학자들은 그런 깔끔한 구분은 없다고, 즉 모든 이해의 행위는 인문학에서뿐만 아니라 자연과학에서도, 그리고 사실상 강단 학문에서뿐만 아니라 우리가 일상생활에서 수행하는 모든 것에서도, 이미 하나의 해석이라고 말했다. 둘째, 그들은 우리가 자연과학에서 선호하는 표현인 '방법'이라는 말에서 떠나야 하며, 진리가 방법보다 더 넓고 깊다는 점을 알아야 한다고 말했다. 방법은 아주 경직된 것일 수 있으며, 심지어 진리를 찾는 데 결정적인 장애가 될 수도 있다. 따라서 우리는 어떤 방법 — 과학적 방법이든 다른 방법이든 — 이 허용하는 것보다 해석이 더 유연하고 창조적인 과정이라는 것을 알아야 한다.

나는 인문학에서는 그것을 볼 수가 있지만 자연과학에서는 볼 수가 없다 그것이 19세기의 과오이다. 20세기의 과학사가들은, 실제로 과학에 종사'하고 있는' 진지한 과학자들을 조사하면서 과학 현장의 사람들을 연구했었는데, 우리는 그 과학사가들로부터 근대 철학자들이 과학에 대해 우리에게 심어주었던 믿음보다 훨씬 더 과학이 까다로운 분야라는 것을 배웠다. 과학을 하는 데에는 상당히 많은 해석적 기술이 수반된다. 이론적인 가설을 제안하는 것, 증거를 해석하는 것, 자료를 읽는 것, 실험을 고안하는 것, 방법으로 처리되지 않는 변칙을 다루는 것, 증거가 빈약할 때조차도 열의를 가지고 아이디어를 고수하는 것, 과학사회의 모든 사람이 당신이 무모하다고 생각하는 것 등등에 대해서 말이다. 이것은 특별히 역사가들이 과학에서의 혁명적인 변화를 연구했을 때 사실로 판명되었다. 과학에서의 변화는 근대 철학자들과 과학자들이 우리에게 심어주려고 했던 생각보다 훨씬 더 정치적 혁명이나 예술적 혁명인 것처럼 보인 것이다.

그럼 이 모든 해석 과정에서 특별히 과학 안에서 객관성에 무슨 일이 일어나는가?
　객관성이 폐기되지 않고 재기술된다. 객관성은 적절한 조건, 복잡성, 제한 요소 등에 따라 좀 더 조심스럽고 신중한 방식으로 이해된다. 우리는 순수한 객관성이나 순수한 사실이라는 생각을 해체하고^{deconstruct} 그것을 좋은 해석과 나쁜 해석 간의 구분으로 대체한다.

'해체한다'란 무엇을 의미하는가? 그것은 무엇인가?
　해체^{deconstruction}는 우리가 여기서 다루고 있는 포스트모더니즘의 한 특별한 변형version이다. 다른 목적을 위해 더 적합한 다른 변형들도 있다. 그러나 이것은 해석학에 좀 더 적절하게 잘 들어맞는 부류의 것이다. 잠시 해체를 이런 식으로 말해두기로 하자. 해체란 우리의 모든 신념과 실천이 구성이며, 구성되는 것은 그 무엇이든 해체될 수 있으며, 또 해체될 수 있는 것은 무엇이든지 재구성될 수 있다는 이론이다. 여기서 재구성될 수 있다는 것은 우리의 모든 신념과 실천이 재해석될 수 있다는 것을 의미한다. 따라서 해체는 끝없는 재해석이라는 생각을 지지하며, 하늘에서 떨어진 기성의 진리가 있다는 생각을 거부한다. 할 말이 더 있기는 하지만 여기서 출발하기로 하자.

해석학과 해체의 차이가 무엇인지 모르겠다.

해석학은 독일 철학과 신학에서 유래하는데, 법, 역사적 전통과 고전에 초점을 맞추고 있어서 좀 더 주류 문화와 위대한 고전 작품에 더 관심을 두려고 한다. 해석학은 우리가 사전 지식 없이 시작하지 않는다는 점을 강조한다. 우리는 이미 작동하고 있는 전승된 상황에서부터 출발한다. 1960년대의 프랑스 사상운동으로서 출발했고 현대 언어학을 배경으로 하는 해체는 좀 더 근본적인 특색을 띠고, 물려받은 전통을 좀 더 의심하는 듯한 경향을 띤다. 해석학은 비판이 아니라 대화를 탐구 모델로 삼는 반면, 해체에서 그 모델은 고지식할 정도로 꼼꼼한, 아주 사소한 곳까지 들여다보는 엄밀성이다. 이 책에서 나의 논증은 서로가 상대방을 요구한다는 것이다. 해체 없이 해석학은 순해 빠질 위험이 있다. 해석학 없이 해체는 탈선할 위험이 있다. 이것이 내가 이 포스트모던적 방법을 '급진 해석학radical hermeneutics'이라고 부르는 이유이다.[2]

* * *

2. 존 D. 카푸토의 『급진 해석학: 반복, 해체와 해석학적 기획(*Radical Hermeneutics: Repetition, Deconstruction and the Hermeneutic Project*)』(Bloomington: Indina University Press, 1987)을 보라.

'급진적'이라는 말은 무슨 뜻인가?

급진 해석학에서 우리는 지금까지 등한시되었거나 배제되어 왔던 국외자outlier, 외부인outsider의 관점을 받아들인다. 포스트모던-급진-해석학은 주변부의 관점을 선택한다. 해체주의자들은 의견을 달리하고, 대안적인 설명을 지적하고, 변칙을 끄집어내고, 수용된 해석에 의문을 제기하고, 의심의 여지가 없는 가정을 의심하려고 하는 경향을 보인다. 그들은 대화에 반대하는 것은 아니지만, 지금까지 배제되었기 때문에, 또는 필요한 언어적 기술을 지니지 못했거나 새로운 방식으로 말하기 때문에 대화에 끼어들 수 없는 사람들에 관해 염려한다. 해체주의자들은 사물을 다르게 보고, 유행에서 벗어나 있거나 전통의 틈 속으로 사라진 관점들을 끄집어내는 선천적인 경향을 도야하려 한다.

왜 우리가 이런 것에 대해서 관심을 가져야 하는가? 이것은 그냥 학문적인 일이 아닌가?

그렇지 않다. 평생 학자로서 나는 강단 학문을 가볍게 보는 마지막 사람일 것이다. 그러나 이런 것들은 불가사의한 논쟁들이 아니다. 해석학은 독재의 위협, 정치에서의 전체주의와 테러에 맞서, 그리고 윤리학과 종교에서의 독단주의와 권위주의에 맞서 우리를 가장 잘 보호해준다. 실제로 이런 위협들은 어디에서든 — 과학, 예술 세계나 경제계를 포함하여 — 경직된 정교를 가진 독재 국가가 뿌리를 내리고 있는 곳이면 어디에서든 발견될 수 있다. 정통주의는 반대 의견(대안적인 해석들)을 꺾어버리고 특권적인 해석을 강요한다.

당신은 해석학이 민주주의에 매우 중대하다고 말하는 것인가?

그것은 내가 주장하고 있는 것 중의 하나이다. 우리에게 질문할 권리를 마련해주는 포스트모던 해석학은 제도적으로 반권위주의적이고, 민주적이다. 해석학 없이 여러분은 민주주의가 무엇인지를 결코 설명할 수 없을 것이다. 민주주의 없이 여러분은 해석학을 실천할 수 없을 것이다. 당신은 감옥에 가거나 아니면 더 나쁜 처지에 놓일 것이다.

그러나 사람들이 모두 다 나름의 의견을 가지고 있고 그것을 그대로 놔둔다면, 이것은 혼돈 상태에 빠지는 것은 아닌가? 이는 권위주의만큼이나 나쁜 것은 아닌가?

참 탁월한 지적이다. 그것은 반대편 쪽의 극단이고 오늘날 특히 문제가 되고 있다.

오늘날에는 뭐가 그렇게 다른가?

'포스트모던'이라는 말의 의미가 뜻하는 또 다른 부분 — 첨단 기술, 핸드폰, 세계 여행globetrotting, 다문화, 다국어 사용polyglot, 우리가 살고 있는 세계시민적 사회 — 이 있다. 포스트모던적 문화에서 상황은 더 탈중심화되고, 민주적이고, 복수적이고, 다초점적이고, 하향식이다. 주변부의 목소리와 얼굴이 주류를 방해하고 있다. 결과적으로 오늘날 우리는 과거에 하나의 해석은 하나의 해석이라고 인정해왔던 것보다 훨씬 더 많이, 다른 해석들이 있다는 것을 보게 될 것 같고, 그것이 하늘로부터 떨어지지 않았다는 것을, 하늘로부터 물려받은 영원한 진리가 아니라는 것을 인식하게 된 것 같다.[3]

하지만 철학자들은 영원한 진리들을 논하지 않는가?

아, 그러나 영원한, 절대적 진리들이란 우리가 해석이라는 것을 잊어버린 해석들이다. 해석학은 진리가 무엇인지를 우리에게 상기시켜준 엘

- - -

3. 큰 이야기에 관한 불신으로서의 포스트모더니즘이라는 기존의 정의에 대해서는 장 프랑수아 리오타르의 『포스트모던적 조건: 지식에 관한 보고』, trans. Geoffrey Bennington and Brian Massumi(Minneapolis: University of Minnesota Press, 1984), xxiii-xxiv를 보라.

고어의 탁월한 표현을 빌리자면, '불편한 진리inconvenient truth'이다. 근대에 사태things는 좀 더 질서 있고 체계적이라고, 중심화되어 있고 안정적이라고 여겨졌다. 과학은 여기, 인문학은 저기, 주관성은 여기, 객관성은 저기에 있었다. 모든 사태는 단정하게 제자리에 있었다. 포스트모더니즘은 민주주의처럼 더 뒤죽박죽이다. 우리는 다양한 문화들, 가지각색의 생활 방식, 차이 — 민족, 성차gendered, 성별sexual — 에 민감하게 되었다. 차이는 우리의 표어watchword이다. 따라서 우리는 정반대쪽의 문제들, 즉 절대주의나 권위주의가 아니라 전면적인 상대주의에 대해서도 걱정해야 한다.

'상대주의'란 무슨 뜻인가?

있는 그대로 말하자면, 상대주의는 "무엇이든 다 허용된다anything goes"는 것을 의미한다. 많은 의견들이 있는 것만큼이나 많은 진리들이 있다. 우리는 모두 우리가 선호하는 취미와 색깔을 가지는 것처럼, 우리 나름의 진리를 가진다.

상대주의는 교활하게 포스트모던적 사고의 환심을 사는데, 그중 일부는 치명적인 것으로 드러났다. 예컨대, 단순히 결혼 생활을 거부하고, 자기들은 누구와 살든지 간에 살고 있다가 마음이 내킬 때는 언제든지 헤어지는 책임 있는 성인들이라고 주장하는 젊은이에게 충격 받은 보수주의자가 그런 경우이다. 이 점에 대해서 보수주의자는 그 젊은이들이 다른 사람에게 어떻게 살아갈 것인지를 말하고 있지 않다는 점을 깨달아야 한다. 그것은 상대주의가 아니다. 그것은 포스트모던 시대의 삶의 고정점 역할을 하는 다른 관점이다. 그러나 언제 상대주의가 장악하는지는 이와는 다른 문제이다. 그리고 사람들은 해석학을 위험하고 파괴적인 원인으로 지목한다.

예를 들면like what?

다가오는 생태학적인 재앙이 그저 이론일 뿐이라고, 해석일 뿐이라고 주장하는 기후 변화 거부자가 그런 경우이다. 또는 더 나쁜 예로서, 사유재산에 대해 국가의 통제를 강화하려는 것은 좌파의 날조라고 말하는 음모론자의 경우도 있다. 또는 단지 이론일 뿐이라는 근거에서 진화론을 의문시하거나, 자기들의 창세기 해석을 편들어 현대 물리학의 발견들을 거부하는 종교적 광신자들도 그러하다. 민주주의에서 그런 사람들은 합법적으로 자기들의 견해를 말할 권리가 있지만, 그러나 그런 생각은 공공 정책에 악영향을 끼치고, 기후 변화를 통제하려는 노력을 손상시키거나 학교에서 어떤 과학 교육을 받을 것인지에 영향을 끼칠 위험이 도사리고 있는 것이다.

맞다. 사실이 문제이다. 그러면 우리는 엄연한 사실들을 대어서 그런 사람들을 비판해야 한다.

그렇게 덤비지 마라. 우리는 언제 우리가 생각하는 해석학이 적용될지를 집어서 선택할 수 없다. 우리의 가장 확고한 진리들조차도 해석의 문제이긴 하지만, 그것이 무엇이든 다 허용된다는 것을 의미하지는 않는다. 어떤 해석들은 다른 해석들보다 더 좋다. 어떤 해석들은 임의적이고, 경솔하고 부자연스럽다. 또 어떤 해석들은 근사하고 잘 시험되어 있다. 그것들은 절대적 진리Absolute Truth가 되어 가고 있다는 의미에서 '입증된' 것이 아니라, 어떤 사람은 한 분야에서 입증된 경험을 쌓은 사람이라고 우리가 말한다는 의미에서 입증되어 있다. 그것이 바로 우리의 이 누그러지지 않는 통증을 달래는 데 우리의 무분별한 삼촌의 의견보다 훌륭한 의사의 '의견'을 더 선호하는 이유이다. 절대적 진리에 접속시키는, 근대인들의 소위 순수이성Pure Reason과 같은 것은 없을지 모르지만, 이쪽이 저쪽보다 더 낫다고 믿을 좋은 이유들 — 기상 과학자들이 우리에게 말해주고 있는 것들처럼 — 이 있으며, 따라서 우리는 우리의 자녀와 손자들을 위해 그들의 경고에 귀를 기울일 도덕적 의무가 있는 것이다.

그렇다면 당신은 '대안적 사실들'이 있다는 것은 인정하는 것인가?

'대안적 사실들alternative facts'은 좋은 해석들을 손상시키려고 노리는 냉소적인 정치적 계략이다. '대안적 해석들'이 좋은 해석학적 이론이며, 삶의 사실이라고도 말할 수 있겠다.

그럼, 기후 변화도 그저 해석의 문제가 아닌가?

만일 우리가 해석이 무엇인지를 정말로 이해한다면 — 이는 해석학에서 우리가 할 일인데 — 우리는 결코 '그저just 해석의 문제'라고 말하지 않을 것이다. 하나의 좋은 해석은 축복받은 사건이며, 멋진 사태, 하나의 tertium quid, 즉 절대주의와 상대주의 간의 무익하고 파괴적인 전쟁이 발발할 때마다 등장한 얼간이logjerhead에게서 벗어날 탈출구를 보여주는 제3의 길이다.[4]

당신은 '해석학'이라는 말이 그리스어에서 유래한다고 말했다. 그럴 사연이 있는가?

재미있는 이야기가 있다. 이 말은 그리스 신 헤르메스의 신화에서 유래한다. 헤르메스는 화려한 경력의 신이었는데, 교활함과 도둑질, 속임수와 기만으로 유명한 신이었다. 헤르메스로서는 진실을 말하는 것이 인간적이고, 거짓말을 하는 것이 신적이다. 세상에 태어난 첫날, 헤르메스는 위대한 신 아폴론의 소 50마리를 훔쳐서 올림포스산에 큰 소동을 일으켰다. 헤르메스는 귀여운 장난꾸러기rogue에다가 달콤한 말솜씨를 가졌으며, 야심차고, 기민하고, 창조적이고, 황동처럼 대담하고, 눈 속에는 악마를 담은 신성이었다.[5] 이 말은 종교개혁기에 성서 연구를 위해 프로테스탄트가 사용했을

- - -

4. 이 점을 명석하고 여전히 적절하게 제시하고 있는 책으로는 리처드 번스타인(Richard Bernstein)의 『객관성과 상대주의를 넘어서: 과학, 해석학 그리고 실천』(Philadelphia: University of Pennsylvania Press, 1983)을 보라.

5. 『호메로스 송가』의 '호메로스에게' 38-56쪽을 보라. trans. Sarah Ruden(Indianapolis

때 처음으로 근대적인 용어로 도입되었다.

그러면 왜 종교개혁 신학자들은 이와 같은 신을 끌어냈는가?

그들은 후기 호머 전통에 기대고 있었다. 그때에는 헤르메스가 무난한 성격으로 바뀌어, 인간에게 신들의 말을 전하는 제우스의 날개 달린 전령(앙겔로스)이 되었다. 전설 초기 판에서 보였던 악마 같은 신성은 기품 있는 역할로 한정되어, 일종의 신의 파발꾼 또는 순간적인 메시지 전달자로 축소되었다. 이러한 격하는 이 신을 사기꾼으로 몰고 싶어 하지 않았던 그리스 상류층 귀족들인, 아폴론 제전 추종자들의 소행이었다. 신에게서 고상한 행동을 기대하였던 플라톤과 아리스토텔레스는 협잡꾼으로서의 헤르메스를 아주 수치스러운 신성으로 비난하였다. 그래서 올림포스 12신 중의 하나로서 헤르메스에게 우체부로서의 권한이 할당되게 된 것이다. 그런데 성서학자들은 편리하게도 어느 누구의 배달부도 아닌, 교활한 장난꾸러기라는 헤르메스의 독자적인 신성을 잊어버리고, 그런 신성을 인계하기보다는 전령이라는 직책을 훔치거나 함부로 변경했던 것 같다. 초기 헤르메스는 민중 선동가rabble-rouser였다.[6]

그럼, 초기 헤르메스 신화에는 정치적인 편향성이 있었는가?

바로 그렇다. 헤르메스는 분명히 현상 유지를 원했던 귀족들의 차별대우에 지친 새 중산층의 목소리를 대변하였다. 그는 어릴 적부터 모든 부와 권력이 민중의 상위 2%에 집중되어 있었다는 것을 보았으며, 변화의 시기가 다가왔다는 것을 알았다. 그는 흔한 도둑이라기보다는 로빈 후드에 가까웠고, 범죄자라기보다는 자유의 투사에 가까웠다. 이런 구분은 분명히

● ●

/Cambridge: Hacktt Publishing Co., 2005), 신의 이름이 동사 hermeneuein에서 유래했을 가능성도 있다. 그것은 다른 해석이다.

6. 노먼 브라운(Norman O. Brown)의 『도둑 헤르메스: 신화의 진화』(New York: Random House Vintage Books, 1947)를 보라.

당신의 관점, 해석학의 1.0.이라 할 수 있는 당신의 해석에 달려 있는 구분이다.

이는 마치 헤르메스 자신이 해석을 요구하는 것처럼 들린다

그렇게 놀랄만한 일이 아니다. 그리스 신화, 성서 신화 — 어떤 전통의 신화— 는 우리에게 생각할 거리를 주며, 그것은 해석한다는 것을 의미한다. 나의 주된 생각 중의 하나는 헤르메스 자체에 대한 고대 이야기에서 우리가 해석에 대한 두 가지 해석을 예측할 수 있다는 것이다. 여러분이 따르고 있는 어느 하나의 해석은 여러분의 해석에 달려 있다. 주류, 신학자, 좀 더 전통에 갇힌 자들이 선호하는 조연 역으로서의 헤르메스, 또는 주변인, 국외자들이 선호하는 사기꾼으로서의 헤르메스. 주류 해석학과 주변 해석학. 내부자 관점의 해석학과 외부자 관점의 해석학. 직설적straight 해석학과 일탈한exorbitant 해석학. 중심적 관점과 특이한eccentric 관점. 한쪽의 모습은 일종의 법질서, 하향식 해석학을 대변하면서, 좀 더 계급적이고, 보수적이고, 신들을 높은 곳에 종속시킨다. 다른 쪽의 모습은 대중의 신, 민중demos의 목소리이며, 기존 질서에 영합하지 않으려 하기 때문에 상류층higher-ups을 짜증나게 만드는 신적인 평화의 교란자이다. 간단히 말해서 체계를 흔들고 예측할 수 없는 일을 일으키고자 하는 보다 급진적인 radical 해석학적 유형이 있다.

그럼, 포스트모던 해석학에서 우리는 불경한 헤르메스의 전례를 따르는가?

내 생각은 장난꾸러기 헤르메스에게 귀를 기울이자는 것이다. 즉 법석꾼 hell-raiser, 말썽꾸러기에 더 주의를 기울이고, 더 짓궂고 급진적이고 악동 같은 기술art을 옹호하자는 것이다. 하지만 한 가지 조건이 있다. 나는 경건한 헤르메스를 없애버리고 싶지 않다. 나는 해석들을 폐기하려 하지 않고(폐기하는 자는 절대주의자이다) 다양화시키고자 한다. 나는 내내 헤르메스의 두 얼굴, 즉 전통 해석자와 방해자, 전령과 사기꾼, 밀사courier와 타락한 자, 신중한 신과 위험을 감수하는 신, 이것들을 다 긍정한다. 이 해석의 두 해석은 해석학과 해체가 서로 얽혀 있는 것처럼, 서로 깊이 얽혀 있다. 바로 포스트모던이라는 개념이 정연하고 질서 있고 고정된 구분을 의문시한다. 이름값을 하는 해석은 둘 간의 거리에서 발생하며, 최상의 평형이라는 긴장 상태에서 그 자양분을 얻는다. 헤르메스의 양쪽 얼굴 없이 해석학은 뭐라고 말할 수 없을 뿐만 아니라 영혼도 없고, 생명도 없다.

여행 일정표

나는 이 책의 결론부에서 다시 이 대화의 장에 들를 것이다. 그러나 출발하기에 앞서, 우리가 이 책에서 쫓아갈 길에 대해 알아보기로 하자. 1부(1-6장)에서는 포스트모던 해석학의 주도적 인물들을 소개할 것이다. 그리고 2부(7-10장)에서는 해석학이 운용되고 있는 포스트모던 세계에서 의 몇 가지 긴급한 문제들을 다룰 것이다.

우리는 현대 해석학의 판도를 바꿔놓은 인물이었던 마르틴 하이데거 Martin Heidegger(1889-1976)에서부터 시작할 것이다. 확실히 이 시대에 하이데거의 이름을 들었을 때 사람들이 우선 말하는 것은 그가 나치의 열성당원이었다는 것이고, 그것이 이 책에서 해석학이 직면하는 첫 번째 시험이다. 어떻게 우리는 개인적으로 그처럼 끔찍한 정치관을 지녔던 사람의 사상을 해석할 것인가? 한 인간의 타락은 그의 저작도 타락시키는가? 나는 하이데거의 대표작 『존재와 시간*Being and Time*』(1927)[7]이 20세기 대륙철학의 가장 중요한 저작이라는 견해를 옹호한다. 그 이후에 그와 같은 책은 없었다.(1

· ·

7. 마르틴 하이데거, 『존재와 시간』, trans. John Macquarrie and Edward Robinson(New York: Harper & Row, 1962)을 보라.

장)

　제2차 세계대전 이후에도 하이데거는 아주 새로운 경향의 책들을 출판하였는데, 그 책들은 놀랍게도 프랑스에서 따뜻한 환대를 받았다. 그것은 해석학의 방향을 바꾸어놓았고 20세기 후반부에 포스트모던 이론의 출현에 공헌하였다. 따라서 우리는 전후 하이데거도 살펴보아야 할 것이다.(2장) 하이데거에게는 몇 명의 중요한 제자가 있었는데, 우리의 관점에서 그중 가장 중요한 인물은 한스 게오르그 가다머Hans-Georg Gadamer(1900-2002)였다. 가다머의 대표작 『진리와 방법Truth and Method』(1960)[8]은 20세기 해석학에 대한 가장the 권위 있는 설명서이므로 꼼꼼하게 들여다볼 만한 가치가 있다.(3장)

　다음에(4장) 우리는 해체주의 운동의 창시자 자크 데리다Jacques Derrida(1930-2004)와 그의 주저 『그라마톨로지에 대하여Of Grammatology』[9]로 넘어간다. 따라서 모든 것을 다 다루려고 하지 않고 나는 어떻게 이 책이 『존재와 시간』 및 『진리와 방법』과 나란히 근대를 포스트모던으로 변모시키면서 해석학의 모든 것을 바꾸어놓았는지를 강조할 것이다. 나는 내 표현 중에서 가장 논쟁이 되는 특징들이 데리다를 계산에 넣은 것이라는 점을 알려두어야 하겠다. 데리다는 68세대의 한 사람으로서, 1968년은 파리 학생 저항운동의 해이자, 포스트모더니즘의 비공식적인 출시를 알린 해이기도 하다. 전형적인 해석학 묘사에 따를 경우, 데리다는 악동 자체, 해석학의 비판자이자 가장 참을 수 없는 적대자 중의 한 사람인 것으로 간주된다. 만일 해석학이 해석 이론이라면, 그 비판자는 해체(데리다의 놀이)를 오해mis-interpretation의 이론이라고 조소할 것이다. 마치 전통의 위대한 작품들이 여러분이 의미하고자 하는 것을 의미할 수 있다고 하는 것처럼 말이다.

●　●

8. 한스 게오르그 가다머, 『진리와 방법』, 2nd rev. edn, trans. Joel Weinsheimer and Donald Marshall(New York: Crossroad, 1989).
9. 자크 데리다, 『그라마톨로지에 대하여』, corrected edition, trans. Gayatri Spivak (Baltimore: John Hopkins University Press, 1997).

가다머는 차이에 대한 데리다의 강조가 너무 강해서 대화를 불가능하게 만들고 말 것이라고 우려하였던 것이다.

데리다 자신은 '해석학'이라는 말을 사용하기를 피하고, 그 말을 보수적인 신학적 측면에 한정하였다. 데리다는 그 말을 확실하고 권위적인 해석을 열어줄 열쇠가 되는, (마치 하나뿐이었던 것 같은) 하나의the 의미에 대한 해석으로, (마치 하나뿐이었던 것 같은) 하나의the 전통에 대한 해석으로 축소시켰다. 그러나 물론 그것은 해석학을 해석에 대한 주류 해석 — 주변부로부터의 해석이 아니라 중심으로부터의, 전통의 핵심으로부터의 해석 — 에 한정하는 것이다. 따라서 지금 이 설명에서 나는 데리다를 파리의 헤르메스의 역할을 맡도록 하고 있는 것이다. 즉, 해석학의 배경 backdrop을 독일 신학자들로부터 파리 좌안Left Bank에 거주하는 무신론적 말썽꾸러기의 특이한 모임으로 이동시키는 중요한 배우가 되게 하는 것이다. 만일 데리다가 해석학에 귀신을 씌웠다면, 나는 그 결과가 악마적 인devilish 해석학이라고 말하고 있는 것이다. 데리다를 후기 구조주의자라고들 하는데, 얼마나 그런지를 보기 위해서 우리는 해체가 시작되는 지점이기도 한, 그의 구조주의 비판도 따라가 보아야 할 것이다.(5장) 그렇다고 포스트모던 해석학에서의 유명인들이 독일인과 프랑스인들뿐이라고 말하는 것은 아니다. 아주 흥미진진한 대표자로서 미국에는 리처드 로티Richard Rorty(1931-2007)가 있고, 이탈리아에는 지안니 바티모Gianni Vattimo(1936-)가 있다. 이들은 나중에 서로 친구가 되었으며, 나는 이들을 대우하기 위해 따로 한 장을 충당하였다.(6장) 물론, 이들이 전부 다는 아니다. 그러나 그들이 주요 현대 해석학자들이라 할 수 있다.[10]

· ·

10. 이 목록에서 빠진 자 중에서 특히 눈에 띄는 주요 인물은 데리다의 개인적인 멘토 역할을 하기도 했던 폴 리쾨르((Paul Ricoeur)1913-2005)인데, 『존재와 시간』으로부터 가다머와 데리다로 가는 좀 더 근본적인 길을 따라 가려다보니, 이 분은 빼기로 한다. 『프로이트와 철학: 해석에 관한 논문』(New Haven: Yale University Press, 1970)에서 리쾨르는, 자주 인용되는 표현인데, '의심의 해석학(hermeneutics of suspicion)'에 대해 언급한다. 거기에서 의미는 숨은 힘에의 의지의 표출로(니체),

책의 후반부(7-10장)에서 나는 현장 해석학을 붙들고 포스트모던 세계에서, 직장에서, 직업에서, 전문직에서, 그리고 구체적인 제도와 실생활에서 해석학이 작동하는 모습을 관찰하려 한다. 나는 해석학이 그보다 더 중요한 적이 없었던 영역인 정의와 법 해석 문제와 함께 출발한다.(7장) 그런 후 대단히 흥미로운 방식으로 가다머를 열렬히 받아들였던 캐나다 간호사 그룹을 방문할 것이다. 이는 현대 보건 의료에서 이루어지는 해석학의 임상 방식을 잘 보여주고 있다.(8장)

내가 보기에 오늘날 해석학이 직면한 주요 도전은 우리가 하는 모든 일에서 상전벽해의 변화sea change를 일으켜왔던 '고도 정보기술' 시대에, 전문직에 알맞은, 우리의 제도, 우리에 세계에 알맞은 것을 다루는 일이다. 여기서 우리는 포스트모던에서 소위 '포스트-휴먼post-human'으로 변모하는 돌연변이를 목격한다. 이 포스트-휴먼은 인간이 기술적인 것에 의해 습격당해 장악되는 방식을 가리키는 말이다. 여기서 나는 자체의 규칙으로 해석의 놀이를 제어하는 '프로그램' — 빅 데이터, 알고리즘 — 의 문제에 다다른다. 앞으로 내가 '포스트-휴먼 상상계post-human imaginary'라고 부를 것에서 오늘날 우리는 "우리가 전에 인간이었던가?"라고 의아해 할 처지에 놓여 있다.(9장)

나는 해석학이 출발했던 곳인 종교와 신학으로 다시 돌아감으로써 결론에 다가갈 것이다. 오늘날 종교가 위기에 처한 이유는 — 종교는 지식

무의식으로(프로이트), 계급 이익(마르크스)으로 환원된다. 이 '의심의 해석학'은 해석의 부정적 계기로 이루어진다고 리쾨르는 말했다. 그는 이 부정적 계기를 헤겔을 연상시키는 일종의 해석학적 삼중성 안에 끼워 맞춘다. (하나의 이념이나 제도 등 안의) 무비판적인, 단순한 믿음의 일차적 계기로부터 시작하여, 더 높은 후-비판적(post-critical) 믿음에서 반복되기 위해 의심과 비판의 계기를 통과한다. 역사적으로 이 삼 단계는 대략 전근대, 근대와 포스트모던에 해당된다고 할 수 있다. 이에 대한 좋은 설명은 찰스 레이건(Charles E. Reagan)의 『폴 리쾨르: 생애와 저작』(Chicago: University of Chicago Press, 1996)을 보라. 오늘날 리쾨르 전통 내에서 발행된 가장 흥미 있는 해석학적 저작으로는 아일랜드 철학자 리처드 키어네이(Richard Kearney, Boston College)의 것이 있다.

인들 사이에서 점차적으로 믿을 수 없는 것이 되고 있다 — 해석학적 오해 때문이다. 즉, 종교 측에서 상징적 실천이라는 그 고유의 성격을 이해하지 못했기 때문이다. 내 생각은 종교가 우리를 구원할 수 있는지가 아니라 해석학이 종교를 — 그 자체로부터 — 구원할 수 있는지를 보자는 것이다. 나는 종교에 대한 해석을 논의할 것이다. 그것은 매우 큰 화제 거리이기 때문일 뿐만 아니라, 해석에 관한 종교적인 무언가가, 우리 삶의 심층 구조를 건드리는 무언가가, 그러나 독신자에게는 거의 위안을 주지 못하는 어떤 원형적-종교proto-religion가 있기 때문이다.(10장)

간략하게 정리한 후에(11장), 나는 '결론 없는 결론'에서 가장 중요한 점을 요약할 것인데, 이는 니체조차도 사랑할 수 있었을 신의 가능성을 기술하는 일종의 결론적인 포스트모던적 후기이다. 그 모든 것이 좀 신비스러운 것처럼 들릴지라도, 그것은 해석이란 끝이 없는 것이라고 말했을 때 거기에 함축된 신비라고 말해두기로 하자.

제1장

하이데거는 어떻게 모든 것을 변화시켰는가
—『존재와 시간』 읽기

1. 하이데거 추문

다들 알고는 있지만 모르는 체하는 이야기[The elephant in the room]

나는 하이데거(1889-1976)에서부터 출발하겠다. 하이데거와 더불어 현대 해석학 또는 포스트모던 해석학을 놓고 우리가 말하려는 모든 것이 시작되기 때문이다. 하지만 시작하기 전에 다들 알고는 있지만 모르는 체하는 이야기를 고백해야 하겠다. 하이데거는 적을 두지 않았던 사람들에 끼는 분이다. 하이데거가 자기 혼자서 저질렀던 범죄를 빼고는, 어느 누구도 그의 이름을 더럽히고 평판을 손상시키는 범죄를 저지를 수 없었을 것이다. 20세기의 가장 중요한 철학자 중의 한 사람으로서 그의 획기적인 작업을 논의하기 전에, 그의 과오를 끄집어내는 것에 대해서 사과의 말씀을 드리지 않을 수 없다. 하이데거 자신을 해석하는 것은 위험한 일이자 바로 해석학 과제의 한 몰인정한 예이다.

하이데거의 대표작 『존재와 시간』(1927)이 20세기 유럽 대륙철학에서 유일무이한 가장 중요한 책이고, 또 그가 제2차 세계대전 이후 20세기 후반부를 지배한 새로운 계통의 책을 출판했다고 하는 바람직한 사정도 이야기해볼 수 있다. 하이데거는 거의 틀림없이 니체 이래 가장 위대한 유럽 대륙철학자이다. 여러분이 여러분의 철학을 영미 계통의 철학 쪽에 놓기를 더 좋아한다면, 하이데거는 루드비히 비트겐슈타인Ludwig Wittgenstein(1889-1951)과 가장 흥미 있게 연결시켜주는 영불 해저터널the Chunnel이라 할 수 있다. 비트겐슈타인은 터널의 한쪽 편에서 하이데거와 비슷한 지도자적 지위를 누렸다. (비트겐슈타인이 오스트리아계 이주민이 었다는 사실은 무시하기로 하자.)

나는 하이데거에게 끌렸다. 나도 하이데거처럼 여러분이 셀 수 있을 만큼(여러분이 로마 숫자를 셀 수 있는 한) 많은 절대적 진리들로 꽉 차 있었던 제2차 바티칸 공의회 가톨릭 세계 이전에 태어났고, 또 하이데거 처럼 나의 최초의 철학적 관심도 가톨릭 중세시대였기 때문이었다. 따라서 중세 스콜라주의의 금욕적인 빵과 물만의 식사를 했던, 나와 같은 가톨릭 대학생에게 있어서『존재와 시간』은 짜릿한 전율을 불러일으켰고, 나는 결코 외톨이가 아니게 되었다. 제2차 바티칸 공의회(1962-65)에서 교황 요한 23세가 선언한 교리 현대화aggiornmento에 고무되어 20세기 중반에 성년이 된 전 세대의 가톨릭 철학자들(그 밖의 다른 철학자들은 말할 것도 없고)에게 현상학, 해석학, 실존주의를 소개함으로써,『존재와 시 간』은 가톨릭 철학자와 낡은 스콜라주의 신학자의 작업에 새로운 생명을 불어넣으면서 해방을 만끽하게 해주었다.

그럼, 감춰놓은 추문은 무엇인가Where's the elephant?

하이데거는 나치였다.

나치 시대 이전에 어느 누구도 하이데거가 특별히 정치적인 사람이었다 는 것을 알아챈 적이 없었다. 아무도 그가 반유대주의자라는 것을 낌새채지 못했다. 그중에는 1920년대까지 연인 관계였고 나중에는 세계적으로 유명 한 정치 이론가가 된 그의 똑똑한 유대인 여제자 한나 아렌트Hannah Arendt(1906-75)도 포함되어 있었다. 하지만 사실이었다. 그는 나치당원이었다. 그가 어느 한 전후 출판물에서 '당'이 아니라 '운동'으로 읽도록 바꿔 놓았을지라도 말이다.

우리가 알았다고 생각했던 것

물론, 그때 — 1960년대와 70년대 — 나는 하이데거의 '나치 추문'에 관해 알고 있었다. 나는 우리 모두가 '알고 있었던' 것을 알았다. 즉, 하이데거가 프라이부르크대학 총장으로 봉직하던 시기(1933-34)에 나치 운동에 가담했고, 나중에 나치가 하는 짓을 목도한 후, 10개월 후에 그 범행과 운동에서 떠났다는 것을 알고 있었다. 우리는 그 정도쯤으로 생각했다. 그것은 하나의 해석이었다. 하이데거와 그와 가까운 사람들이 내놓은 해석. 우리들 대다수는 그것이 전부라고 생각했다. 사는 동안 전혀 어리석은 짓을 하지 않은 자로 하여금 맨 먼저 돌을 던지게 하라. 그러나 1980년대와 그 이후에 일련의 치명적인 폭로가 추악한 진실을 드러냈다.[1] 하이데거와 나치스와의 연루는 더 깊었다. 그는 전쟁 기간 내내 나치당원으로 남아 있었고, 서구 민주주의를 지독히 멸시했으며, 반유태주의자였다. 지금까지도 이런 것들에 대한 많은 증거가 있었다. 그러나 최근 출판된 그의 『흑색 노트*Black Notebook*』[2] — 1931년부터 1938년까지 그가 썼던 일기 — 는 질질 끌어왔던 의심들을 없애주었다. 단죄하는 폭로의 물결이 은폐 공작을 벗겨내었다. 역설적으로 철학자로서 하이데거의 한 강점이 '탈-은폐un-concealment'로서의 진리에 대한 분석이었다면, 그것은 그의 개인적인 삶이나 교수 인생에 대해서는 강점이 아니었을 것이다.

• •

1. 주연을 맡은 책은 빅토르 파리아스(Victor Farias)의 『하이데거와 나치즘』, trans. Paul Burrell(Philadelphia: Temple University Press, 1989)이다. 그러나 더 꼼꼼하고 확실한 작업은 휴고 오트(Hugo Ott)의 『마르틴 하이데거: 정치 인생』 trans. Allan Blunden(New York: Basic Books, 1993)에서 이루어졌다.
2. 마르틴 하이데거, 『숙고 II-VI: 흑색 노트 1931-1938』, trans. Richard Rojcewicz (Bloomington: Indiana University Press, 2016).

하이데거 신화 벗겨내기 Demythologizing Heidegger

따라서 하이데거는 현대 해석학의 출발점일 뿐만 아니라, 그는 우리가 해결해야 할 다음과 같은 첫 번째 해석학적 문제를 제기한다. 저작을 해석할 때, 얼마만큼 저자의 개인적인 전기에 무게를 두어야 하는가? 『흑색 노트』가 출간되기 오래전에 나는 『하이데거 신화 벗겨내기 Demythologizing Heidegger』[3]에서 — 여러분은 거기에서 빠진 하이데거의 해석들을 가지고도 도서관을 채울 수 있었다 — 답을 내렸다. 그 책에서 나는 하이데거에 대한 실망을 터뜨리고 난 후, 그의 사상에 대한 균형 잡힌 판단에 도달하고자 하였다.

1933년에, 하이데거는 대학의 나치화에 관심이 있었던, 그리고 운동의 지적인 **총통**이 되는 데 관심이 있었던 정치적으로 활동적인 나치였다. 그러나 그의 야망은 빠르게 사그라들었다. 그는 총장직에서 물러날 것을 강요받았다. 왜냐하면 나치스는 하이데거가 운동에 바람직하기보다는 오히려 해를 끼치는 일을 하는 서투른 행정가라고 판단했기 때문이었다. 결국 그는 히틀러 주변의 사람들에게 환멸을 느끼게 되었고, 매몰차게 당을 비판하였지만, 그러나 자기는 이해했지만 그들은 이해하지 못했다고 생각했던 '운동의 내적 진리와 위대성'[4]에 대해서는 비판하지 않았다. 하이데거는 이렇게 말했다. 이것은 독일인과 고대 그리스인과의 정신적 연대감 속에 놓여 있다. 순수하고 심원한 사유는 고대 그리스인과 살아 있는 현대 독일인을 숙고함으로써만 수행될 수 있는데, 이것이 독일 국가가 세계를 이끌어야 하는 권한을 부여한다, 라고. 당은 도무지 이해하지 못했다. 자기들 편에 유명한 교수가 있다는 것은 반가웠지만, 국가사회주의를 고대 그리스 (소크

---

3. 존 카푸토, 『하이데거 신화 벗겨내기』(Bloomington: Indiana University Press, 1993).
4. 그레고리 프리드(Gregory Fried)와 리처드 폴트(Richard Polt)의 마르틴 하이데거 『형이상학 입문』에 대한 "번역자'의 서문'(New Haven: Yale University Press, 2004; 2판), xxii, fn. 19를 보라.

라테스 이전) 철학자 헤라클레이토스와 연관시키고, 『나의 투쟁*Mein Kampf*』을 헤라클레이토스의 투쟁*polemos*과 연관시키는 것은 그들의 이해를 얻지 못했다.[5] 연단 뒤편에 앉아 있는 나치 장교들 앞에서 총장 취임 연설을 하고 있는 하이데거의 사진을 보면, 여러분은 서로 몸을 기울인 채 "이 놈이 무슨 얘기를 하는 거야?"라고 묻고 있는 장교들을 볼 수 있을 것이다.

총장직에서 떠난 후, 하이데거는 국가사회주의를 정신화 하는 사적 해석으로 은밀하게 이주하기 시작했다. 그는 슈바르츠발트의 풍경을 몹시 사랑했으며 — 이 당시에 보수주의자들the conservatives은 환경보호 운동가들the conservationists이었다 — 현대 기술이 환경에 미치는 파괴적인 결과에 깊은 관심을 가지고 있었다. 하이데거는 오히려 어리석게도 나치 무기의 설계자들이 기술에 대한 불신을 자기와 공유했다고 생각했는데, 그는 기술을 베를린에 있는 유태인과 마르크스주의자들과 결부시켰던 것이다. 전쟁이 끝난 후, 그는 정직당해 가르치지 못했고, 연금도 거의 받지 못했으며 신경쇠약에 걸려 있었다. 그러나 그는 해석학이 아니라 소위 '시적 사유poetic thinking'라는 이름으로, 자연physis과 기술에 대한 도발적인 비판을 담은 일련의 흥미진진한 사색집을 출간하였다. 묵직하고, 화려하고, 명상적이고, 까다롭고, 심원한 전후 저작들은 다시 한 번 모든 것을 변화시켰다. 이 저작들은 소위 '심층 생태학'에 크게 공헌하였으며, 신비주의에 필적하는 것이었다. 심원하면서도 종종 그가 전쟁 이전에 그리고 『존재와 시간』에 관해 썼을 때 그가 주장했던 실존주의적 시각과 어긋나지만, 그 저작들은 오늘날 우리가 포스트모더니즘이라고 부르는 것에 직접적으로 반영되어 있는, 전적으로 새로운 사상의 흐름을 알리기 시작했다.

그러면 우리는 하이데거 읽기를 그만두어야 하는가?

이런 상황은 — 학자들이 계속 그의 미출판 수고를 통해 파헤치고 있어

5. 존 카푸토, 『하이데거 신화 벗겨내기』, 39-59쪽.

서 갈수록 나빠지고 있다— 너무 안 좋아서, 선의의 정치적 가치관을 가진 많은 사람들은 그의 저작들을 읽기를 거부하였다. 심지어 어떤 이는 하이데거의 책들을 도서관 철학 구역에서 국가사회주의 역사 구역으로 이전시키자고 제안한다. 나는 그런 분노를 이해는 하지만 그것은 잘못이다. 여기에 해석학적 교훈이 있다. 저자의 책에 들어 있는 것을 이해하기 위한 열쇠로 저자의 전기를 자세히 살펴보는 것은, 그것이 불편한 진실을 드러낼 때라도, 시작하기 좋은 장소이다. 그러나 그것이 시작할 곳이라 해도, 끝마칠 곳은 아니다. 결국 문제가 되는 것은 저자의 주관을 이해하는 데 있는 것이 아니라 저자의 주제를 이해하는 데 있다. 여러분은 하이데거를 무시하려면 위험을 각오해야 한다. 그의 영향력은 현대 예술과 문화의 거의 모든 구석에 미치고 있다. 이것은 많은 사람들을 격분하게 만드는 그 만큼, 그는 20세기 대륙철학의 지배적인 인물로 남아 있다. 달리 피할 방도가 없는 것이다.

2. 초기 프라이부르크 시대(1919-23)

제1차 세계대전이 끝나고 하이데거가 집으로 돌아왔을 때, 그는 새로운 사람, 혹은 적어도 새로운 철학자였다. 학생 시절 관심인 후기 중세 논리학을, 그리고 그와 더불어 가톨리시즘을 포기하면서, 그는 루터주의로 개종하였고, 철저하게 신약성서, 루터와 쇠렌 키르케고르Søren Kierkegaard(1813-55)를 연구하였다. 동시에 그는 가다머와 아렌트와 같은 제자들에게 자극을 준, 소위 '현사실성의 해석학the hermeneutics of facticity'이라는 일련의 강의를 시작하였다. 프라이부르크에 새로운 철학적 스타가 생겨났다는 소문이 재빠르게 독일에 퍼져나갔다.[6] 하이데거는 철학을 근본적으로 갱생시키는

• • •

6. 이 놀라운 이야기는 존 에드워드 반 뷰렌(John Edward van Buren)의 『청년 하이데거:

것 같았다. 평상시처럼 핏기 없는 개념-구축 작업을 하는 대신에, 철학은 미국의 실용주의 철학자 윌리엄 제임스William James(1842-1910)가 말한 것처럼,[7] 일상생활의 '짜증나게 와글거리는 혼돈blooming buzzing confusion'으로 뛰어들 것이다. 한때 철학은 소크라테스가 동료 시민들과 훌륭한 삶의 성격에 관해 논쟁했던 광장에서 일했던 반면에, 오늘날 철학은 활기 없는 강단 논쟁으로 축소되고 말았다. 그러나 대학 밖에서 철학 비판에 종사했던 키르케고르와 프리드리히 니체Friedrich Nietzsche(1844-1900)와는 달리, 하이데거는 대학을 혁신해서, 우리가 실제로 철학하기philosophize를 할 수 있고 근본적인 문제들을 제기할 수 있는 장소로 개조하고 싶어 했다. 그는 매우 이상하고 특이한 언어로 이 일을 했기 때문에, 출판을 거절당하고 괴팅겐에서의 교직을 얻지 못할 정도의 논문을 가지고 있었던 것이다. 그러나 그 언어는 매우 도발적이기 때문에 가다머는 이때가 하이데거의 전성기라고 생각하였다.

현사실성의 해석학

하이데거에게 현사실성 또는 사실적 삶은 우리가 산다는 사실이 아니라 어떻게 우리가 살고 있는가라는 사실을, 순수한 사실로서의 사실적인 것이 아니라, 우리 일상생활의 실제적이고 뒤섞여 있고, 뒤범벅인 사태를, 추상적 구성이 아니라 구체적인 경험을 의미하였다.[8] 예를 들어 신약성서가 '세상'살이에 대해 말할 때, 이것은 우주적 실체를 의미하는 것이 아니라, 그 세상의 어떻게를, 신을 외면하고 살아가는 방식을 의미한다. 또는 바울이 '육신flesh'에 대해 말할 때, 그는 신체 조직에 대해 말하는 것이 아니라, 그가 영이라고 부른 하느님의 통치나 지배와 반대되는, 원죄의 지배나

숨은 왕에 대한 소문』(Bloomington: Indiana University Press, 1994)에 실려 있다.
7. 윌리엄 제임스, 『심리학 원리』(Cambridge, MA: Harvard University Press, 1981), 462쪽.
8. 마르틴 하이데거, 『존재론-현사실성의 해석학(Ontology - The Hermeneutics of Facticity)』, trans. John Edward van Buren(Bloomington: Indiana University Press, 1999), 5쪽.

통치를 의미한다.[9] 이처럼 현사실적 삶은 하나의 삶의 모습, 세계를 살아가는 방식, 그 신흥 철학자가 표현하듯이 '세계-내-존재'의 한 양태를 의미하였다.

그렇다 하더라도 그러면 왜 이것을 해석학이라고 부르는가? 왜냐하면 '현사실적'은 사실의 문제가 아니라 해석의 문제를 의미하기 때문이다. 해석학적인 '어떻게'는 어떻게 우리가 우리의 삶을, 우리의 세계를, 세계 속에서 우리가 서로 '같이-있음being-with'을 해석하는가를 가리킨다. 해석은 하나의 외딴 행위, 우리가 행하는 많은 것들 중의 하나가 아니다. 그것은 우리가 우리 존재의 중심축, 핵심이라는 것이다. 해석은 우리의 세계-내-존재의 무대를 정돈한다. 그것은 우리가 세계에 조율되는 방식을 조율한다. 해석은 세계가 어디에 있고 우리가 어떻게 거주하는지를 보여주는 하나의 세계-제작이다. 우리는 물이 유리잔 안에 있는 것처럼 세계 '안에' 있는 것이 아니라, 거기에서 살면서 거주하고 있다. 그리고 세계는 때로는 안온하고 따뜻하게 맞이해주는 장소이기도 하고 때로는 어둡고 불길한 곳이기도 하다. 그것이 아리스토텔레스로부터 아우구스티누스를 거쳐 루터에 이르기까지 전근대 세계에서 해석이 의미했던 것이다. 아리스토텔레스에게 해석학은 우리의 삶을 형성하고 길러주는 장소인, 폴리스에서의 우리 삶에 대한 명료한 표현을 의미하였다. 아우구스티누스에게 성서를 해석한다는 것 — 그의 해석학 — 은, 한가한 오후를 위한 독서가 아니라 공포와 전율 속에서 수행되는, 영혼을 탐색하고 영혼에 충격을 주는 활동이다.[10]

그러나 근대성modernity 속에서 해석학은 변질되고 말았다. 이 변질을 하이데거를 대표하는 일반 규칙으로 잡아라. 근대성은 항상 고대의 타락이다. 그것이 바로 근대성을 가지고 하이데거가 의미하는 것이다. 타락은

• •

9. 하이데거, 『현사실성의 해석학(Hermeneutics of Facticity)』, 86쪽.
10. 하이데거, 『현사실성의 해석학』, 8-9쪽.

하나의 실수, 계산상의 착오 이상의 무언가를 의미한다. 그것은 퇴폐, 부패한 삶, 근대 철학이 그 창백한 대변인이라고 할 수 있는 문화적 타락을 의미한다. 근대성 속에서[11] 해석학은 인문학의 방법을 제공하는 시시한 방법론적 반성으로 축소된다. 근대성 속에서 구체적 상황에서 살아가고 있는 역사적 존재자가 하잘 것 없는 '의식', '사고하는 동물', 유리된 '비판적' 자아로 퇴화하였다. 세계는 생각하는 '주관'의 응시 하에서 검열을 받게 된 우중충한 '대상'으로 축소된다. 신조차도 진지하게 생각될 경우에나 그 현존의 증명을 요구하는 근대성의 법정에 소환된다. 더 깊은 근원으로 다가가는 대신에, 근대적 자아는 뿌리 뽑히고 추방당한 의식이자, 소위 '순수 이성'이라는 미명 하에 세계를 가차 없는 비판적 심리에 맡기는 판사가 된다.

이 모든 것에 맞서서 하이데거는 해석학의 이름하에 그가 제시할 모든 자원들을 모은다. 왜냐하면 그에게 해석학이란 삶을 의미하기 때문이다. 내가 입을 열 때마다 그것은 나 자신이 그 말을 하고 있는 것이 아니라 나보다 더 큰 무언가를 말하고 있는 것이다. 그것은 말로 다가오는 삶 자체이다. 해석학은 더 깊고 선행하는 자기-해석에 다가가는 것이다.

현존재의 존재론The ontology of Dasein

철학자의 도래보다 선행하는 이 싱싱하고 유동적인 삶에 도달하기 위해서, 이 신흥 철학자는 근대 철학의 석회화 된 언어에 거리를 두고, 일련의 뒤튼tongue-twisting 표현들을 만들어냈는데 그중 가장 유명한 말이 현존재Dasein이다. 이 말은 일상 독일어에서 '현존existence'을 의미하는데, 문자 그대로는 — (상재Sosein, 이러이러하게 있는 것과 반대되는) '거기에 — 있음being-there'을 뜻한다. 여기서 하이데거는 일종의 회유자mind-bender

• •

11. 하이데거는 19세기 해석학의 주요 이론가들인 슐라이어마허(1768-1834)와 빌헬름 딜타이(1833-1911)의 저작을 참조해보라고 말한다.

로 변모한다. 해석학에서 우리가 해석하고자 하는 존재자being는 그 자체가 해석하는 존재자이다. 즉, 바로 그 존재Being[12]에 있어서 그 자체를 해석하는 존재자 ─ 따라서 자기와 교섭하는 다른 존재자들과 자기를 둘러싼 세계를 해석하는 존재자 ─ 이다.

해석학은 그 자체를 해석하는 해석이다.[13] 따라서 '현사실적 삶의 해석학'은 양 방향에서 읽혀질 수 있다. 현사실적 삶의 해석학과 해석의 현사실적 삶. 우리는 모두 자기 해석적인 존재자이고, 이런 점에서 우리는 모든 것 ─ 바위, 식물, 동물 ─ 과 다르다. 하이데거에게 이런 것들은 단순히 있는present, 그들의 출현(그들의 '거기에')을 해석의 문제로 삼지 않은 채 단순히 거기에 있는 존재자들이다. 바위가 단순히 거기에 있다(출현)면, 우리의 거기에-있음being-there은 해석 가능성, 의문 가능성 속에서 흔들린다. 우리는 우리 존재의 해석을 문제 삼는 존재자, 우리의 존재를 의문시하는 존재자이다. 우리 자신과 같은 존재자들은 우리의 거기da에 있음zu sein이 문제가 되는 존재자이며, 그것을 떠맡아서 해석하고, 그것을 (타동사로서의) '있게' 하는 것을 과제로 삼는 존재자들, 즉 현존재이다.[14] 이런 표현은 '인간' 존재자를 에둘러 말하는 완곡어법인 것이다. 그것은 신조어

* *

12. 나는 통상적인 번역 관행에 따라 동사형 명사 Sein을 대문자('Being')로, 특수한 존재자(Seiendes)를 소문자(being)로 표기하여 구분한다.
13. 하이데거, 『현사실성의 해석학』, 11-13쪽.
14. 현존재(Dasein)라는 말에 당혹해 할 필요는 없다. 그것은 눈에 보이지 않는 정령(spirit)을 의미하지 않는다. 그것은 그냥 인간을 뜻하는 기술적인 용어이다. 그리고 우리가 다른 별에서 지적인 생명을 발견하지 못하는 한, 현존재의 유일한 '예들'은 우리가 주변에서 보고 접촉할 수 있는 인간들이다. 하이데거는 인간에 대한 그의 접근 방법이 인간학적이거나 생물학적이거나 사회학적이 아니라 존재론적이라는 것을 강조하기 위해서 이 낱말을 사용한다. 현존재는 인간이 가지는 특별한 능력이나 힘을 뜻하는 것이 아니라 존재론적 관점에서 보여진 인간의 삶 전체를 뜻한다. 여기서 인간에게 있어 고유한 것은 인간이 자기들의 존재를 문제 삼고 자기들의 존재를 결정하는 선택을 한다는 점이다. 이것은 결코 의문을 제기하지 않는 바위나 자기들의 성장이 자연적 원인에 의해 좌우되는 식물과 대조를 이룬다.

가 아니라 한 친숙한 단어를 문자 그대로 쓰면서도 활력 있게 만든 표현이다 보니, 번역자들을 낙담에 빠트려서 오늘날에는 번역을 단념하고 그냥 번역하지 않은 채 Dasein으로 쓰고 있다. 하이데거의 의도는 엄격하게 인간 존재자의 '존재'에 충실하자는 것이다. 철학에서는 존재에 관한 이야기를 '존재론'이라고 부르므로, 해석학은 (인간-논의로서의) 인간학적 평면이 아니라, (존재-논의로서의) 존재론적 평면 위에서 수행되어야 한다.[15] 그래서 1923년 강의의 원 제목이 '존재론: 현사실성의 해석학'이었던 것이다. 이것은 다음의 것을 의미한다.

존재에 관한 학설doctrine:
그 존재가 그들의 존재인 존재자들에 대한 해석.

학생들은 혼란스럽기도 했지만 동시에 흥분을 느끼기도 하였다. 어느 쪽이든, 그들은 근본적으로 무언가 새로운 일이 터졌다는 것을 알았다.

해석학적 순환

그 때문에 하이데거는 전통 해석학의 친숙한 수사어구였던 '해석학적 순환'을 새롭게 비틀어 쓰기 시작한다. 전통 해석학에서 이 말은 순전히 독해 기술로서의 방법론적 의의만을 지니고 있었다. 이 말은 루터에게까지 거슬러 올라가는데, 루터는 우리가 성서를 읽을 때 텍스트가 제자리를 찾을 때까지 성서의 전체와 부분을 왕래하면서, 부분은 전체에 비추어서, 전체는 부분에 기초해서 읽어야 한다고 말했던 것이다. 하이데거는 방법론적인 순환을 거부하기보다는 그것을 존재론적 순환으로 재가공하였다.

만일 우리의 존재가 우리의 존재를 해석해야 한다면, 분명히 우리는 항상 그 일을 하고 있다. 우리의 존재는, 우리가 그것을 깨닫고 있든

- -
15. 하이데거, 『현사실성의 해석학』, 17–22쪽.

않든 간에, 우리가 우리 자신을 해석하든 잘못 해석하고 있든 간에, 쉴 새 없이 해석되고 있다. 우리는 심지어 해석이 일어나고 있는지를 인식하지 못한 채, 우리가 살고 있는 세계와 우리 자신이 이미 해석되어왔다는 것을 인식하지 못한 채, 이 해석 내에서 움직이고 있다. 우리가 세계에 이를 때, 이미 세계 해석이 우리들 눈앞에서 작동하고 있다. 그것은 우리가 당연시하는 공기와 같은 것으로, 악취로 인해 차단되거나 더럽혀지지 않는 한 눈치 채지 못하는 그런 것이다. 그것은 우리의 사고 속에 들어와 있지 않고도 그냥 주어진 것ª given으로 받아들여진 대로 주어진 것이다. 해석은 우리가 앞에서 일어나는 일에 주의를 계속 쏟고 있는 동안에도, 그 뒤에서 항상 진행되고 있다. 따라서 해석학의 과제는 우리의 '항상 그리고 이미 해석되어 있음'을, 앞쪽이나 표면으로 드러나도록 파내는 것이다.

어떻게 이 일을 할 수 있을까? 자신을 일체의 전제로부터 떼어내려고 했던, 근대성에서 도야된 '비판적 의식'을 통해서가 아니라, 우리의 해석학적 귀를 삶의 근저에 가까이 들이댐으로써, 살아 있는 경험이라는 젖가슴에 갖다 댐으로써이다. 삶이 만나야 하는 용어들을 사전에 만듦에 의해서가 아니라 현사실적 삶의 범주 속에서 삶이 자신의 용어들을 말하게끔 허용함으로써이다. 해석학은 우리의 존재로부터 우리의 존재를 '읽어내고' 그것을 설명하는 것이다. 그러나 이것은 단순한 문제가 아니다. 그것은 삶의 행간을 읽는 능력을, 전제되어 있는 것, 명시적으로 이야기되지 않은 것을 찾아내는 어떤 능력을 요구한다. 그것은 까다로운 일이고, 또 해석학적인 귀, 해석학적인 감각을 요구한다.

따라서 우리가 이미 거기에 있기 때문에, 이 암묵적implicit 영역에 도달하기 위해 우리는 다리를 건설할 필요가 전혀 없다. 우리는 이미 그것을 가진다. 왜냐하면 우리가 이미 그것이기 때문이다. 해석하고 있는 것은 바로 우리의 존재이다. 그럼에도 불구하고 우리가 그것을 가지기는 하지만, 그것을 명확하게 드러내지는 못했다. 우리는 그것을 표현하지 못했다.

우리의 전-해석적pre-interpreted 존재는 항상 가정되어 있고, 전제되어 있고, 암묵적이다. 그것은 해석학적 순환이 한낱 하나의 책을 읽는 법에 관한 방법론적 충고가 아니라는 것을 의미한다. 그것은 증명하고 싶은 것을 가정하는, 그런 악순환도 아니다. 그것은 우리가 이미 가진, 우리가 '앞서 가진fore-have' 암묵적 해석을 해명하거나 명시화 하는(밝히는, 알아내는)[16] 고귀한 존재론적 순환이다. 해석학적 순환 속에서 선개념적인 전-해석은 하나의 개념으로 전환된다. 모호한 선-이해가 명확하게 표현된다.

질문하기

따라서 현존재를 해석하는 일은 그저 검사를 해서 우리가 관찰하는 것의 목록을 작성하는 문제가 아니다. 우리는 지질학자가 바위를 들여다보거나 식물학자가 식물을 살펴보는 것처럼, 그냥 우리 자신을 들여다보고 무언가를 기록할 수 없다. 왜 그럴까? 그 이유는 바로 우리가 면전에서 일어나는 일에 매달리고 있는 동안에도, 그 뒤에는 이 선-이해가 숨어 있다는 것이 우리 존재자의 기본적인 성향이기 때문이다. 우리는, 우리의 그 깊은 존재를 시야에서 찾기 어려운 그런 존재자이다. 우리는 어떤 속성을 가진 바위나 식물처럼 그냥 그대로, 단순히 현존하고 있지 않다. 우리의 존재는 훨씬 포착하기 어렵고, 훨씬 더 자기-회피적self-elasive이다. 그래서 해석학적 탐구는 단서를 찾는 수사관의 작업과 더 닮아 있다.

훌륭한 수사관처럼 해석학자는 우리가 누구인지 하는 어려운 문제를 물어야 하며, 기존의 대답으로 만족해서는 안 된다.[17] 철학자들은 우리가 '이성적 동물'이라는 것을 마치 공리처럼 생각하고, 신학자들은 우리가 '신의 모상'이라는 것을 신앙의 문제라고 생각한다. 그러나 해석학에서 우리는 이런 미리 포장된 해석을 보류해야 하며, 좀 더 근본적으로 우리

• •

16. 하이데거는 '해석하다'의 일상어로 독일어 auslegen을 사용하는데, 이것은 문자 그대로 제시하다, 또는 펼치다 또는 해명하다를 의미한다.
17. 하이데거, 『현사실성의 해석학』, 23-24쪽.

존재에 대해서 질문하지 않으면 안 된다. 우리는 항상 일어났던 판에 박힌 해석들을 심문해야 하며, 그렇게 해서 우리 자신의 존재를 근본적으로 개혁해야 한다. 왜냐하면 우리는 그 존재가 우리 자신의 존재 해석의 문제를 제기하는 그런 존재자이기 때문이다.

우리가 이미 있는 곳에서 시작함

그러나 이 모든 근본적인 물음은 하이데거에게는 원흉the villain of piece이었던 데카르트의 '비판적 의식'과 같은 소리가 되는 것은 아닌가? 데카르트는 절대적으로 의심할 수 없는 것을 발견하기 위해서, 절대적 확신을 얻기 위해서 모든 것을 의심함으로써 근대성의 기획을 시작했던 인물이었다.[18] 전혀 그렇지 않다. 오히려 그 반대이다. 데카르트는 제로에서 출발하기 위해서, 무에서 출발하기 위해서, 무로부터ex nihilo 철학하기 위해서, 절대적으로 무전제적인 것을 찾으면서 우리의 모든 전제들을 의문에 붙이려고 했다. 해석학에서 우리는 그 반대의 일을 한다. 우리는 우리의 현사실적 삶의 생생한 핵심에까지 되돌아가서 우리 전제들의 뿌리를 뿌리 뽑기 위해서가 아니라 그 뿌리를 얻기 위해서, 세계 안에서 전래된 문화, 모국어 등(현사실적 삶)에 파묻힌 채, 우리가 이미 있는 곳에서 출발한다.

해석학은 어떤 순수한, 영원한 무역사적 본질을 찾아내려는 것이 아니라, 우리의 전승된 역사적 실존의 가장 깊은 뿌리에 다가가려 한다. 그것은 무에서 시작하려는 것이 아니라, 어떻게 세계가 매일매일 우리에게 나타나는가와 함께 시작하려 하며, 우리 세계가 발원한 숨은 샘을 깊이 파고들려고 한다. 그것은 우리 자신을 전제들로부터 해방시키는 일이 아니라, 우리의 전제들을 갱신하고, 우리의 가장 깊은 자원들을 소생시키는 일이다. 해석학은 무전제적인 출발을 하는 문제가 아니라, 우리가 원래 출발했던 출발을

● ●

18. 하이데거의 데카르트 비판에 대해서는 『존재와 시간』, trans. John Macquarrie and Edward Robinson(New York: Harper & Row, 1962), §§19-21을 보라.

재고하는 문제이다. 해석학은 무와 함께 출발하는 것을 의미하는 것이 아니라, 출발과 함께 출발하는 것, 다시 출발하는 것을 의미하는데, 이는 그것이 항상 출발의 어떤 반복이라는 것을 의미한다. 반복은 아주 중대한 것이다. 그것은 같은 땅을 되풀이하여 지키는 것을 의미하는 것이 아니라, 보다 근원적인 지반으로 더 깊이 파고 내려가는 것을 의미한다. 해석학은 막힌 수원wellspring을 파내서 뚫어주는 것과 같다.(이와는 반대로 데카르트는 바위를 쳐서 물을 얻으려 했다.)

데카르트의 큰 문제는 그리고 순수 이성에 대한 그의 욕망이 가진 문제는 (불가피했던) 의심에서 자유로운 무전제적인 출발점에까지 도달하지 못했다는 것이 아니라, 그가 필요할 만큼 충분히 전제하지 않았다는 데 있다. 그는 삶에 자양분을 주는 전제들의 풍부하고 기름진 성격을 인식하지 못했다. 그가 모든 것을 불신하기 위해서 신뢰했던 프랑스어와 라틴어처럼 말이다! 해석학은 무에서부터 출발하지 않는다. 해석학은 모든 것과 더불어 —이는 근본적으로 갱생시키려는 것이다 —시작한다. 해석학적 순환에서 우리는 이미 알고 싶은 것을 가진다. 그러나 과제는 그것을 회복시키고, 명료화 하고 갱생시키는 것이다. 우리는 이미 거기에 있다. 그러나 과제는 어떻게 우리가 거기에 있는지를 밝혀내는 것이다. 이 어떻게가 우리의 현사실적 삶이라 불리며, 그것을 해명하는(해석하는) 작업이 해석학이라고 불린다.

성 바울로부터 도움을 얻기

사도 바울이 말한 표현을 빌리자면, 우리는 우리 존재에 대한 이해에서 —그리고 궁극적으로 존재 자체에 대한 이해에서 —"우리는 숨 쉬고 움직이며 살아간다."라고 말할 수도 있을 것이다. 그리고 해석학의 과제는 이런 이해를 이해하는 것이다. 성 바울은 아테네 시민들에게 '알지 못하는 신'에 대해 설교하였는데, 그리스인들은 분별 있게 그들이 누락했던 어떤 신을 화나게 하지 않으려고 그 신에 해당하는 신상을 마련하였다. 바울은 이를 이용해서 그것은 그들이 바르게 이해한 단 하나의 신이라고 말했다. 바울은 그들에게 다음과 같이 이야기했다. 여러분은 끊임없이 신을 찾고 있지만, "사실 하느님께서는 누구에게나 가까이 계십니다. 우리는 그 분 안에서 숨 쉬고 움직이며 살아간다는 말도 있지 않습니까? 또 여러분의 어떤 시인은 우리도 그의 자녀라고 말하지 않았습니까?"(사도행전 17:27- 28)

이 비유대인에게 연설하는 바울의 전략은 놀랍게도 해석학적이다. 비유 대인일지라도 아테네 시민들은 그들이 이미 가지고 있지만 아직 알지 못하는 것을 찾고 있다. 그리고 바울은 그것이 무엇인지를 말해주려고, 즉 그들이 이미 다만 모호하게만 이해했던 것을 그들에게 해석해주기 위해서 아테네에 왔던 것이다. 그들이 하느님에게서 멀리 떨어져 있는 것처럼 여겨질지라도, 하느님은 전혀 생경한 분이 아니다. 왜냐하면 하느님은 그들 자신보다 더 가까이 그들에게 있기 때문이다. 하느님을 찾는 것은 이질적인 존재를 찾는 것이 아니라 자기 소외를 극복하는 것이다. 이 모델은 성 아우구스티누스의 『고백』에 기록된 영적인 탐구로 발전해 갔으며, 그리스도교 실존주의 철학자이자 신학자인 폴 틸리히Paul Tillich(1886-1965)는 그것이 신학의 기본 모델이라고 말하게 될 것이었다.[19] 신에 대한 지식을 얻기 위해서, (데카르트가 했던 것처럼) 무에서 출발하려고 하는, 신 없는 세계로부터, 신에 대한 무지에서 출발하려고 하는 다른 대안은 신학의 생명선을 끊어버리고 결코 신에 도달하지 못할 것이다. 만일 우리가 '신'을 '존재'로 바꿔친다면, 우리는 하이데거에게 있어서 해석학이 무엇을 의미하는지를 볼 수 있을 것이다.

하이데거의 탁자

현사실적 삶의 해석학이 무엇을 의미하는지를 보여주기 위해서 하이데

• •

19. 폴 틸리히, 「종교철학의 두 유형」 in 『문화신학』(Oxford: Oxford University Press, 1959), 10-29쪽.

거는 일상생활에서 끌어온 예 — 자기 집에 있는 탁자, 따로 어디에 있단 말인가? — 를 학생들에게 제시한다. 그것보다 더 흔한 것이 어디에 있을 수 있겠는가? 이 탁자는 일상생활에서 어떻게 우리에게 보여지는가? 탁자는 습관적으로 어떻게 해석되고 있는가? 우리는 탁자가 시공간 망의 어느 한 점을 점유하고 있는 3차원의 연장 물체라고 말함으로써 시작하고 싶을 것이다. 그러나 나중에 특별한 목적을 위해서 탁자를 그런 식으로 생각할 수도 있겠지만, 그것은 탁자가 본래 주어져 있는 방식이 아니다, 즉 현사실적 삶에서 해석되고 있는 방식이 아니다. 그러면 아마도, 하이데거가 제안하는 것처럼, 우리는 이 기술을 채워서 그것은 쓰는 물건이기도 하다고 부언할 수도 있을 것이다. 중립적인 물질적 대상이라는 기본 층위 이외에도, 유용성, 그것의 사용 가치라는 두 번째 층위가 있다. 그러나 그것은 우리의 구체적인 경험이 두 추상의 합성물이라고, 즉, 주어진 것도 아니고, 생생하지도 않고, 경험되지도 않은, 사용 가치를 덧붙인 중립적 대상이라고 잘못 상상하는 것이다. 그러한 구성물은 현사실적 삶의 특징적인 어떻게를 간과하는 것이다.

그렇다면 탁자란 무엇인가? 그것이 있다는 것은 그것이 ~로서 해석된다는 것이라고 하이데거는 말할 것이다. 이 있다는 어떻게로 있다. 이 있다는 ~로서 있다The is is the how. The is is the as.[20] 하이데거의 언어는 풍부한 연상을 자아내기 때문에, 이 경우에는 그리 애매하지 않아서, 길게 인용해볼 만하다.

> 저 집의 그the 방 안에 있는 것은 사람들이 글을 쓰고, 식사하고, 바느질하고, 연주하기 위해 앉는 (다른 방과 집들에 있는 다른 탁자들 중의 '여느a' 탁자가 아니라) '한 특정한the 탁자이다. 누구나 즉각, 예컨대

• •

20. 마르틴 하이데거, 『형이상학의 근본 개념: 세계, 유한성, 고독』, trans. William McNeill and Nicholas Walker(Bloomington: Indiana University Press, 1995), 338쪽.

방문하는 동안, 그것을 본다. 그것은 글을 쓰는 탁자이고, 식탁이고, 바느질하는 탁자이다— 이런 것이 우리가 그 탁자 자체와 마주치는 일차적인 방식이다— 탁자의 이런저런 면은 '별 소용이 없고' 부적당하다. 그 일부분은 파손되어 있다. 지금 방 안에 있는 그것은 전보다 더 좋은 자리에 배치되어 있다— 예컨대 조명을 더 잘 받고 있다— 탁자에는 여기저기 금이 가 있다— 아이들이 그 탁자에서 놀기에 바쁜 것 같다. 이 금들은 물감 칠이 잘못되어 그런 것이 아니다. 오히려 그것은 아이들 때문이었고, 여전히 남아 있다. 이쪽 면은 동쪽 면이 아니다. 이 좁은 쪽은 다른 쪽보다 몇 센티미터 더 짧지만, 저녁에 아내가 자지 않고 책을 읽고 싶어 할 때 앉는 쪽이다. 거기 있는 탁자에서 우리는 그때 이런저런 토론을 했고, 그때 거기에서 한 친구와 그런 결정을 했었고 그때 거기에서 그런 작품을 썼었고, 그때 거기에서 휴가 축배를 들었다 ….

그런 후 하이데거는, 수년 후 그 탁자가 해체되어 더 이상 쓸 수 없게 된 채로 지하실에 처박혀 있다고 말한다.

… 그 탁자는 다른 '물건들'처럼, 예컨대 낡고 거의 몰라볼 정도로 망가진 장난감처럼 —그것은 나의 유년 시절의 것이었다— 방바닥 어딘가에 놓여 있는 채로 발견되었다. 지하실 구석에 낡은 스키가 세워져 있다 —저기 있는 저 책은 X에게서 받은 선물이었다 …. [21]

그 탁자는 또한 거기에 앉았던 다른 사람들과 우리를 연결시켜주고 있고, 그들과 인사를 나누고 유쾌한 시간을 보냈던 흔적이 깃들어 있다. 부모인 그와 그의 아내가 죽고 오랜 후에 아이들이 이 탁자와 우연히

21. 하이데거, 『현사실성의 해석학』, 69-70쪽.

마주쳤다면, 그들 유년 시절의 전 세계가 그들에게 밀려들었을 것이다.

하이데거 탁자의 해석학

우리는 이 상상력이 넘치는 예에서 다룬 많은 것들을 주목해야 하겠는데, 이 모든 것들이 『존재와 시간』 앞부분에서 보여지고 있다 — 이는 분명히 1923년 강의에서 끌어온 것이다.[22]

첫째, 한 해석의 층위를 넘어서 있는 순수한, 해석되지 않은 사실이란 존재하지 않는다. 처음부터 주어진 것은 순수한 사실이 아니라 탁자이고, 그것은 일하거나 먹거나 노는 하나의 장소로서 등장한다. 탁자는 식사하기 위하여in order to 앉기 위한for 장소이다. 그것의 '위하여'가 중립적인 사실에 부가되는 것이 아니라, 처음부터 그것에 등록되어 있다. 세계-내-존재는 세계를 일단의 창백한 비인간적인 대상으로 중립화시키는 순수하고 사심 없는 의식의 문제가 아니다. 그것은 일상적 관심의 세계와 깊게 관계 맺고 있는 존재자의 문제이다.

둘째, 그 탁자는 하나의 고립된 사물이 아니라, 총체적이면서도 연결되어 있는 체계에 속하는 — 의자와 식기, 벽난로와 창문들, 그 집의 다른 방, 집에 이르는 길, 이웃집들, 인근의 도시 등 — 전체의 한 부분이다. 이 체계는 장소성을 띠고 있고localizable, 시대를 알아볼 수 있게 해준다datable. (예를 들어, 거기에는 배경 정보를 떠올리는 텔레비전도 없고, 전자레인지에 대해서도 언급하지 않는다.) 탁자는 하나의 해석적 체계에 속해 있고, 그것을 떠나서는 이해될 수 없다. 전체는 부분의 측면에서 이해되고('의미'를 지니고), 부분은 전체의 측면에서 이해된다. 그것들은 부분과 전체의 '해석학적 순환'을 형성한다. 고고학자가 고대 유물을 발굴할 때, 그들의 첫 번째 물음은 그 유물의 무엇을 위해for which와 '위하여in order to'와 관계하지 않으면 안 된다. 그 연결의 장소는 해당 물품들이 속한 '세계'(선사시대의

22. 하이데거, 『존재와 시간』, §§12-27.

세계, 근대 세계, 예술 세계, 가정생활의 세계 등등)이다.

셋째, 이 전체적 연관에 대한 지식은 명시적이 아니라 암묵적이다. 그것은 아마도 우리가 모든 것이 다르고 올바른 배경적 지식을 갖고 있지 못한 외국을 방문할 때를 제외하고는, 또는 시스템이 망가졌을 때를 제외하고는, 우리가 당연하다고 여기는 그러한 것이다. 전기가 끊어졌을 때 우리는 얼마나 모든 것이 연결되어 있는가를 갑자기 깨닫는다. 중요한 순간에 망치가 망가졌을 때, 우리는 허겁지겁 망치질할 다른 것들을 찾는다.

넷째, 탁자는 우리를, 탁자를 만들었던 목수, 우리를 방문한 이웃 등, 다른 사람과 연결시킨다. 세계-내-존재는 항상 그리고 이미 다른 사람과 함께 하는 존재자이다. 사회 조직은 고립된 자아의 총합이 아니라 처음부터 그 존재가 함께-있음으로 있는 존재자이다.

다섯째, 시공간 망의 어느 한 점에 위치해서 3차원적으로 계량할 수 있는 대상은 해석에서 자유로운 사물 자체가 아니다. 그것은 다른 해석의 결실, 즉 일상생활의 움직임을 멈추고 탁자를 다르게, 하나의 계량할 수 있는 시공간적 대상으로서 받아들인 결과이다. 현존재라는 말로 돌아와서, 현존재는 결코 순수하게 중립적이 아니다. 현존재는 항상 세계에 관심을 두고 있지만, 그러나 다른 관심을 가지고 있다. 예를 들어 우리는 과학적 태도 안에서 우리의 과학적 관심을 강조하기 위해서 책상에 대한 우리의 실천적 관심을 중립화 — 일상적 관심의 세계를 유보 — 시킨다. 과학적 태도를 취하는 것은 우리의 일차적인 세계-내-존재의 수정인데, 이 일차적 세계-내-존재는 배경 뒤에서 항상 움직이고 있는 것이고, 우리가 과학적 태도에서 떠나자마자 다시 제자리로 돌아오는 것이다. 과학적 탐구는 어떤 것을 바라보기 위한 최종 단계나 마지막 객관적인 방법이 아니다. 그것은 많은 다른 방식 중의 하나로서 그 모든 방식은 나름대로 다 참된 것이다. 객관화를 지향하는 과학적 해석이 비합법적인 것도 아니다. 그것은 탁자의 선행 경험에 근거하고 있으며, 그 선행 경험의 수정이다. 탁자가 어떤 식으로 나타나든지 간에, 그것의

'어떻게' 또는 '로서'는 우리가 종사하는 일에 의해 결정된다. 아침 식사 때 물리학자는 탁자에 앉아 있다. 실험실에서는 해석적 체계가 바뀌고 과학적 태도가 부상한다. 그러나 일상적 태도는 곧바로 세계에 대한 첫 번째 중단을 다시 되돌릴 것이다 — 전화기가 울리고 실험 장비가 고장 날 때.

여섯째, 탁자의 어떻게, 탁자가 ~로서 생각되는 것 — 용품으로서, 지난 일을 상기시키는 일로서, 과거 시대 장인의 아름다운 작품으로서, 아원자 입자의 복합으로서 — 이 모든 것은 현존재에게로 거슬러 올라간다. 그것은 현존재가 종사하는 일에 의해, 현존재가 가진 관심에 의해 결정되는데, 하이데거는 이를 '기획 투사projection'라는 표현으로 요약한다. 현존재는 세계 속의 물품이 있는 그대로로서 받아들여지는 전체성을 기획한다. 남성 화장실에 있는 변기와 미술관 장식대에 설치되어 있는 〈샘〉이라는 이름의 변기는 다른 세계에 속한다. 이 세계들은 현존재에게로 거슬러 올라가는데, 이는 현존재가 무에서부터 그것을 창조한다는 의미에서가 아니라, 그것들의 어떻게, 그것들이 생각되는 방식, 그것들의 해석학적인 로서가 현존재의 염려와 관심에 비추어서 현존재에 의해 기획 투사된다는 의미에서 그런 것이다. 현존재의 세계-내-존재는 다양한 관심, 염려와 배려로 이루어져 있다.

일곱째, 여기서 선택된 해석의 예는 고전 문헌을 해석하는 것과 같은 이론적인 활동이 아니라 — 탁자를 사용하는 법을 아는 것과 같은 — 실천적 활동과 관계된 것이다. 현존재는 이론적이고 실천적인 염려와 관심을 다 가지고 있다. 해석 작업은 이론과 실천 간의 구분, 인문학과 과학 간의 구분, 종교적인 것과 세속적인 것 간의 구분을 가로지른다. 그것은 해석이 우리가 하는 어떤 것이 아니기 때문이다. 해석은 우리가 있다는 것에 있는 것이다Interpretation is what we are.

3. 『존재와 시간』

『존재와 시간』(1927)이 출간되었을 때, 그것은 마치 천둥을 치는 소리처럼 들렸다. 아이로니컬하게도 초기의 현사실적 삶의 해석학 강의를 들었던 이들에게 이 텍스트는 사실 좀 재미없는 것처럼 보였다. 초기의 다듬어지지 않은 제1차 세계대전 직후의 강의와 비교해볼 때, 그들은 하이데거가 얼마간 체계와 구조에 대한 독일 강단의 요구에 굴복하지 않을 수 없었다고 생각했던 것이다.

실존 해석학

하이데거의 1923년 강의는 '실존 분석'이라고 칭한 더 넓은 기획의 첫 장의 기초가 되었는데, 이 '실존 분석'은 (여기서 '실존적'은 실존과 관계된다는 것을 의미하는데, 실존주의자들이라고 알려지게 된 일단의 프랑스 사상가들로 인해 유명해진 말이다.) 현존재가 실존existence으로서 자신에 대해 가지고 있는 모호하고 암묵적인 이해를 명시적으로 해석해주는 데 있었다. 그것은 두 가지 조항과 함께 시작한다. 1. 현존재의 본질은 그것의 실존Existenz에 있는데, 이 실존은 전통적인 의미에서 단순한 현전presence인 existentia로 생각되는 것이 아니라, 하이데거의 의미에서 거기에-있어야-하는 것having-to-be-the-there으로 생각되어야 한다. 2. 그런 존재는 매 경우마다 나의 것으로, 나 자신에게만 고유하게 있는 존재이다. 나는 법정에서 나의 소송을 대리하기 위해서 변호사를 고용할 수 있지만, 어느 누구도 나의 현존함existing을 대신할 수 없다.(내가 유죄 판결을 받는다면, 감옥에 가는 것은 변호사가 아니다.)[23]

하이데거는 실존 개념을 덴마크 철학자 쇠렌 키르케고르로부터 받아들였는데, 키르케고르는 아우구스티누스 전통의 루터주의자로서 대단히

● ●

23. 하이데거, 『존재와 시간』, §9, 67-68쪽.

영향력 있는 원류 실존주의자이자, 말할 것도 없이 지난 2세기 동안 가장 위대한 종교적 작가였다. 키르케고르는 뛰어난 논쟁가로서 그 논쟁의 화살은 직접적으로 그가 '전 세계 기독교도들Christendom'이라고 불렀던 19세기 기독교 부르주아를 겨냥하고 있었다. 이런 일요일 아침만의 기독교도들은 교회에서 목회자가 하느님 없이 우리는 그 무엇도 할 수 없다고 말할 때 머리를 끄덕이면서 말로만 기독교에 경의를 표할 뿐, 나머지 주말 시간은 전혀 조금도 신에 대해 생각하지 않고 행동할 수 있는지를 모든 사람에게 보여주면서 지내고 있다고 키르케고르는 말했다. 이런 우수개깃에 반대해서, 그는 진짜 '실존적' 기독교인이 되는 일을 제언했는데, 여기서 실존은 '존재-가능being-possible'으로 정의되고, 이는 우리 존재자가 존재할 수 있는 존재자a being-able-to-be, 즉, 자동 조립라인의 완성품이 아니라 지속적으로 자유와 결단의 작업을 하는 자라는 것을 의미한다. 왜냐하면 기독교인이 된 '현존하는 개인'은 세례를 받는 문제가 아니라 '신 앞에coram deo' 일대일로 서서, 공포와 전율 속에서 고투하는 문제이기 때문이다. 실존적 진리는 나에게 참인 진리인데. 키르케고르에게 이것은 악순환적인 진리의 상대화를 의미하는 것이 아니라 '단독자'의 진리, 신 앞에 홀로 서 있는 실존적 자기의 진리를 의미하였다. 이 경우의 진리는 아우구스티누스가 말했던 것처럼 결코 중립적이지 않은 것이다. 우리는 진리가 우리 편에 있을 때 그것을 사랑하거나, 아니면 그것이 우리를 벌하고 우리의 유죄를 선언할 때 그것을 증오하거나이다. 아우구스티누스에게 있어서와 마찬가지로 키르케고르에게 신은 진리이고, 또 신은 잘못하지 않는다.

『존재와 시간』에서 키르케고르와 더불어 하이데거의 '실존 분석'이 했던 작업은 종교적 요소를 빼버림으로써, 키르케고르의 기독교적-실존 분석을 세속화 한 것으로 다양하게 기술될 수 있다. 즉, 기독교적인 내용을 빼버리고 그것을 형식화 하고, 실존 또는 존재-가능을 우리 존재의 특징이나 구조로 전환시켜 존재론화 한 것 — 특수한 내용이 무엇인지는 상관없이

— 이라 할 수 있다. 우리의 존재는 존재를 위한 가능성이다. 그것이 기독교인, 예술가, 교직자, 사회활동가가 되는 가능성을 의미하든, 아니면 우리의 자유 앞에서 그 어떤 가능성도 없어지지 않는다는 것을 의미하든지 말이다. 이런 특수한 가능성들을 하이데거는 우리 존재의 일반적 또는 근본적 '실존적existential' 구조에 대한 '실존론적existentiell 변화inflection라고 불렀다.[24]

퇴락

『존재와 시간』의 1부는 처음부터 우리가 매일매일 일상적 관심을 가진 대중 속에 있다는 것에서부터 시작한다. 흥미롭게도 하이데거는 가족 탁자에 대한 기술에 — 아이들, 과거 일들에 대한 기억 — 더 이상 손대지 않고 생략한 채, 일상 용품인 '도구equipment'로서의 탁자에 주의를 집중한다. 그는 우리가 자연적인 성향으로 인해 세계에 '매료'되는 경향이 있다는 점을 강조한다. 현존재가 거주하는(세계-내-존재) 세계는 현존재가 보다 깊은 (실존적) 문제를 배제하게끔 현존재를 묶어두고 있다. 일상성everyday-ness은 그 안에서 움직이는 현존재를 빨아들이는 일종의 흡인력을 행사한다. 그리고 현존재는 제 스스로 '대중의 해석'을 손쉽게 받아들이게끔 유혹되어 이 세계 속으로 '퇴락fall'하려 한다. 그것은 '세상사람they'이 말하고 생각하고 행하는 것에 들어 있는 세계 해석이다. 그 경우 모든 것은 즉시 이해되고, 명백한 상식의 문제가 되며, 아무것도 의문에 붙여질 필요가 없다. 현존재는 평균적인 일상성 속에서 전혀 특수한 자기가 아니며, 어느 누구의 자기도 아니다. 세상 사람의 자기they-self는 나 자신의 자기가 아니다. 과연 실제로 그것은 전혀 자기가 아니다. 그것은 '비본래성in-authenticity'이라고 부르는 조건으로, 독일어에서 문자 그대로 비본래성 not-my-own-ness/Uneigentlichkeit을 의미하는 단어이다.[25]

● ●

24. 하이데거, 『존재와 시간』, §4, 33쪽.

54

일상성 속으로 퇴락하면서, 현존재는 군중과 어울리고, 쉬운 길을 쫓아 간다. '쉬운 것'에 대한 화제는 키르케고르가 사용해서 아주 유명해진 필명인 요하네스 클리마쿠스Johannes Climacus에게서 찾아볼 수 있다. 하이데 거가 지적한 바와 같이 키르케고르는 하이데거 초창기 시절 자기의 작업에 있어서 하나의 완전한 '충격'이었다. 클리마쿠스는 (19세기의) 사람들이 모두 다 더 쉽게 살아가려고 하기 때문에 — 철학자들은 온갖 것을 설명하 는 체계를 만들어내려 하고 있고, 도처에서 전신과 철도와 신문이 삶을 편하게 하고 있기 때문에 — 자기에게 남아 있는 유일한 계획은, 자기가 혁신자로서의 가망이 있다면, 일을 더 힘들게 만드는 것이라고 중얼거린다. 클리마쿠스는 모든 일을 쉽게 만드는 것이 깊이 있고 실속 있는 삶을 박탈한다는 사실을 상기시켜주고 있다. 우리는 도처에서 바쁠 수 있을 만큼 바쁜 대로 있지만, 인생의 궁극적인 본무를 무시한다. 우리는 신속한 진보를 이루어내고는 있지만, 어디로 가야할지를 모르고 있다. 우리는 도처에서 우리의 일상 관심 속에 휩쓸려 있지만, 우리의 '궁극적 관심'(틸리 히)을 도외시하고 있다. 이것은 우리 자신과 같은 존재자에게 참인 존재의 문제를 제기하는 것이다. 니체처럼 키르케고르도 앞을 내다보고 '대중', '세상사람'을 19세기 삶의 새로운 현상으로 기술하였다. 이 새로운 철학의 범주는 — 만일 이것을 하여튼 철학이라고, 새로운 실존 철학이라고 부를 수 있다면 — 새롭게 출현한 대중 매체, 신문과 전신이 작용한 것이다. 사회 매체 및 인터넷과 더불어, '대중 해석'의 힘, '세상사람'의 힘은 전례 없는 힘을 가지고 폭발되었는데, 그 요지에 대해서는 9장에서 다시 논의하 게 될 것이다.

양심의 소리
『존재와 시간』 1부는 평균적인 일상성 속에 있는 현존재를 다룬다.

25. 하이데거, 『존재와 시간』, §27, 126-130쪽.

2부는 현존재의 '본래성own-ness, Eigentlichkeit'을 다룬다. 여기서 현존재는 그 방탕한 일상성에서 떠나 더 깊은 자기로 불려간다. 그 전략은 전적으로 해석학적 순환의 실존적 설명에 의존한다. 현존재에 대한 일상적 해석에 종사하는 것은, 실존으로서, 즉 그것의 존재를 있음에서 가지는 존재자로서, 그것의 존재에 대한 선-이해를 소멸시키지 않는다. 그것은 불가능할 것이다. 왜냐하면 이 선-이해는 우리가 존재한다는 것에 있기 때문이다. 따라서 선-이해가 아무리 말을 못하거나 훼손되었을지라도, 억압되어 있거나 잊혀졌더라도, 모호하거나 떨어져 있더라도, 그것은 항상 거기에 있다. 거기에 무엇이 있는가? 그것, 우리를 '부르는' 그것, 퇴락의 '유죄'를 우리에게 선포하는 그것, 바로 실존적 양심의 소리이다. 『존재와 시간』에서 하이데거는 대단히 아우구스티누스적-루터적-키르케고르적 자기의 악장을 반복하고 있지만, 그러나 여기서는 완전히 존재론적인 조성으로 바꾼다. 양심의 소리는 신의 소리가 아니라, (비본래적인) 자기를 (본래적인) 자기로 되돌리면서, 자기가 자신에 대해서 부르는 소리이다. 양심의 소리는 해석학적 순환의 원환을 회복시킨다. 그것은 우리 자신으로부터 (우리 자기 이해의 심층으로부터) 일어나서 (일상성에서 표류하고 있는) 우리 자신에게 말을 걸고 있고, 우리 자신으로 되돌아가도록 또는 우리 자신이 되도록 우리를 부르고 있다. 그 소리는 무엇을 말하고 있는가? 아무것도 말하고 있지 않다. 그것은 어떤 구체적인 충고를 하는 것이 아니다. 그것은 그냥 자기를 자신 앞에 소환하는 것이며, 그 자신이 되라고 말하는 것이다.[26]

실존적 존재자로서 우리들이 저마다 우리 자신에 대해서 가지고 있는, 늘 활동적이어서 억제할 수 없는 선-이해가 고요한 일상성을 교란하고, 막연한 걱정과 더불어, 확연한 '두려움fear'보다 더 근심스러운, 더 깊지만 불명확한 '불안anxiety'과 더불어 우리에게 출몰한다. 우리는 치과에 가는

• •

26. 하이데거, 『존재와 시간』, §56-57, 317-325쪽.

것을 두려워하지만, 그러나 우리의 세계-내-존재에 대해서는— 우리의 단독성 속에서 우리 각자에게 우리가 저마다 알고는 있지만 말하지 못하는 것을 상기시키면서— 불안해한다. 즉, 우리의 삶이 오해되고 있다는 것을, 잘못 이해되고 있다는 것을, 우리가 어리석지는 않다는 것을, 우리들 각자가 우리 존재에 대해서 홀로 책임을 지고 있다는 것을 말이다. 우리는 항상 그리고 이미 그것을 알고는 있지만, 그것을 억누르려는 경향이 있다. 우리는 우리가 바위나 탁자^{existentia}와 같지 않다는 것을 안다. 우리는 우리가 고정된 본질에 사로잡혀 있지 않다는 것을 안다. 우리는 실존이 자유를 의미한다는 것을 안다. 우리는 우리가 완결된 현실태가 아니라 존재-가능이라는 것을 안다. 우리는 우리 존재의 의미가 영원부터 배정되었던 것이 아니라는 것을, 우리의 존재가 우리의 존재로 있기 위해서, 현존하기^{exist} 위해서 우리의 존재를 해석해야 한다는 것을 안다. 선-이해는 자기 앞에 오해를 소환하고, 존재를 위해 그 본래적 잠재성을 떠맡도록 그것을 불러낸다.

그것은 실존적-해석학적 순환이다. 항상 그리고 이미 있는 우리와 같은 존재자에게 참이 되는 순환이다. 이런 발상은 순환을 제거하지 못하지만, 그러나 우리의 가장 깊은 전제로, 우리 자신에 대한 우리의 가장 진실한 선-이해로 뚫고 들어가기 위해서 본래적인 방식으로 그 순환에 들어가게 해준다. 다시 한 번 아우구스티누스: 저는 당신을 찾아 나갔지만 당신께서는 언제나 제 곁에 계셨습니다. Noli foras ire, 밖으로 나가지 말고 안으로 들어가라, 거기에 실존적 진리가 살고 있다.²⁷

본래적 결단

진정한 해석을 확보하기 위해, 해석학적 분석은 현존재를 세심히 살펴보

• •
27. 아우구스티누스, 『참된 종교에 대하여』, trans. J. Burleigh and I. Mink(New York: Henry Rebnery, 1991), §39.

지 않으면 안 된다. 1. 전체로서 — 이 분석은 일상적인 세계-내-존재에게만 한정되어서는 안 되고 탄생에서 죽음에 이르기까지 인생 전체를 포괄해야 한다. 2. 본래적으로 — 이 분석은 세계의 매력에 미혹되어 있는 현존재를 본래적인 자기로 되돌려야 한다. 현존재를 전체로서 생각한다는 것은 현존재의 일상적인 가능성 이외에도 궁극적으로 현존재 앞에 놓여 있는 것, 그것이 극단적인 존재 가능성its uttermost potentiality-for-being이 죽음이라는 것을 보는 것이다.[28] 유령처럼 뒤에서 배회하면서, 현존재의 극단적인 존재-가능은 더 이상 가능성이 없는 가능성, 더 이상-거기에-있지-않음의 가능성, 불가능성의 가능성이다. 죽음의 가망성prospect은 현존재를 세상 사람으로부터 떼어내어 진정한 자기 앞에 데려다놓는데, 여기서 죽음은 예전에 신으로 알려진 존재자의 역할을 한다. 아우구스티누스와 키르케고르에게서 개인의 영혼은 '신 앞에', 신의 진리의 밝은 빛 앞에 홀로 서 있다. 『존재와 시간』에서 실존하는 개인은 죽음 앞에('죽음에-붙여진-존재자'), 더 이상-거기에-있지 않는-존재자라는 어두운 심연 앞에 홀로 서 있다.

죽음의 가망성에 직면하여 결연한 마음을 품고 나면, 일상성이라는 눈금은 우리의 눈앞에서 아래로 떨어지고, 현존재의 본래적 존재가 개시하며, 현존재는 자기의 가장 고유한 존재 방식을 드러내 보인다. 물론 이것은 『존재와 시간』에서 하이데거가 우리들 각자가 내려야 할 하나의 참된 선택을 발견할 것이라는 점을 의미하지 않는다. 그것은 전혀 그의 과제가 아니다. 그것은 우리가 저마다 결정해야 할, 우리 고유의 실존론적 과제이다. 그러나 철학자로서 그가 할 수 있는 것은 본래적인 현존재의 형식적, 존재론적, 실존적 구조를 상세히 설명해주는 것이다. (한 논평자가 재치 있게 말한 것처럼, 『존재와 시간』을 읽은 후 그는 긴급히 무언가를 해야 할 필요는 느꼈지만, 무엇을 해야 할지는 알지 못했던 것이다.)

● ●

28. 하이데거, 『존재와 시간』, §45, 274-278쪽.

시간성

실존의 이 불분명한 선-이해는, 그것이 실존적 '시간성'으로서 이해될 때 잘 설명된다. 즉, 본래적인 결단은 시간 자체가 지닌 3중 구조를 가진다.[29]

(a) 현존재는, 오로지 자신으로만 존재할 잠재성을 현실화 하면서, 자신의 고유한 존재 가능성을 향하여 자신을 앞으로 내던진다.(본래적인 미래)

(b) 현존재는 이를 난데없이out of the blue 하는 것이 아니라, 이미 현존재 자신이 있는 구체적인 해석학적 상황에서 하는 것이며, 이때 그 상황은 과거의 무거운 짐으로 보여지는 것이 아니라 가능성들의 집합으로서 보여진다.(본래적인 과거)

(c) 세상 사람과 어울리려는 유혹인 '현 시대present age'의 세력에 저항하면서, 현존재는 실존적 진리와 본래성의 계기 속에서 결단의 순간을 결심한다.

충분히 해석될 때, 현존재는 그 존재자를, 한낱 시간 속의 존재자로서가 아니라 그 존재가 (계기 속에서 과거로부터 나와서 미래를 향하여) 시간화 되어가는 존재자로서, 시간적으로 이해한다. 만일 우리가 '시간'이라는 명사를 동사처럼 다룰 수 있었다면, 우리는 현존재가 그 존재자를 시간-흐름time-ing, 시간화함temporalizing/Zeitigung으로서 이해한다고 말할 수 있었을 것이다.

하나의 자기가 되어간다는 일은 일종의 무로부터의 창조가 아니라, 완전한 자유 속에서 수행되는 행위가 아니라 — 이는 자유를 절대화 한 관점에서 자유를 강조했던 장 폴 사르트르가 범했던 실수인데 — 특정한

• •

29. 하이데거, 『존재와 시간』, §62, 349-352쪽.

상황에 놓여 있는 자유에서, 본래적이 아닌 반복과는 대립되는 본래적인 반복에서 이루어진다. 실존적-해석학적 순환에서, 내 과거의 의미는 항상 그 앞쪽에 있고, 내 미래의 의미는 이미 얼마간 거기에 있다. 나는 과거가 건네준 가능성들로부터 끌려 나오지만, 그 가능성들에 의해 짓눌리지 않으며, 완전히 넓게 개방되어 있지는 않은 미래에로 향하고 있다. 미래는 특수한 과거 — 특정 문화, 특정 언어, 특정 역사 등 — 를 가진 누군가의 미래이다. 나는 내가 물려받았던 가능성들 위에서 기획 투사한다. 미래의 범위는 과거가 확정한 한도 내에서 고정되어 있다. 알렉산더 대왕이 아무리 위대했다 하더라도, 그는 결코 알래스카를 정복하지는 못했을 것이고, 또는 달에 발을 들여놓을 수는 없었을 것이다.

변용의 실존 역학

실존 — 해석학적 순환의 역학 덕분에, 본래적 자기 — 해석은 마른하늘의 날벼락처럼 공백 상태에서 일어나지 않는다. 실존적 개인은 자기 혼자 solus ipse('유아론자인' 것처럼) 있는 개인이 아니다. 대신에 하이데거는 본래성이 비본래성의 '변용modification'으로 일어난다고 말한다. 자기 자신으로 — 있음은 타자와 더불어 — 있음의 변용이다. 우리는 우리가 있는 곳에서 출발한다. 우리는 무대에 도착하기 전에 이미 상연되고 있는 세계에서 태어나고 성장하였으며, 그 세계에 의해 형성되었고, 그 세계로부터 우리의 모든 자원을 끌어온다. 그러나 어떤 면에서 우리는 우리 고유의 특징을 지니고 있다(또는 지니고 있지 못하다). 우리는 우리가 물려받은 공동 세계를 '전용하는appropriate'데, 이는 문자 그대로 우리가 세계를 우리 고유의 방식으로 활용한다inflect는 것을, 우리 자신의 것으로 만든다는 것을 의미한다. 처음에는 실수하지 않고 고전 음악을 연주하는 법을 배우기 시작했다가, 마침내 결정적인 면에서 연주가 자기들 고유의 것이 될 때까지 숙달한 위대한 피아니스트들의 길을 생각해보라. 그들은 그들 자신만의 스타일을, 그들 자신의 고유한 해석을 획득한다. 본래성은 항상 우리가 처음에 세계 속에서 처해 있는 평균적인 비본래적 일상성에 대한 하나의 활용, 하나의 전용, 하나의 반복이다.[30]

파괴, 폭력 그리고 회복

그러나 전용이 행복한 것만은 아니다not just wine and roses. 본래적 변용 또는 전용은, 하이데거가 전승된 해석의 '파괴destruction'라고 불러서 논란이 많았던, 하나의 중단을 요구한다.[31] 우리는 곧바로 하이데거가 이 개념을 루터로부터 받아들였다는 것을 주목해야 한다. 루터는 신약성서에서 기독교의 근원적인 사료들을 수정하고 본래의 기독교적 충격을 새롭게 방출하는 것을 일생의 과제로 삼은 인물이었다. 루터는 기독교에 스스로의 개혁 또는 일신을 촉구하였는데, 이것은 완전히 새로운 무언가를 하는 것이 아니고, 옛것 중에서도 가장 오래된 것으로 돌아가는 일이었다. 이것은 그때까지 원시 기독교를 가려왔던 중세 스콜라 형이상학의 파괴destructio — 루터는 라틴어로 말했다— 를 요구하였는데, 이 말은 하이데거가 『존재와 시간』에서 존재론 역사의 '파괴Destruktion'에 대해서 말했을 때 썼던 용어이다. 이것은 허무주의가 하는 일이라고 그의 비판자들에 의해 오해되었지만, destructio란 이제는 근원을 차단하고 있는 전통에 가라앉아 있던 침전물을 휘저어놓는, 반침전desedimentation을 말한다. 데리다가 데콩스트럭시옹déconstruction이라는, 현대 이론에서 각광받는 낱말을 만들어냈을 때, 이것은 하이데거에 대한 한 주해였다. 그런데 하이데거는 루터를 주해하였고, 루터는 성 바울(고린도전서 1:19)을 주해하였고, 성 바울은, 주님께서 "나는 현자의 지혜를 파괴하리라."고 말씀하신다고 했던 이사야를 인용하였던 것이다.[32] 반복과 해석의 역사를 얘기하기란, 나 원 참!

하이데거는 또한 본래적 해석이 어떤 해석학적 폭력을 요구한다고 말한

• •

30. 하이데거, 『존재와 시간』, § 35, 213쪽.
31. 하이데거, 『존재와 시간』, § 6, 41-49쪽.
32. 반 뷰렌(van Buren), 『청년 하이데거(The Young Heidegger)』, 67쪽.

다.[33] 나중에 더 폭로된 하이데거의 나치즘이 알려진 후, 지나고 나서 보니, 이런 말을 선택한 것은 특별히 불쾌한 일이 되고 말았다. 만일 내가 하이데거의 홍보 책임자였다면, 나는 그에게 다른 말을 물색해보라고 충고했을 것이다. 그러나 하이데거에게 이 말은 윤리적, 정치적, 또는 군사적 폭력을 의미하는 것도 아니었고, 아무리 임의적일지라도 우리가 좋아하는 것을 멋대로 말할 수 있다고 하는 "무엇이든 다 허용된다."를 의미하는 것도 아니었다. 해석학적 폭력이란, 본래성이 군중 앞에 서 있기 위해서, 성미에 거슬리는 군중들의 말을 쓸어버리기 위해서 인격의 실존적 용기를 요구하는 것과 같은 식으로, 원본과 만나기 위해서 기존 해석의 압력을 밀쳐내는 것을 의미한다. 본래적 해석은 경솔한 피상성의 베일로 사태를 덮어버리고 사소화시키는 대중 해석의 경향성과 반대로 움직인다. 그것은 가려졌던 것을 벗겨낸다. 위대한 개혁자는 정확히 이것이 무엇을 의미하는지를 안다.

해석학에서의 창조는 무로부터의 창조가 아니라 회복함이다. 그것은 반복을 통해서 일어난다. 정확히는 완전히 끝나버린done and over with 무엇인 과거를 통해서가 아니라, 시종 거기에 있었던 것의 본래적 회복으로서 내내 움직이고 '있었던' 것을 통해서 일어난다. 본래적 반복은 과거의 현실화 된 것들을 재생산하지 않는다. 그것은 전승된 가능성들을 현실화 한다. 그것은 가능태의 원천으로서 있어왔던 것으로 돌아간다. 그것이 바로 하이데거가 가능태가 현실태보다 더 중요하다고 말하는 이유이다. 가능태는 미래의, 갱신 가능성의 궁극적인 자원이다. 해석학은 '가능태의 말없는 힘'으로 움직인다.[34] 해석학적 회복은 기원으로, 원천으로 되돌아가서, 해석학의 가장 깊은, 그때까지 이용되지 않은 에너지를 해방시킨다.

---

33. 하이데거, 『존재와 시간』, §53, 311쪽.
34. 하이데거, 『존재와 시간』, §76, 446쪽.

역사성, 역사 연구 그리고 인문학

『존재와 시간』에서 이 근본적인 해석학적 도식 — 본래적 해석들은 전승된 해석의 변용이라는 — 은 우리의 개인생활에서부터 단체생활, 한 국가에서의 사회생활에 이르기까지 모든 것에 대해서, 인문학에 대해서도 그리고 과학에 대해서도 유효하다. 현존재의 실존적 시간성의 순환 역학은 해석학에 대해서 여러 가지 중요한 의미를 가진다.

현존재의 시간성은 현존재의 역사성의 토대이다.[35] 나의 존재-가능을 넘어서, 우리의 존재-가능이, 우리의 세대가 전승되었던 집단적 가능성들이, 우리 역사적 존재자의 저 '우리'를 구성하는 가능성들이 있다. 이것은 현존재의 역사적 유산의 가장 깊은 침전물로 되돌아가는 문제이며, 역사적 반복 또는 우리의 집단적 유산의 재전유에 종사하면서 그것들을 자신의 것으로 만드는 문제이다. 하이데거는 이것을 '역운destiny' — 독일어로는 'Geschick' — 이라고 부르는데, 이것은 우리의 전통에 의해서 우리의 길로 집단적으로 '보내졌던schicken' 것, 우리가 할 일로 맡겨졌던 것을 뜻한다.

순전한 존재론적 문제에서 볼 때, 이에 관해 불길한 것은 없다. 불행하게도 하이데거가 염두에 두었던 집단the collective은 인류 일반humanity at large이 아니라 우리 '민족Volk'이었다. 돌이켜볼 때, 이 구절은 세계의 지도자 역할을 해야 할 독일 민족의 집단적 '역운'에 대해 이야기하는 1933년의 국가사회주의자 하이데거에 대해서 우리에게 경고하는 점멸 신호 역할을 한다. 그러나 당시에는 어느 누구도 이것을 수상히 여기지 않았다. 그리고 더 중요한 건, 그것이 하이데거가 생각했던 것이라 할지라도, 그것은 — 비록 혐오스럽다 할지라도 — 하이데거의 (실존론적) 과제였다. 그것은 그의 해석이었다. 그러나 하나의 실존 구조로서 이 문맥은 민주주의, 민권의 집단적 '역운'에도 — 즉, 진정으로 불러오는 것과 부름을 받는 것 — 그에 못지않게 적용될 수 있다. 여기에서 여성의 권리와 유색인의

- -
35. 하이데거, 『존재와 시간』, §74, 434-439쪽.

권리를 확립하는 세계사적인 변화가 일어나는 것이다. 이런 의미에서 마르틴 루터 킹은 역운의 남자이고, 로자 팍스Rosa Parks는 역운의 여성이다. 지금 우리 세대는 미래 세대에게 기후 변화에서 유래하는 집단적인 역사적 의무를 지고 있다.

나아가, 현존재의 **역사성**Geschichtlichkeit은 현존재의 사료 편찬Historie, 즉 역사 기술의 기초, 역사적 해석의 토대가 된다.[36] 우리는 역사를 연구한다. 왜냐하면 우리가 역사적이기 때문이다. 하이데거에게 역사적 탐구란 실제로는 우리 같은 역사적 존재자를 그 시원적 힘에로 노출시킴으로써 그를 이해하려는 시도이다. 그것은 우리 전통에 생명을 주는 원천을 되찾으려는 것이며, 과거의 현실들을 반복함으로써가 아니라 전통에 의해 우리에게 넘겨진 실존적 가능성들을 반복함으로써 그리하여 새로운 가능성들을 현실화함으로써 그렇게 하려는 것이다. 역사 연구는 실존적으로 살아가는 탐구자들에 대한 탐구인 것이지, 먼지 풀풀 나는 기록 보관소를 파헤치는 무정하고, 현실에 유리된 사람들에 대한 탐구가 아니다. 이 점은 가다머가 세밀하게 발전시킬 것이다.(3장) 예컨대 오늘날 우리가 "모든 남자men는 평등하게 창조되었다."라는, 계몽주의 사상 안에서 고동쳤던 충격으로 되돌아갈 때, 우리는 가능성을, 가능태의 힘을 경험하는데, 이를 여성, 노예, 무산자도— 비록 그 성명서가 처음 낭독되었을 때 이들이 포함되어 있지 않았을지라도— 그와 같은 평등의 권리를 주장할 수 있는 '가능성화 possiblizing'라고 말해보자. 이것은 여성 연구회처럼, 과거의 잊혀진 여성들을 찾아 나서는 현대의 탐구 프로그램을 탄생시킨다. 그런 작업은 역사적 탐구나 역사적 객관성을 손상시키는 것이 아니라 오히려 추진시킨다.

게다가 이것은 역사 연구에 대해서 뿐만 아니라, 좀 더 일반적으로 인문학과 사회과학을 모두 포함하는, 소위 독일어로 **정신과학**Geisteswissen-shaften에 대해서도 유효하다. 이것은 하이데거의 해석학이 인문학의 '방법'

---

36. 하이데거, 『존재와 시간』, §75, 439-444쪽.

(빌헬름 딜타이)을 공급한다는 것을 의미하는 것이 아니라, 인문학에서 일어나고 있는 것을, 인문학의 실존적 진리를 이해하는 방법을 제공한다는 것을 의미한다.[37]

자연과학의 해석학

끝으로 『존재와 시간』에서 일어났던 해석학적 전환 중, 가장 흥미 있으면서도 종종 간과되어 왔던 하나의 특징이 하이데거의 자연과학의 해석학에서 발견된다. 이것은 놀랍게도 토마스 쿤Thomas Kuhn의 획기적인 책 『과학 혁명의 구조The Structure of Scientific Revolutions』(1962)를 선취하고 있는 것이라 할 수 있다.[38] 하이데거에게 하나의 해석은 사물들이 현재 그대로의 모습으로서 나타날 수 있는 지평에 투사된다. 따라서 가족의 탁자는 탁자로서 나타난다. 왜냐하면 그것은 현사실적 삶의 세계나 지평 내에, 그것의 독특한 존재 양태의 틀 내에 위치해 있기 때문이다. 그것은 그것의 ~로서 있다. 그것은 우리가 그것을 이해하는 대로 있다. 이것은 모든 다양한 분야에 있어서도 참이다. 다양한 연구 분야들은 저마다 그 영역 속의 대상들을 현상시키는 지평을 설정하거나 고정시키는 해석적 틀(하나의 '존재 이해') 내에 놓여 있다. 각 분야는 그 자신의 '근본 개념들'에 의해 ─ 생물학에서는 '생명', 문학에서는 '언어', 물리학에서는 '시공간' 등등처럼 ─ 미리 그 경계가 고정되어 있다.

• •

37. 딜타이에 대한 하이데거의 해석은 귄터 피갈(Günter Figal)의 『객관성: 해석학적인 것과 철학』, trans. Theodore D. George(Albany, NY: SUNY Press, 2010), 그리고 루돌프 A. 막크렐(Rudolf A. Makkreel)의 『해석학에서의 방향정위와 판단』(Chicago: University of Chicago Press,2015)에서 의의가 제기된다.
38. 토마스 쿤, 『과학 혁명의 구조』 4th, edn, with an Introduction by Ian Hacking(Chicago: University of Chicago Press,1962, 2012). 확실히 니체는 물리학도 하나의 해석이라고 격한 어조로 선언하였지만, 정확하게 해명해주지는 않았다. 프리드리히 니체, 『선악의 저편』, trans. R. J. Hollingdale(New York: Penguin, 1973), '철학자들의 편견에 대하여', 26쪽.

이것이 인문학에서도 자연과학에서도 다^{both} 일어나고 있으며 그 결과 하이데거의 해석학에서 양 학문 간의 뚜렷한 구분이 약화된다는 점을 보는 것이 중요하다. 자연과학적 사유는 지평에서 자유롭지 않다. 그것은 그저 다른 지평을 사용하고 있는 것이다. 과학자들은 사물들을 수학적 측정 가능성의 지평 위에 투사시킨다. 일상성이라는 초기 설정을 중단함으로써, 탁자는 하나의 가구가 됨으로부터 이동하여 시공 망의 어느 한 지점에 위치한 측정 가능한 질량으로서 생각된다. 그러나 이것은 일상 사물로서의 그것의 현존을 부인하는 것이 아니다. 작업하고 있는 과학자는 현존하는 존재자로 남아 있다. 이런 근본적인 개념들은 난데없이 생겨나는 것이 아니라, 선-과학적 삶으로부터 끌어낸 것이다. 생물학자들은 생물학 실험실이 있기 오래전부터 우리 모두가 겪었던 살아 있는 존재자에 대한 경험을 과학적인 용어로 논의하고 있는 것이다.

하이데거에게 과학은 무언가를 '하는' 것으로서, 실험하고 측정하고, 계량기를 읽고, 이론과 실천 간의 구분을 만들어내기도 하는 능력을 요구하는 세계-내-존재자의 한 실천 양태이다. 자연과학자들은 아바타처럼 하늘에서 떨어진 자들이 아니다. 그들은 영화 〈스타워즈〉에 등장하는 미스터 스포크처럼 벌칸족이 아니라, 그들의 실험 작업을 일군의 전제, 직관과 예감 그리고 해결을 위한 실무 감각과 연결시키는, 역사적 관심을 지닌 구체적인 역사적 존재자들이다. 그들이 저것(여성 문제, 빈곤국 병폐)보다는 이것(남성 문제)을 탐구할 것인지의 여부는 그들이 누구인지에, 정치와 돈줄^{politics and purse strings}에 달려 있다. '가치에서 자유로운' 과학이라는 이념, 전제 없는 과학자라는 이념, 사심 없는 냉정한 정신이라는 이념은 위험한 신화이다.

과학적 위기
일상 과학 작업에서 이런 지평들은, 그 분야의 현존하는 지평, 지배적인 모델들을 점차적으로 확증하고 수정하면서, 그 영역에서의 지속적인 경험

과정에 의해 변경되고 수정된다. 대부분 탐구는 그 결과를 매뉴얼에 수집하고, 그 분야의 정보를 증가시키고 그 지식을 제자에게 전수하는 '방향으로 경도되어' 있다고 하이데거는 말한다. 그러나 '진정한 진보'는 다른 곳에 놓여 있다고 하이데거는 지적한다. 진정한 "과학의 진전은 그 기본적인 개념들이 얼마간 근본적인 개정을 겪을 때 일어난다…. 하나의 과학이 도달한 수준은 얼마나 그것이 그 기본 개념에 있어서의 위기를 잘 감당할 수 있는가에 의해 결정된다."[39] 이런 일은 루터가 신학에서, 아인슈타인이 물리학에서 모든 것을 변화시켰을 때 일어났다. 여기에다 우리는 천문학에서는 코페르니쿠스가, 심지어 회화에서는 피카소가 그러했다고 덧붙일 수 있을 것이다. 그런데 진보는 선형적인 변화가 아니라 혁명적인 변화, 즉, 해석학적 지평에 있어서의 변화이다. 이 시점에서 그전까지 안정적이었던 한 분야가 '비틀거리기 시작한다'. '근본 개념들(지평들)'은 영원하거나 무시간적인 형식이 아니라 역사적-시간적 투사들이다. 이러한 변혁적 변화transformative change가 과학 내부에서 수행된 실제적인 작업을 '능가한다 run ahead'.

하이데거의 관점에서 볼 때, 철학이 일반 문화에서 할 수 있는 일이 여기에 있다. 이는 오늘날 우리가 상상하기 힘든 생각인데, 그것은 바로 지금까지 모든 과학 활동이, 현전presence, 정지rest, 정체stasis, 안정으로서의 존재라는, 지금까지 숨어 있고 의문시되지 않는 이런 존재 이해에 의해 방해를 받아온 반면에, 운동과 생성이 불완전성으로서 폄하되고 있다는 것을 보여주는 것이다. 개인들은 왔다가 가는 반면, 생물학적 종은 영원하다고 아리스토텔레스가 생각했던 것처럼, 칸트도 그가 제시했던 범주표가 불변적이고 영원히 참이라고 생각했다. 그러나 하이데거는 존재 일반의 의미를 의문에 붙임으로써 과학적 진보를 위한 추동력을 제공할 수 있다고 생각하는데, 이는 우리 범주가 모두 시간적이며, 예상치 못한 변화를 겪는다는 것을 보여주는 데 있다.

쿤의 과학 혁명과 비교하여

놀랍게도, '정상' 과학과 '혁명' 과학이라는 쿤 식 구분의 기본 요소들과, 자연과학과 인문학의 경계를 가로질러 과학적 '패러다임 변화'를 일으키는 '위기'의 기본 요소들이 이미 쿤 이전 35년 전 『존재와 시간』 안에 자리하고 있었다. 이런 통찰을 계속 추적하는 대신에, 하이데거는 점차적으로 '원자력 시대' 심지어 '정보 시대'에서 ― 그가 1956년에[40] 선견지명으로 끌어낸 말이다 ― 자연과학과 기술계의 점증하는 힘과 위세에 놀라게 되었다. 과학 기술이 지구와 인간 생명 자체를 과학 기술의 조잡한 재료로 바꿔 놓으려고 위협한 것이다. 그 결과 하이데거는 과학 기술의 적대적이면서도 구시대적인antediluvian 비판자로 여겨지게 되었는데, 이런 평가는 전적으로 거짓도 아니고 전적으로 참도 아니다. 그의 관심은 정당했을 뿐만 아니라 ― 기후 변화와 환경 파괴가 일으킨 위협이 분명히 보여주는 것처럼 ― 그가 추구하지도 않았고, 다른 이들에 의해서도 충분히 추구되지 않았던, 『존재와 시간』에서의 과학 해석학을 위한 비옥한 공지가 거기에 있는 것이다.[41]

『존재와 시간』에서 하이데거는 근대성의 중추 원리인, 자연과학과 인문과학 간의 엄격한 구분을, 좀 더 일반적으로 말해서 과학적-합리적-객관적인 것과 비과학적-정서적-주관적인 것 간의 구분을 약화시킨다. 이 이분법은 어떤 분야에서 상대적으로 안정적이고, 규약적인(정상적인) 질서

• •

40. 마르틴 하이데거, 『이성의 원리』, trans. Reginald Lilly(Bloomington: Indiana University Press, 1990), 29쪽.

41. 하이데거에게 영향을 받은 가장 흥미 있는 과학철학자는 로버트 크리스(Robert P. Crease)이다. 하이데거와 과학에 대한 유익한 연구는 트리시 글래즈브룩(Trish Glazebrook)의 『하이데거의 과학철학』(New York: Fordham University Press, 2000)을 보라.

(기대 지평)와 그것의 있을 수 있는 분열 간의 해석학적 구분으로 대체된다. 이러한 대체는 비합리적인 무언가에 의해서가 아니라 다른 무언가에 의해서, 쿤의 '비정상'에 의해서 수용된, 규약적 개념들의 틀 내에서 변화를 강요하는 뜻밖의 무언가에 의해서 일어난다. 주변부를 떠도는 부랑자 같은 요소가 그저 일시적인 불규칙성일 수도 있거나, 불꽃처럼 타오르는 전면적인 혁명에 이를 수도 있다. 그리고 과학은 양단 간 어느 한 쪽을 배제할 수 있게 해주는 연산법, 규칙, 방법을 가지지 않는다.

하이데거의 해석학은 절대적인 것과 상대적인 것, 합리적인 것과 비합리적인 것, 객관주의와 주관주의 간의 이분법의 지배를 분쇄한다. 곤혹스러움과 놀라움이 없는 것은 아니겠지만, 새로운 지형을 야기하는 불안정한 사건, 비정상성, 동화하기 어려운 차이가 어딘가에서 — 퀼트 제작에서부터 양자역학에 이르기까지, 제임스 조이스와 피카소에서부터 아인슈타인에 이르기까지 — 일어날지도 모른다. 장 프랑수아 리오타르가 비트겐슈타인의 언어 게임 개념을 사용하여 표현하는 것처럼, 때때로 우리는 벌어지고 있는 게임에서 새로운 수를 두기도 하고, 때로는 완전히 새로운 게임을 고안해내기도 한다.[42] (그리고 때때로 새로운 게임은 아주 우연히 고안된다.) 간단히 말해서 그것이 포스트모던적 해석학이다.

유명한 누락 부분

『존재와 시간』 3부에서 하이데거는 우리의 암묵적인 존재 이해를 명시화 하면서, 존재 자체의 해석학에 착수하려고 하였다. 거기에서 하이데거는 현존재가 자기의 존재를 실존적 시간성으로서 보는 그런 선-이해가 본래 시간 존재Being as time의 선-이해에 뿌리를 두고 있다는 점을 보여주기로

42. 장 프랑수아 리오타르 and 장 루 테보(Jean-Loup Thébaud), 『그냥 게임하기』, trans. Wald Godzich (Minneapolis: University of Minneota Press, 1985). 페이건 케네디(Pagan Kennedy)의 『창의학(*Inventology*): 어떻게 우리는 세계를 변화시키는 일을 꿈꾸는가』(New york: Houghton Mifflin Harcourt, 2016)를 보라.

약속하였는데, 이는 책의 제목을 설명하는 것이기도 하였다. 그러나 제3부는 아예 출판되지 않았다. 왜 그랬을까? 하고 여러분은 물을 것이다. 정직한 답변은 하이데거가 마르부르크에서 자리를 얻어서, 책이 완성되었든 안 되었든, 급히 책을 펴낼 필요가 있었기 때문이었다. 그러나 좀 더 철학적인 견지에서 볼 때, 그는 말하고 싶은 것을 말하기를 좀 주저하였는데, 이는 전후 하이데거를 어떻게 해석할 것인가를 놓고 벌어진 온갖 논쟁의 전조가 되는 것이었다.

제2장

다시 떠오른 하이데거
— 해석학과 휴머니즘

우리보다 더 훌륭한 그 무엇

오늘날 모호한 종교적 감정을 가진 많은 사람들처럼, 하이데거도 항상
"우리보다 더 훌륭한 무언가가 있다."고 생각하였다. 그는 항상 우리보다
더 힘이 있는, 더 심원하고 중요한 무언가에 대해 생각하였으며,[1] 그가
이 무엇에 이름을 붙였던 여러 가지 방식들은 그의 사유 노정을 알려주는
효과적인 이정표이다. 이런 확신은 해석학에서의 그의 본래의 관심을
설명해주는데, 해석학은 철학이 명료화 하려 하거나 해석하려고 하는
깊은, 근본적인 경험에 대한 모호하고 암묵적인 선-이해에 의해 수행되는
것이었다. 『존재와 시간』에서조차도, 본래적 개인을 강조하고 있음에도
불구하고, 목적은 실존과 존재 자체에 대한 더 깊은 이해를 표면으로
끌어와서 그것을 말로 표현하는 것이었다. 초기 20년대에 그가 현사실적

• •

1. 마르틴 하이데거 『언어에 이르는 길 위에서(*On the Way to Language*)』, trans. Peter
   D. Hertz(New York: Harper & Row, 1971), 30쪽.

삶의 암묵적 의미에 초점을 맞추고 있었던 것처럼 말이다. 1930년대 중반부터 우리보다 더 강력하고 중요한 문제가 존재라는 이름을 가지게 되었고, 또 점차적으로 존재에 대한 여러 가지 대용 표현들도— 그중 중요한 말로는 진리, 언어 그리고 마지막으로 사건Ereignis이 있다— 등장하게 되었다.

여러분이나 나보다 더 위대한 것에 대한 이러한 관심은 또한 왜 하이데거가 줄곧 처음부터 '인간human'이라는 말로부터 거리를 두었는지를 설명해 준다. '해석학'이라는 낱말을 펜대에 올리지 않게 된 것이 '인간'이라는 낱말도 출입 금지시킨 것이다. 따라서 1930년대와 40년대에 프랑스에서 참된 휴머니즘에 관한 논쟁 — 참된 휴머니스트는 기독교도였는가, 아니면 마르크시스트였는가? — 이 일어났을 때, 그리고 장 폴 사르트르가 그것은 실존주의라고 주장했을 때 하이데거가 개입하였다. 실존주의가 확실히 휴머니즘일지는 모르겠지만, 그러나 사르트르가 그렇게 생각했음에도 불구하고, 『존재와 시간』은 분명히 실존주의가 아니라고 하이데거는 말했다. 『존재와 시간』에서 하이데거는 휴머니즘에 관심이 없었다. 그것이 르네상스까지 거슬러 올라가는 전통이었든, 인간들을 저마다 자신들의 개인적인 일에 대해 책임을 지게 하는 어떤 현대적인 변환이든 간에 말이다. 과제는 그가 존재론이 아닌 인간학의 문제라고 생각했던, 그냥 인간을 확인하는 데 있는 것이 아니라, (현존재로서) 인간의 존재를 이해하는 데 있었다. 그 점을 밝혀주고 나서, 『존재와 시간』 이후에 하이데거는 전적으로 휴머니즘으로부터, 우리의 눈을 존재에서 벗어나게 만들 수 있는 독해로부터 멀어졌다. 그것은 또한 그로 하여금 '해석학'이라는 말을 쓰지 않게 — 해석학도 주관성의 흔적에, 해석적 인간 주체에 오염되어 있다고 결론을 내리면서 — 만들었다. 어떤 의미에서 하이데거는, 이 낱말이 인간 주체의 문제와 그처럼 많이 관계하고 있었다면, 근대성이 이 낱말에 매우 큰 손상을 입혔다는 것을 인정하면서, 그것의 전근대적인 의미가 구출될 수 없었다고 보고 삭제했던 것이다. '사유'— 그가 해석학뿐

만 아니라 철학 자체도 대체하기 위해서 선택했던 낱말인데 — 의 과제는
그가 해석학이라는 낱말 없이 나아갈 것을 요구하였다.

그 이야기, 그리고 포스트모던 해석학에 미친 그것의 결과를 우리가
여기서 탐색하려고 하는 것이다.

휴머니즘의 문제

『존재와 시간』이 마치 천둥처럼 발생했다면, 제2차 세계대전 이후에
또 한 번 유럽 대륙철학의 풍경을 바꾸면서 하이데거의 천둥이 다시
울렸다고 말하는 것은 전혀 과장이 아니다. 유럽 대륙철학에서 그것은
소위 포스트모더니즘의 결정적인 길잡이 역할을 했음이 입증되었던 것이
다. 기독교 쪽, 무신론 쪽 할 것 없이 프랑스 철학자들조차도, 그 운명이
아주 밀접하게 나치스와 얽혀 있었던 이 독일 사상가를 거부하기는커녕,
사실상 하이데거에게 깊은 관심을 보였다. 1946년에 장 폴 사르트르는
(그를 영혼 없는 무신론자라고 생각했던) 가톨릭 신자들에게도, (그를
부르주아 개인주의자라고 생각했던) 마르크스주의자들에게도, 유일하게
실존주의는 휴머니즘이라는 것을 증명해 보이려 한 아주 대중적인 에세이를
출판하였다.[2] 사르트르는 『존재와 시간』이 죽음과 얼굴 없는 '세상사람'
앞에서 인간 본래성의 드라마를 강력하게 말해주는 일종의 '실존적 휴머니
즘'을 대표한다고 결론지어서, 하이데거의 양해를 얻을 수 있었다. 그런
해석은 상당 부분 하이데거의 1927년의 성과였었다. 프랑스 레지스탕스의
일원이자 프랑스의 일반 독자였던 사르트르는 하이데거가 — 더 넓은
세계가 모르는 사이에 — 모든 것을 변화시켰던 시기인 제3제국 기간

• •

2. 장 폴 사르트르, 『실존주의는 휴머니즘이다』, trans. Carol Macomber(New Haven:
   Yale University Press, 2007).

동안 프라이부르크에서 했던 강연들에 들어가지 않은 것에 대해서도 양해를 구할 수 있었다.

하이데거의 개입이라 할 수 있는 『휴머니즘에 관한 편지*Letter on Humanism*』(1947)[3]는 사르트르의 뒤통수를 때렸다pulled the rug out from under Sartre. 『존재와 시간』은 인간이 아니라 존재에 관한 것이라고 하이데거는 말했다. 그 책이 강조하는 것은 우리가 아니라, 우리보다 더 위대한 존재이다. 따라서 우리가 한 걸음 더 나아가기 전에, 전후 세계를 변화시켰던 '존재'라는 말을 하이데거가 어떻게 사용하는지를 분명히 해두지 않으면 안 된다.

도대체 '존재'라는 것에 무슨 문제가 있는가?

『존재와 시간』에서 하이데거는 해석의 틀인 현존재의 이해 지평의 측면에서 존재에 관해 말하였다. 이것은 특수한 존재자들을 그 존재자들인 것으로, 도구를 도구로서, 예술작품을 예술작품으로서 등등으로 현출시키기 위해서 현존재가 투사하는 빛과 같은 것이었다. 사물을 비추는 광부 모자의 빛을 생각해보라. 그것이 없었으면 광부는 어둠 속에서 움직일 수 없었을 것이다. 이 낱말은 칸트의 '선험적transcendental'이라는 개념을 반향하고 있는데, 여기에서 인간 오성은 사물이 이해되는 조건들을 제공한다. 실제로 하이데거는 1929년에 칸트에 관한 책(사실상 『존재와 시간』 미출간 부분의 한 절이었던)을 출판하였다.

그러나 하이데거가 1930년대 중반에 그 말을 사용하였을 때, '존재'는 광부의 모자와 같은 것이 아니라 우리가 외출했을 때 우리를 맞이하는 태양과 같은 것, 우리가 서 있는 거기에 이미 있는 빛, 스스로 떠오르고

3. 마르틴 하이데거, 『휴머니즘에 관한 편지』 in 『마르틴 하이데거: 필수 저작들』, ed. David F. Krell, 2nd edn(New York: Harper & Row, 1993), 213-265쪽.

지고, 환하게 하고 어둡게 하고, 왔다가 가는 태양과 같은 것이다. 그뿐만 아니라 그는 키르케고르적인 실존적 개인으로부터 역사적 세계로, 개인이 처해 있는 시대나 시기로, 키르케고르가 뻔뻔스러운 헤겔주의라고 비난했을 전망으로 초점을 이동시킨다. 하이데거에게 그리스 시대, 중세, 근대, 원자 시대(1940-50년대) — 하이데거가 예언했듯이 오늘날에는 우리가 정보 시대라고 말할 수 있을 시대 — 는 인간 역사의 시기가 아니라 '존재'의 시기이다. 이런 시대, 이런 세계는 우리가 활동하는our doing 시기가 아니라, 존재가 우리에 대해서 활동doing to us하는 것이며, 어떻게 존재가 현전하는지, 또는 어떻게 우리에게 자신을 개시하는지 하는 시기이다. 따라서 이제 '존재'라는 말은 칸트를 반향하고 있는 것이 아니라, 딜타이의 해석학에서도 중심 개념이기도 했던, 헤겔의 차이트가이스트Zeitgeist, '시대정신' 개념을 반향하고 있다. 후기 하이데거가 존재에 대해서 말할 때, 우리들 대다수는 '역사의 힘'을 이야기한다고 볼 것이다. 그러나 여기에는 다음과 같은 차이가 있다. 하이데거에게 이것은 존재가 자신을 우리에게 드러내는 연속적인 방식을 의미하였다. 물론 존재는 어딘가에 있는 하나의 존재자가 아니다. 그것은 어떤 일정 시기에 존재자들 전체에 의해 채택된 조망the look, 세계 조망이다. 현존재는 세계-내-존재로 남아 있지만, 그러나 이제는 존재의 역사적 운동의 수용자receiving end이다.

무슨 일이 벌어졌는지를 보자. 그 안에서 우리가 "숨 쉬고 움직이며 살아가는" 깊고도 암묵적인 선-이해는 이제 존재 자체의 운동으로 기술되는데, 이것이 어쨌든 『존재와 시간』이 해석하려고 나섰던 것이었다. 1930년대 중반을 시작으로, 존재에 대한 현존재의 기획 투사적 이해는 현존재가 존재 자신의 전진을 견뎌냄으로 재사유되고, 현존재의 본래성, 자기-자신으로-있는-존재자being-its-own-self는 이제 존재에 의해 소유된 존재자being-owned by Being와 같은 것처럼 보이고, 현존재의 세계-내-존재는 존재가 그 길을 보내오는 역사적 세계-내-존재가 된다.

존재로부터 메시지 받기

딜타이로 되돌아가면서, 하이데거에게 해석학은 한 시대의 '정신' 해석 또는 '세계관' 해석을 의미하는데, 이런 말은 그 시대의 종교, 예술, 정치 및 철학이 하나의 전체로서 연결되어 있음을 말해주는 특수하면서도 필수 불가결한 표현이다. 후기 하이데거의 입장은 실제로 딜타이의 입장과 유사하지만, 그러나 정신에 관해 이야기하는 대신에, 그는 존재에 관해 이야기하며, 우리의 세계관에 대해 이야기하는 대신에, 세계가 우리를 바라보는 방식에 대해, 존재가 우리를 방문하거나 우리에게 (해가 뜨는 것처럼) 오거나 (해가 지는 것처럼) 물러나는 방식에 대해 이야기한다. 하이데거는 존재를 더 심원한 진리 사건이라고, 우리가 세계 내의 이런 저런 사항에 관해 정리한 어떤 특수한 명제보다 더 심원한, 전면적인 세계-개시world-disclosure라고 생각한다. 존재는 그 세계 속에서 살고 있는 개인들이 생각하고 행위하는 방식에 침투하고 조건지으면서, 하나의 온전한 역사적 시기가 개시되는 방식이다. 하이데거는 예술작품을 제작하는 창조적 예술가들이나 존재 개념의 해석을 제시하는 개별 철학자들의 중요성을 깎아내리고, 그 중요성을 존재 자체로부터 존재의 진리를 받아들이면서 받는 쪽 인간에게로 이동시킨다. 진리는 우리가 생각해내는 그런 것이 아니라, 우리가 받는 어떤 것, 하사받은 것이다. 그것은 보수주의 신학자가, 성서는 하느님에 관한 우리의 말씀이 아니라 하느님이 우리에게 주신 말씀이라고, 하느님에 관한 하느님의 말씀이라고 이야기하는 식과 같은 것이다.

『휴머니즘에 관한 편지』에서 인간들은 존재로부터 메시지를 받는 자의 자리에 처해 있다. 그들은 도래할 존재를 위해 자리를 마련하기 위해서, 존재를 있게 하기 위해서, 존재를 현상시키기 위해서 불려간다. 존재와 존재자들 간의 순환은 여전히 돌아가고 있지만, 그러나 이번에는 반대

방향으로 회전하고 있다. 존재 이해를(기획하는) 잣는 우리들 대신에 우리는 존재 자신의 회전(전진)에 우리 자신을 개방하도록 요청받는다. '해석학'이라는 말과 더불어, 하이데거는 존재가 자기 자신을 탈-은폐함 Being's un-concealing of itself을 뜻하는, 존재의 '진리' 편에 서서, 존재의 — 지나치게 인식론적이고, 인간학적이고 심리학적이므로 — '의미'라는 말도 버리는데, 존재의 진리에서 우리는 그 방식에서 벗어나 존재를 있게 하도록 불려간다. 존재 '질문'조차도 너무 주관주의적이다. 존재를 심문하는 것은 신을 심문하는 것과 같다. 권장하지 않음not recommended. 사유의 과제는 존재의 전진을 심문하는 데 있는 것이 아니라 그 전진을 감사히 받아들이는 데 있었다. 사유함은 존재의 도래에 대해 존재에게 감사함이다 Thinking is thanking Being for its arrival. 해석학적으로 말해서, 우리가 해석 작업을 하는 대신에, 우리는 우체국에서 존재의 메시지를 받고 있다. 우리의 본래적 자아에서 일어나는 양심의 소리 대신에, 이제 존재가 저 멀리에서 우리를 부르고 그에 응답하라고 요구한다.

실존적 주체성을 넘어서

우리는 사르트르와 더불어, 『존재와 시간』에서 현존재라는 말이 인간학적인 의미가 아니라 정확히 존재론적인 의미를 가지고 있었을지라도, 현존재는 여전히 실존적 주체였다고 생각할 수도 있었을 것이다. 분명히 데카르트적인 생각하는 주체가 아니라 주체적 행위를 하고 있는 키르케고르적인 '주체성'이라고 말이다. 그렇지 않다고 하이데거는 주장한다. 『휴머니즘에 관한 편지』는 『존재와 시간』에 달라붙어 있던 인간 주체성의 모든 흔적을 지우기 위한 끈질긴 노력이다. 마음속으로는 다른 목적을 품고 있었을지라도, 전후의 하이데거와 프랑스 구조주의자들 그리고 1950년대와 60년대의 후기 구조주의자들(5장을 보라)은 공통적인 목표를 가지고 있었다. 그것은 인간학적이고 심리학적인 관점을 버리는 것인데, 그들은 그런 관점을 철학적 약칭으로 '휴머니즘'이라고 불렀던 것이다.

객관성을 넘어서

대상은 주체의 상관물이고 이 둘은 근대주의 틀에 속하기 때문에, 주체성을 버리는 것은 객관성을 얻고자 하는 것이었다고 말하는 것도 똑같이 잘못일 것이다. 존재는 하나의 대상이 아니라, 주체와 대상이 모두 그 덕분에 존재 역사의 한 단계인 근대성 속에 나타나게 된 앞서 있는 빛이다. 존재는 더 '객관적'인 것이 아니라, 후설 현상학의 모토 '사물 자체로 돌아가라'를 가리키는 것으로, 더 사태적sachlich이다. 여기서 사태Sache는 관심concern의 문제, 더 힘 있고 비중이 큰 문제, 우리가 우리말로 '그것의 사정은 이러이러하다the thing of it is ~'고 말하는 것과 같은 식으로, 우리에게 가장 관계되는 일을 의미한다. 그 가장 깊은 관심(사태)이 존재 자체의 문제였던 하이데거 식 현상학의 선조 격 되는 인물은 아리스토텔레스이다. 후설 — 그리고 사르트르 — 현상학의 선조 격 되는 인물들은 주관성과 의식을 내세운 위대한 근대 철학자 데카르트와 칸트였다.

따라서 『존재와 시간』에서 인간이 데카르트의 생각하는 자아처럼 보이지 않게 된다면, 1930년 중반부터 인간도 역시 키르케고르의 실존적 주체성처럼 보이지 않고, 신비한 시인처럼 보이고 들릴 것 같다. '실존'은 더 이상 실존적으로 개성적 본래성을 추구하고 있는 존재자가 아니다. 이제 그것은 존재의 도래에 개방되어 있는, 탈 고정적으로 탈존함ek-sisting ek-statically으로 재기술된다. 본래성은 사라지는go out of the window 것이 아니라, 극적으로 재해석된다. 이 지점에서 현상학은 신비주의로 탈바꿈한 것처럼 보인다. 현존재라는 말은 더 이상 우리 자신의 거기 있음에 적극적으로 관여하고 있음을 의미하는 것이 아니라, 참을성 있게 존재가 드러나는 장소 또는 숲속의 빈터open clearing인, '존재의 저편there of Being, das da des Seins'에 있음을 의미한다. 낭만주의 시인이 자연을 연주하는 리라처럼 묘사되는 방식을 생각해보라.[4] 따라서 '해석학'이라는 말이 여기서 사용되어야 했다면, 그것은 이제 (신이 아니라) 존재의 전령임을 의미한다. 이제 '존재'는 동사 원형이 아니라 하나의 동명사이다. 간단히 말해서 우리보다 더 위대한 것, 사유거리die Sache des Denkens는 존재이다. 그것은 사유거리가 인간인 '휴머니즘'과, 즉 고전철학의 '이성적 동물', 신학의 '신의 모상', 또는— 이제 그가 첨가하는— 키르케고르와 사르트르의 실존적 주체성인 '휴머니즘'과 대조된다.

더 뛰어난 휴머니즘?

여전히 사람들은 이것이 결국 인간 존재에 대한, 인간의 인간성humanitas에 대한 더 깊은 배려를 보이는 것은 아닌가라고 물을지도 모른다. 이에 대해 하이데거는 그렇기도 하고 아니기도 하다고 말한다.

아니다. 만일 사르트르가 말하는 것처럼 "우리가 오직 인간들만이 있는 평면에서 살고 있는" 것이라면 그렇지 않다. 반면에 하이데거는 우리가 인간보다 더 위대한 것이 있는 평면에서, 존재만이 '있는' 평면에서 살고 있다고 말한다.[5] 하이데거는 여기서, 존재가 우리에 의해서(광부의 모자) 기획 투사되는 것이 아니라 우리에게 주어진다(태양)는 것을 말하기 위해서, '있다there is'로 번역되지만 문자 그대로는 '주어진다it gives'를 의미하는 독일어 es gibt를 이용한다. 그것은 주어진다. 그것은 그 스스로의 권리로

- - -

4. 마르틴 하이데거의 『존재와 시간』 trans. John Macquarrie and Edward Robinson (New York: Harper & Row, 1962), §9, 67–69쪽과 『휴머니즘에 관한 편지』, 229–230쪽을 비교해보라.
5. 하이데거, 『휴머니즘에 관한 편지』, 237–238쪽.

스스로 주고 스스로 물러선다. 우리는 "존재를 선사받는it gives Being" 평면에서 살고 있다. 거기에서 존재는 진정으로 주어지며, 우리는 존재가 주어지는 장소에 있다.

그렇다. 철학적 휴머니즘의 실패가 우리의 진정한 인간성의 참된 가치와 존엄을 평가하는 데 충분하지 못하다는 것을 우리가 본다면 말이다. 이 진정한 인간성은 존재 자신의 개현revelation을 위해 존재에 의해 호소된 존재자에게, 존재에 의해 요구된 존재자에게 있다. 인간의 진정한 존엄은 존재자들을 그들의 주인으로서 군림하는 데 발견되는 것이 아니라 — 나중에 이것은 생태학자들의 주목을 받게 될 것이다 — 존재의 목동으로서 존재자들에게 봉사하는 데에서 발견된다. 따라서 그런 의미에서 거기에는 일종의 더 높고 환경 중심적인ec-centric 휴머니즘이 있는데, 그런 휴머니즘에서 인간은 존재를 위하여 분산de-center되었던 것이다. 하이데거는 계속 말을 이어가는데, 여전히 '휴머니즘'을 비판해 가는 것 — 바로 하이데거가 비논리적이거나 신 없는 무신론의 이름으로서가 아니라, 더 높은 어떤 것, 즉 존재의 개방성[6]의 이름으로 감히 논리학에, 심지어 신의 반대편에 섰던 것과 같이, 잔인한 반인간주의의 이름으로서가 아니라, 더 크고, 더 높고, 더 깊고, 더 중요한 어떤 것의 이름으로 — 에는 전략적인 가치가 있다. 진정한 휴머니즘은 인간보다 더 위대한 것을 긍정하는 데 있다.

궁지에 몰린 사르트르Leaving Sartre holding the bag

사르트르에게 문제는 『편지』안에 모든 사람이 수긍하는 메시지가 있다는 것에 있었다. '휴머니즘'이라는 말이 썰물처럼 빠져나갔고, 그

. .
6. 하이데거, 『휴머니즘에 관한 편지』, 247-251쪽.

시가는 급락했으며, 사르트르는 쓸모없는 주식의 신세가 되고 말았다. 하느님의 말씀처럼 들렸던 '존재의 부름'에 루터교도들의 귀가 쫑긋 솟아 올랐다. 그리고 그것이 새로운 하이데거가 중세 신비적인 신학에서 인간의 자만심에 대한 비판과 같은 것을 크게 알린 것이었다는 점을 가톨릭교도들은 눈치 채지 못하였다. 그것은 똑같은 명상적인 조성을, 고요와 침묵이라는 똑같은 가격을 안정적으로 유지하고 있었다. 그가 '존재'라는 말은 인간의 구성물이 아니라는 것을 의미하면서, '존재'라는 말 위에 가위표를 그어 사용했을 때, 그것은 상당히 '부정apophatic'(소극) 신학과 닮은 것처럼 보였는데, 부정 신학에서는 신에 관해 내린 긍정이 신의 초월성을 우회해서 관련 부분을 부정적으로 명기하는 것을 통해 수정되어야 한다고 본다. 심지어 그것은 얼마간 불교인 것처럼 보이기도 하며, 수많은 비교 연구를 유발하였다.

개인적으로 나는 하이데거가 14세기 신비주의신학자 마이스터 에크하르트Meister Eckhart를 언급한 것에 귀가 솔깃하였다. 강단학자로서 나의 첫 과제는, 에크하르트의 핵심 용어 중의 하나인 Gelassenheit, '내맡김letting-be'이 후기 하이데거 용어의 시금석이 되었다는 점을 고려했을 때, 하이데거의 사상으로부터 '신비적 요소'를 가려내는 것이었다.[7] 에크하르트가 영혼에게 자아를 놓아버리고 영혼 속에서 하느님이 하느님대로 있게 하라고 촉구했던 것처럼, 하이데거도 존재가 존재대로 있게 하기 위해서 우리의 주체성을 놓아버리라고 말한다. 하이데거가 존재는 성스러움the holy을 낳고, 성스러움은 삼위일체로서의 하느님the Godhead을 낳고, 삼위일체로서의 하느님은 하느님 현상의 '차원dimension'이라고 하면서, 자신은 그 '차원'에 대해 사유하고 싶었고, 그래서 존재 사유는 유신론적이지도 않고 무신론적이지도 않다고 말을 덧붙였을 때, 가톨릭교도들은

● ●

7. 존 D. 카푸토, 『하이데거 사상 속의 신비적 요소』(Ahtene, OH: Ohio University Press, 1978; rev. edn, New York: Fordham University Press, 1986).

이에 편승했다.[8] 신학을 넘어서 신에로의 황홀한 개방성으로 이동하는 신비주의자들처럼, 하이데거는 심지어 『존재와 시간』에서 자랑스러운 자리를 차지하고 있었던 말인 '존재론'을 비판하는 자가 되었고, 또 존재에로의 황홀한 개방성을 위하여 '존재-신학onto-theology'의 비판자가 되었다.

심지어 마르크스주의자들에게 보낸 화해의 손짓도 있었다. 이 경우 마르크스는 영혼 없는 유물론과 결부된 것이 아니라 헤겔과 결부되었고, 진정한 역사적 사상가로 묘사되었다.

이것이 전부가 아니었다There was more. 사르트르는 도시를 사랑했고, 카페에서 글을 썼으며, 탁 트인 야외는 동물들을 위한 것이었다. 그러나 하이데거는 일생 동안 슈바르츠발트(검은 숲)의 산들을 사랑했고, 거기에서 소박한 오두막집을 짓고, 기회 있을 때마다 서둘러 그 집으로 돌아가곤 했으며, 그곳에서 대부분 저술활동을 하였다. 따라서 하이데거는 그의 휴머니즘 비판을 기술 비판과 연결시켰는데, 이는 새로운 기술이 검은 숲을 아스팔트로 포장하려고 하는 것처럼 보였기 때문이었을 뿐만 아니라, 그가 기술의 '본질'(존재)이라고 불렀던 것 때문이기도 하였다. 그에게 이것은 기술이 우리 존재 — 우리의 자기 해석 — 라는 바로 그 개념을, 그리고 세계(즉, 우리의 존재와의 관계)라는 개념을 오염시키는 것을 의미하는 것이었다. 아이로니컬하게도, 20세기 후반부에 환경론자들이, 환경을 파괴하고 다른 종들을 말살하고 있었던 고삐 풀린 자본주의자의 탐욕을 비판했을 때, 하이데거는 '심층 생태학'을 위한, 그리고 휴머니즘에 대한 생태학적 비판을 위한 — 다른 무엇이 있을까? — 주도적인 자원이 되었다. 하이데거는 좌파의 사랑스러운 여보darling가 되었다.

구조주의자들이 휴머니즘에 대한 공격에 착수했을 때, 모든 거물star들이 사르트르에 맞서서 정렬해 있었고, 그의 별은 꺼질 운명에 놓여 있었다. 그는 죽을 때까지(1980) 인기 있는 유명인사로 남아 있었지만, 그의 철학적

8. 하이데거, 『휴머니즘에 관한 편지』, 253쪽.

의의는 증발하고 말았다.

그러나 해석학의 스타에게는 무슨 일이 일어났을까?

『존재와 시간』 이후의 해석학

후기 하이데거의 체계 내에서 '해석학'이라는 말이 짧은 유통 기한을 가졌다는 것을 보기란 그리 힘들지 않다. 전통적인 의미에서 보았을 때, 이 말은 주관-객관 도식에 사로잡혀 있다. 창작자가 그들이 내적, 주관적 경험에 외적이고, 감각적이고, 객관적인 표현을 부여할 때, 해석학은 그 반대의 경로를 따라가서, 객관적 표현을 추적하여(해석하여) 그것의 내적, 주관적 경험으로 되짚어가는 것이다. 그것을 개인적 저자(슐라이어마허)의 것이 되게 하거나 시대정신(딜타이)의 것이 되게 하면서 말이다. 『존재와 시간』에서 '해석학'이라는 말에 대한 하이데거의 근본적인 재고에서조차, 해석은 우리의 선-이해를 우리가 이해하는 문제였으며, 그만큼 그것은 여전히 주관적 성취라는 낌새를 보였다. 따라서 하이데거는 그 말을 거의 다시 사용하지 않았으며, 이제 그 말을 불 속에서 구하는 일은 가다머의 몫이 되어야 할 것이었다.

그러나 하이데거는 1953-54년도에 작성된 텍스트에서 마지막으로 한 번 더 해석학을 가지고 논의하였는데. 이 논의는 일본 철학자(데즈카 도미오$^{Tezuka\ Tomio}$)와 '질문자'(하이데거) 간의 대화 형식을 띠고 있었다. 거기에서 이 두 사람은 우리가 위에서 논의했던 1923년 강의로 되돌아가서 하이데거가 해석학에 관해 이야기했던 것을 찾아내고는 이제 하이데거가 그 말을 그만 쓰기로 했는지를 논의한다.[9] 데즈카는 독일 '미학'(예술과

• • •

9. 이 대화에 대해 좀 더 알아보기 위해서는, 데즈카 도미오의 「하이데거와 함께 한 시간」 in Reinhard May, 『알려지지 않은 하이데거 자료: 그의 작업이 동아시아에 미친 영향』, trans. Graham Parks(London and New York: Routedge, 1996), 61-67쪽을

미의 철학)이 자신의 고유한 경험을 해명해줄 수 있으리라는 희망을 품고 독일에 왔었다. 그러나 첫 출발부터 하이데거는 이 일본 철학자가 일본 예술과 시의 명상적이고 비개념적인 경험을 유럽 철학의 이원론적 개념 틀, 특히 주체-대상 틀을 가지고 왜곡시킬 것 같다는 점에 우려를 표명한다.[10] 대화는 곧바로 어떻게 이 경험이 언어 속에 간직될 것인지에 초점을 맞춘다. 서양 철학에서 언어란 내부의 초감각적인 의미를 외적인 감각적 기호로 환원시킨 것이었다. 바로 이와 같은 언어 개념을 구조주의자들은 전혀 다른 이유 때문에 쫓아내려고 할 것이다.(5장) 그래서 하이데거는 이 일본인에게 '유럽적 개념 체계를 뒤쫓지' 말라고, 또는 유럽 철학의 최신 유행을 따라가지 말라고 경고한다.[11]

존재로부터 메시지를 나름

하이데거는 '해석학' 그리고 '의미'와 같은 말, 심지어는 '존재'라는 말 자체가 사유거리를 손상시키는 것을 피하려고 하다 보니 점점 더 덜 쓰이게 되었다고 말한다. 하이데거와 그의 대화 상대자는 진정한 사유가 일본인의 예술과 언어 경험에 가까이 있다는 데 동의하는데, 많은 논평자들은 이것을 하이데거의 그리스-유럽-중심주의의 균열을 드러내고 동양-서양 대화에 마음을 터놓고 있음을 보여주는 것이라고 이해한다. 그런데 하이데거는 신들의 충실한 메시지 전달자인 — 불손한 장난꾸러기이자 도둑이 아닌 — 헤르메스를 들먹인다. 플라톤의 대화편에서 등장하는 소크라테스(『이온』, 534c)가 말했듯이, 시인들은 '신들의 해석자들'이고, 헤르메스는 그들의 후원자인 신이다.[12] 그런데 해석학적인 것의 본질은

● ●
보라.
10. 하이데거 『언어에 이르는 길 위에서』, 1-2쪽.
11. 하이데거 『언어에 이르는 길 위에서』, 3, 15-17. 27쪽.

'메시지와 소식riding의 전달로서 기술되는데, 이는 그것을 '해석'으로 변환시키는 일로서, 이때 그것은 인간 주체의 작업이다. 더 이상 존재의 지평을 비추지 않으면서, 해석학은 — 하이데거는 더 이상 이 말을 사용하지 않지만, 여기서는 일단 그 말이 어떻게 이해되는지를 설명하기 위해서 사용하려고 한다 — 이제 존재 자체의 '진리', 존재자들이 있는 그대로 존재자들로서 나타나는 공간을 존재가 열어주는 방식이 우리에게 전해진다는 것을 의미하는 것으로 생각될 것이다. 신들이 헤르메스를 시켜서 인간들에게 보낸 메시지처럼 말이다.

따라서 이 대화 속 '해석학'이라는 말에서 활동하는 인물은 해석이 아니라 메시지를 전달하고 받고 하는 우체부이다. 존재가 **보낸다**. 존재는 수신되는 것이다. 존재는 자신을 보내는 것이고, 사상가/시인은 성서 속의 예언자들처럼 이런 메시지를 (다른) 인간들에게 전달하면서, 수신자로 머물러 있다. 존재는 우리의 '역운Geschick'이다. 여기서 이것은 사유의 과제가, 우리의 (보내다라는 뜻의 mittre로부터 나온 어휘인) '사명mission'을 위해, 수신되는schicken 것에 대해 생각하고 말하는 우리의 방식을 개방하는 데 있다는 것을 의미한다. 운명을 짊어진다는 것은 결정론적인 폐쇄 행위가 아니라 물려받은 가능성들에 개방되어 있다는 것을 알아두어야 한다. 그것은 운명론이 아니라 자유이다.

언어

이런 포스트-휴머니즘적인 관점에서 언어는 인간 주체의 내적 사고를 표현하는 것으로서가 아니라, 존재를 말로 잘 보이게 하기 위한 것으로서 생각된다. 중요한 것은 '관계'이다. 즉, 자신을 언어로 전하는 존재와,

● ●

12. 하이데거 『언어에 이르는 길 위에서』, 29-30쪽.

우리가 생각하고 말하도록 존재가 우리에게 전하는 것에 대해 자신을 개방하는 인간 화자 간의 연결이다. "언어는 해석학적 관계를 규정한다." 그리하여 우리보다 더 위대한 것은 언어 자체인데, 그것은 우리보다 더 중요하고 더 강력한 것이다. 우리가 아니라 언어가 말한다Die Sprache spricht. 그러나 인간이 언어를 장악하고 있지 않더라도, 인간은 여전히 필요하며, '해석학적으로' 요구된다. 말하자면 존재로부터 온 메시지를 받고 보존하는 자들로서 필요한 것이다.[13] 인간은 그런 관계를 '가지거나' '떠맡지' 못한다. 그 관계는 그들이 있다는 것에 있다. 그들의 존재는 존재와 존재자들 간의 차이Unterschied를 유지하도록 맡겨진 존재자들로 있는 것이다.

특히 시인과 사상가들은 존재의 메시지를 전달하도록, 새로운 해석학적 관계 내에서 이야기하도록 위임받는다(보내진다).[14] 시는 짓는 것이 아니다. 그것은 계시, 세계-개시이다. 이것은 궁극적으로 우리가 마치 언어가 과학적 연구의 대상인 것처럼 언어의 본성에 관해 말하고 있는 것이 아니라, 언어는 언어 본질에 대한 우리의 경험 너머로부터from out of 온 것임을 의미한다고 하이데거는 말한다. 말하면서 우리는 이미, 말하기 위해 언어를 전제하면서, 언어 안에 들어와 있다. "일전에 난 이 이상한 관계를 해석학적 순환이라고 불렀다."라고 하이데거는 말을 이어간다. 그러나 이제 하이데거는 주의시키면서 해석학적 순환보다는 '해석학적 관계'에 대해서 말하는데, 이것은 우리에게 말하는 언어 '자체'와 응답해서 말하는 인간 간의, 말 걸어옴과 응답함 간의 왕래 운동이다. '언어'와 우리 사이의 대화에서 양쪽은 서로를 필요로 한다.[15] 이것이 해석학적 순환에 대한 세 번째 해석이다. 우리는 a) 현사실적 삶(1923), b) 실존(1927), c) 언어나 존재(1953)에 대한 암묵적인 이해 속에서 숨 쉬고 움직이며

• •
13. 하이데거 『언어에 이르는 길 위에서』, 30-32쪽.
14. 하이데거 『언어에 이르는 길 위에서』, 40쪽.
15. 하이데거 『언어에 이르는 길 위에서』, 51쪽.

살아간다. 이것이 우리의 이야기에서 명백하게 되었다.

하이데거는 해석을 극복하였는가?

  따라서 후기 하이데거가 '해석학'이라는 말에 이야기하고 있던 당시에, 그는 그것을 하향식top-down 아폴론적 모델에 갖다 맞추는데, 여기서 헤르메스는 악동 같은 평화의 교란자가 아닌 소년 전령이며, '해석'은 그저 해석하는 인간의 작업으로 넘겨지게 된다. 하지만 우리보다 더 훌륭한 것, 더 깊고, 선행하고 또는 더 중요한 선-이해를 말로 가져오게 하는 하이데거 일생의 관심을 거부하지 않으면서, 나는 '해석'을 털어내는 그의 전후 작업이 여러 면에서 부족하다고 생각한다.

  첫째, 나는『휴머니즘에 관한 편지』가 해석의 한 흥미 있는 예라고, 하이데거가『존재와 시간』에서 해석학적 폭력이라고 불렀던 것의 예라고 주장하고 싶다. 거기에서 이 사람, 마르틴 하이데거는 자신의 책『존재와 시간』을 예상치 못한 방식으로 재독re-reading함으로써 유럽 철학의 대들보를 뒤흔드는데, 이는 저자의 본래 의도, 여기서는 그가 자기 관점을 바꾸었기 때문에 그 자신의 본래 의도에 맞지 않는 것이었다.『존재와 시간』에 대한 그 어떤 합당한 주해exegesis도『휴머니즘에 관한 편지』가 1927년 텍스트에 대한 해석적으로, 철학적으로 충실한 설명이라고 결론지을 수 없었다.[16] 그보다도 그것은『존재와 시간』의 거의 모든 중요한 용어들에 대한 해석학적 재해석 또는 '수정Wiederholung'이다. 실존적 주체를 강조했던

16. 하이데거는 1937년에, 프랑스 독자들에게 키르케고르와 하이데거의 사상을 전달해 준 중요한 인물인 장 발(jean Wahl)에게,『존재와 시간』을 실존철학으로 독해하는 것에 짧은 편지로 항의하면서,『휴머니즘에 관한 편지』의 초고를 썼다. 장 발은 이에 대해 쉽사리 믿어지지 않는다고 답했다. 장 발의『초월성과 구체성: 선집』. trans. and ed. Allan D. Schriff and Ian Alexander Moore(New York: Fordham University Press, 2017), 185-186, 213-215쪽을 보라.

사르트르를 넘어서고 또 그에게 반대하는 하이데거 자신의 수정인 것이다. 1927년 텍스트의 역사적 저자가 의미했던vouloir dire 것에 기초해서가 아니라, 그것의 고유한 장점에서 두 가지 수정이 판단되어야 한다. 후기 하이데거에 대한 전반적인 논쟁은 기본적으로 해석학의 폭력에 관한 해석학적 논쟁이다. 거기에서 하이데거라는 이름의 이 남자는 해석학적인 로서as의 스위치를 바꾸어서 그 책을 다른 길로 보내라고 주장한다. 이 '로서'를 어떻게 인간이 기획하는가의 한 기능으로서 해석하지 말고, 존재가 선사되는 방식으로서 해석하라. 해석학은 다른 고리에 매달려 있어야 한다고 하이데거는 주장한다. 그는 '해석학'이라는 말을 쓰기를 중지했지만, 그러나 『휴머니즘에 관한 편지』는 하향식 해석의 한 실행이다.

하이데거라는 녀석

둘째, 위에서 말했듯이, 나는 하이데거가 '존재의 보냄'으로 의미하는 것이 대부분의 다른 사람들이 역사의 조류라고 부르는 것이라고 주장한다. 세계-개시는 개인들의 성취가 아니라, 그들의 세계를 형성했던 삶보다 더 큰 역사적 행위자들agent이다. 그것은 하나의 집단적 형성물, 일종의 집단정신의 결과이다. 따라서 다른 근본적인 차이에도 불구하고, 하이데거가 '존재의 시대'를 해석하는 방식은 헤겔과 딜타이가 '시대정신'을 해석하는 방식과 비교된다.[17] 결과적으로 세계-개시의 역사는 하이데거라는 녀석에 의해 그가 읽었던 선택된 시인들(항상 독일인이다)과 그가 그 시대로부터 선택한 철학자들(유대인 철학자인 스피노자는 결코 등장하지 않는다)에 의해 존재가 해석되는 방식에 알맞게 맞춰진 세계-개시의

• •

17. 오토 푀겔러(Otto Pöggeler), 『마르틴 하이데거의 사유의 길』, trans. Daniel Magurshak and Sigmund Barber(Atlantic Highland, NJ: Humanities Press International, 1987), 9-31쪽.

역사로서 해석되는 것이다. 그는 시인들에 집중하고, 수상, 장군, 경제학자, 영미인 등의 역할은 무시한다. 이 고도로 편집되고 선택적으로 표현(해석)된 역사적 시기는 하이데거에 의해 '존재'의 '진리'가 열려지는 연속적인 길로서 해석된다. '존재의 시대'는 그 시대의 역사적-현사실적 삶이, 후기 하이데거가 사전에 선택한 작가들에게 어떻게 개시되는가를 의미한다. 서양의 그(단수형) 역사가 단일기원적monogenetic이며 — 그것의 기원은 그리스이다. 성서는 언급하지 않는다 — 민족주의적이다. 그것의 가장 깊은 흐름들은 현대 독일인에게서만 사유될 수 있다.

그의 그리스인, 그의 독일인, 그의 시인들

이것은 또한 하이데거가 1930년대에 격노를 유발할 짓을 할 수밖에 없었던 곤경을 설명해준다. 존재의 부름은 하나의 매우 특별한 해석인 것으로 드러났다. 말하자면, 마치 그렇게 간단하게 명명할 수 있는 그런 것이 있었던 것처럼, 하이데거 자신의 대단히 극단적인 서양 역사에 대한 해석이었던 것이다. 그것은 끝이 나쁠 수밖에 없었다. '그리스' — 보통 그리스가 아니라 그의 그리스 — 는 명확하게 독일인의 정신적 조국으로 재단되었다. 그의 독일인들은 시인들을 이용하면서, 그의 시인들(특히 횔덜린)은 국가사회주의에 대한 — 또는 전후에 그가 민족주의를 휴머니즘의 한 형태로 비판하였을 때, 좀 더 일반적으로 말해서 '서구'에 대한 — 그의 이상한 해석에(1933) 정신적 깊이를 더하기 위해서, 소환된다. 하이데거가 염두에 두었던 존재의 역사적 보냄은 정확히 탈신화화 된 존재자가, 즉 해석학적인 안목을 가지고 해석되는 존재자가 필요한 데 있다. 1933년 하이데거 자신에 의해, 독일과 국가사회주의의 충실한 대변인으로서 그것들로부터 존재를 뽑아낸 것만큼 부당한 해석보다 '존재의 부름'을 더 잘 해석할 필요를 예시하는 것은 아무것도 없다. 심지어 전후에도, 좀 신중해지기는 했지만, 이 그리스-독일 특권은 지속되었다.

우리는 존재의 부름을 추방해야 하는가?

따라서 우리는 그의 가장 신랄한 비판가들이 주장하듯이 하이데거를 도서관 철학 섹션에서 추방하여 국가사회주의 역사 쪽으로 그를 재배치해야 하는가? 아니다.

우리는 후기 하이데거를 빼버리고 『존재와 시간』의 곁에 머물러야 하는가? 꼭 그렇지도 않다.

그러면 어쩌자는 것인가? 존재의 부름을 다르게 해석하기로 하자. 하이데거가 '존재의 부름'이라고 부르는 것은, 시대들의 해석적 이해를 위한 부름, 시대들을 저것보다는 이것을 위한 부름으로서 이해하기 위한 부름, 어떤 것을 다른 것으로서가 아니라 이것으로서 생각하기 위한 부름 이상의 것도 이하의 것도 아니다. 존재의 부름은 해석학적 안목에 대한 부름이다. 하이데거가 1950년대에 '원자 시대', '정보' 사회의 승리, 그리고 기술에 의해 촉발된 환경 파괴에 대한 걷잡을 수 없는 분노에 관해 말했던 것이 실제로 분별 있고 예지력 있고 시의 적절한 통찰임이 입증되었던 것처럼 말이다. 『존재와 시간』에서 좀체 사라지지 않는 실존적 주관주의에 대한 후기 하이데거의 한계 설정에는 중요한 무언가가 있다. 그것은 부름의 해석학으로서 또는 내가 해석적 명령이라고 부르는 것으로서 해석학의 더 깊은 구조를 세상에 내보인다. 『존재와 시간』에서 해석적 명령은 개인적 양심의 소리였고, 후기 하이데거에서 그것은 역사적 명령, '존재 역사'의 부름이 되었다. 더욱이 그 부름은 그가 『존재와 시간』에서 주장했던 어떤 존재론에 의해서, 또는 어떤 신학, 또는 어떤 존재-신학에 의해서(이 목록에 민족주의 신화를 첨가하기로 하자) — 이 모든 것들은 개념적 사고 속에서 단단히 결부되어 있는데 — 포착될 수 없는 부름으로서 여전히 더 깊게 기숙하고 있다. 대신에 그것은 신비주의와의 비교를 환기시키는 비개념적인, 명상적 고요의 계기 속에서 우리에게 주어진다. 이것은 중요한 것으로 판명될 것이다. 그러나 당신이 그것을 보는 어떤 방식, 그 부름은 여전히 해석이 필요하다.

『존재와 시간』은 해석학에서 기념비적인 저작이며, 『휴머니즘에 관한 편지』는 하이데거가 해석학이라는 말에 흥미를 잃었는지와는 상관없이, 해석학의 또 다른 차원에 대한 공헌이다. 양쪽 모두에 있어서 해석은 피할 수 없는 것이며, 첫째이자 마지막이고 또 끊임없는 것이다. 이 단계에서 하이데거가 해석학이라는 말로부터 거리를 두어가고 있었을 때 누군가가 나타나서 해석학의 집을 정돈하고 이 말을 제자리에 복원시키는 것이 중요해졌다. 그 과제가 가다머에게 떨어졌다.

제3장

가다머의 『진리와 방법』
— 철학적 해석학

    한스 게오르그 가다머Hans-Georg Gadamer(1900-2002)는 해석학이라는 말
과 개념을 모두 게임판에 올려놓았다kept on the table. 하이데거가 근본적인
돌파구를 찾았다면, 가다머는 판을 마무리하고 딴 점수를 알도록 우리를
도왔다. 그러나 이번에는 화려한 언어도, 신비스러운 경향도, 재앙인 정치
도 없었다. 가다머는 『존재와 시간』과 후기 저작 모두에 들어 있는 하이데
거의 통찰을 알기 쉽게 그리고 포괄적으로 설명해줌으로써, 인문학의
광범위한 독자들에게 하이데거를 이해할 수 있게 해주었다. 하이데거가
포스트모던적 의미에서의 해석학을 중요하게 만든 선구자적인 천재였다
면, 또 다른 면에서의 천재였던 가다머는 해석학이 거기에서 멈춰 있다는
것을 보았다.

    가다머는 하이데거와는 다른 성향의 사람이었다. 박식하고, 점잖고,
기품 있어서, 가다머는 그야말로 신사이자 학자의 전형이었다. 가다머는
플라톤과 아리스토텔레스를 경애했고, 르네상스를 그리고 칸트에서부터
헤겔에 이르는 독일 철학의 황금기를 애호했으며, 특히 좋은 포도주가
곁들여질 경우 좋은 대화를 사랑하였다. 그는 102년을 온통 적지 않은

개인적인 축복을 받고 살았다. 60대에 이르러 『진리와 방법*Truth and Method*』(1960)이 출판되기 전까지는 철학적 명성을 얻지 못했긴 하지만 말이다. 하이데거의 고문하는 듯한 분석들을 우아한 독일어 산문으로 옮기고 확장시킨 이 책은 해석학의 역사 속으로 깊숙이 걸어 들어갔으며, 하이데거가 처음 소유권을 주장했던 해석학에 대단히 매력적인 새로운 방향을 제시하였다.

철학적 해석학

『진리와 방법』에서 —『존재와 시간』이후 20세기 해석학에서 가장 중요한 저작인데 — 무슨 일이 일어나고 있는지에 대한 감을 잡기 위해서, 먼저 개인적인 일화를 여러분에게 들려줄까 한다. 오래전, 잘못 넘어지는 바람에 병원 응급실에 실려 갔을 때, 의사는 좀 더 관찰해보아야 하니까 밤새 나를 지켜보겠노라고 말했다. 내가 집에 가서 내 침대에서 자고 싶다고 이의를 제기했을 때, 그 의사는 놀랍게도 "좋소, 집에 가시오."라고 말했다. 그가 의도했던 것은, 내가 스스로 진찰대에서 내려오는지를 보자는 것이었다. 결국 복도에서 쿵하고 쓰러져 거의 움직이지 못하고 나서야, 나는 의사가 옳았다고 수긍하였다. 가다머가 자기의 작업을 '철학적 해석학이라고 기술할 때 그것은 얼마간 나의 의사와 닮았다. 가다머는 역사가들과 문학도들에게 그들의 작업을 시작하는 법을 말하고 있지 않다. 그는 그들에게 방법론적 가르침을 주고 있지 않다. 따라서 역사가들이 가다머의 충고에 반대해서, 자기들의 생각은 순수한, 사심 없는 객관적인 작업을 해내는 데 있다고 주장한다면, 가다머는 이렇게 대답할 것이다. "좋아, 해봐라." 아니나 다를까 그 환자는 수술대에서 굴러 떨어질 것이다. 답은 항상 시의적절한 해석에 있다. 만일 그 해석이 실제로 좋다면, 전진하는 연대기적 해석의 역사에서 한 자리를 차지하게 될 것이다. 나의 의사처럼 가다머는 빈정거리려는 것이 아니다. 그는 역사가의 행복에 관심이 있다. 그는 인문학

종사자들에게 자기들의 작업을 이해하도록 도움을 주고, 인문학에서 일어나는 일에 대한 철학적 이해를 제공하려는 것이다.

해석학은 경찰이 아니다

『진리와 방법』에서 가다머는 너무 거만해진get too big for its boots 방법의 경향성에 초점을 맞춘다. 이것은 사실이어서 논평자들은 그가 책 제목을 방법에 반대하는 진리라고 했으면 좋았을 것이라고 비꼰다. 데카르트와 같은 근대 사상가들이 진리를 발견하기 위한 방법을 찾았다면, 가다머는 방법에서 벗어나는 진리를 찾았다. 그러나 가다머가 보여주는 그런 해석학은 인문학의 경찰이 아니라, 거기에서 일어나는 이해를 오해하는 데에 대해 경고한다. 해석학 자체는 하나의 방법도 아니고 특수한 방법들을 감시하는 메타 방법론도 아니다. 그것은 다양한 인문학 분야에서 출현하는 진리에 대한 철학적 명상이다. 그 분야들이 사용하는 방법이 무엇이든 그리고 어떤 성공을 거두든지 말이다. 나는 종종 연구 논문을 위해서 어떤 역사적 운동이나 문학적 운동에 해석학을 '적용'하고 싶다고 말하는 학생들을 보았다. 그리고 나는 학생들에게 그것은 오해라고 말한다. 역사적 연구나 문학적 연구는 이미 활동하고 있는 해석학이다. 해석학은 이미 거기에 있다 ─그러지 않을 수가 없었다. 우리가 철학적 해석학에서 하는 일은 인문학자들이 이미 일차적으로 하고 있는 일을, 2차적으로 그러나 여러 가지 다양한 자기-이해와 함께 명료화 하는 것이다. 해석학은 특수한 학문 분야에 전사될transcribe 수 있는 형판template을 제공하지 않는다. 그것은 인문학에서 이해에 이르는 방법에 대한 철학이고, 거기에 성패가 달려 있는 진리이다. 물론 하이데거는 『존재와 시간』에서 똑같은 일이 자연과학에서도 벌어지고 있다는 것을 보여주었다. 그러나 그것은 가다머가 추구한 해석학 쪽이 아니다.(그가 오래 살기는 했지만 모든 것을 다 할 수는 없었다.) 그것을 넘어서 해석학이 내미는 도움의 손길은 강단 학문 분야에 한정되지 않고 인간 경험을 종횡으로, 강단의 안팎을 다 포용한다.

『진리와 방법』은 3부로 나뉘어져 있다. 1. 예술작품의 진리, 2. 인간 과학의 진리, 그리고 3. 언어 경험에 대한 해석학적 분석. 이것들을 차례대로 알아보자.

1. 예술작품

왜 어린이들은 당연히 박물관을 싫어하는가

매년, 수많은 학생들이 소풍으로 교사들에게 이끌려 미술관으로 행진해가는데, 이때 학생들은 교실에 갇혀 머물러 있는 것보다는 아주 조금만 덜 괴로운 것처럼 보인다. 『진리와 방법』은 그런 학생들에게 그들이 옳다고 하는, 즉 미술관의 예술을 경험하는 것은 자연스럽지 않다고 하는, 악당은 미적 의식이라고 하는 근대 특유의 자식이라는 사실을 보여주는 좋은 논증을 제공한다.[1]

가다머 이전의 헤겔과 하이데거처럼, 가다머는 예술작품을, 플라톤이 생각했듯이 실재에서 멀어진 상태로 만들고 있는 삶의 모방(미메시스)으로 바라보지 않는다. 대신에 그들은 예술작품을 현실의 **강렬화**intensification로 보는데, 이는 때로는 아주 작거나 무의미한 것처럼 보이기도 하는 것을 가려내어주기도 하고, 실재 자체가 그 깊이와 미에 있어서 휘황해지도록 그것을 확대해주기도 하는 줌 렌즈와 같은 것이다. 예술작품은 좁게라도 '미감적' 응시의 예술적 '대상'이 아니다. 그것은 진리 사건이다. 하나의

---

1. 한스 게오르그 가다머, 『진리와 방법』, 2nd rev. edn, trans. Joel Weinsheimer and Donald Marshall(New York: Crossroad, 1989), 86-87, 135쪽.

예술작품을 경험한다는 것은 진리의 세계, 세계의 진리로 들어서는 것이다. 미는 존재 진리의 작열, 세계 자체의 불꽃이다.

미술관은 데카르트의 순수한 생각하는 자아, 또는 칸트의 '선험적 자아', 대상을 벽에 걸어놓고 검열하는 자율적 주체 시대의 창조물이다. 이렇게 해서 '미학 — 근대 예술철학 — 은 예술작품에서 그것의 진리를 도둑질한다. '예술을 위한 예술'은 심미적 기분을 나타내는 하나의 구호이다. 주말에나 박물관에 가서 볼 수 있는 이런 작품들은 미술관에 걸맞지 않다. 그것들은 일상생활 자체에 있고 또 일상생활 자체에 속한다. 좋은 거울이 자기-인식의 시대에(16세기와 17세기) 처음 생산되었던 것처럼, 고대 세계에는 어떤 생생한 원형이 있는 반면에 미술관은 공연장처럼 근본적으로 근대의 혁신이라는 것은 의미심장하다. 물론 가다머는 우리가 미술관을 폐지해야 한다고 권고하고 있는 것이 아니다. 미술관은 일반 대중에게 예술에 다가갈 길을 제공한다. 그러나 그는 미술관이 근대 소외(각성) 현상의 증거라는 점을 지적하고 있다. 그곳에서 삶은 사업을, 목적-수단 합리성을 의미하고, 예술은 인식적 내용을 빼앗긴 오락이다. 사업은 사업이다. 예술은 미술관에 있고, 종교는 교회에 있고, 모든 것은 스스로 지정한 자리self-sealing place에 있다. 그것이 근대성이다. 그러나 천국의 예루살렘에는 — 최종적으로 신이 모든 것이 되었기 때문에 일요일에 교회에 나갈 필요가 없는 곳 — 아무 교회도 없는 것처럼, 고대 그리스에는 전혀 미술관이 없었다. 그 당시 예술은 공적 생활과 사적 생활 어디에서든 발견되는 것이었다. 마찬가지로 위대한 중세의 대성당들이 언제나 관광지인 것은 아니었고, 레퀴엠도 언제나 공연장에서 연주된 것은 아니었다.

어린이들이 아는 것

근대 미학은 칸트의 『판단력 비판』에서 하나의 개념적 정점에 이르렀다. 칸트는, 좀 색다르고 독특해서 험담에 오르기도 했는데, 예술작품을 판단하는 데 보편적인 합의에 도달하는 길을 탐구해가기 시작했다. 칸트는 이것을, 순전히 형식적으로 미감적 대상을 관조하는 순수한 사심 없는 미감적 주체라는 생각에서 찾아냈다. 칸트에게 예술작품은 우리가 그것의 실제 내용에 대해서 갖는 관심과는 무관하게, 그것의 구조적 속성을 위해 음미되는 대상으로 움츠러든다. 아테나 신전으로 들어가는 그리스인에게, 또는 대성당에서 기도회에 참석한 중세 수사에게 ― 또는 어린 학생에게 ― 그것을 설명하려 한다고 상상해보라. 우리는 8월 달 이탈리아에서 신학적으로 무식한 여행객들처럼 미술관을 방문한다. 입을 떡 벌린 채 과거의 위대한 대성당을 바라보면서 말이다.[2] 그리고 현대 미술관은 이제는 오래 전에 죽은 사람들이 창작한 예술작품을 보존하기 위한 일종의 무덤이 ― 이는 분명히 어린 학생들이 알고 있는 것이다― 될 위험에 놓여 있다. 가다머의 관점에서 지루해하는 어린이들이 구조적으로 소외된 미술관의 상황을 알아차리고 있다. 미술관에서 예술작품은 그것의 자연적인 생활 무대에서 억지로 분리되었다. 이와는 반대로, 똑같은 어린이들이 순전한 시, 발레처럼 멋진 축구경기, 현대 육상 경기장의 웅장함에 대해서는 지루해하지 않는다는 것을 생각해보라. 여기에서 미는 일상생활과 통합되어 있는 것이다.

놀이에 참여함

내가 어린이와 축구 경기를 예로 든 것은 대뜸 무턱대고 고른 것이 아니었다. 한 대상을 넋을 잃고 바라보는 일과 정반대되는 행위는 경기에 참가하는 것이다. 따라서 가다머는 사심 없는 미적 주관과 순수한 미적 대상 간의 뚜렷한 구분을 해소하는 하나의 모델로서 놀이의 현상학에 착수한다.[3] 재미있는 축구 경기에서의 팀워크를 예로 들어보자. 마치

. .

2. 오늘날에는 파리에 도쿄 궁전(the palais de Tokyo)과 같은 기관들이 있는데, 이런 기관들은 예술 공간이 무엇을 의미하는지에 관해, 그리고 **포스트모던적 전환**을 입증하는 작은, 실험적 예술 화랑들에 관해 생각해보게 한다.
3. 가다머, 『진리와 방법』, 101-110쪽.

다른 팔다리로 이루어진 한 몸이었던 것처럼, 또는 같은 손의 손가락인 것처럼, 서로가 자기들이 독립된 개인이라는 생각을 버리고, 공을 앞뒤로 패스하면서 골문으로 모여드는 선수들은 전적으로 득점하는 일에만 빠져서 공차는 일에 열중하고 있다. 우리는 이 팀이 응집력chemistry이 있다고 말한다. 그러나 우리는 그들의 생태와 협력 관계도 기술할 수 있었다. 그들의 전 추진력은, 그들의 움직임을 서로 나란히 조정해가면서, 그리고 상대편의 동태에 따라 조정해가면서, 공의 자석 같은 움직임 주위로 조직화되어 있다.

공은 예측할 수 없는 방향으로 굴러가기 때문에 경기 결과도 예상할 수 없다. 경기에는 규칙이 있고, 참가 선수들도 한도가 있어서, 이것이 시합에 긴박감을 부여한다. 따라서 가다머에게 시합play은 '무엇이든 다 허용된다'는 것을 또는 마구잡이식의 임의적인 운동을 의미하는 것이 아니라, 규칙-지배적 활동을 의미한다. 규칙 없이 우리는 시합을 하지 못하거나 아예 하지 못했을 것이다. 시합은 규칙에 의해 가능해지는 것이며, 자체로는 규칙을 가지지 않는 개인적 상황 내의 자발성, 혁신과 창조성을 발휘함에 의해 가능해지는 것이다. 가장 훌륭한 선수들은 예측할 수 없는 동작을 선보여서 공을 가지고 마술 같은 일을 해낼 수 있다. 가장 뛰어난 코치는 상대편에게 당혹감을 일으키는 창조적인 시합 계획을 고안해낸다. 시합에서 반칙을 하는 사람들은 시합의 의의를 파괴해버린다.

모든 사람이 선수이다

이제 공의 자리에 예술작품을 집어넣어보라. 똑같은 일이 일어날 것이다. 하나의 예술작품을 경험한다는 것은 그 작품이 일으킨 놀이 속으로 끌려들어가는 것이다. 거기에서 선수들은 자기들의 주관적 의식을 버리고 완전히 경기에 흡수된다. 선수들은 **참가한다**. 관중들은 단순히 바라본다. 예술작품은 관객들이 그 세계 속에 빠져들어 시내 중심가 극장의 좌석을 들썩이게 했던 감동적인 극적 공연(연극)과 같다. 연기자와 관객이 똑같이 연극에 몰입한다. 피아노 연주회를 듣고 있는 사람들은 연주회장에서 서로 떨어져 앉아 있다는 것을 확인하면서도, 스스로 곡을 연주하고 있다. 즉, 그들 몸이 연주자와 함께 미묘하게 움직이고 있는 것이다.

예술작품은 형식적 속성들의 놀이가 아니라, 그 놀이를 **경험하는**, 그것의 진리를 경험하는 모든 사람이 빨려 들어가는 자석의 중심지이다. 도대체 어떤 진리인가? 그것은 세계-개시의 진리, 삶의 모습의 진리, 세계-내-존재 양태의 진리, 오로지 그것만이 고유하게 열어줄 수 있는 진리, 그리고 나에게 다가온 진리(실존적 진리)이다. 하이데거처럼 가다머도, 전통적인 철학적 사유로는 다가갈 수 없는 그런 진리에 접근하게 해준다는 점에서, 예술작품에만— 그 놀이는 매우 진지하고, 내용이 있고, 사태적이다sachlich — 전형적인 중요한 요소가 있다고 생각한다. 놀이에 몰두함으로써 나는 그 활동에 의해 변모된 채로 다시 제정신을 차린다. 여러분이 기꺼이 몰두하려고 하지 않는 한, 여러분은 결코 자신을 얻을 수 없을 것이다. 그 어떤 인위적인 경계선도 예술작품의 미를 진리와 선으로부터 구분해낼 수 없다. 그 어떤 순수 이성 비판도 한편으로는 예술과 다른 한편으로는 도덕, 종교 또는 과학 간의 국경을 단속하지 못한다. 어떠한 이원론도 순수 이성과 순전한 감정 간의 구분, 인식론적인 것, 윤리적인 것과 미적인 것 간의 구분, 주관과 대상 간의 구분을 강요하지 못한다. 예술작품 속에서 — 아테나 신전을 생각해보라— 진, 선, 미는 수렴된다. 또는 처음부터 결코 진, 선, 미는 분리되지 않았다.

주체는 판단 속에서 대상을 지켜보지 않는다. 오히려 예술작품은 하늘로부터 온 것처럼 우리를 넘어서 온다. 우리는 그 경험을 당하고 그 마력에 굴복하며, 그것이 우리의 마음을 앗아가게 놔둔다. 연기자는 놀이에 복종하고, 놀이는 연기자를 받아들이며, 상연 중인 놀이에 진리를 전한다transmit. 우리는 예술작품을 관찰하지 않는다. 우리는 예술작품과 놀이를 하고 있고, 예술작품에 의해 놀이를 맡아 하고 있다. 우리는 이런 활동이 무엇을 의미하는지를 묻지 말고 어떻게 그것과 놀 것인지를 물어야 한다. 이것은 독일어 단어 Spiel에서 더 잘 드러나는데, 이 낱말은 '놀이play'와 '경기game'라는 뜻을 다 가지고 있다. 따라서 독일어에서 연기자들은 놀이를 놀이하고, 또 이번에는 놀이에 의해 놀이된다players play the play and are in turn played by play. 독일어에서든 영어에서든, 놀이는 사심 없는 미감적 판단의 순수하게 형식적인 대상이 아니라, 사태Sache(하이데거), 흥미진진한 관심, 내용적 문제이다. 우리는 대상을 판단하지 않는다. 예술작품이 우리의 판단을 대신하고, 우리를 대격에 위치시킨다. 존재에 있어서의 후기 하이데거처럼, 순환은 반대 방향으로 움직이고 있다.

경찰이 아니라 폴리스The Polis not the police: 아리스토텔레스, 헤겔, 하이데거, 가다머

가다머의 분석은 헤겔과 하이데거의 렌즈를 통해 아리스토텔레스를 개작한 것이다. 아리스토텔레스가 인간을 '정치적 동물'로 기술하였을 때, 그는 오늘날의 개판과 같은dog-eat-dog 당파적 정치를 의미하지 않았다. 그에게 그리스 시민이란 사회 계약을 체결하기를 원하는 자율적 자아가 아니라, 서로 받쳐주고, 도와주고, 포용하는 삶의 모습 속에서 하나의 실체적 통일로 태어난 참여자를 의미하였다. 폴리스는 인간적 삶을 낳는 모체, 진, 선, 미의 생생한 통합체로서, 개인에 스며들어 있고 개인을 형성하는 그런 것이다. 청년 하이데거에 따르면, 이것은 해석학의 본래적 의미를 명료하게 표현한다. 순수한 무정치적 존재, 폴리스를 벗어난 존재는 비인간적이고 어처구니없는 것이다. 헤겔이 현실적인 사회의 편에 서서 계몽주의의 자유로운 자율적 주체를 비판하였을 때, 그는 아리스토텔레스의 폴리스를 염두에 두었던 것이다.

어떻게 비평이 가능한가?

이것은 예술적 창조, 예술적 수용과 예술 비평을 이해하는 데 중요한 의미를 띤다. 만일 예술 애호가가 예술작품을 감독하고, 그것을 판단에

맡기고 그것의 매력에서 자유로운 비판적 관찰자가 아니라면, 예술 비평이 가능하기나 할까? 물론 그것은 가능하다. 왜냐하면 비평은 실제로 이루어지고 있기 때문이다. 해석학은 그런 사실과 더불어, 예술 비평가들이 생업으로 하는 일로서 해석이라는 구체적 행위의 실제적 현존과 함께 시작한다. 그러나 해석학에 있어서 문제는 그것이 무엇인지를 이해하는 것이다. 비평은 먼저 겪었던 경험을 2차적으로 반성하는 작업이다. 비평은 객관화 이전pre-objectified의 세계(세계-내-존재)가 처음이고 마지막이고, 항상 있다는 것을 인정해야 하는 전략적 개념화 행위이다. 비판한다는 것은 해석한다는 것이고, 해석한다는 것은 작품 속의 진리에 대한 암묵적인 경험을 해명하고 명시화 하는 것이다. 그러나 해석학은 그것에 대한 반성이 하나의 인공물이라는 것을, 그리고 그것은 결코 그 생생했던 경험을 따라잡을 수 없다는 점을 비평이 고백할 것을 요구한다.

게다가 비평 작업은 궁극적으로는 놀이에 흡수될 것이다. 그것은 작품의 놀이로 확장될 것이고, 이후의 작품 수용의 역사에 공헌할 것이고, 비평가를 2차적 창조자와 같은 사람으로 행세하게 해줄 것이다. 비평가도 역시 하나의 연기자이다.

예술작품은 근대 철학에서처럼, 그것이 해설적인 목적을 위해 사용될 수 있다는 것을 그저 예들과 함께 철학에 공급하면서, 철학에 의해 독립적으로 수립되어 왔던 진리의 도해가 아니다. 하이데거와 가다머에게 있어서 예술작품은 그 외에는 달리 접근할 수 없는 방식으로 세계를 개시한다. 예술작품은 우리가 항상 이미 속해 있는 세계를 연다. 비평은 기껏해야 세계에 대한 2차적인 반성적 명제들이나 만들어낼 수 있을 뿐이다. 비평은 예술작품의 경험 속에 통일적으로 이미 존재했던 것을 분석적으로 조립하려고 하면서, 예술작품 속에서 일어나고 있는 것을 항상 뒤늦게 가리키고 있을 뿐이다.

2. 전통과 인간 과학

놀이가 중요한 것이지 작가가 중요한 것이 아니다

이런 분석은 예술작품과 문학의 해석에서 뿐만 아니라, 법과 정체con-stitution, 조직의 규칙, 윤리적 관례, 경전 및 전통의 해석에서 그리고 인문학과 사회과학 일반에서 대단히 중요하다.

만일 한가로운 관조자의 주관성이 약화된다면, 작가나 창작자의 주관성의 배제는 훨씬 더 충격적이고 논쟁거리가 될 것이다. 만일 놀이가 중요한 것the things이라면, 가다머에게 '작가의 의도'는 더 이상 작품 해석을 위한 표준normative이 되지 못할 것이다. 여기서 가다머의 논증은 프리드리히 슐라이어마허Friedrich Schleiermacher(1768-1834)의 작업을 겨누고 비판하고 있는데, 슐라이어마허는 해석학을, 외부 표현으로부터 작가나 역사적 행위자의 내부 의도로 되돌아가는 발걸음을 추적하거나 재구성함으로써, 본래 창작자의 '정신' 속에 있었던 것의 재생산으로 정의한다.[4]

첫째, 때때로 일어나는 일인데, 작가 자신이 나중에 마음을 바꿀 때(하이데거가 그랬던 것처럼) 문제가 생긴다는 것은 말할 것도 없고, 누군가의 마음속에 있는 것을 재구성하는 일은 사실상 불가능할 것이다. 둘째, 문제가 되는 것은 그들의 마음이 아니라 그들이 염두에 두었던 세계의 문제이다. 우리가 분석할 수 있는 유일한 실질적 증거로 남아 있는 것은 그들이 만들었던 작품이다. 이런 작품들은 절대적인 의미를 지니고 있는 것이 아니라, 변화하는 문맥 속에 끼워짐으로써 그 의미가 고정되는 맥락적 의미를 갖는다. 어떤 것이 의미하는 것은 완전히 상대주의적인 것이 아니라, 맥락 의존적이다. 그것의 의미는 한편으로는 작품들 자체와, 다른 한편으로는 그것들이 반복되는 맥락, 이렇게 이 둘에 의해 결정된다.

다시 한 번, 가다머는 작가나 행위자의 모든 자취를 파괴하려는 것이

---

4. 가다머, 『진리와 방법』, 166-167, 186-199쪽.

아니고, 객관성의 흔적을 전부 없애려는 것일 뿐이다. 작가의 의도는 아무것도 아닌 것이 아니다. 그것은 본래 문맥을 재구성하려는 일차적 독해에 속한다. 우리는 통상적으로 재생산하는 과정을 쫓아가면서, 원래 있던 언어를 배우고, 원래 있던 문화를 연구함으로써, 또 원래의 독자와, 작품이 이바지하고자 하는 원래의 목적을 확인함으로써 해석을 시작해간다. 작품을 오해하고 시대착오적으로 왜곡하는 것을 피할 길이 전혀 없다. 이것은 그저 앉아서 성서나 고대 문헌을 집어 들고 읽어갈 수 있다고 생각하는 사람들이 저지르는 실수이다. 가다머의 목적은 그런 재구성(이것이 실제로 가능한 한)을 금지하는 데 있는 것이 아니라 그것의 위치를 정하는 데 있다. 이것은 해석의 1단계, 읽기 시작하는 최선의 방식이지만, 그러나 그것은 **표준적** 해석이 될 수는 없으며, 실제로 ― 역사가 그 증인이 듯이 ― 만일 작품이 중요한 것이라면, 적어도 그것은 결코 **최종** 독해가 아니다. 우리는 보통 원 텍스트를 재구성해감에 의해서 시작하지만, 그러나 그 재구성은 텍스트가 어쨌든 **좋은** 것이라면, 바로 다시금 재문맥화될 수 있어야 하는 텍스트의 구조에 속해 있다.

원 작가의 권위는 제한된다. 텍스트의 진정한 생명은 그것이 구조적인 것이건 물질적인 것이건 간에 작가의 **죽음**에 전적으로 의존한다. 대학 학부나 기업체의 상급자들이 대학이나 기관에 새로운 활력을 불어넣기 위하여 자진해서 은퇴해야 ― 그리고 때로는 죽음이 어떤 사람을 은퇴시킬 수 있는 유일한 길인데 ― 할 필요가 있는 것처럼, 작가는 텍스트를 살게 하기 위하여, 육체적이 아니더라도 상징적으로, 물러나야만 한다. 가게 놔두어야 한다. 이런 일이 일어나지 않을 때, 이는 텍스트가 너무 시대에 의존하고 있어서, 너무 완전히 원 텍스트에서의 원 주체의 의도에 속박되어 있어서, 그 저술이 더 이상 사람들의 흥미를 끌 수 없을 만큼 '시대에 묶인' 것으로, 완전히 '구식'으로 치부되기 때문에 그런 것이다. 죽은 자들로 저희 죽은 자들을 장사하게 하라.

하나의 '고전'이 되어가려고 하는 텍스트들은 시대에 구애받지 않는,

작가의 원 의도에 제한되지 않는 텍스트들이다.[5] 무기한으로 재문맥화될 수 있는 텍스트가 아니라면, 작가가 결코 상상할 수 없었을 늘 새로운 맥락에서, 늘 새로운 독자에게 반복적으로 말할 수 있는 텍스트가 아니라면 고전은 무엇이란 말인가? 셰익스피어의 연극이나 알렉산더 해밀턴의 소설이 랩 음악에서 이야기된다고 하면 어때? 그러나 아리스토텔레스의 저작이 하이데거와 가다머에게 그런 것처럼 그것을 고전으로까지 만들기 위해서, 한 텍스트를 구조적으로 반복될 수 있게 하는 것만으로는 충분하지 않다. 이것은 긴 목록과 같은 것도 그렇듯이, 모든 텍스트의 형식적 특징에 지나지 않은 것이다. 고전이란 그 자체를 반복할 만한 가치가 있게 만들어진 작품이며, 이것은 고전이 진리의 깊이에서 말하고 있기 때문이다. 따라서 해석학에서 우리는 사태가, 그것에 죽음을 가져올 본질을 가지는 것이 아니라, 계속 진행 중인, 살아 있는 역사를 가진다고 말하는 것이다.

괴물 피하기

만일 미국의 창건자들과 헌법 작성자의 말이 그들 작가의 의도에 한정되었다면, 노예 제도는 결코 폐지되지 않았을 것이고, 여성과 무산자들은 결코 투표할 권리를 얻지 못했을 것이다. 법률은 조직적으로 적용되고 반복될 수 있어야 하고, 헌법은 수정될 수 있어야 하며, 행위 규약은 개정될 수 있어야 하고, 종교적 신화는 탈신화화될 수 있어야 한다. 결혼에 대한 우리의 이해도 발전되었다. 과거에는 타 인종 간의 결혼을 배제하였지만, 오늘날에는 동성 결혼의 장벽도 무너지고 있다는 것을 우리는 목격하고 있다. 이는 20년 전만 해도 아무도 예측하지 못했던 것이다. 결혼조차도 본질이 아니라 역사를 지닌다. 문자 그대로 과거에 충실하려는 그릇된 짓은 과거를 괴물처럼 만들어버리고, 미래를 막아버리며, 다시 새롭게 되려는 전통의 내재적 능력을 빼앗아버린다. 그것은 가다머의 그 다음

• •

5. 가다머, 『진리와 방법』, 285-290쪽.

주장으로 이어진다.

텍스트는 자라서 집을 떠난다

텍스트는 어린아이와 같다. 어린아이들은 자라서 둥지를 떠나 자기들의 삶을 살아간다. 그것은 불평이 아니다. 부모가 여러분에게 이야기해줄 수 있는 것처럼, 그것은 일어나야 할 일인 것이다. 그런 일이 일어나지 않을 때, 그것은 불평거리가 된다. 바로 그와 마찬가지로, 그것이 글쓰기의 의미point — 글쓰기의 (그리고 현재 사건과 주제의 경우에도) 작가와 원 독자가 더 이상 활동하고 있지 않는 그때, 쓰여진 것을 보존하는 것 — 이다. 텍스트, 악보, 예술작품, 이 모든 것들은 항상 법원 판결로 파기될 수 있는 유언장a will과 같다. 유언장(그들이 '의미하는' 것, 프랑스어로 의미하는 것, vouloir dire)이 항상 준수되어야 한다는 것을 보장하기 위해 작가가 할 수 있는 것은 아무것도 없으며, 작가의 의지나 소원에 따라 해석이 이루어지게끔 과정을 감시할 어떠한 것도 없다. 하나의 구조적인 문제로서, 작가는 죽는다. 그 작가가 실물대로large as life 우리 곁에 있든지, 오래전에 죽고 사라졌든지 간에 말이다.

여기서 가다머가 말하고자 하는 철학적 요지는 텍스트가 잠재적 의미를 가진다는 것이다.[6] 이 책은 무엇을 말하는가? 전혀 아무것도 말하지 않는다. 당신이 원하는 대로 그 책을 앞에다 두고 저기 앉아라. 귀를 기울여보아라. 그러면 그 책은 한 마디도 하지 않을 것이다. 실제로 그 책은 누군가가 읽기 전까지는 무언가를 말하지(의미하지) 않는다. 누군가가 악보를 연주하기 전까지는 그 악보가 음악이 되지 않는 것처럼 말이다. 따라서 독자도 비평가처럼 하나의 연주자이다. 성서가 말하는 것은 — 누군가가 그것을 (거의 항상 번역으로) 읽기 전까지는, 그리고 그것이 말하는 것을 말하기 전까지는 — 아무것도 아니다. 심지어 그들이

● ●

6. 가다머, 『진리와 방법』, 163-164, 389-395쪽.

무릎을 꿇고 읽고 있을 때조차도, 그들은 해석에 열중하고knee-deep 있는 것이다. 따라서 작가가 무언가를 써놓을 때, 그는 (언어와 텍스트가 사라지지 않는 한) 많은 잠재성을 가진, 반복적으로 현실화될 수 있는 명문을, 문자를 생산하는 것이다.

내가 젊은 시절 철학과 학과장이었을 때, 대학 부총장님께서 유익한 행정적 충고이면서도 좋은 해석학적 이론이기도 했던 말씀을 내게 해준 적이 있었다. 써야만 할 경우가 아니라면 쓰지 마라. 그 글이 네 전 생애에 걸쳐 따라다니기를 원치 않는다면, 그 글이 영원히 살아남기를(오늘날에는 페이스북에 올리기를) 원치 않는다면, 쓰지 마라. 일단 무언가가 쓰여지면, 그것은 대중의 소모품으로 제공될 것이고, 거기에서 자기의 삶을 살아갈 것이다. 작가는 언어를 소유하지 않으며, 언어 규칙들을, 그 말들이 촉발한 암시적 의미들을 통제할 수 없다. 그리고 확실히 무엇보다도 작가가 죽고 난 후 이런 말들이 새로운 맥락에서 맡게 될 의미를 통제할 수 없다. 바로 글을 쓴다고 하는 것 자체가, 작가가 오기 전에 이미 활동하고 있는 언어 놀이에 관여한다는 것을 의미한다. 텍스트가 새로운 맥락 속에 있을 때 새로운 방향으로 흘러넘칠 내포와 외연을 배치하면서 말이다. 작가는 언어의 키보드를 가지고 놀고 있을지 모르지만, 언어도 작가를 가지고 논다. 그리고 작가의 등 뒤에 있는 언어 속에서 온갖 일들이 일어나고 있다.

지평 융합

역사 진리의 경험으로 방향을 돌려서 가다머는, 역사가의 과제는 실제로 있었던 것wie es eigentlich gewesen을 있는 그대로 말하는 것tell it like이라고 하는 레오폴트 폰 랑케Leopold von Ranke(1795-1886)의 유명한 주장을 궁지로 몰아간다. 가다머가 있지 않았던 것을 있는 그대로 말한다는 것을 의도하는 것은 아니지만, 그는 랑케가 해석학적 순환을 회피하려 하고 있고, 진리가 고작 사실 — 순수한, 해석되지 않은 사실 — 에 지나지 않는, 경험적 객관성이라는 엉덩이moon를 쫓아가고 있다고 생각한다. 가다머는 그가 '지평 융합'이라고 부르는 것을 통해 이런 객관주의적 관점에 반대한다.[7] 가다머에게 지평 융합이란, 우리가 빠져나올 수 없는 우리의 지평이, 그 차이로 인해 우리에게 충격을 주는 과거의 지평과 만날 때 생겨난 섬광 속에서, 역사적 이해가 발생한다는 것을 의미한다. 처음에 이 둘은 충돌 — 서로 만나서 충격을 받는다 — 한 후, 오해가 있다는 것이 없어지고, 과거와 현재 간의 거리가 메울 수 없는 것이 아니라는 것이 드러나면, 나중에는 융합된다. 가다머는 역사적 연구에서의 진리 경험을 기술하고 있는 것이다. 하이데거에게 있어서와 마찬가지로 그에게 진리란 일차적으로 과거의 역사적 대상에 대한 개념, 명제, 논증을 형성하는 문제가 아니다. 보다 깊은 역사적 진리의 경험은, 그것이 우리에게 영향을 미치게끔, 우리를 소유하게끔, 우리를 변형시키게끔, 우리의 존재를 의문시할 것을, 우리를 다른 시대의 충격에 노출되게 놓아둘 것을 요구한다. 우리가 역사를 연구할 때, 우리는 우리 자신에 관한, 인간에 관한 무언가를 배운다. 우리가 어떤 인문학을 연구할 때, 정말 그렇다. 지평 융합은 과거도 아니고 현재도 아닌, 이전에 존재하지도 않았고 존재할 수도 없었던 것, 그러나 새로운 어떤 것, 제3의 것이다. 그것은 전통의 확장을, 그곳에서 진행되는 진리-사건을, 전통 속에서 계속 나타나는 새로운 형상이나 모습을, 마지막 것도 아니고 반드시 최선의 것도 아니지만 가장 최근의 모습을 보여준다. 하이데거에게서도 그렇듯이 가다머에게 진리는, 우리가 개인적으로 전통과 관계 맺고 있고, 전통에 속해 있다는 점에서 실존적이기도 하고, 동시에 그것이 세계의 새로운 배열, 새로운 삶의 모습, 우리 인생 경험의 새로운 배열이라는 점에서 현상학적이기도 하다. 고대 그리스의 폴리스를 생각해보라. 그와 비교해볼 때 우리는 항상 핸드폰에 매달려 있는, 너무 고립된 모바일 존재이다. 전통과 우리와의 거리는 무관심의 문제가 아니라 긴급한 관심사

••

7. 가다머, 『진리와 방법』, 306-307, 374-375쪽.

이며, 그런 거리는 생산적이다. 우리는 그리스인의 세계와 우리 확장된 세계 모두의 지평 안에서 그리스인의 세계에서 떠나 변형된다.

과거와 대화를 나눔

객관주의를 비판하면서, 가다머는 객관성에 냉소를 보내고 있는 것이 아니다. '역사 인식'의 객관주의를 비판하면서, 가다머는 역사적 지식에 대한 악의적인 주관화를 도모하고 있지 않다. 그의 대부분의 감정적인 비판자들이 불평하듯이, 그는 홀로코스트를 부정하는 역사적 수정주의자들을 허용하지 않는다. 그는 역사적 이해가 무엇인지를 이해하고자 한다. 가다머는 객관성을 폐기하고 있는 것이 아니라 그것을 좀 더 분별 있게 재기술하고 있다.

진리 경험은 다른 것의 충격에서, 멀리 떨어진 과거로부터 우리에게 온, 그때까지 알려지지 않은 것의 충격에서 일어난다. 여기에서 대화의 모델이 중요한 방식에서 활동하기 시작한다. 우리는 전통과 — 다른 사람과 — 대화에 들어가기 위해서 우리 자신의 전제들을 의문에 붙이는 능력을 필요로 한다. 가다머에게 담화, 대화 놀이, 담론의 유연성은 해석학의 중심적인 작동 모델이다.[8] 우리는 질문과 더불어 과거에 말을 건다. 그리고 과거는 생산적인 해석학적 순환 속에서, 대화와 변증법 속에서 앞뒤로 왕래하면서, 우리로 하여금 질문을 제기하게 하는 식으로 회답한다. 신학자들은 폴 틸리히(『존재와 시간』의 또 다른 진지한 독자인데, 우리는 10장에서 다시 그를 만날 것이다)가 제안했던 '상호관계correlation'의 방법을 마음에 떠올릴 것이다. 거기에서 우리는 고전 신학에 현대적인 질문을 던져서, 우리의 현대적 감수성에 충격을 주는 새로운 답을 끌어내게 될 것이다. 신학적 질문들, 역사적 질문들, 모든 진지한 질문은 대신에 우리를 질문 속으로 집어넣는다. 가다머의 해석학적 순환 모델은 플라톤의 형상 형이상학이나

8. 가다머, 『진리와 방법』, 367-369, 383-388쪽.

헤겔의 절대지를 수용하지 않은 채, 플라톤의 대화법과 헤겔의 변증법적 방법으로부터 기본 원리를 빌려온다.

가다머는 대화를 하나의 방법론으로서 제안하고 있는 것이 아니라 역사적 이해를 오해하는 것을 피하는 하나의 방법으로 제안하고 있다. 역사가들이 전통을 이해하는 일은 불가피하게 그들 자신의 흥미, 그들 자신의 시대와 관심을 반영할 것이다. 훌륭한 르네상스 역사는 그것에 앞선 르네상스 역사들의 역사를 재검토하는 것으로 시작된다. 역사가들이 자신들에게 완전히 솔직해지고, 그들 자신을 샅샅이 수색하고, 자신의 전제들을 완전히 검사하고, 그들 자신의 전제들을 중립화시킨다는 것은 불가능하다. 정말로 그런 중립화는 가능했다 하더라도 의미가 없었을 것이다. 과거로부터 역사가들의 현대적인 감각을 분리시키는 '역사적 거리'는 창조적이고 생산적이기 때문이다. 우리는 이를 과거에 새로운 질문을 던지는 현대 페미니스트 연구에서 보게 된다. 그렇지 않았다면 역사가들은 음악 경연을 심사하는 음치와 같은 사람이었을 것이다. 그들은 답을 찾는 대화 상대자로서 과거에 접근하지 않으면 안 되며, 그것은 처음부터 되돌아온 답변에 깜짝 놀라서 다시 질문을 던지려는 의지를 가지고, 생생한 질문을 할 것을, 문젯거리를 가질 것을 요구한다.

선입관에 반대하는 선입관

무전제성의 '이상'의 유혹에 빠져 모든 전제들을 불신하려는 경향, 순수한 객관성이라는 황홀한 엉덩이를 쫓아가려는 경향을 가다머는 '선입견에 반대하는 선입견'이라고 부른다.[9] 역사적으로 '선입견prejudice'이라는 말은, 한 사건이 또 다른 심리를 필요로 하는지의 여부를 예비적으로 심리한 결과, 즉 예심 판결을 뜻하는 법률 용어 prae+judicium에서 유래한다. 그것은 사실을 왜곡하는 것은 아니지만, 다음 할 일에 관한 지침을 법정에 제시한

● ●

9. 가다머, 『진리와 방법』, 269-277쪽.

다. 바로 그런 것처럼, 해석학적 이해는 주제에 대한 예비적인 방향 설정, 어떤 '선-구조(하이데거)'에 의해 진행된다. 이것은 승인되거나 거절되기도 하겠지만, 그러나 우리가 완전히 방향을 잃게 하지는 않게 할 것이다. 따라서 권위가 반드시 나쁜 것만은 아니다. 권위가 나쁜 유일한 경우는 권위가 나쁠 때이다. 우리가 변호사나 의사를 필요로 할 때, 우리는 잘 알고 있는 사람으로부터 추천을 구한다. 신뢰할 만한 권위자 없이, 매일 아침 모닝커피를 마시기 전에 우리가 해야 할 첫 번째 일은 커피포트를 발명하는 일이었을 것이다.

그런데 전통은 순수한 '대상Gegenstand'이 아니라 좀 더 실질적이고, 긴요하고, 중요한 '관심의 문제Sache'이다. 전통은 사태적으로sachlich 즉, 깊고 실질적으로 우리와 관계하는 것이다. 그것은 우리의 뼛속까지 스며들어 있다. 그것은 우리이다. 그것은 우리보다 더 위대하다. 가다머는 하나의 전통을 가진다는 것을 알아채는 실질적으로 유일한 길에 대해 말하고 있는데, 이것은 전통이 순전한 수족관 흥밋거리나 역사의 뼈가 묻힌 묘지나 미래를 결정하는 괴물이 되는 것을 방지해준다. 그것은 우리가 우리 자신이 탐구하는 사물에 속해 있다는 인식을 요구한다. 우리의 삶이 바로 전통의 현실성, 그 존재, 그 진리에 의해 변화되는 것을 허용하게끔 전통이 가져다주는 충격에 우리 자신을 드러내면서 말이다.

영향사

따라서 우리는 우리가 말하고자 하는 사물에 속해 있다. 우리 자신들은 같은 흐름 속에 있는 계기 중의 하나이고, 우리가 연구하고 있는 역사의 영향 중의 하나이다. 우리는 그 영향의 역사의 하류에 서 있다. 그것은 가다머가 우리의 '영향사 의식'이라고 부르는 것이다.[10] 이 말은 심지어 독일어에서조자도 다루기 힘든 낱말[Wirkungsgeschichtebewusstsein]을

• •

10. 가다머, 『진리와 방법』, 231-242, 340-379쪽.

번역하기 위해서 우리가 할 수 있는 최선의 번역이다. 가다머에게 이것은 그 의식이 역사 속에 들어 있고 그 의식이 이해하려고 하는 역사에 의해 형성된다는 것을 이해하는 그런 의식을 의미한다. 이것은 반성의 역설이다. 우리가 우리의 의식을 반성하려고 할 때마다, 반성하는 행위는 우리의 반성에서 빠져나가는 그 의식의 흐름에 다른 계기를 부가한다. 그것은 항상 뒤늦게 하나의 계기로 와서, 이제 의식의 새로운 계기가 된다. 그러나 그런 흐름에 서 있다는 것은 우리가 처음부터 그것에 접근하는 방법이다. 우리는 성 바울을 아우구스티누스, 루터, 키르케고르를 통해 넘겨받았으며, 그리고 우리가 시도해봤겠지만, 우리가 시도하려고 원함에도 불구하고 — 바울은 이런 사람들에 대해 들어본 적이 없었기 때문에 — 우리는 결코 거기에서 벗어나 마음대로 왜곡하지 못할 것이다. 그러나 우리가 너무 강하게 비틀려고 한다면, 그 과거로 가는 우리의 다리는 폭파될 것이다. 전통은 결코 그냥 저 너머에 있는 것이 아니다. 어떠한 것도 그냥 간단히 죽지 않는다. 전통은 우리이고, 우리 존재의 부분이다. 우리는 거기에서 왔고, 또 우리는 전통이 우리에게 전해준 자원을 가지고 그것을 반성하고 있다. 그것은 마치 우리에게 "자네는 엉클 샘을 닮았어."라고 말하는 친척과 같다. 심지어 우리에게 엉클 샘이 있었다는 것을 우리가 몰랐을 때에도 말이다.

3. 언어

이해되고 있는 존재는 언어이다.

『진리와 방법』마지막 섹션에서 가다머는 궁극적인 해석학적 지평, 해석과 진리의 가장 깊은 구조는 언어라고 하는 그의 가장 넓고 깊은 논제를 옹호한다. "이해될 수 있는 존재는 언어이다."[11] 이것은 "언어는 존재의 집이다."라고 하는 후기 하이데거의 유명한 노선의 한 변형이다.

하이데거와 가다머에게 이것은 언어가 가장 포괄적이고 종합적인 의미에서 행위와 작품과 경험을 이해하고 해석하고 적용하는 가장 중요한 틀을 제공한다는 것을 의미한다.

언어 없이는 그 무엇도 이해되지 못할 것이다. 하이데거와 가다머는 좁은 의미에서 모든 것이 언어적이라는 것을, 어떠한 선-언어적인 구체적인 경험도, 어떠한 무-언어적 예술도 없다는 것을 의미하지 않는다. 해석학은 프레드릭 제임슨Fredrik Jameson의 '언어의 감옥'에 우리를 한정하지 않는다. 그와는 정반대이다.

언어 없이 그 어떠한 것도 이해되지 못할 것이다. 가다머와 하이데거는 정서affectivity가 선언어적이라는 것을 부정하지 않는다. 그들은 정서가 이해되기를 원할 때, 우리의 암묵적인 선-반성적 삶이 명확해지고 반성적이 되기를 원할 때, 이것은 언어에서 발생할 것이라고 말하고 있는 것이다. 선언어적 영역에 관한 입장들을 옹호하는 사람들이 그것에 관한 책을 쓰는 이유가 여기에 있다. 언어는 깔끔한 정의로 세계를 청소하고, 산뜻한 주장과 강력한 논증으로 애매한 것을 해명해주면서, 사실을 추적하는 명제와 논증 속에서 가장 잘 정돈된 형태에 이른다.[12] 그러나 언어는 그것의 가장 깊고 풍부한 모습을 시와 같은 세계-창조적인, 세계-개시적인 언어-사건에서 갖춘다. 시는 우리가 거주하는 선-객관화 된, 선-개념적인, 심지어는 선-언어적인 세계를 공명하고 있는 것이다.

소나타 명명하기와 많은 것을 시사하는 침묵

가다머와 하이데거는 언어가 경험의 궁극적인 지평이라는 것, 언어가

11. 가다머, 『진리와 방법』, 474쪽.
12. 흥미롭게도 양자 물리학이 관찰로 현실화 된 양자 가능성들을 기술한다면, 현실 세계는 그것들의 설명이나 해석이라고 이야기 될 수 있을 것이다.

손대지 않는 것은 없다는 것, 선-언어적인 것은 선-언어적인 것이라는 것, 선-언어적인 것이 이해된다면 그리고 이해될 때, 그것은 언어 안에서 그리고 언어를 통해서 일어난다는 것을 말하고 있다. 지금 우리는 태어나기 전의 생명도 소리의 세계와 모국어로부터 격리되어 있지 않다는 것을, 갓 태어난 아기도 처음부터 모국어의 음률과 억양에 익숙해지기 시작한다는 것을 안다. 언어는 감옥이 아니다. 언어 장애는 있다. 그것이 아이의 언어 인지가 지연될 때 부모가 두려워하게 되는 이유이다. 음악이나 회화 같은 비언어적 예술작품에는 감상을 위해 청중이나 관람객에게 제공되는 해석학적 선구조인 표제가 딸려 있다. 예술작품에 이름이 아니라 숫자가 딸려 있을 때, 우리는 가능한 이름을 찾아보려고 안간힘을 쓴다. '무제'도 여전히 하나의 제목, 아주 놀림거리인 제목이다.

심지어 침묵이라는 소중한 경험도 하나의 언어 현상이다. 여러분은 언어tongue를 가지고 있을 경우에만 잠자코 있을 수 있다. 방 안의 빈 공간이 전체적으로 둘러싼 벽 때문에 형태를 갖추듯이, 침묵은 언어 내에서 발생하는 하나의 간격, 빈 공간, 중간 휴지caesura이다. 음악 속의 휴지도 리듬에 내재해 있다. 엉뚱한 질문에 답하지 않는 어색한 침묵은 많은 것을 시사한다speak volumes. 수도실의 수도사는 무아경의 침묵을 실행한다. 신비주의자들은 종종 마이스터 에크하르트처럼 탁월한 설교가이거나, 십자가의 요한John of the Cross과 같은 시인이다. 그들의 비상하는 언어는 침묵으로 노래하고 있다. 그들은 우리가 신에 대해 말하는 것은 그 무엇이든 참이 아니라고 말하면서, (신이 우리의 이해를 초월한다는 것을 우리가 인정할 때) 그 분이 계시다는 것은 우리가 말하지 못하는 것이라고 말하면서, 소리를 채우는 것이다.

순수한 대화에서는 아무도 주도하지 않는다

가다머에게 해석학적 활동의 근본 모델은 언어적 — 대화 — 이다. 이 점은 입심 좋은 바티모와 아이러닉한 로티에 의해 포착될 것이다.(6장)

순수한 대화에서는 대화 당사자들이 참여하되 어느 쪽도 대화를 장악하지 못한다. 이것은 교훈식 대화와는 구별되어야 하는데, 플라톤의 대화편에서 똑똑한 소크라테스가 낸 질문들은 그가 내내 알고 있던 답을 점차적으로 끌어내게 되어 있다. (반면에 우리는 제자 플라톤보다 훨씬 더 회의주의적이었던 역사적 소크라테스가, 자기가 던진 질문을 진짜 알지 못했다고 상상할 수 있다.) 순수한 대화에서는 이야기의 '놀이'가 건네지며, 대화 참가자들은 대화의 흐름 안에서 납득된다. 우리는 순수한 대화를 주도하지 않는다고 가다머는 말한다. 우리는 대화 속에 빠져든다.[13] 로고스의 놀이는, 공이 튀는 것처럼, 조종해주기는커녕 놀이 참여자들 어느 쪽도 미리 알 수 없는 길로 그들을 이끌어간다. (교실에서 '소크라테스적 방법'의 사용이 종종 실패하는 이유는 교사가 이미 답을 알고 있는 질문을 하기 때문이다. 진짜 질문에는 답이 없으며, 질문하는 사람을 질문에 부친다.) 떨어져 있던 화자들의 지평이 유연해지고, 점점 더 투과성이 높아져서 마침내 융합되기 시작한다. 그리하여 이후에는 누가 무엇을 말했는지, 어떤 지점에서 문턱을 넘어섰고 어느 누구도 사전에 알지 못했던 것이 출현했는지를 재구성하기 어렵게 된다. 위원회는 이렇게 움직여야 할 것이다. 그러나 그 일원으로 일했던 사람이 아는 것처럼, 그것은 전제에서 자유로운, 하늘에서 떨어진 순수한 대상을 꿈꾸는 것보다 더 커다란 꿈이다.

해석학의 보편성

가다머가 해석학적 삶의 '보편성'에 관해 말할 때, 그는 문화 간 대화에 의해 도달될 수 있는, 모든 언어와 문화를 가로질러 발견되는 공통적인 보편자가 있다는 것을 의미하지 않는다. 가다머에게 이것은, 우리가 선의를 가지고 있을 때, 토론할 수 없는 것은 아무것도 없다는 것을, 우리가 속내를 털어놓을 수 없는 차이가 없다는 것을, 비록 가로지를 수는 없다

- -
13. 가다머, 『진리와 방법』, 383쪽.

하더라도 적어도 말다툼을 벌일 수 없는 어떠한 거리도 없다는 것을, 서로에 대한 이해가 항상 불완전하다 할지라도, 상대방에게서 아무것도 배울 수 없는 상황은 있을 수 없다는 것을 의미한다. 외국어가 언어 자체와 이질적인 것은 아니다. 가다머는 대화의 모델 — 타자에게 드러내놓은 것 그리고 우리 자신의 전제를 의문에 부치는 것 — 이 모든 곳에서 적용된다는 것을 의미하는 것이다.

이것은 종교에서, 많은 종교인에게 거의 불가능한 것이기는 하지만, 기꺼이 자기들의 신앙의 전제를 의문에 부칠 때 이루어지는, 소위 종교 간 대화를 위한 유익한 모델로서 봉사한다. 이것은 오늘날 우리에게 벌어지고 있는 격렬한 당파 정치 대신에, 원한에 찬 인신공격 대신에, 대중매체 조작media-savvy에 의한 개인 파괴 정치 대신에, 정당 간에 일어나야 할 대화의 모델이다. 그것은 국가 간 대화의 모델로서 봉사한다. 그렇지 않으면 피비린내 나는 전쟁이 있을 뿐이다.

세 개의 기술

『진리와 방법』은 람바흐J. J. Rambach(1737-1818)에게까지 거슬러 올라가는 구분을 멋지게 각색하여 표현한 것이다. 람바흐에 따르면, 해석학은 세 개의 기술subtilitas을 요구한다.[14] 람바흐가 말하는 subtilitas는 서투름heavy-handed과 반대되는 것으로서, 수완finesse, 재치tact, 손쉽게 다루는 능력light touch, 올바른 솜씨right touch이다. 해석학은 이해의 기술subtilitas intelligendi이고, 해석의 기술subtilitas explicandi이고, 적용의 기술subtilitas applicandi이다. 이때 이것들은 세 개의 다른 것들이 아니라 표현의 세 가지 다른 단계로 나타난

· ·
14. 가다머, 『진리와 방법』, 307쪽. 가다머가 람바흐를 어떻게 각색하고 있는지는, 장 그롱댕의 『철학적 해석학 입문』, trans. Joel Weinsheimer(New Haven: Yale University Press, 1994), 60-62쪽을 보라.

하나이자 같은 것이다. 해석 없이 또는 해석에 앞서 도달될 수 있는 순수한 이해와 같은 것은 없다. 이해는 하나의 해석이 머무르는 기지가 아니다. 여전히 더 놀랍고도 역시 중요한 것인데, 응용 없는 설명, 응용에서 자유로운 해석이란 없다. 해석의 장은 현장작업이라고 우리는 말할 수도 있을 것이다.

경건주의 신학자인 람바흐는 개인 생활에 성서를 적용하는 일을 생각하고 있다. 훌륭한 설교는 나를 뒤흔든다. 나는 목회자가 모든 사람 앞에서 나를 포용하면서 특별히 나를 선택했다는 느낌이 든다. 그러나 가다머에게 람바흐의 주장은 일반적이 된다. 예술작품, 전통, 플라톤이나 헤겔의 텍스트는 정확히 우리를 향해 있으며, 우리의 삶을 형성하고 변화시키고 또 우리를 곤혹스럽게 만들려하기도 한다. 우리가 변화하지 않는다면, 해석학적인 의미에서 우리는 '이해하지' 못한다. 이런 해석학적 이해의 모델은, 아리스토텔레스가 말하는 프로네시스, 실천적 지혜의 개념과 가깝다. 그것은 한 고유한 상황에서 특별한 요구 사항이 생겼을 때, 그것을 이해하는 한 개인의 노련한 판단에 들어 있는 노하우이다. 만일 당신이 그것을 할 수 없다면, 당신은 그것을 얻을 수 없을 것이다. 또는 차라리 그것이 당신을 받아주지 않았다.

제4장

데리다와 해석에 대한 두 가지 해석

요약

지금까지 우리가 얘기했던 것을 요약해보자면, 가다머는 해석학을 세상에 크게 알렸고, 후기 하이데거의 휴머니즘 비판의 화염에서 해석학을 구해주었다. 이제 내가 주의를 돌릴 해체^{deconstruction}는 해석학이 설교한 것을 실천 ― 타자에게 드러내 보임 ― 하기 위한 하나의 기회를 제공한다. 왜냐하면 해체는 어느 모로 보나, 마치 해석학의 '타자'인 것처럼, 해석학에 대한 또 다른 도전인 것처럼 보이기 때문이다. 해체가 해석학을 냉대하기도 했지만, 해체는 또한 ― 좋은 테니스 짝처럼 ― 해석학에 더 날선 칼날을 주기도 한다. 해석학은 전령 소년이 아니라 약간 더 장난꾸러기 헤르메스를 닮은, 좀 더 급진적인 해석학이 되었다. 해체는 해석학이라는 말에 또 다른 차원을 마련해주면서 해석학에 대한 생산적 도전자임이 입증되었으며, 그런 의미에서 그것은 해석학적 과정 자체의 일부분이라고 주장할 수 있을 것이다.

나는 해석학의 비판자인 데리다가, 보다 비판적인 해석학의 저자인 데리다로서 더 잘 이해되어야 한다고 제안하고 있다. 데리다는 비판적으로 중요한 면에서 해석학 운동을 진전시켰다. 비록 데리다 자신이, 내가 생각하기에는 너무 성급했는데, 해석학을 일종의 암호 해독처럼 취급하면서, 하나의 참된 텍스트의 의미를 발견하는 방법으로 취급하면서, 그 전통적인 의미로 되돌려 보냈을지라도 말이다. 실제로 해체 사상이 여전히 잉태 상태였던 시기인 1960년대까지, 데리다 자신도 해석학이라는 말을 사용했었고, 장난꾸러기 요정 같은, 얼마간 악동 같은 헤르메스의 정신을 분명히 포착하고 있었다.

데리다의 본업

데리다는, 피터지게 경쟁하는 파리 학계에서 아직 야심찬 젊은 철학자였던 1964년에, 자신이 학생으로 다녔던(1952-56) 대학이자 프랑스의 가장 뛰어난 엘리트 교육 기관 중의 하나인 에콜 노르말 쉬페리에르École Normale Supérieure(ENS)에서 직장을 얻었다. 당시 그는 아직 20세기 철학의 권위자 중의 한 사람인 '자크 데리다', '해체의 아버지'가 아니었다. 나중에 해체라는 말은 너무나도 유명해져서 일반명사가 되기까지 하였다. 데리다의 일은 학생들에게 예비 시험을 준비시키는 것이었는데, 그 시험을 통과하면 학생들은 전문 직위를 얻어 리세(국립 중고등학교)에서 철학을 가르칠 수 있고 최종적으로는 대학에서 자리를 얻을 수 있었다. 학생들이 해야 할 과제는 두 가지였는데, 이는 적지 않게 까다로운 것이었다. 한편으로 학생들은 데카르트, 칸트, 헤겔이 이야기했던 것을 철저히 이해했다는 점을 보여주어야 했다. 그러나 그것을 넘어서 그들은 독창성을 보여주기 위해서 재기를 발휘해야 할 의무가 있었다. 그러니까 그들은 다른 사람이 말했던 것을 재생산하는 법을 알아야 했을 뿐만 아니라, 스스로 무언가를 말하지 않으면 안 되었던 것이다. 그들은 원 텍스트에 완전히 충실해야 했고, 동시에 자신들의 독창적인 목소리를 내야 했다. 이 두 목적은 쉽게 자리를 같이 할 수 있는 것이 아니었다.

데리다의 해결책은, 아주 꼼꼼한 원본 재구성 작업이라 할 독해(첫 번째 요구)를 학생들에게 시키는 것이었는데, 그 작업은 텍스트 속의 숨겨진 전제를 드러낼 만큼 아주 자세하고 세밀해서, 나중에는 상충되는 면을 찾아내기에 이르는 것이었다. 그의 가정은 텍스트가 은연중에 내분을 일으킨다divide against itself는 것, 즉 전제들이 그 텍스트에서 추구된 입장을 들이받고 있다는 것이었는데, 엄밀한 독해가 이를 밝혀 내주리라는 것이었다. 만일 여러분이 충분히 깊게 파헤친다면, 여러분은 그 밑에 있는 통일성이 아니라 상충되는 면에 다다를 것이다. 그것은 해석학적 순환에 큰 문제를 일으킨다. 전체(성서, 플라톤 등)는 하나의 통일이 아니라 다수성이다. 그리고 그것이 데리다와 주류 해석학적 전통 사이의 기본적인 차이이다. 전기 하이데거가 제시한 수정된 의미의 해석학도, 막 나타났던 가다머의 『진리와 방법』의 해석학도 그에게는 적합하지 않을 것이다. 엄밀한 재구성은 결국 해체가 된다. 이제 데리다가 그렇다고 생각하든 않든 간에, 암묵적이고 숨어 있는 전제를 해명하는 '엄밀 독해'라는 실천은 전성기의 해석학인 것이다. 나는 해체가 반-해석학이 아니라 좀 더 급진적인 양태의 해석학이라고 제의한다.

따라서 이 이야기를 하는 지성사가 에드워드 바링Edward Baring에 따르면, 해체는 ENS에서의 데리다의 본업의 산물이다.[1] 그것은 종신 재직권을 얻기 위해 해야 하는 연구를 수업시수가 방해한다고 어디서나 불평하는 젊은 조교수들에게 용기를 북돋아줄 것이다.

· ·

1. 에드워드 바링, 『청년 데리다와 프랑스 철학(*The Young Derrida and French Philosophy*): 1945-1968』(Cambridge: Cambridge University Press, 2011), 239-243쪽.

해체는 국외자인가?

이 이야기에는 심지어 약간 재미있는 점도 있다. 데리다는 보통 프랑스의 기성 학계에서의 실세들에 의해 헤르메스의 또 다른 얼굴을 위한 훌륭한 후보자가 되는 것을 거부당했던 완전한 국외자, 주변부 인물로— 데리다 자신도 이런 묘사에 연루되어 있는데— 묘사되고 있다. 그런 묘사에 진실이 없지 않은 것도 아니다. 그리고 데리다도 기꺼이 자신을 반체제 국외자로, 알제리 태생의 피에 누아pied noir(알제리 출신 프랑스인), '약간 검은 아랍 유대인'으로 묘사하고 있다. 그러나 그런 묘사는 데리다가 자리에서 물러난 후, 만년의 시기에 더 참이다. 데리다는 프랑스 철학자들과 지성인들의 엘리트 사회에 끼었던 학생이자 젊은 철학자로서 그야말로 최고의 학교에 다녔다. 나중에 그는 강단 사회에서 해체를 그들의 최악의 악몽이라고 간주했던 보수주의자의 진딧물bête noire이 될 것이었다. 데리다는 텍스트의 해석을 손상시켰고 고전에 대한 존경을 전혀 보여주지 않았다. 그의 유일한 해석 원리는 "무엇이든 다 허용된다."는 것이었다고 그들은 불평하였다. 해체가 프랑스의 가장 명망 있는 학교 중의 하나(프랑스의 '아이비리그'는 소르본느대학, ENS, 콜레쥬 드 프랑스를 포함하는, 파리 중심가 좌안, 라틴구 1평방마일 안에 위치한다)에서 태어났다는 점에서 볼 때 재미있는 실수인 것이다. 일반적으로 모든 학교 제도의 적으로 간주되면서, 해체는 데리다가 프랑스 학단의 주류 사회에 들어가는 입장권을 학생들에게 주기 위해 고안했던 체계의 결실이었던 것이다.

나는 해체가 파멸적인, 주변부를 반영하는 해석의 한 형태, 일종의 국외자 해석학이 아니라고 말하고 있지 않다. 해체가 그렇지 않았을지라도 나는 그런 점에는 관심이 없다. 그러나 그것은 문명을 무너뜨린 반달족이 파멸적인 것만큼 파멸적이지 않다. 해체는 단순한 파괴가 아니다. 만일 해체가 고통을 준다면, 그것은 지독하게 엄밀한 텍스트 독해를 시도하여 텍스트가 그 자체와 불화한다는 것을 보여주었기 때문에 그런 것이며,

이것은 불길한 소식이 아니라 오히려 창조적인 시작이다. 고 레너드 코헨 Leonard Cohen이 말했던 것처럼, "모든 것에는 틈이 있다. 그것 때문에 빛이 들어오는 것이다." 데리다는 무엇이든 하려고 하는 것이 아니다. 텍스트 자체가 자기 파멸적이다. 전령을 쏴 죽이지 말라.

독해의 원리들

이것은 데리다의 주저 『그라마톨로지에 대하여*Of Grammatology*』(1967)에 있는 한 구절을 — 그의 비판자들이 좀처럼 인용하지 않는 — 설명하는 데 크게 도움이 된다. 그 책에서 데리다는 그의 '독해의 원리들'에 대해서 논의한다. 이제 그가 그것을 좋아하든 않든 간에, 하나의 독해 이론은 하나의 해석 이론이며, 해석 이론은 해석학이 의미하는 것이다. 데리다가 '해석학'이라는 말을 경시했던 것은 해석학보다는 파리의 강단 정치와 더 관계가 있었다. 그래서 데리다가 의도했든 안 했든 간에, 만일 그가 '독해의 원리들'을 제시할 셈이라면, 나는 그것을 그의 해석학이라고 부르겠다. 나는 작가로서의 데리다의 의도에는 관심이 없다. 나는 해석학에 관심이 있고, 어느 누구도 데리다에게 그 말에 책임을 지라고 할 수 없다. 그런데 데리다의 독해 원리 중에서 하나는 데리다가 가다머와 공유하는 것이다. 해석학에서 그리고 마찬가지로 해체에서 우리는 우리의 관점을 생산자로부터 수용자로 결정적으로 이동시켰다. 과거의 철학자들은 재창조 행위라기보다는 창조 행위에, 독자와 비평가보다는 작가와 예술가에게 더 관심이 있었다. 그러나 포스트모던 사상가들은 어떻게 사태가 알려지고 이해되는지, 어떻게 그것이 해석되고 재생산되는지가 그것들의 역사에서 본질적인 성분이라고 주장한다.

일탈한 방법

데리다는 그의 방법이 '일탈한exorbitant' 방법이라고 불려온 이상, 마지못해 그가 장려한 엄밀 독해를 그의 '방법'이라고 부르는 데 동의했다. 그에게 독해의 궁극적인 과제는 '생산적' 독해를 하는 것이다. 생산적 독해는 저자의 의식적 의도를 훌륭하게 재생산해내는 것에 그칠 수 없다. 그것은 저자가 말하려고 했으나 좀 불투명하게 말했던 것을 좀 더 명백하고 분명하게 정리하는 데 안주할 수 없다. 그러나 어떤 생산적 독해는 재생산적 독해와 함께 출발해야 한다.

> 이런 반복 설명doubling commentary의 계기는 물론 비판적 독해 안에서 그 자리를 잡고 있어야 한다. 그 모든 고전적 사정들을 알고 고려하는 것은 쉽지 않으며 온갖 전통적 비평 도구를 필요로 한다.[2]

훌륭한 설명은 해내기 어렵다. 위대한 철학자들의 어려운 텍스트들을 이해해야 하는 짐을 진 당시 ENS 학생들은 그들의 모자chapeaux를 공중에 던지면서. 열광적인 동의 표시로 그래! 그래! Oui! Oui! 라고 외친다. 학자들은 저자들을 명확하게 이해하려고 하면서, 그들 사상의 배배 꼬여 있는 부분을 포착해가면서, 원어를 배우면서, 2차 문헌을 읽으면서 먼지 풀풀 나는 도서관에서 일생을 보낸다. 참 벅찬 도전인 것이다. 데리다는 계속 말한다.

> 이런 인식과 고려 없이 비판적 생산은 아무 방향으로나 전개될 위험에 빠질 것이고, 대략 아무것이나 말해도 스스로를 정당한 것으로 인정하는

2. 자크 데리다, 『그라마톨로지에 대하여』, corrected edition, trans. Gayatri Spivak (Baltimore: Johns Hopkins University Press, 1997), 158쪽. 이 섹션에서의 데리다의 모든 인용문, '일탈적 방법'이 이 페이지에 있다.

위험에 빠질 것이다.

따라서 우리는 최소한 명료성을 보장해주는 전통적인 재생산적 독해를 무시해서는 안 된다. 재생산적 독해 없이는, 독자는 텍스트에 관해 무언가를 말할 수 없었을 것이다. 그것 없이는 무엇이든지 다 허용된다. 해체와 같은 것이 있다 해도, 그것은 면밀한 설명과 재구성에 의해 진행되어야 한다. 이 구절에 들어 있는 아이러니를 놓쳐서는 안 된다. 여기서 데리다는 그의 비판자들의 무시로 그가 끊임없이 비난받고 있는 것에 대해 사전에 우리에게 경고하고 있다.

그런 후 데리다는 이렇게 말한다. "그러나 이 불가결한 보호벽은 하나의 독해를 보호하기만 했지, 결코 열려진 적이 없었다." 일차적 독해는 필요하기는 하지만 충분하지 못하다. 그것은 실제로 저자가 이미 이해했던 것을 이해하는 데 충분히 도달한 것이 아니다. 필요한 것은 텍스트 속에 감춰진 보다 깊은 상충점을 향해 나아가는 두 번째 '비판적' 이해이다. 이것은 행간inter을 읽는legere 것으로, 말하자면 문자 그대로 '총명한intelligent' 해석inter+pretium을 제시하는 것이다.

그러나 하나의 좋은 책이 왜 그와 같은 소란을 일으키는가? 그냥 괴팍함 때문에, 아니면 짓궂기 때문에? 물론 아니다. 우리는 새로운 무언가를 배우기 위해 이미 이해된 것을 비틀어보아야 한다. 이것은 이 텍스트를 작가에게 알려지지 않았던 세계로, 지금 우리를 둘러싼 세계로 드러냄으로써, 그리고 보다 중요한 것으로서 그 텍스트가 궁극적으로 속하게 될 미래에 드러냄으로써 이루어진다. 따라서 텍스트를 보호하는 독해를 넘어서, 우리는 텍스트를 모험에 빠뜨리는 독해를, 텍스트의 취약성을 드러내는 독해를, 그것을 '개방하는' — 텍스트가 예상하지 못했던 것에 대한 — 독해를 필요로 한다.

왜 독자는 창작자이기도 한가

우리의 관점을 창작자로부터 수용자로 이동시키고, 생산적 독해와 재생산적 독해를 구분해줌으로써, 데리다는 (가다머가 그런 것처럼) 이제 수용자가 수용적receptive일 뿐만 아니라 재생산적이 된다고 우리에게 말하고 있다. '생산적' 독자는 한낱 소비자가 아니라 상당한 생산자이며, 게임에서의 관객이 아니라 하나의 선수이다. 따라서 현대 해석학의, 오늘날 소위 이론 또는 비판 이론의 특징 중의 하나는 창작자가 유일한 창작인이 아니라는 것을, 재창작자, 독자, 해석자도 역시 생산적 역할을 한다는 점을 인정하는 것이다.

지금 여러분이 듣고 있는 소리는 자기들의 지저분한 서고에서 나와서, 주름진 모직 코트에서 분필가루를 날리며 나와서는 소리 지르는 백발 노학자군의 항의의 함성이다. (통상적으로) 한 사람에게, 그들은 이단 죄라고, 신성모독이라고 아우성치고 있는 것이다.

그것은 분명한 사실이다. 데리다 자신도 그렇게 말했다. 해석학에서 일어난 큰 거래는—그리고 내가 보기에 실제로 모든 것—결국 여기서 이야기되었던 것을 이해하는 것에 있다. 데리다가 생산적 독해에 대해서 말하고 있는 것은 옳을 뿐만 아니라 불가피한 것이다. 가다머가 보여주듯이, 그것은 하여간 일어나기로 되어 있는 것이다. 그것은 독해가 있을 때는 언제나 항상 일어났던 것이다. 독해는 일탈로 끝난다. 심지어 가장 냉정한 학자들에게 있어서까지도. 모든 새로운 해석은 이전 해석들의 역사에 속한다. 그것은 어느 정도 다 일탈과 생략적인 번역의 역사이다. 독해의 역사를 우리의 증인으로 삼기로 하자. 그것은 독해에 역사가 있다는 것을, 일탈을 향하는 경향이 있다는 것을 증언한다.

일탈은 어리석음을 의미하지 않는다

이런 약간 불경하고 일탈한 독해는 먼저 하나의 활동 범위^{orbit}가 있어야 할 것을 요구한다. 여기서 그 활동 범위는 원 맥락 — 원 작가의 의도, 사용된 원 언어, 말을 듣는 원 청자, 그것이 속한 역사적, 사회적, 정치적, 지리학적 세계 — 이다. 한 마디로 말해서 원 맥락이다. 왜냐하면 거기에는 그것이 독창적인 것이건 통례의 것이든 항상 하나의 맥락이 있기 때문이다. 즉, 데리다가 다음 단락에서 표현하듯이 "텍스트 바깥에는 아무것도 없다 There is nothing outside of the text." 맥락 없이는 아무것도 없다. 무맥락적인 것은 없다. 텍스트의 참조 체계 없이는 또는 그 밖에서는 어떠한 언급도 이루어지지 않는다.

텍스트 바깥에는 아무것도 없다는 데리다의 언명은 20세기 후반 어떤 프랑스 철학자가 말한 표현 중 가장 오해를 산 문장 중의 하나이다. 한 중요한 사상가가 공공연히 어리석은 말을 하고 있다고 가정하는 것은 현명한 해석의 원칙이 아니다. 그 문장은 악명을 떨쳤는데, 그 이유는 그것이 문맥적으로 읽히지 않았기 때문이다. 즉, 정확히 그 문장이 말하고 있는 것을 제대로 못 읽었기 때문이다. 그 언명은 우리가 막 읽은 문단에 뒤이어 곧바로 나온다. 즉, 정밀하고 훌륭한 주석이라는 사전 계기가 필요하다는 것, 재생산적 독해가 필요하다는 것, 무엇이든지 다 허용된다는 식의 — 이것은 정확히 데리다의 비판자들이 듣고 싶었던 것으로 삼았던 것이다 — 모든 거친 독해를 사전에 잘라버려야 한다는 것 등을 이야기한 문단 뒤에 나온다.

따라서 이 언명은 데리다가 세계의 존재를 의심하거나 부정하고, 언어 밖에는 아무것도 없다고 주장했다는 등(가장 어리석은 독해이다), 또는 마치 우리가 언어의 감옥 안에 갇혀 있는 것처럼(두 번째로 가장 어리석은 독해이다), 언어를 제외하고는 우리가 무언가를 알 수 있다는 것을 부정했다는 식의 주장을 한 것이라고 크게 곡해되었다. 나는 언어가 존재한다고 믿지만 실제 세계의 존재를 의심하는 사람이나, 우리가 언어만은 이해하지만 그 언어가 무엇에 대해 말하는지는 이해하지 못한다고 믿는 사람이 어떤 사람일 것 같은지를 여러분의 상상에 맡겨두겠다. 후설이 줄곧 강조했듯이 — 그리고 데리다는 10년 간 후설을 연구했던 경력이 있는 사람이었다 — 도대체 생각하고 말한다는 것은 어떤 것에 관해 생각하고 말하는 것이다. 즉 우리가 생각하고 말하고 있는 어떤 사태에 관해서 말이다.

작가가 통제하는 것과 통제하지 못하는 것

데리다는, 언어 없이는 또는 가장 일반적인 의미에서 혹종의 의미하는 방식 없이는, 언어가 말하고 있는 것을 우리가 결코 이해할 수 없다는 점을 말하고 있었다. 이것이 '텍스트'라는 말이 여기서 의미하는 것이다. 여러분은 있는 그대로의 실재를 얻기 위해 언어에 몰래 다가갈 수 없다. 따라서 '텍스트'는 하나의 부호 체계 또는 텍스트 체계를 가리키기 위한 전문 용어이다. 그것은 여러분이 무언가를 의미하려 할 때조차도 기표signifier의 체계를 사용해야 한다는 것을 의미한다. 여러분이 두 번째 언어를 배울 때, 여러분은 첫 번째 언어를 에워싸는 두 번째 감옥을 지었던 것이 아니라, 여러분의 세계를 확장시켰던 것이다.

따라서 나는 언어의 감옥 속에 갇힌다는 것이 무엇을 의미할 수 있었는지조차 알지 못하지만, 그러나 그것이 '일탈'을 의미하는 것은 아니라는 것을 알고 있다. 원 텍스트(그가 '반복 설명'이라고 불렀던 첫 번째 독해)를 존중하는, 특히 작가의 의도를 존중하는 독해의 범위를 넘어서, 두 번째의 좀 더 생산적이고 좀 더 '비판적인' 독해('비판 이론' 또는 때로는 그냥 '이론'이라고 하는)가 있다. 이 두 번째 독해(즉, 생산적 해석)는 작가가 의식적으로 그리고 의도적으로 말하려는 것의 범위 — 또는 아마도 더 나은 모퉁이 — 바깥쪽을 지나간다. 그것은 하이데거의 '파괴' 또는 '해석학적 폭력'에 상당하는 것이다. 생각해보니(1장), 프랑스어 단어 déconstruction 은 하이데거의 독일어 Destruktion의 번역으로 처음 출현하였다. 결과는 말하지 않아도 될 것이다. 두 중심을 가진 독해(첫 번째 독해 그리고 두 번째 독해), 해석학의 두 얼굴인 급진적 해석학인 것이다. 두 번째 독해는 작가의 등 뒤의 텍스트 속에서 활동하는 것을, 작가가 예상하지 못했던 것을 찾고자 한다.

> 작가는 그것의 고유한 체계, 법칙, 그리고 생명을 그의 담론이 당연히 절대적으로 지배할 수 없는 그런 하나의 언어 안에서 그리고 하나의 논리 안에서 글쓰기를 한다. 그는 자신을 어느 정도 알맞게 그 체계의 지배를 받도록 할 때에만 그것들을 사용한다. 그리고 독해는 항상 작가가 지각하지 못하는, 그가 사용하는 언어 패턴들에서 그가 통제하는 것과 통제하지 못하는 것 사이의 어떤 관계를 겨냥하고 있지 않으면 안 된다.[3]

이것이 데리다가 학생들에게 말했던 것이다. 다시 말해서, 데리다가 말하고 있는 것을 이해하기 위해서, 여러분 자신의 언어로 사태를 표현하는 것이 무엇을 의미할 것인지를 스스로 자문해보라. 물론 문제는 우리의 언어가 우리 자신의 것이 아니라는 점이다. 우리는 언어를 소유하지 않으며 언어가 의미하는 것을 약정할 수 없다. 우리는 언어를 만들지 않았고, 언어는 우리의 사유재산이 아니다. 언어는 우리가 처음 입을 열었을 때 이미 쓰이고 있던 공공재이며, 우리가 흉내 내서 듣고 배웠던 것이다. 어린아이가 물건을 집어들 때, 우리는 "저 장난꾸러기 녀석 좀 보게! Listen to that little minkey!"라고 말한다. 따라서 우리가 하나의 말을 사용하기로 합의하자마자, 우리는 글자가 너무 작아서 거의 읽기를 포기하는 그 불리한

3. 자크 데리다, 『그라마톨로지에 대하여』, 158쪽.

계약서에 합의하는 것이다. 우리는 막 '동의I accept'를 클릭했고, 그래서 다운로드를 계속할 수 있는 것이다. 우리가 하나의 기호 체계를 사용하자마자, 우리는 우리가 만든 것이 아닌 관념 연합과 언어 의미 전체와 계약하는 셈인 것이다.

다시 말해서 내가 영어는 '나의' 모국어라고 말할 때 이는 그것이 나에게 속하기 때문이 아니라, 내가 그것에 속하기(하이데거와 가다머) 때문이다. 언어를 배운다는 것은 이미 사용되고 있는 언어의 한 중간에서 시작하는 것이다. 이는 언어를 따라간다는 것을, 언어로 들어가서 익숙해지는 법을 배운다는 것을, 그리고 그 흐름에 따라 쉽게 흘러가는 법을 배운다는 것을 의미한다. 나는 세계(의 해석)를 전적으로 책임진다는 것에 동의하였다. 조심스럽게 말해보자면, 데리다가 '해석학'과 계약을 맺지 않고 '독해 원리'와 계약했을 때, 내가 말하는 것이 데리다 자신에게도 일어난다는 점이다. 만일 그가 그 계약서의 작은 활자를 읽었더라면, 그는 자기의 결정이 자기가 한 것이 아니었다는 사실을 깨달았을 것이다. 언어가 그를 퇴장시킬 문으로 이끌고 갔던 것이다.

내가 말하려 하지 않는 것을 말함

따라서 한 편의 글쓰기(또는 말하기나 신호하기나 의미하기 등)에는 나의 보잘것없는 신참내기 의식my little finite Johnny-come-lately conscious인 '나'가 통제할 수 있는 것들이 있고 그렇지 못한 것들(우리보다 더 위대한 것)도 상당히 있다. 언어를 배우기 시작한다는 것은 나까지도 집어삼키는 체계의 바다로 잠수하는 것이다. 만일 내가 부정확하게 말한다면, 그 말로 인해 내가 말하려 하지 않았던 일이 일어난다. 내가 독일에서 독일어를 공부하고 있었을 때, 어느 날 밤 (물론 말을 유창하게 배우는 데 도움을 주므로) 독일인 친구와 함께 맥주를 마시러 외출하였다. 최고의 필스너 우르켈Pilsner

Urquell 맥주를 해치우고 나서도, 목이 말라 시냇가로 뛰어온 사슴처럼 아직 '한 잔 더another' 마시기 위해, 나는 바텐더에게 최선을 다해서 독일어로 말했다. "아인 안더러, 비테Ein andere, bitte, 다른 걸 주십시오." 남자 바텐더가 내게 어떤 다른 걸 원하느냐고 물었을 때, 내 친구가 내게 정확한 독일어 표현으로 다른 종류의 맥주를 내가 주문한 것이라고 말했다. 그러나 그것은 내가 말하려고 한 뜻이 아니었다. 나는 같은 것으로 하나 더를 뜻하는, "노흐 아인말, 비테Noch einmal, bitte"라고 말했어야 했던 것이다. 언어 규칙은 나와는 상관없이, 그리고 나의 목마름과 나의 아주 작은 생각하는 자아와는 전혀 상관없이 제 스스로 움직이고 있었다.

전적인 몰입 — 언어를 배우는 최고의 방법 — 도 규칙의 바다 속으로의 몰입이다. 내가 입을 열자마자, 물려받은 전제들의 전체 역사가, 명시적 의미와 숨은 의미의 해일이 나를 덮치며, 내가 전혀 몰랐던 고대 계보의 홍수가, 고대적 표현들 및 나중에는 직해적 의미로 경화되었다는 것을 전혀 몰랐던 표현 방식들의 홍수가 내게 밀려들며, 연상, 암시, 말장난, 각운과 리듬, 은유와 환유, 누적된 내포와 외연, 그리고 일반적으로 나 자신의 의식적인 의도로는 오직 제한적으로만 통제되는 온갖 의도되지 않은 언어적 효과들의 바다가 내게 들이닥친다. 데카르트가 자기의 모든 전제를 내버리겠다고 말하면서 펜을 들고 『성찰Meditations』을 쓰기 시작했을 때, 그는 착각하고 있었다. 만일 데카르트가 정말로 진지했더라면, 그는 자기의 프랑스어와 라틴어도 내버렸어야 했을 것이고, 펜을 내려놓아야 했을 것이다. 그러면 그는 어떤 처지에 놓이게 되었을까?

데리다는 또 다른 제한을 부가한다. 만일 '일탈'이 작가의 의식적 의도 너머로 밀어버리는 것을 의미한다면, 그것은 데리다가 말실수가 아니라 펜의 실수를 알아차리는 작가의 무의식에 관심을 두는 것처럼 들릴 듯싶다. 그러나 데리다에게 정신분석은, 텍스트의 자물쇠를 열고, 텍스트를 밖으로 데리고 나간 후, 정신분석학자가 그 안에 숨겨진 '비밀'을 푸는 추가적인 열쇠를 쥐고 있는 체하는, 합선적short-circuit 독해를 하려는 일에 해당한다.

정신분석학자는 텍스트를 읽는 것이 아니라, 텍스트를 텍스트가 아닌 어떤 것, 오늘날의 언어로 '선험적 기의'라고 불리는 어떤 것의 한 '징후'인 것처럼 취급한다. 그러나 데리다는 텍스트 자체에 대한 세심한 독해를, 텍스트 바깥에서가 아니라, 텍스트 저자의 범위 밖에서 '내재적이고 텍스트 내에 머무르는 독해'[4]를 추구하였는데, 이것은 저자의 의식과 무의식을 모두 똑같이 포함하고 있었다. 한 환자가 쓴 글에 대한 정신분석적 독해는 그 환자의 정신 분석에, 또는 저자의 지성사에 유용할 수도 있을 것이다. 하지만 그것은 텍스트를 읽는 부대적인 방법이다. 시적인 혁신은, 어떤 부류의 통찰은, 고뇌하는 영혼의 산물일 수도 있고 아닐 수도 있을 것이다. 그것은 문제가 되지 않는다. 문제는 어떻게 그것이 세계를 열어젖히는가이다.

물론 두 번째 독해, 일탈적 독해, 해체가 좋은 뉴스라는 것을 보장해주는 것은 아무것도 없다. 이따금 그것은 나쁜 뉴스이다. 다만 그것이 모험적이라는 점만이 약속되어 있을 뿐이다. 진정한 해석학은 항상 모험적인 과제이다. 그러나 일을 쉽게 하는 것을 경고한 클리마쿠스를 상기하라. 이러한 모험 없이 우리는 아무런 성과도 얻지 못할 것이다. 우리는 똑같이 익숙한 옛날 아이스크림으로 시간을 낭비할 것이고, 결코 새로운 것을 생산하지 못할 것이다. 우리는 새로운 것을 기대하는 대신에 옛것을 지킬 것이다. 우리는 결국 같은 짓을 계속 되풀이하게 될 것이다.

반복의 두 유형

데리다가 ENS에서 가졌던 공식 직함은 시험을 위해 학생들을 '반복 연습시키는rehearse(rehearsed)' 사람, 데리다가 코치aggrégation concours였다는 것

••

4. 자크 데리다, 『그라마톨로지에 대하여』, 159쪽.

을 의미하는 아그레제-레페티퇴르agrégé-répétiteur였는데, 여기서 '리허설re-hearsal'에 해당하는 프랑스어가 répétition반복이고, 이는 '처음부터 다시 한 번once more from the top'(또는 독일어에서 noch einmal)이라는 뜻이다. 이 직함에는 상당히 예언자 같은 면이 있었다. 그것은 온전한 '반복'의 이론(또는 그것은 때로는 '되풀이iteration' 또는 '반복 가능성iterability'이라고 불리는데) 을 요구하였다. 따라서 그 젊은 교수는 두 종류의 반복, 같은 것의 반복과 다른 것의 반복이 있다고 말하였다. 헤르메스의 두 얼굴이 있는 것처럼, (적어도!) 두 종류의 해석학, 해석에 대한 두 해석, 안전 위주의 첫 번째 해석학과 모험적인 해석학이 있다. 이것이 포스트모던 해석학의 핵심 교리이다.

첫째, 존중해주는 설명, 반복 설명의 양태로, 같은 것의 반복, 원본의 재생산적인 반복이 있다. 이런 종류의 반복은 뒤쪽으로 반복한다. 그것은 이미 이야기되었거나 수행되었거나 만들어졌던 것으로 되돌아가서 그것을 반복한다. 두 번째 종류의 반복은 앞쪽으로 반복한다. 그것은 미래로 향하며, 새로운 무언가를 생산하려 한다.

첫 번째는 모방을 통해, 이미 생산되었던 것의 재생산을 통해 배우는 도제를 위한 모델로서 소용이 된다. 이런 부류의 반복에서 독창성은 하나의 실수로, 원본에서 벗어난 잘못으로 금지된다. 두 번째 종류의 반복은 새로운 것에 끼어들어 그것을 돌파하고 그것에서 벗어나게break in, break through, break out 해주는 일에 경도된 혁신자를 위한 것이다.

첫 번째 종류의 반복은 처음으로 곡을 연습하는 피아니스트를 닮았다. 두 번째 종류의 반복은 거장의 연주와 닮았다. 또는 아직 그 전에는 없었기 때문에, 피아노를 반복적으로 이렇게도 뚱땅거려보고 저렇게도 뚱땅거려 보면서, 그 있지 않은 것을 찾으려는 작곡가와 비슷하다. 첫 번째 종류의 반복에서, 실수한다는 것은 잘못된 음표를 치는 것, 다른 무언가를 하는 것이다. 두 번째 종류의 반복에서 실수한다는 것은 같은 곡을 작곡하는 것, 이미 있었던 일을 하는 것이다.

첫 번째 종류의 반복은 모든 가능한 변양이나 일탈이 생기지 않도록 조심하려고 한다. 두 번째 반복은 예상할 수 없는 것을 드러내 보인다. 이때의 시작은 끝을 알 수 없는 것이다.

첫 번째 종류의 반복은 우리가 통제할 수 있는 것이다. 거기에는 모방하기 위한 고정된 모델이 있고, 변화를 측정하고 감시하기 위한 규칙, 탈선과 일탈을 감시할 규칙이 있다. 두 번째 것은 우리가 통제할 수 없으며, 특이한 상황에 직면하여 자기 방식으로 있어야 한다.

첫 번째 종류의 반복은 가능한 것의 반복이다. 그것은 엄격하게 그것이 현실주의적이라고, 실현 가능하다고, 할 수 있다고, 가능하다고 생각되는 것에 고착되어 있다. 두 번째 것은 불가능한 것의 반복이며, 그 이상은 불가능한 것을 하는 것이다.

첫 번째 종류의 반복은 대단히 건전하고 분별적이다. 두 번째 것은 살짝 미친 것이다. 믿을 수 없는 것처럼 보이는 것을 있는 그대로 믿는다는 점에서, 희망 없는 것처럼 보이는 것에 대해 희망을 버리지 않는 것이라는 점에서, 불가능한 것에 대한 사랑이라는 점에서, 그 모두가 매우 터무니없는 것이다.

랍비와 시인

1960년대와 같은 시기의 초기 작품에서 데리다는 두 유형의 해석으로 (반복적으로) — 정확히는 세 번째 — 되돌아왔는데 이것은 두 유형의 반복과 연관된 것이었다. 프랑스의 유대인 저술가 에드몽 자베스Edmond Jabès(1912-1991)에 관한 논문에서, 이런 두 유형의 해석들은 신학에 입각한 랍비와 반신학적인 시인이라는 두 인물로 의인화 된다. 데리다는 유대인 가정에서 자라났고, 어른이 되어 자기 종교를 포기하기는 하였지만, 독해를 위해서는 성서의 백성인 유대인으로서 유대적 관점을 상당히 유지하였다.

이 논문은 데리다 자신이 '해석학'이라는 말을 사용하고 있는 드문 예 중의 하나이며, 한두 가지 매력적인 표현이 등장하기도 하는 글이다. 구약성서에 따르면, 유대민족은 하느님에 의해 선택받았는데, 하느님은 시나이산에서 모세와 좀 분명치 않은 대화를 나눈 후 그에게 십계명을 내려 유대인을 — 사전에 그들의 의견을 묻지 않았기 때문에 동의를 얻었는지 얻지 못했는지는 모르지만 — 선택한다. 그래서 유대인은 항상 성서를 논평하고, 주석하고, 해석하는 운명을 짊어지게 된 해석학적 백성이 된다.

> 태초에 해석학이 있었다. 그러나 주석, 해석적 명령의 공유 필요성은 랍비와 시인에 의해 다르게 해석된다. 원 텍스트의 지평과 주석적 글쓰기 간의 차이는 랍비와 시인 사이에 돌이킬 수 없는 차이를 일으킨다…. 최초 해석의 시작은 본질적으로 거기에 항상 랍비와 시인이 있을 것이라는 사실을 보여준다. 그리고 해석에 대한 두 가지 해석도.[5]

태초에 해석학이 있었다 — 나는 이 표현을 정말 좋아한다. 이보다 더 낫게 표현할 수는 없을 것이다. 조금 보태서 약간은 고쳐볼 수 있을지 모르겠다. 이렇게 말이다. 태초에 해석학이 있었다. 중간에도 있고 끝에도 있을 것이다. 특히 '해석적 명령'에 의해 부름 받은 유대민족에게는 분명히 그럴 것이다. 해석적 명령이란 경고, 명령, 유대인의 탄원 — 그리고 나머지 우리들을 대리해서 인류 전체를 위해 여기 서 있는 유대인 — 을 항상 해석한다는 것을 의미한다. 해석학은 처음이자 마지막이고 영원하다. 해석은 끝까지 간다.

따라서 그 명령에 응답하는 두 가지 다른 길이 있다. 랍비는 율법을

5. 자크 데리다, 『글쓰기와 차이(*Writing and Difference*)』, trans. Alan Bass(Chicago: University of Chicago Press, 1978), 67쪽.

담고 있는 성서에 응답한다. 그리하여 그는 그 역사가 성서 해석의 역사인, 해석학의 신학적 기원 내에, 유대주의 신학 내에 서 있다. 이 해석은 경건하고, 겸손하고, 공손하며, 세대에서 세대로 전달되는 성서의 가장 깊고도 무궁무진한 보물을 설명해야 하는 의무를 지고 있다.

두 번째 인물, 시인은 그런 제약에 고통을 받지 않으며, 전혀 복종할 기원도 가지지 않는다. 시인이 수행하는 해석학은 좀 더 자유롭고 좀 더 조정이 가능하며, 재생산적이라기보다는 생산적이고, 타율적이라기보다는 자율적이다. 물론 이 시인에게도 순수한 자율성, 절대적 자유의 문제란 있을 수 없다. 이미 사용하고 있는, 이전부터 존재하고 있는 체계인 언어를 상기해보라. 따라서 시인의 자율성은 랍비에 상대적일 따름이다. 그 자율성은 순수할 수 없다. 해석적 명령에 응답하는 이 두 가지 다른 길은, 양자가 더 깊은 부름을 받게 되는, 그런 더 깊은 책무를 수반한다.

루소와 니체

데리다가 1966년 존스홉킨스대학에서 발표한 논문은, 데리다를 하룻밤 사이에 일약 유명인사로 만들고 후기 구조주의를 미국에 소개한 논문이었는데, 거기에서 해석에 대한 첫 번째 해석은 슬프고 부정적으로 묘사되어 있다. 첫 번째 해석, 랍비적 설명, 그러나 여기서는 루소 식 해석인데, 이 해석의 특징은 일종의 유죄, 즉 근원으로 돌아가려는 헛된 시도에 있는 것으로 묘사된다. 그것은 '기원에 대한 향수'로 인해, '부재하는 기원의 상실된 현전 또는 불가능한 현전' 때문에 고통 받는다. 해석학적 거리, 간격을 좁힐 수 없다는 슬픈 깨달음인 것이다.[6] 그것은 심지어 우리가 추구할 수 있는 하나의 이상도 아니다. 실제로 기원이란 전혀 없었으므로,

. .
6. 자크 데리다, 『글쓰기와 차이』, 292쪽.

기원은 정말로 하나의 환상이다. 기원이 성서에 들어올 때, 이것은 사실상 하나의 교활한 역사적 주장point이 된다. 근대의 역사-비판적 성서 연구는 성서가 어떤 누비이불인지를, 수 세기에 걸친 바느질과 편집redaction의 산물이라는 것을 보여주었다.

지금 우리가 뒤에서 듣고 있는 아우성은 옛 교육자의 것이 아니라 과거 ENS 데리다의 제자들의 아우성이다. 그들은 울부짖는다. 맙소사! Mon Dieu! 이제 우리는 뭘 해야 하지? 이 시험을 어떻게 통과한담? 직장을 얻을 수 있을까? 우리는 (여전히 그 당시에도 파리의 일급 철학자였던) 장 폴 사르트르의 유명한 구절을 빌어서, 기원을 찾는 일이 슬프고도 '쓸데없는 수난'이라는 것을 아는 이 음울한 일을 계속해갈 것인가?

언제나 좋은 코치였던 데리다는 다른 충고를 한다. 그들은 원본을 재구성하는 일을 계속해가야 하지만, 그러나 환상을 가지지 않고 해야 한다. 학생들은 항상 무정부주의를, 현재를 과거로 되돌리는 독해를 경계해야 하지만, 그러나 원본이 실제로 원본이라고 생각하는 환상도 버리지 않으면 안 된다. 소위 원본이란 하늘에서 떨어진 것이 아니었다. 원본도 그것에 앞서 있는 모든 것의 결과, 그것을 한 부분으로 가졌던 의미 체계들의 결과인 것이다. 원래부터 원본이었던 것은 결코 없었다. (이런저런 조건부 맥락 밖에서 또는 그런 맥락 없이는, 아무것도 — 결코 어떠한 것도 — 없다.)

그러나 향수의 슬픔을 안고, 잃어버린 기원, 잃어버린 자연 상태를 꿈꾸는 그런 첫 번째 확인이 슬프고, 루소적이라면, 두 번째는 즐거운 니체적 확인의 모습을 띤다. 이 경우에는 잃어버리고 한탄할 기원은 결코 없었으며, 해석은 자유롭고 조정이 가능하며 즐겁고 창조적이다.

해석에 대한, 구조, 기호, 놀이에 대한 두 해석이 있다. 하나는 놀이와 기호의 질서에서 벗어나는 진리나 기원을 해독하기를 모색하고 꿈꾸는 것인데, 이것은 해석의 필요성을 추방해버리고 사는 것이다. 더 이상

기원을 향하고 있지 않는 다른 하나의 해석은 놀이를 긍정하고, 인간과 휴머니즘을 넘어서려고 한다. 완전한 현전, 위안을 주는 토대, 놀이의 기원과 끝을 꿈꾸어왔던… 그런 존재의 이름인 인간이라는 이름을 넘어서려고 한다.[7]

(랍비가 대역을 하는) 첫 번째 해석은 의미를 판별하고 해독하는 데 열중하고 있다. 그러나 (시인이 대역을 하는) 두 번째 해석은 새로운 의미의 창조에, 의미의 창조가 아니라면 효과의 창조에 열중하고 있다. 첫 번째 해석은 하나의 중심을 가정하며, 해석에 부여된 과제는 중심을 다시 얻는 것, 책을, 그리고 실은 인류를 그 자체로 완결시키는 것이다. 두 번째 해석은 타원적이고, 탈중심적이고, 주변적이며, 중심의 다수성을 한탄하지 않고 오히려 축복한다.

첫 번째 해석은 본래적인 절대적 진리^{Truth}가 있다고 가정하며, 해석의 과제는 그 절대적 진리를 되찾거나 발견하는 데 있다. 두 번째 해석은 대문자 단수로 표시되는 절대적 진리는 없다고 가정한다. 그것은 복수로 표시되는 다수의 진리들^{truths}을 긍정하고, 새롭게 도래하는 진리들의 창조를 긍정한다. 첫 번째 해석은 태곳적부터 있었던 절대적 진리에, 베리타스(진리)의 위엄에 단단히 매달리려 한다. 두 번째 해석은 베리타스(진리)의 취약성을 당연시한다. 그것은 메시아처럼 진리가 항상 올 것이라는 가정 위에서 새로운 진리들을 창조하려고 한다.

후설과 조이스

마지막으로 1960년대의 3번째 텍스트에서, 데리다는 해석에 대한 두

● ●

7. 자크 데리다, 『글쓰기와 차이』, 292쪽.

해석을 후설적인 것과 조이스적인 것으로서 묘사한다.[8] 후설이 고취해준 첫 번째 해석은 역사를, 반복에 의해 변하지 않는 원본의 분명하고 완전한 재생산을 통해, 세대에서 세대로 단성적 의미를 전달하는 것으로 바라본다. 두 번째 해석은 제임스 조이스에게서 영감을 받은 것이다. 제임스 조이스는 어떤 언어 내에 있는, 그리고 다른 언어들 사이에 있는 모든 시각적, 음성적, 의미론적 관계들을 이용하여, 또 연상과 두운, 재담과 말놀이를 모두 이용하여, 새롭고 예측할 수 없는 효과들을 적극 생산해냈던 것이다. 그중 유명하면서도 기가 막히는 것으로는 시적인 도발poetic provocation, 다의성 환기 수법과 같은 것이 있었다. 그러나 데리다의 주장은, 둘 다 그대로 놔두었을 경우, 한 쪽은 다른 쪽만큼 무익하고, 이 둘은 다 반역사적이라는 것이다. 순수한 단성성univocity의 요소를 유지하는 것은, 그런 것이 가능했다 할지라도, 단성성을 같은 것의 반복에 한정시키면서, 단성성에게서 역사를 풍부하게 하는 모호성을 빼앗아버리면서, 역사를 마비시키거나 메마르게 할 뿐이다. 마찬가지로 단성성의 여지를 얼마간 허용하지 않고는, 반복 작업도 이해가 되지 않을 것이다. 반복하거나 혁신할 것이 전혀 없게 될 것이고, 이는 창조적인 반복도 역시 불가능하게 만들 것이다.

그것은 두 해석들 사이를 선택하는 문제가 아니다

이제 데리다는 그의 진짜 주장에 이른다. 그리고 이 주장보다 해석에 대한 두 해석들 간의 구분을 이해하는 데 중요한 것은 아무것도 없었다. 둘 중 어느 한 쪽을 선택하는 문제가 결코 아니라는 것이다.[9] 해석은 항상 해석에 대한 두 해석들interpretations 사이의inter 공간에서 수행된다. 해석은

* * *

8. 자크 데리다, 『에드문트 후설의 기하학의 기원』, trans. John Leavey(Boulder, CO: John Hays Co., 1978), 102-104쪽.
9. 자크 데리다, 『글쓰기와 차이』, 293쪽.

둘 사이에서 가격price(라틴어로는 pretium)을 협상한다. 첫 번째 해석이 끊임없이 수행되었더라면, 전통은 죽어가고, 화석화되고, 고착화되고, 새로운 것을 생산할 수 없게 될 것이다. 우리는 니체의 차라투스트라에 출몰하는 유령인, 같은 것의 반복에 맡겨지게 될 것이다. 차라투스트라는 "모든 것은 동일하고, 모든 것은 이미 있었던 것이다."라는 영겁회귀 사상에 의해 위협 당하지 않았던가. 그러나 중단 없는 중단uninterrupted interruption만 있었더라면, 죽음은 불가피했을 것이고, 그럴 경우 완전한 소멸에 이르게 되었을 것이다.

조이스 자신이 이런 난국을 피하기 위해 하나의 낱말— 생산적 반복을 표현하는 신조어 — 을 주조했다는 것은 놀라운 일이 아닐 것이다. 우리가 순전히 풀어져 있는 혼돈chaos에 의해 소멸되지 않는 그만큼 순전히 계속되는 질서(코스모스)에 쉽게 압살당하지 않는 것처럼, 우리는 해석학적 명령에 의해 조이스가 카오스모스chaosmos, 카오스-믹cahos-mic이라고 불렀던 것, 즉 상호 작용, 다른 쪽에 의한 이쪽의 계속적인 교란을 받아들이도록 요구받는다. 이것이 새로운 효과를 생산하기 위한 가능 조건인 것이다. 우리는 카오스와 코스모스의 이런 잡혼miscegenation을 랍비적 해석의 실제 역사 자체에서 볼 수 있는데, 그것은 경건한 단성적 재생산과 반복 설명으로 축소되기는커녕, 가장 경이적이고 불경한 독해를, 진퇴양난double bind과 배신double cross을 생산하였다. 랍비들은 이를 가지고 서로 논쟁을 벌였을 뿐만 아니라 심지어는 하느님Most High과도, 주님의 이름을 송축하라, 논쟁을 벌였던 것이다. 랍비적 해석은, 그 실제 역사에서 시인과도 접합하게 해준다. 그러나 마찬가지로 시인도 우리가 신이라 부르는 신비를 맞이할 경우, 아무것도 시인이 경건해지고, 신적 깊이를 탐색하는 것을 막지 못한다. 제럴드 맨레이 홉킨스와 같은 공공연히 종교적인 시인들이나 십자가의 요한과 안겔루스 질레지우스 같은 신비주의 시인뿐만 아니라, 셰이머스 히니Seamus Heaney와 에밀리 디킨슨과 같은, 좀 미묘하게도 비종교적/종교적인a/theological 시인들도 그럴 것이다.

해석에 대한 세 번째 해석이 있는가?

두 종류의 해석이 어느 한 쪽에서 다른 쪽으로 서로 스며들려고 하는 투과성을 생각해볼 때, 해석에 대한 세 번째 해석에 대해 이야기하는 입장도 있지 않을까? 이는 모든 실제적이고 순수한 해석이 해석에 대한 첫 두 해석들 사이의 거리에서 일어난다고 주장하는 것이다. 나는 우리가 더 넓은 요점을 가리지 않도록, 이 두 해석들 사이에 있는 공간을 그렇게 분류하지 말 것을 권한다. 해석의 존재는 둘 간의inter 사이-존재being-between 이다. 이것은 그 역사적 계보를 따라가 볼 때 해석이 항상 협상이라는 것을 의미한다. 따라서 차이는 좁힐 수 없는 것일 수밖에 없다. 하나의 해석은 규칙적인 것과 불규칙적인 것, 공약 가능한 것과 공약 불가능한 것, 표준화 된 것과 예외적인 것, 중심과 주변부, 동일자와 타자, 또는 이후에 가서 데리다가 표현하듯이, 그리고 그 종교적 공명으로 인해 내가 관심이 있는 개념인, 가능한 것과 불가능한 것, 조건적인 것과 무조건적인 것 사이의 공간에서 발생한다. 해석은 개입intervention으로서 발생한다. 해석은 전통적인 것에 개입하는 사건an event of intervention upon the conventional이다. 그것은 무에서 일어나지 않는다. 이것은 본래성이 비본래성의 수정으로서 발생한다고 하이데거가 말할 때 그가 지적한 점이기도 하다.

게다가 해석에 대한 세 번째 해석이 있다고 우리가 계속 말했다면, 우리가 정thesis과 반antithesis의 차이를 나눈 후, 서로 협력하여 두 대립자를 평화로운 화해의 자리에 앉힐 수 있도록 그것들을 더 높은 행복한 종합으로 고양시킨다는 낡은 헤겔 식 삼분법을, 데리다가 복귀시키는 것처럼 보이게 만들 위험이 있을 것이다. 그러나 데리다가 평화를 주러 왔다고 여러분이 생각한다면 그것은 오산이다. 그는 영구적인 평화를 요구하는 것이 아니라 칼을, 해석의 날카로운 칼날을, 간섭을, 방해를, 분열을 요구하고 있는 것이다. 이는 일종의 역설의 논리에 의해 정체stagnation와 경직화ossification로 부터 사태의 안전을 유지하려는 유일한 길인 것이다.

해체의 목소리는 해석학적 목소리보다 더 불경하다.[10] 지평 융합을 향해 움직이는 가다머와는 달리, 데리다는 분산disjointedness, 균열 또는 분열fission 또는 틈fissure의 모습을 선호한다. 그것이 바로 전에 데리다가 악동 같은 눈빛으로, "사실대로 말하자면, 저는 아주 보수적인 사람입니다." 라고 말했던 이유이다.[11] 그가 의미하는 바는, 하나의 텍스트를 보호하는 유일한 길이 텍스트를 모험에 뛰어들게 하는 데, 텍스트를 미래에 내보이는 데에 있다는 것이다. 데리다가 찾는 유일한 휴식은 중단 없는 무휴식이다. 데리다가 찾는 유일한 평화는, 안정, 통일, 질서, 의미, 현전, 본질, 통치 체제 — **구조**라고 말하기로 하자 — 에 대해서 항상 경계하는 자세로 머물러 있는 것이다. 그 구조가 중재, 순수한 중재적 해석을 방해하지 못하도록, 그래서 모든 구조가 계속적으로, 가차 없이 노출되어 있어야 하도록 말이다. 미래로 열려 있기 위해서는 모든 경건한 해석은 시적인 불경에, 모든

• •

10. 1981년 파리에서의 데리다와 가다머의 만남 — 『대화와 해체: 가다머-데리다의 만남』, eds. Diane Michelfelder and Richard Palmer(Albany, NY: SUNY Press, 1989) — 은 실패작이었다. '이해하려고 함'은 일종의 니체적인 '힘에의 의지'라고 하는 해석학에 대한 데리다의 반론은 잘 모르는 소리였고 그래서 명백한 답변을 해 주어야 했다. 자신을 이해시키려고 했던 것 외에 데리다가 거기에서 무엇을 했던 것일까? 1988년 하이델베르크에서의 재회에서 — 자크 데리다, 한스 게오르그 가다머, 필리페 라쿠에 라바르트, 『철학 그리고 정치학: 하이델베르크 학회집』, ed. Mireille Calle-Gruber, trans. Jeff Fort(New York: Fordham University Press, 2016) — 그들은 서로를 좀 더 잘 이해하였다. 이 책은 1988년에 우리가 알았던 것에 더하여, 하이데거의 국가사회주의에 대한 유익한 토론이기도 하다. 장 그롱댕의 『철학적 해석학 입문』, trans. Joel Weinsheimer(New Haven: Yale University Press, 1994), 135-139쪽은 데리다의 견해에 냉소적인 입장을 취한다, 존 카푸토의 「선의지와 우정의 해석학: 가다머, 데리다 그리고 매디슨」, 『Symposium: Canadian Journal of Continental Philosophy』, 8, no.2(여름, 2004): 213-225쪽을 보라.

11. 존 카푸토, 『해체 요약본: 데리다와의 대화』(New York: Fordham University Press, 1997), 8쪽.

질서는 창조적인 무질서에 노출되어 있어야 한다. 그것은 두 해석 사이를 선택하는 문제도 아니고, 두 해석을 융합하는 문제도 아니다. 그것은 밤에 집에서 이상한 소리를 일으켜서 잠을 자지 못하는, 어떤 사람에게 타자를 출몰시키게 하는 문제이다. 그것은 존재론적인 화해에 도달하는 문제가 아니라, 이하에서(7장) 우리가 다시 들르게 될 재담을 이용해서 말하자면, '유령론적인hauntological' 방해를 창조하는 문제이다.

이 십자포화 속에서 자리를 잡는 것은 분별력을, 고유한 맥락에 맞게 자른 고유한 판단력을 요구하는데, 이는 결코 한 사례에 그저 규칙을 적용하는 문제가 아니라 우리가 처해 있는 고유한 상황 — 해석학적 상황 — 에 대한 통찰력의 문제이다. 해석적 명령은 끝까지 간다. 그 명령 — 우리가 해석해가야 한다는 부름이나 명령 — 은 벗어날 수 없는 것이다. 그것은 항상 그리고 이미 아주 집요하게 우리에 대해 소유 권리를 주장한다. 우리가 누구인지를, 우리가 누구인지를 알지 못하는 우리를, 바로 이 무지에 의해서, 바로 이 질문에 의해서 정의되는 우리를, 우리이게끔 해주는 바로 그것을, 그런 것이 있다면, 만들어내고 있다는 점에서 말이다. 해석학에서 그것은 아우구스티누스가 "저는 저에게 큰 문제입니다quaestio mich(mihi) magna factus sum."라고 말했던 것처럼, 내가 나 자신에게 큰 문제가 되어왔다는 것이다. 이것은 이하에서(10장) 우리가 다시 들르게 될 문제이다.[12]

해석적 명령의 문제는 우리가 누구인지의 문제와, '인간' 존재의 문제와 같은 종류의 문제이다. 그것은 다시 한 번 우리를, 이번에는 구조주의자들로부터 제기되는데, 휴머니즘의 문제로, 그리고 휴머니즘에 대한 새로운 비판으로 되돌려 보낸다.

• •

12. 아우구스티누스, 『고백』, trans. F. J. Sheed(Indianapolis/Cambridge: Hackett Publishing Co., 1970), Book Four, IV장, 55쪽.

제5장

구조주의, 후기 구조주의 그리고 프로그램의 시대

포스트모던 해석학의 세 대작 — 하이데거의 『존재와 시간』과 가다머의 『진리와 방법』을 포함하여 — 중에서, 데리다의 『그라마톨로지에 대하여』는 — 비록 데리다가 그 책이 포스트모던 해석학의 대작이 되기를 의도하지 않았을지라도 — 가장 선견지명이 있는 제목을 가진 것으로 입증되었다. 그 책에다 우리는 쉽게 오늘날과 같은 프로그램의 시대의 도래를 알리는 『프로그래마톨로지에 대하여』라는 제목을 붙일 수도 있었을 것이다. 이것은 우리의 비서가 다 된 컴퓨터 프로그램에(그러나 결국 모든 것을 관리하게 되고 마는) 큰 신세를 지고 있다는 것을 의미한다. 당시에(1960년대) 데리다는 구조주의 논쟁을 힘들게 뚫고 나가고 있었다. 현대적인 용어로 표현하자면 그것은 모든 것을 프로그램화 할 수 있는지에 관한 논쟁이었다. 주변적이고, 비중심적이고 일탈적이고 카오스모틱한 chaosmotic 그의 취향에 의거하여 추측해볼 때, 데리다는 그런 생각에 반대하였다. 그런 저항은 '후기 구조주의'라고 일컬어지게 되었는데, 그것은 점검받지 않은 방법 규칙에 우려를 표명했던 가다머의 놀이 해석학의 동료 여행자이기도 했다.

구조주의자들은 과학적으로 언어에 접근했는데, 이는 해석학 방법과는 반대되는 것이었다. 따라서 데리다의 구조주의 비판 — 데리다의 후기 구조주의에서의 '후기' — 은 해석학에 대해서도 문을 열어두었다. 내가 이해하는 바로는, 프로그램화 할 수 없는 것이라는 데리다의 생각은 프로그램의 시대에 포스트모던 해석학이 던진 도전이었다. 이번 장에서 우리는 순수 포스트모던 해석학의 본질적 계기인 데리다의 후기 구조주의를 이해하기 위해서, 먼저 '구조주의'가 무엇을 의미하는지를 펼쳐 보일 것이다. 그것은 구조주의의 출발점이었던 '구조주의 언어학'이라는 작은 알약을 삼키는 일을 수반할 것이다.

언어/세계 문제

일전에 어떤 사람이 나를 비판한 적이 있었는데, 그는 세계에 대해 생각하는 데 관심이 있지만, 내가 위의 모든 해석학적인 악당들처럼 언어에 대해 생각하는 것으로 만족하고 있다는 비판이었다. 희한했던 것은 그가 이렇게 말해 놓고 난 후에도 계속 말을 했다는 점이다. 놀랍게도 그는 — 그는 달변가이고 감명 깊은 글을 쓰는 작가다 — 때로는 '세계'라는 말을 극적으로 강조하면서, 정말로 더 많은 말을 홍수처럼 계속 사용하였다. 그가 말이 아니라 세계에 관해 관심이 있다고 우리를 납득시키려고 하면 할수록, 그는 점점 더 크게 '세계'라는 말을 계속 사용하였다. 그가 세계에 매달리려고 하면 할수록, 점점 더 그는 이 말에 매달리고 있었다. 그러자 진정한 구분은 세계에 관한 생각과 말에 관한 생각 사이에 있는 것이 아니라, 말에도 비판적인 주의를 기울임으로써 세계에 대해 생각하는 것과 그렇지 않은 것 사이에 있는 것이 아닌지 하는 생각이 — 그에게는 결코 떠오르지 않은 생각이었다 — 떠올랐다. 그것이 바로 철학자들이 '언어적 전환linguistic turn'이라고 부르는 것이다. 이것은 가다머가(하이데거를 따라서) 이해될 수 있는 것은 언어라고 말함으로써 의미했던 것이고, 데리다가 우리가 이해하기 위해 의존하는 텍스트 체계 밖에는 아무것도 없다고 말함으로써 의미했던 것이다. 그것을 여기서 언어/세계 문제라고 부르기로 하자.

현대 언어학은 매우 단순한 지적에서부터 출발한다. 우리가 사전에서 한 낱말을 찾아본다면, 다른 낱말이 우리 앞에 등장한다. 낱말은 다른 낱말에 의해 정의되는 것이다. 이런 경험은 전혀 문제가 없고 획기적인 의미도 가지고 있지 않다. 하지만 과거 1950년대와 60년대에는 문자의 세계를 당황케 하는 하나의 혁명이 일어났고, 그 여진은 여전히 오늘날에도 감지되고 있다. 그것은 문화적 보수주의자들을 "불이야!"하고 외치면서 비상구로 미친 듯이 달려가게 했던 것이다. 그들은 그 결과 등장한 후기 구조주의가, 세계의 종말이 다가왔다는 것을, 분명히 서구의 종말, 결혼과 가족의 종말, 최소한 핵심적인 교육과정의 종말이 다가왔다는 것을 의미하는 것으로 확신했다. 야만인이 문 앞에 와 있다. 신은 죽었다. 그리고 보수주의자 자신들은 그 모든 것에 아주 기분이 좋지 않았다. 후기 구조주의는 상대주의를 의미했다. 또는 좀 좋은 말로 상대주의의 냄새를 풍겼다. 그리고 상대주의자들에게는 짐승의 표가 나 있다.

왜 이런 공황 상태에 빠졌는가? 말이 다른 말에 의해 정의된다는 것은 말이 자기 천막을 걸 어떤 지점도 없다는 것을, 또는 말이 좌절해서 자기 무기를 던져버렸다는 것을, 그래서 그냥 세계 속으로 사라진다는 것을 말하는 것이다. 수상 스키를 타는 사람이 다른 쪽으로 움직이려고 언어라는 쾌속정에 연결되어 있는 것처럼, 다른 모든 말이 거기에 연결되어 있을, 세계 또는 실재라는 하드웨어에 내장된 마스터 워드는 없다. 그러나 — 그리고 이 그러나buts는 포스트 구조 이론에서 중요하다 — 그것은 말이 세계에 대해 언급할 거리reference를 가지고 있지 않다는 것을 의미하지 않는다. 그것은 말이 말들 서로 간의 차이와 독립적으로 지시 대상reference을 가지지 않는다는 것을 의미한다. 차이 없이는 지시 대상도 없다. 이것은,

이런 사태가 실재 세계에 대한 회의적 부정이라고 생각한 문화적 보수주의자들의 잠을 지속적으로 방해할 것이었다. 보수주의자들에게 이것은 도덕을 말놀이로 환원시키고, 전통을 공허한 장광설로 화하게 하면서 철학을 상대주의로 보내는 셈이었던 것이다. 그들은 잠들어 있는 동안 포스트구조주의자들이 몰래 들어와 세계를 훔쳐 달아났다는 것을 깨어나서 알게 될 것이라는 두려움을 가지고 매일 밤 잠자리에 들었다.

차이를 일으키는 차이들

낱말들은 — 이제 이것들을 전문적인 표현으로 '기표signifier'라고 부르자 — 임의적인 기호들이다. 그것은 여러분이 이해하고 싶거나 이해하기를 바라는 어떤 낱말, 투덜댐grunt이나 몸짓을 사용할 수 있다는 것을 의미하지 않는다. 임의적이라는 것은 그저 '왕'이라는 낱말과 실제 왕(이 둘은 닮아 보이지 않는다.) 사이에 아무 본질적인 연관이 없다는 것을 의미한다. 우리가 '왕'이라고 말할 때, 다른 사람은 실제 왕에게 아무런 피해도 주지 않고 루아roi라고 말하면서 같은 일을 하고 있다. 중요한 것은 일정한 기표 체계를 사용하는 사람들에게(영어 구사자 또는 프랑스어 구사자) '킹'/'링'/'씽'('king'/'ring'/'sing')과 '루아'/'루아'/'무아'('roi'/'loi'/'moi') 간의 차이가 판별될 수 있다는 점이다. 기표들은 서로 판별될 수 있는 차이 덕분에 의미가 있다. 그것들은 음성적으로도('ring'/'king'/'sing') 형태적으로도('bear'/'bare'처럼), 기표들 간의 차이 덕분에 의미 있거나 의미를 생산 — 이제 '의미 있다signify'고 말하기로 하자 — 한다.

그것을 '차이를 일으키는differential' 공간이라고 부르자. 이 공간은 기표의 '놀이'를 결정한다. 다시 한 번, '놀이'에 의해서 우리는 자유 결혼, 프리 섹스나 공개 노출을 의미하지 않는다. 우리는 어떻게 이런 기표들이 뚜렷하게 대비되는 색깔들 안에서처럼 서로 '덕을 보는지play off'에 대한 진지하고 냉정한 현상에 대해 말하는 것이다. 그것들을 변별할 수 있게 해주는 것은 색깔들 간의 차이를 일으키는 공간이다. 이는 또한 같은 색깔이 다른 배경 하에서 매우 다르게 보이는 이유이기도 하다. 양탄자를 사서 집에 가져왔지만 나중에 아주 싫어하게 된 사람이라면 이 점을 이해할 수 있다. 색 이론은 언제나 관계적relational이다. 그러나 그것은 보수주의자가 그렇게도 두려워하는 상대주의를 의미하는 것은 아니다. 이 둘의 구분은 중요하다. 언어도 같은 방식으로 작동하는데, 이것이 바로 낱말, 구, 문장의 의미가 돌이킬 수 없이 문맥적인 이유이다. 문맥을 짚어주면 우리는 우리가 원하는 것을 어떤 사람이 말하게 만들 수 있다. 문맥 없이 낱말들은 제대로 작동하지 못한다. 그것들은 길거리에 주저앉고 만다. 정치가들은 이것에 대해 비싼 교훈을 얻는다. 우리의 미디어 중심 세계에서 정치가들의 모든 발언은, 그들의 문장들이 끝나기도 전에 그 문맥에서 벗어나서 페이스북이나 트위터의 세계에 퍼져버리기 쉽기 때문이다. 심지어 우리는 포토샵으로 그림까지도 — 텍스트적인 모습 — '편집'할 수 있다. 그리고 그들이 결코 가보지 못했던 풍경에 사람을 집어넣는다(재문맥화 한다). 이것이 인터넷 상의 '가짜 뉴스'를 설명해준다. 편집, 교정, 인용, 이 모든 것들이 차이를 일으키는 차이들의 작용인 것이다.

포스트모던 유형에 속하는 우리들에게 차이를 일으키는 차이는 놀라운 것이다. 그것은 철학과 정치학에서 더 강조했던 종류의 차이 — 옳음/그름, 개/폐, 현전/부재, 테제/반테제, 삶/죽음 등, 이것을 '대립적' 차이라고 부르기로 하자 — 를 뛰어넘는 뚜렷한 이점이 있다. 이것들은 순서쌍을 의미하는 이항적 차이들인데, 여기에서 쌍의 한 쪽에는 특권이 부여되고, 다른 하나는 그것의 반대물로 정의된다. 모더니즘에 대해 생각하는 아주 간단한 한 방법은 그것이 순서쌍을 — 주관/객관, 절대/상대, 합리적/비합리적, 정신/물질, 종교적/세속적, 공적/사적 — 매우 좋아한다는 것이다. 포스트모더니스트들은 차이를 일으키는 차이를 좋아하는데, 여기에도 정치 윤리적인 이득이 있다. 그들은 이성애/동성애, 남성/여성, 원주민/이

주민과 같은 이항적 차이를 불신하고, 대신에 어느 한 항이 특권을 부여받지 않는 차이의 놀이를 선호한다. 차이를 일으키는 차이는 좀 더 평등주의적이고, 더 민주적이며, 덜 적대적이다. 따라서 차이를 일으키는 차이와 대립적 (이항적) 차이 사이에는 중요한 차이가 있다.

구조주의 언어학

낱말이 다른 낱말들에 의해 정의된다고 하는 이 간단한 (풍성한 의미를 담고 있는) 점을 천착해 들어간 것이 언어 연구에서 현대 언어학이라고 일컬어지는 혁명에 이르렀다. 현대 언어학은 스위스의 언어학자 페르디낭 드 소쉬르Ferdinand de Saussure(1857-1913)에 의해 시작되었다.[1] 소쉬르의 언어학은 독일 해석학과 대결할 주요 경쟁자가 될 것으로 보였다. (그래서 후기 구조주의는 포스트모던 해석학에 문을 열어 놓았을 것이다.) 존경받는 현대 언어학의 창시자 소쉬르는, 언어 연구를 매우 근대적인 목표라 할 수 있는 과학적 발판 위에 마련하려고 하였다. 소쉬르에게 이것은 언어학을 수학과 실험실 작업으로 뒤집는 것을 뜻하는 것이 아니라, 자기 일을 잘 할 수 있도록 엄격하고 객관적인 길을 찾아내는 것을 의미하였다. 그는 이 길을, 일체의 심리학적, 철학적 또는 신학적 간섭에서 벗어나서, 순수하게 언어적인 용어로 언어를 다루는 데에서 발견하였다. 소쉬르의 세계에서는 어느 누구도 다음과 같이 말해서는 안 되었다. "태초에 말씀이 있었다. 그 말씀은 하느님과 함께 있었으니, 말씀이 곧 하느님이니라." 이 경우에 모든 인간 언어는 하느님 말씀의 유한하고 불완전한 이미지에 지나지 않는 것이다. 나 원 참, 물론 그들은 원한다면 그렇게 말해도

● ●

1. 페르디낭 드 소쉬르, 『현대 언어학 강의(*Course in General Linguistics*)』, trans. Roy Harris(Peru, IL: Open Court Publishers, 1986).

되었다. 그러나 근무가 끝나고 한가할 때 말했어야지, 언어학자로서 근무하는 동안에는 말해서는 안 되었다. 이런 식의 주장은 해결할 수 없는 언어 외적인 논쟁을 불러일으켰을 것이고 모든 것을 멈춰버리게 할 것이다. ('신'과 같은) 주인 언어Master Word는 없다. 또는 (이번에는 주의환기용 인용부호 없이, 다시금 신과 같은, 또는 최상의 물질, 또는 최상의 물리학 또는 그 비슷한 무엇이든) 지배권적인 사물들Master Things은 없다.

그 모든 것이 사라져야 했고, 그것과 더불어 ─ 여기에서 혁명이 일어난다 ─ 언어에 대한 전통적인, 상식처럼 보였던 접근 방법도 사라져야 했다. 언어는 더 이상, 내부 의식이 개념을 의미하기도 하고 실재를 지시하기도 하는 외부 기호 안에 자신을 표현하는 것처럼, 고전적인 인간주의적인 방식으로 취급되지 않는다. 의식? 실재? 그것은 완전히 심리학, 형이상학이다. 우리는 이 과학을 순조롭게 출발시키기 전에 실제로 이 모든 사태에 동의해야 할 것인가? 하이데거처럼, 그러나 이번에는 자체적인 이유 때문에 소쉬르와 그 이후의 구조주의자들은 말하는 인간 주체의 우선성을 몰아내고, 수 세기 동안 철학자와 신학자, 시인과 신비주의자들이 경건하게 생각해왔던 '내적 자아'에 일격을 가하였다.

따라서 "이해될 수 있는 존재는 언어이다."라고 말하는 가다머 대신에, 아무쪼록 기호학을 따르기로 하자. 즉, 기호들의 체계를, 기표와 기의의 체계를, 타당한(합의를 본) 결합 규칙에 따라 결합된 임의적인, 차이를 일으키는 요소들을 따르기로 하자. '명사'는 한 존재물entity이나 실체의 이름이라고 말하지 말고, 대신에 한 명사는 수(단수나 복수)를 받을 수 있는 하나의 기표라고 말하기로 하자. 동사는 하나의 행동을 가리킨다고 말하지 말고, 시제(과거, 현재 또는 미래)를 받을 수 있다고 말하기로 하자. 간단히 말해서 형이상학과 심리학은 적당히 다루고, 기능적 정의를 따르기로 하자, 부디. 언어학에서 문장들은 ─ '기표들의 연쇄', '언어 순열 linguistic strings' ─ 은 (규칙들에 따라) 적형well formed식이거나 아니거나이다. 그리고 우리는, 누군가에게는 문제이겠지만, 그 문장들이 '참'인지 또는

'실재에 대응'하는지를 결정하는 일을 면제받는다. 아이고, 감사해라.

우리말에는 얼마나 많은 낱말이 있는가?

이것은 적어도 혁명하기 좋은 파리에서는 혁명적인 재료였다. 파리에서 사람들은 아방가르드적인avant-garde, 전위 모든 것을 사랑한다. 아방가르드는 앞서 나감ahead of the pack, 최첨단on the cutting edge을 뜻하는 프랑스어이다. 구조 언어학이 프랑스의 유행 이상인 것으로 되긴 했지만 말이다. 구조 언어학에는 정말로 홍미로운 것들이 있다. 임의의 형식적 체계의 경우에서처럼 거기에는 (수, 낱말들과 같은) 요소들도 있고 (덧셈, 뺄셈 규칙, 문법적 규칙들과 같은) 요소들의 결합 규칙들도 있다. 여러분은 언어를 이와 같은 것으로 생각하는 것이 결과적으로 어떻게 사람들에게 '컴퓨터'라는 개념을 일으키게 되는지를 볼 수 있다. 이제 자문해보라.

우리말에는 얼마나 많은 낱말들이 있는가?

어느 때든지 우리는 (시간이 갈수록 항상 바뀌고 있을지라도) 그런대로 맞춰볼 수 있을 것이다.

얼마나 많은 결합 규칙(문법 규칙)이 있는가?

그 답은 문법책에서 찾아볼 수 있을 것이고, 그것은 어떻게 여러분이 한정할 것인지에 달려 있을 것이다.

얼마나 많은 문장이 있는가?

더 물어보지 마시라! 우리는 세어가기 시작할 수조차 없다. 너무나도 많은 문장이 있는 것이다. 특히 오늘날에는 핸드폰 문자메시지texting까지도 포함해서 말이다. 이 물음에 답하는 것은 불가능하다. 너무 힘들어서 실제로 셀 수 없기 때문이 아니라, 아예 원리적으로 셀 수 없기 때문이다. 끊임없이 새로운 상황과 마주치면서 항상 말하고 있는 화자가 있는 '살아 있는' 언어'living' language와 우리가 관계 맺고 있는 한, 셀 수 없다. 매일

시시각각으로 태어나는 새로운 화자들은 말할 것도 없고, 그들이 얼마나 많은 말을 하려고 하는지를 누가 알 것인가?

유한 개의 요소(낱말들)의 결합을 지배하는 유한 개의 규칙이 있지만, 잠재적으로 무한히 많은 수의 결합(규칙들의 결과인 구, 문장과 같은 언어 순열)이 있다. 어떻게 무한한 것이 두 개의 유한한 것으로부터 나올 수 있는가? 그 무한성은 어디에서 오는 것인가? 범인이 있다고 한다면, 여기서 범인은 시간 — 나는 실제로 그것이 좋은 뉴스라고 생각한다 — 이다. 규칙들은 (동시에 체계 전체에 적용되는) 공시적synchronic이지만, 문장들은 시간을 따라 흘러간다(통시적diachronic). 따라서 무한히 많은 새로운 문장이 생겨나는 이유는 문맥을 계속 변화시키는, 끊임없는 시간의 흐름 때문이다. 우리는 같은 언어적 강물에 두 번 다시 발을 담글 수 없다. 내가 같은 말을 사용해서 같은 청자에게 같은 말을 되풀이한다 할지라도, 조금이라도 시간은 지나갔고 미세한 변화가 있었다. 시간의 변화는 심지어 내가 막 말했던 것을 거짓으로 만들 수 있었다. 예컨대 여러분이 방금 내게 몇 시냐고 물었을 경우에 말이다. 처음에 내가 여러분에게 답했을 때, 그 말은 참일 것이다. 그러나 10분 후에 내가 같은 말을 되풀이한다면, 나는 틀렸을 것이다. 때때로 심지어 우리는 같은 것을 말하기 위해서 우리가 금방 했던 말을 바꾸지 않으면 안 된다. "연세가 어떻게 되십니까?"라고 질문하고는, "작년에는 50살이라고 말씀하셨지요, 올해는 51살이시네요 — 마음을 다 잡으십시오!"라고 말할 때처럼 말이다. 각각의 발언은 새로운 맥락에서의 새로운 상황이다. 그것이 우리가 새로운 말을 계속 찾아야 하는 이유인데, 그 말이 적절하다면, 기존 언어 체계 내에 자리를 잡고 정착할 것이다. 우리는 친숙한 것을 표현하기 위해서 그리고 새로운 것을 표현하는 법을 만들어내기 위해서 새로운 방법을 계속 찾고 있다.

보편 문법이 있는가?

시간이 우리 문제의 문제이고 핵심이다. (프랑스어처럼) '자연' 언어의 문법을 구성하는 규칙들 이외에도, 구조주의자들은 임의의 가능한 언어 체계에 대해서 순수하고 더 심층적인 '보편 문법'의 규칙들이, 모든 언어에 공통적인 보편 구조가 있다고 말했다. 그래서 '구조' 언어학, 또는 '구조주의'라는 명칭이 생겨난 것이다.[2] 형용사는 항상 명사를 수식한다. 그것이 영어의 '붉은 방앗간red mill'처럼 명사 앞에 붙든, 프랑스어의 '붉은 방앗간 moulin rouge'처럼 뒤에 붙든 말이다. 미국에서는 노엄 촘스키Noam Chomsky(1928-)가 이와 비슷한 것을 말했지만, 그가 이 심층 문법을 하드웨어적인 뇌와 동일시하는 통에 아주 유물론적인 방식으로 말한 것이었다. 촘스키의 유물론과 반대되는 것은 관념론일 것이다. 관념론은 이런 규칙들이, 우리의 뇌가 어떻게 신경생리학적으로 연결되어 있는지와는 상관없이, '7+5=12'가 성립하듯이, 이상적으로 어떤 가능 세계에서 '성립한다hold'고 말한다.

이때 소쉬르는 호루라기를 불면서 공이 밖으로 나갔는지를 판정하는 좋은 심판인 것처럼 개입한다. 언어학에서 유물론과 관념론 간의 논쟁은 중요하지 않다. 양측은 결코 그들의 차이를 해결하지 못할 것이다. 과학적 언어학에서 물리학자나 형이상학자나 신학자가 찾아내려고 하는 후원자가 무엇이든 간에 그것과는 상관없이, 일군의 형식적 규칙이 있다고만 말해두자. 소쉬르는 그것을 형식적인 의미에서의 언어인 랑그langue — 언어적 형식이라고 말하기로 하자 — 라고 부른다. 실제 살아 있는 정상적인 인간이 표명한 실제 발언을 그는 파롤parole — 발화 행위라고 말하기로 하자 — 이라고 부른다. 이것은 규칙에 맞게 말하는 화자들의 '사건'이다. 개별 화자들은 규칙에 따라 적형인 발언을 만들어냄으로써 — 소쉬르가

∙ ∙

2. 자크 데리다, 『그라마톨로지에 대하여』, corrected edition, trans. Gayatri Spivak (Baltimore: Johns Hopkins University Press, 1997), 48-49쪽.

언어 인지 심리학에 대해 말하고 있지 않다는 점을 명심하라— 화자로서의 자격을 얻는다(그렇지 못하면 화자로서의 자격을 얻지 못한다). 요소와 규칙의 수는 유한하지만 실제 발언의 수는 잠재적으로 무한하다. 우리는 누가 어떤 상황에서 무엇을 말할지를 예견할 수 없다. 그러나 우리는 그들이 무언가를 말할 때 그들 발언이 따르고 있는 형식을 안다.

의미를 제작하는 기계

따라서 구조주의에는 깔끔하게 정돈된(이항) 과학적 구분이 있다. 언어적 형식들은 보편적이고, 필수적이며, 무시제적(공시적)이다. 실제 발언(사건)은 특수하고, 우연적이며, 시제적(통시적)이다. 이런 설명에서 의미는 규칙 지배적인 방식으로 기표를 배치해서 나타난 효과이다. 이 차이를 일으키는 놀이는 '어느 누구'가 아니다. 그것은 신도 아니고, 존재도 아니고, 세계정신도 아니고, 내적 자아도 아니다. 그것은 차이를 일으키는 효과를 생산함으로써 의미를 만드는 기계, 의미 제작 기술, 약간 글쓰기 기계와 같은, 비인칭적인 형식적 체계이다. (이 기술적인 점에 유의하라. 우리가 '정보 시대'로 나아갈 때 그것은 중요해질 것이다.) 따라서 언어학에서, 영사막에 활동animated 효과를 일으키는 기계처럼, 살아 움직이는 언어 이면에는 하나의 기술이 있다. 이것은 낡은 기술에 전형적인 시끄럽고, 냄새나고, 투박한 기계가 아니라, 아주 섬세하고, 정교하고, 매끄럽고, 조금은 눈에 보이지 않는 정보 체계이다. 심지어 우리는 살아 움직이는 언어 이면에 죽은(비인칭적인) 구조가 있다고 말할 수도 있었다. 하지만 그것은 제네바 사람이면서 파리의 멜로드라마에 물들지 않는 소쉬르에게는 오히려 극적인 것이었을 것이다. 그러나 여러분은 생명적인 것과 기술적인 것 간의 낡은 구분이, 우리가 출발하기 전에 보았던 것보다 약간 덜 뚜렷하게 보인다는 점을 볼 수 있을 것이다. 왜냐하면 인간이 지금까지 말을 해오고 있었던 한, 인간은 기술적인 활동에 종사해오고 있었던 것이기 때문이다. 아리스토텔레스는 인간을 '이성적 동물'이라고, 이성과 말을 동시에 뜻하는 로고스를 구비한 살아 있는 생물zoon이라고 정의하였다. 소쉬르의 용어로 아리스토텔레스는 그 정신이 의미 제작 기계인 동물을 묘사하고 있었다.

화자는 내적인 자아가 아니라, 체계가 '예시화 되는' 사례, 특수한 시간과 장소에서 규칙이 전개되는 지점인, 망 체계의 접속점이다. 이런 식으로 이해할 경우 책은 '텍스트'로 재기술되며, 역사적 상황은 '맥락'으로 재기술된다. 인간의 구체적인 역사적 삶은, 과학의 방법을 흉내 내는, 그리고 계몽주의의 사고방식을 좀 더 상기시키는 무역사적 형식주의의 공격을 받는다.

여기에는 한 가지 흥미 있는 것이 함축되어 있다. 우리는 원리상 해석되지 않은 형식적 체계를 가진다. 이 체계 내에서 요소들은 순전히 임의적인 부호들일 것이다. 그것은 물리학자들이 상상할 수 없는 영역에 수학을 끌어들일 때, 현대 양자 물리학에서 일어나는 무언가를 이해하게끔 우리를 도와준다. 그들은 수학을 할 수 있지만, 무엇에 관해 말하고 있는지는 알지 못한다.[3] 즉, 그들은 수학이 계산하고 있는 세계가 무엇을 의미하는지를, 그것이 어떤 식으로 '보일지'를, 어떻게 그것이 시각화되고 경험될 수 있는지를 알지 못한다.

여러분은 초조하게 주위를 둘러보는 휴머니스트들을 볼 수 있다. 그들은 문제가 있을 거라는 낌새를 느낀다. 기술적인 것, '포스트-휴먼'(나중에 우리가 돌아가서 보게 될 용어이다), 휴머니스트들에게 그것은 짐승의 표지이다. 그것은 정말로 섬뜩한 것이다. 여러분은 내가 무얼 하러 가고 있는지를 보고 있다.

• •

3. 리처드 파인만(Richard P. Feynman), 『물리학에 관한 파인만의 강의』, Vol. III: 『양자역학』(New York: Basic Books, New Millennium edition, 2015). 이것들은 파인만의 학부 강의이다.

포스트모더니즘인가 아니면 후기 구조주의인가?

소쉬르의 작업을 이어받았던 프랑스 구조주의자들(1950-60년대)이 모든 분야 — 문학, 인류학, 마르크스주의(사르트르에게는 미안하지만), 정신분석학 — 에 영향을 미쳤던 광범위한 운동으로서 센세이션을 일으키고 있었던 동안 우리는 여기가 지성의 풍경이 빠르게 변화할 수 있는 파리라는 점을 기억할 필요가 있다. 따라서 구조주의자들도 곧 도전을 받았으며, 결국 후기 구조주의자들에게 추월을 당하고 말았다. 예상대로 오늘날 모든 이들이 후기 구조주의 다음에 올 자리를 놓고 경쟁하고 있다. 후기 구조주의자들은 또한 철학의 68세대^{les soixante-huitards}로 알려졌는데, 1968년은 프랑스에서는 해방 혁명의 해였고, 미국에서는 끔찍한 혼란의 해였으며, 내가 말했듯이, 후기 구조주의보다 더 대중적인 용어인 포스트모더니즘이 비공식적으로 출시된 해이기도 하였다. 모더니즘이 방법, 획일성과 기하학적 명료성의 법칙 — 바우하우스의 건축처럼 — 을 의미한다면, 포스트모더니스트들은 혼합화, 불규칙성 — '포스트모던'이라는 말을 처음 주조한 역사적 배경이었던 후기 바우하우스처럼 — 을 선호한다.

거기에는 똑같이 뛰어나고, 독특하고, 혁신적인 시대의 이론가들이 있었다. 그들 중 유명인으로는 미셸 푸코, 질 들뢰즈, 장 프랑수아 리오타르와 데리다가 있었다. 여기서 나는 '포스트모더니즘'이라는 말을 계속 사용하고 있지만, 이 말은 주로 현대 문화 전반을 의미하는 것으로 남용되고 있는 표현이라는 점을 인정해야겠다. 철학적으로 '후기 구조주의'라는 말이 더 정확하다. 포스트모더니스트들이 내내 이 말을 거부하고 있을지라도 말이다.[4] 여기서 새로운 것은 없다. 실존주의자들도 거의 같은 일을

- - -

4. 요하네스 앤저밀러(Johannes Angermiller)의 『프랑스에는 왜 후기 구조주의가 없는

했었다. 그것은 이런 사상가들이 중요한 차이를 보이고 있고 또 다른 접근 방법을 취한다는 것을 유용하게 상기시켜 주고 있다. 여전히 그것은 이런 용어들이 사상의 흐름을 확인하는 유용한 방식들이라는 사실을 부정하지 않는다. 그 흐름에서 유영하는 자들이 그것을 좋아하든 않든지 간에 말이다.

살아 있는 말보다 죽은 문자를 선호하는 것

모든 후기 구조주의자들 중에서 데리다는 우리의 목적에 꼭 들어맞는 인물이다. 왜냐하면 그는 (포스트모던 해석학의 원천인) 하이데거와 후설에게서 나왔고,[5] 또 소쉬르와 정면으로 대결했기 때문이다. 데리다는 소쉬르에게 두 가지 비판을 가했다.

1. 첫 번째 비판은 소쉬르의 형식주의를 비판하기는커녕 더 멀리까지 밀고 나갔다. 데리다는 거장 소쉬르 자신조차도 심리학적 편견을 드러냈고, 글쓰기보다는 말하기에 대한 인간적인, 너무나도 인간적인 선호를 무심코 드러냈다고 항의하였다.[6] 기표의 '순수 형식'은 그 자체로는 음성적인 것도 문자적graphic인 것도 아니다. 그것은 그저 임의적이고 차이를 일으키는 표시mark 또는 흔적이다. 차이의 순수 형식은, 장기 규칙이 말을 만든 재료와 무관하듯이, 이런 물질적 구체물과는 무관하다. 수신호, 봉화 신호나 모르스 부호의 사용도 모두 말만큼이나 이런 (변별할 수 있는 차이의) 요구를 충족시킨다. 엄밀하게 형식적인 관점에서 소쉬르는 좀체

<hr />

가』(London: Bloomsbury Academic, 2015)를 보라.

5. 우리가 여기서 말하고 있는 이야기에 대한 더 긴 설명은 하이데거에게 깊은 영향을 끼쳤던 후설에게로 가는 것이다. 나의『급진 해석학: 반복, 해체 그리고 해석학적 기획』(Bloomington: Indiana University Press, 1987), 2장, 36-59쪽을 보라.

6. 데리다,『그라마톨로지에 대하여』, 30-44쪽.

사라지지 않는 형이상학적이고 심리학적인 편견을 (즉, 그의 전제들이 그의 입장과 상충된다는 것을) 무심코 드러냈다. 말하기speaking는 바로 공기가 들어간 글쓰기라고 우리는 말할 수도 있을 것이다. 말하기는 자아가 즉시 그 자체로 제시되는 순수한, 투명한 매체가 아니다. '순수한 영혼pneuma'이 아닌 것이다. 영혼론pneumatology은 공기 섞인 그라마톨로지이다. 소리 말spoken word은 돌이나 파피루스에 새겨지지 않아서 눈에 보이지 않을지는 모르지만, 그것들의 차이를 일으키는 놀이는 세계에 영향을 준다. 그것은, 모국어에서 항상 일어나고 있는 일인데, 우리가 혼자서 내적인 독백을 할 때조차도 여전히 중요한 중재인인 것이다. 따라서 소쉬르는 '죽은 문자'보다는 '살아 있는' 말과 얼핏 자기 현전적self-present 화자를 우선시하는 낡은 편견에 **빠졌다**.

데리다 자신이 지적하듯이, 소쉬르에 대한 이 첫 번째 비판은 이미 코펜하겐 언어학자인 루이 옐름슬레브Louis Hjelmslev(1899~1965)라는 이름의 남자에 의해 효과적으로 수행되었다.[7] 옐름슬레브는 순수한 언어적 형식은 한편으로는 음성적(말하기) 실체와 다른 한편으로는 문자적(글쓰기) 실체 또는 어떤 다른 물질적 실체(수화 언어 등) 간의 심리학적 구분을 무효화시킨다고 주장하였다. 이런 언어학자들은 글쓰기가 역사적으로 말하기보다 우월하다든지, 또는 글쓰기가 심리학적으로 더 중요하다고 말하고 있는 것이 아니라, 순수한 언어적 형식의 관점에서 이것들이 저마다 똑같이 임의적인 차이를 일으키는 놀이를 한다고 말하고 있었다. 데리다는 디페랑스différance라는 신조어를 찍어냄으로써 이 점을 유명하게 만들었는데, 이 말은 일부러 틀린 철자일 뿐만 아니라 프랑스어 (올바른 철자인) 디페랑스différence와 동음어이기도 하였다. 이는 결과적으로 언어적 차이가 똑같이 음성상에서나, 문자상에서도, 공간상으로나 시간상으로도 있다는 점을 말하기 위한 것이었다.

· ·

7. 데리다, 『그라마톨로지에 대하여』, 59~61쪽.

정치적 여담

데리다는 또한 기독교를 살아 있는 정신과 연결시키는 것과 유대인을
죽은 문자라고 비난하는 것 사이의 낡은— 치명적인— 논쟁에 대해서도
언급한다. 기독교인/유대인이라는 이 이항관계는 복음서에서부터 『베니
스의 상인』을 거쳐 홀로코스트까지 뻗어 있는 잔인한 역사와 연관되어
있다. 말하기의 우선권이 심리적인, 형이상학적인, 심지어는 신학적인
편견이라면, 치명적인 종교적, 정치적 쟁점도 그것의 배경 속에 머물러
있다. 사실 데리다는 글쓰기보다 말하기에 우선권을 부여하는 것이 플라톤
과 아리스토텔레스에게까지 거슬러 올라가면서 더 넓고 더 깊은 형이상학
적인 이항관계 — 육체와 영혼, 물질과 정신, 시간과 영원, 삶과 죽음,
그리고 무엇보다도 가장 넓은 의미에서 현전과 부재 간의 — 와 연루되어
있다는 점을 보여주고자 할 것이었다.

반유대주의에 대한 데리다의 '해체'가 나치였던(1장) 하이데거에게서
그가 찾아낸 '파괴' 전략에 의존하고 있다는 것을 보는 데에는 적지 않은
아이러니가 있다. 그와 하이데거와의 동맹은 위험하지만 순전히 철학적인
사업이었고 — 두 사람은 만난 적이 없었다 — 그에게는 끊임없는 골칫거
리의 원천이었다. 데리다는 프랑스어를 구사하는 알제리계 유대인이었다.
2차 대전 동안 식민지 알제리에서의 그의 유년 시절과 교육은 파리 비시
정부의 꼭두각시였던 알제리 비시 정권으로 인해 방해받았다. 하이데거는
남부 독일에서 와서 반유대주의자가 되었던 옛 가톨릭교도였다. 이것은
1988년의 폭로로 인해 한층 더 복잡하게 되었는데, 데리다의 친구로서
예일대학 해체학파의 지도자가 되었던 벨기에의 문학 이론가 폴 드 만Paul
de Man(1919-1983)이 젊은 시절에 명백한 반유대주의적인 의견을 표명했기
때문이었다. 데리다는 매번 이 두 논란 많은 인물의 이론적 작업이 단순히

국가사회주의로 정리될 수 없다는 것을 보여주려고 하였다. 온갖 욕설이 그에게 쏟아졌다.

후기 구조주의와 프로그램화 할 수 없는 것

2. 그러면 이것은 해석학과 무슨 관계가 있는가? 포스트모던 해석학의 특징적인 모습은 예견할 수 없는 개방성, 의외의 '사건', 프로그램화 할 수 없는 효과 등을 긍정하는 데 있다. 우리는 이것을 소쉬르에게도, 옐름슬레브에게도 적용되는, 소쉬르에 대한 데리다의 두 번째 비판에서 볼 수 있다. 그 비판에 의하면, 시간 속에서 쓰여지거나 말해진 무수히 많은 가능한 발언들을 포함하거나 예측할 수 있는 유한한, 무시제적인 규칙들은 전혀 없다는 것이다.[8] 이것은 시간 속에서 오고 있는 것을 충분히 또는 완전하게 알 수 없기 때문이다. 따라서 '사건'은 구조주의자들이 인정한 것보다 더 위력적인 것이다. 사건은 한 규칙의 예가 아니다. 사건은 특유하고 예측불가능하다. 사건은 보편적인 것보다 열등한 것이 아니라 더 고귀한 것이다(키르케고르).

다시 말해서, 형식이 영원히 같은 것으로 남아 있는 동안 내용이 변하는 것이 아니라, 언어적 형식이 수정될 수 있고 변형될 수 있는 것이다. 형식들 — 규칙들 — 은 시간 속박적인 것으로서 체계 효과의 또 다른 집합이다. 정식화될 수 있었던 규칙들의 집합은 그 자체가 그 시간에서의 형식적 체계의 부분 집합이다. 규칙들은 결코 체계를 통제하지 못한다. 왜냐하면 규칙들은 체계 밖에서 또는 체계를 넘어서는 존재하지 못하기 때문이다. 규칙들은 체계에 의해 생산된다. 그것들은 체계를 지배하는 본질이 아니라, 하나의 정지화면freeze-frame처럼 체계의 시간적 효과이다.[9]

- -

8. 데리다, 『그라마톨로지에 대하여』, 60-62쪽.

언어는 형식적 체계이긴 하겠지만, 그러나 닫힌 체계가 아니라 **확장 가능한** 체계이다. 언어는 원리상 완전히 프로그램화 할 수 있거나 형식화 할 수 있는 것이 아니다. 만일 그랬다면, 언어는 손상될 것이다. 거기에는 항상 언어 규칙으로 다루기 힘든 무언가가 있으며, 항상 체계에 있어 예측 불가능한 무언가가 (구조적인 것을 후기 구조적인 것으로 변형시키는 것) 있다. 언어는 우리가 두 번 다시 발을 담글 수 없는, 끊임없이 흘러가는 시냇물이다. 언어 규칙은 정말로 무시제적인 것이 아니라 미래에 개정되기 쉬운 한낱 임시적인 상태의 보고서이다. 그것이 바로 언어 규칙들이 선험적 (강한, 닫힌 체계)이 아니라, 어리둥절한 표현이 되었을지 모르겠지만, '의사-선험적'(약한, 열린 체계)이라고 데리다가 말했을 때, 그가 의미했던 것이다. 시간이 구조보다 더 깊게 상처를 입힌다. 심지어 현재의 물리 법칙도 우주 역사의 초기 시기에는 유효하지 않았다.

하나의 예

데리다가 의미하는 것을 보여주는 하나의 구체적인 예로 은유의 창조를 택하기로 하자. 은유의 창조는 체계가 규칙을 가질 것과 규칙들이 적당하게 휘어질 것을 요구한다. 은유는 적정하게 규칙을 수정한 것의 작용이다. 너무 많이 수정해보라. 그러면 은유는 우스꽝스러워지고, 이해가 되지 않을 것이다. 그러나 너무 적게 수정해보라. 그러면 은유는 무미건조하고, 진부하고 신선한 맛이 없을 것이다. 만일 내가 "저것은 내게 아무 인상도 주지 못한다That leaves me cold."라고 말한다면, 우리는 모두 그것이 의미하는 것을 이해하지만, 거의 문자 그대로라고 할 수 있을 정도인 은유 'cold냉담한'

- -

9. 데리다의 결정 불가능성 원리가 괴델의 것과 닮지 않은 것은 아니다. 체계가 완전히 형식화 된다면, 그것은 좁혀지고, 체계가 불완전한 채로 있다면, 그것은 작동한다.

를 제시해가지고는 문학상을 받지 못할 것이다. 은유는 적정한 불규칙성이나 새로움, '알아채기 쉬운^{catchy}', 괄목할 만한, 통찰력 있는 혁신을 요구하지만, 어쨌든 통례의 용법에 뿌리를 두고 있다. 나는 위에서 '규칙'이 정지화면과 같다고 말했을 때, 또는 우리는 같은 언어적 강물에 두 번 다시 발을 담글 수 없다고 말했을 때, 은유를 표현하려고 하였다. 그 말이 은유가 될 때, 그것은 이 강물 속에 스며들거나 거기에서 헤엄을 칠 것이다. 너무 적게 움직이거나 너무 많이 허우적거려보라. 그러면 여러분은 익사할 것이다.

경건주의 신학자들이 아닌 파리의 무신론자들

장난꾸러기 헤르메스의 자국이 후기 구조주의자들에게 나 있다. 이들은 놀이(전통, 예술작품, 과학 이론, 그 무엇이든)의 해석학에 공헌하지만, 그러나 좀 더 인간주의적인 가다머의 해석학과는 달리, 그들은 타자기, 죽은 문자, 글쓰기 기술 및 다른 무인간적$^{non-human}$ 현상을 기꺼이 맞아들인다. 그들은 다른 사고방식을 가진 사람들이다. 오늘날 정보화 시대에서 우리들 중 너무 많은 이들이 하드웨어와 소프트웨어, 프로그래밍과 프로세싱, 데이터베이스, 인풋과 아웃풋 ― 우리 자신을, 우리의 영혼을 기술하기 위해 ― 에 대해 말한다. 다른 한편 휴머니스트들은, 우리가 하는 일을 전부 우리가 복종하는 규칙들의 작용으로 만들면서, 사고 ― 또는 상상, 사랑, 우리가 자부심을 가지는 모든 것 ― 를 형식적 체계와 그것의 **프로그램화 가능성**으로 넘기는 데 대해서 일리 있는 두려움을 느낀다.

데리다와 68세대는 침입해오는 정보화 시대를 전혀 두려워하지 않고 그것에 접근하였다. 심지어 데리다 자신은 '책의 종언'을 호언장담하기도 하였다![10] 그들은 낡은 강단 사회로부터 벗어난 세계를 눈을 크게 뜨고 반갑게 맞아들였다. 그들은 미국으로 자주 강연하러 다닌, 첫 세대 제트족

철학자들이었으며, 예술과 문학 취미에 있어서는 아방가르드였고, 개인적
인 생활 스타일에 있어서는 이색적이었으며, 정치에 있어서는 매우 좌파적
이었다. 그에 반해 키르케고르는 완고한 사람이었고, 니체는 격정적인
엘리트였고, 하이데거는 실제로 나치였으며, 이 세 사람은 모두 현대의
의사소통 매체를 경멸하였다. 하이데거는 타자기에 대해 경멸조로(내가
그로부터 타자기로 쓴 짧은 서신을 받았을지라도) 말했지만, 미셸 푸코는
'가족관family value'에 의한 성의 표준화에 항변한 이론가들의 선봉에 있었다.
그는 일을 편하게 하기 위해서 뿐만 아니라 공공연하게 동성애자가 되어서
유쾌한 삶을 살아가기 위해서 머리카락을 태운 사람이었다. 간단히 말해서
후기 구조주의자들은 경건주의 신학자들 — 고전적 해석학의 조부들 —
이 아니라 무신론자 파리 시민들이었다. 만일 이것이 해석학이었다면,
그것은 별나고, 과도한 국외자 해석학일 것이다. 만일 이것이 해석이었다
면, 그것은 주변부에서 온 해석이었을 것이다.

혼성에 대한 변명

그래서 데리다는 인간의 언어로 인간 이외의 요소 심지어 기술적인
요소를 옹호하기 위해서 악동 헤르메스와 논다. 그는 그의 이론적인 기획의
중심에 있는 범주 혼성을 통해 살아 있는 말과 죽은 문자, 자연적 삶과
인공적인 것 간의 고전적인 인간주의적 구분을 추방한다. 그는 이항 대립
— 말하기와 글쓰기와 함께 시작하면서 — 을, 해체해야 하는 역사적 구성
물이라고 폭로한다. 『그라마톨로지에 대하여』는 영혼과 기술을 혼성하기
위해서, 그리고 물질적인 것과 비물질적인 것, 삶과 죽음, 인간과 비인간,
자연적인 것과 인위적인 것, 내국인과 외국인, 자연과학과 인문과학 간의

• •
10. 데리다, 『그라마톨로지에 대하여』, 6쪽.

구분을 흐리기 위해서, 자연과 문화 간의 철저한 대립을 풀어가는 일에 착수한다.

식민주의(유럽 이성과 신세계의 '야생인'), 가부장제(아버지는 씨를 포함하고 어머니는 그저 재료를 공급한다), 인간 우월주의(동물들은 음식과 오락을 위한 것이고, 천연자원은 안락을 위한 것이다), 이런 이항관계들은 모든 정치적 압제 체제와 연루되어 있다고 데리다는 주장한다. 후기 구조주의자들은 그들이 있는 곳이면 어디에서든 모든 것을 아우르는 체계들을 불신하였다. 전체주의적인 정치에서부터 독단적인 종교, 빅 아더Big Other가 빅 데이터인 컴퓨터화 된 사회까지 말이다. 정치적으로 68세대들은 좌파와 우파의 전체주의가 초래한 황폐 상태로부터, 소위 그들의 '전체화totalization' 로부터 몸을 사렸다. 그들에게 이것은 차이의 다양한 놀이를 하나로 모든 것을 포괄하는 큰 이야기Big Story로 환원시키는 것을 의미하였다.[11]

천의 얼굴을 가진 신

혼합하고 혼성하는 이런 취미는 우리가 여기서 탐구했던 두 얼굴만이 아닌, 그중 하나는 경계 파괴자로서였는데, 많은 얼굴을 가진 헤르메스의 특징이다. 원래 헤르메스의 조각상은 사람들에게 접근하지 말도록 경고하는 표지로서 사용되었다. 거대한 남근은 프로이트적인 물건이 아니라, 괴롭히려고 해서는 안 되는 전사의 상징이었다. 그래서 무역이나 전쟁에 종사하러 왔던 이방인들은 이 표지가 그어 놓은 도시 밖에서 만나는 것으로 되어 있었지만, 나중에 이 표지는 시내 중심가로 이전되었다.

● ●

11. 리오타르가 포스트모더니즘을 메타 서사에 관한 불신으로서 정의한 것은 이런 연관에서이다. 장 프랑수아 리오타르의 『포스트모던적 조건: 지식에 관한 보고』, trans. Geoff Bennington and Brian Massumi(Minneapolis: University of Minnesota Press, 1984), xxiii-xxiv를 보라.

그것이 바로 헤르메스가 아고라의 신, 무역과 상업, 소통과 혼합의 신이 되었던 이유이다. 헤르메스는 천의 얼굴을 가진 신이고, 따라서 헤르메스의 해석학은 대단히 다형적이고, 다성적이고, 다원적인 일을 한다. 데리다는 (말하자면) 이 제단을 경배하였다.

우리가 반대해서는 안 되는 휴머니즘

기술적인 것에 반항하는 대신에, 데리다는 교묘하게 그것의 환심을 산 후 인간, 생명, 정신으로 자처하는 일체의 것을 분산시키는 방식을 고집한다. 그는 기술이 무서워서 떨지는 않았지만, 전체화 하는 기술주의 또는 환원주의적 기술주의에는 우려하였다. 즉, 상황을 닫아버리고, 모든 것을 프로그램으로, 규칙으로, 언어 정책으로, 문화와 생활로 넘겨버리기 위해서 새로운 정보 체계들을 사용하려는 시도에는 우려하였다. 데리다의 작업은 전위적이고, 포스트모던적이고, 정치적으로 체제 전복적인 칼날을 가지고 이루어졌다. 데리다는 기술 체계에 반대론을 펼치지 않았다. 그는 자기의 모든 작업을 하게 해준 맥 컴퓨터를 사랑하였다. 그러나 그는 닫힌 체계 — 기술적이든, 정치적이든, 신학적이든 — 에 대해서는 항변하였다.

선봉적인 포스트모던 페미니스트의 한 사람으로서, 도나 해러웨이Donna Hareway는 우리가 바라마지 않을 수 없는 휴머니즘이 있다고,[12] '내적 자아'의 낡은 휴머니즘이 아니라 새로운 후기-인간주의적 휴머니즘이 있다고 말하였다. 그것은 우리가 예상할 수 없는 것의 도래에 미래를 계속 열어두려고 했던 프로그램화 할 수 없는 프로그램화 가능성에 달려 있을 것인데,

● ●

12. 도나 해러웨이, 「이 사람을 보라(Ecce Homo)」 in 『해러웨이 독자』 ed. Donna Hareway(New York and London: Routledge, 2004), 49쪽.

물론 이는 모험적인 해석학적 과제이다. 오늘날 전체화가 취하는 새로운 형식은 소비에트나 나치 전체주의 또는 19세기의 기계론적 결정론이 아니라, 프로그램화 가능성이다. 그것은 실제로 놀이의 종말을, 따라서 해석학의 종말을, 사기꾼 헤르메스와 해체의 종말도 가져올 것이다. 데리다는 위험한 무언가를 요구하였는데, 나중에 그는 그것을 '자기-면역력au-to-immunity'이라고 불렀다. 즉 살아 있는 유기체는 기술적인 것에 대한 그 자신의 면역력을 허물어뜨린다. 이것은 그냥 기계에 굴복하는 것으로가 아니라 그냥 기계가 되는 식으로 이루어진다. 프로그램은 끝까지 가지 못한다.

데리다가 1967년 이후에 했을 모든 것, 나중에 '해체'라고 일컬어지게 될 모든 것, 그리고 내가 포스트모던 해석학이라고 부르는 모든 것은 이런 분석에 의존할 것이다. 데리다는 결코 해체에서 떠나지 않았다. 그는 결코 그것을 사용하기를 멈춘 적이 없다. 세월이 지남에 따라 그가 눈을 돌렸던 주제들에 있어서조차도 — 1980년대 중반 내내 주로 문학 분석에서부터 그의 생애 마지막 20년에 다룬 윤리적, 정치적, 종교적 문제들까지 — 이런 분석이 모든 것에 영향을 미친다. 모든 기술공학적인 계산은 계산할 수 없는 것의 계산에 속하는데, 이것이 인간적 상황, 그것의 예견불가능성에 대한 개방성을 제공한다. 우리가 위험을 떠맡으려고 하지 않으면 아무것도 일어나지 않을 터이므로, 우리를 위험에 노출하는 동안에도, 이것이 삶에 자극을 주고 삶을 희망으로 채운다.

프로그램화 할 수 없는 것을 어떻게 프로그램화 하는가?

신흥 포스트-휴먼post-human 세계에서 포스트모던 해석학이 제기하는 물음들은 아주 많다. 우리가 빠져 있는 정보 체계들은 완전히 규칙 지배적인가? 우리의 육체는 완전히 유전 정보에 의해 지배되는가? 또는 포스트모던의 특유한 관심인, 강한 데리다적인 의미의 '사건' 안에, 새로움, 창안, 놀라움, 예견할 수 없는 것, 우발적인 것의 여지가 있는가? 현대의 인공지능 작업에서의, 특히 로봇 공학에서의 주요 문제도 결국 이런 문제에 들어간다. 오늘날 우리는 매끈하고 윤이 나고 소형화 된 기계를, 심지어는 휴대용 기계를 만들 줄 안다. 숨 막힐 정도의 속도로 놀라운 재주를 부릴 수 있어서, 서서히 인간을 기분 나쁘게 만들기 시작하는 그런 현혹적이고 디지털화 된 기계를 만들 줄 안다. 우리는 규칙을 따르는 기계를 만들 줄 안다. 그러나 우리는 그렇지 않은 기계를 만드는 데에는 어쩔 줄 모르고 있다. 우리는 규칙보다 더 영리한 기계를, 키르케고르가 말했듯이 보편적인 것보다 더 고귀한 기계를 만들 줄 모른다. 우리는 선개념적으로 이해된 암묵적 지식과 실천적 지식know-how 체계에 기초하여, 특유한 상황에서 판단을 내리는 법을 아는 기계를 만들 줄 모른다. 우리는 프로그램화 능력을 가진 기계를 프로그램 할 수 있다. 그러나 어떻게 여러분은 프로그램화 할 수 없는 것을 하는, 즉 해석하는 기계를 프로그램 할 것인가? 인간은 마침내 맞는 것을 찾아낼 때까지, 복잡한 OS와 IS의 모든 가능한 수학적 조합을 다 살펴보지 못한다. 인간은 해석한다.

그런 상황에서 로봇은 어리석지만, 인공지능 산업에서 일하는 사람은 어리석지 않다. 그들은 이 모든 것을 알고 있고, 그 위에서 일하고 있다. 그들이 결코 성공하지 못할지도 모른다. 그러나 성공한다면, 그들은 스스로 사태를 이해할 수 있는 무언가를 만드는 법을 이해했기 때문에 그렇게 될 것이라고 나는 말하겠다. 그렇게 되면 컴퓨터는 그 자신의 컴퓨터를 만들게 될 것이다…. 그러면 그들은 전에 결코 만나보지 못했던 상황들을 해석할 수 있는, 자체의 실수를 수정하는 무언가를 만드는 데 성공하게 될 것이다. 그들은 가변적이고 탄력적이고 신경망적인 네트워크를 흉내 내는 어떤 것을 만든 데 성공하게 될 것이다. 이런 특징들을 갖추게 되면 그것은 다음과 같은 일을 해낼 수 있을 것이다. 즉 그런 것은 물건으로 가득찬 방에서 어디에도 부딪치지 않고, 넘어져서 누가 일으켜 세워줄

때까지 속수무책으로 누워 있지 않고, 걸어 다니는 아주 멋진 재주를 부릴 것이다. 또는 프로그램 상의 한 가지 간단한 결함 때문에 그 자리에 멈춰 서지 않고, 대신에 두 살배기 아이가 할 수 있는 것처럼, 그 결함을 조정해서 움직일 것이다.

왓슨이 헤르메스를 대신할 것인가?

만일 인공지능 일에 종사하는 사람들이 이 모든 것을 해낸다면, 그들은 우리를 하나의 기계로 환원시키지 않았을 것이다. 그들은 기계가 아니라 우리와 같은 해석학적 존재를 창조했을 것이다. 불안한 것은 그들이 이것을 알고 그 위에서 일하고 있다는 점이다. 우리는 스탠리 큐브릭의 〈2001: 스페이스 오디세이〉에 나오는 할Hal을 향해 치닫고 있는 것인가? 우리는 컴퓨터가 주도권을 잡고 행동하기 시작하고, 우리에게 말대꾸하기 시작하고, 또는 우리가 이해할 수 없는 언어로 자기들끼리 말하는 세계로 달려가고 있는가? 또는 최신으로 돌아와서, 컴퓨터 보조 프로그램을 가지고 우리가 하는 모든 일을 보충해주는 IBM 컴퓨터가 너무 강력해져서 그것들이 우리를 대체할 것이라고 우려하게 하는 그런 왓슨의 IBM 컴퓨터에 우리의 미래가 있는가?[13] 로봇이 해석학적 기술을 획득한다고 상상해보라. 헤르메스에게 어두운 면이 있는가? '전령messenger'은 그리스어로 앙겔로스(천사an-gelos)이다. 그러나 천사는 좋게 오기도 하고 나쁘게 오기도 한다.

나는 이 책의 끝에서 포스트-휴먼의 모습을 다룰 때(10장) 이 문제로 다시 돌아올 것이다.

· ·

13. 왓슨이 사업, 의학, 법, 교육 등에서 '우리의 지능을 논증하는' 방식과 세계가 생각하는 방식을 바꾸게 될 모든 것들을 보기 위해서는 www.ibm.com/outhink를 방문하라.

제6장

바티모와 로티의 악동 같은 해석학

가다머가 한 이야기들은 냉정하고 우아한 산문으로 표현되었다. 그리고 어느 누구도 그를 급진적이라고 비난하지 않았다. 하지만 그가 말했던 것은 급진적이고 폭발적인 결과를 낳을 수 있었고, 그것은 존경하는 아폴론에 대해 사기꾼 헤르메스의 역할 놀이를 즐겼던, 아주 포스트모던 적인, 단연코 악동 같은 두 명의 인물에게서 나타난다. 나는 이탈리아 철학자 지안니 바티모와 미국 철학자 리처드 로티에 대해 말하고 있다. 그들은 가다머의 대화 표현과 해석의 편재성을 서로 좀 닮지 않은 인물들과 — 미국의 실용주의(존 듀이)와 서구 기독교 전통에 대한 니체의 신랄한 비판 — 연결시켰다. 그 결과는 가다머의 『진리와 방법』에 대한 두 개의 독특한 포스트모던적인 변형이라고 생각될 수도 있는데, 그것들은 저마다 진리와 방법의 면에 있어서 모두 훨씬 더 회의적이고, 아이러니하였다.

바티모: 약한 사유의 해석학

가다머와 함께 공부했던 바티모에게 있어, 해석학은 소위 그의 '약한 사유pensiero debole'[1]라고 하는 형식을 취하는데, 바티모는 이 생각을 니체와 하이데거의 '허무주의의 역사'의 독해로부터 끌어낸다. 바티모는 해석학이 허무주의라고 말한다. 그리고 놀라운 것처럼 들리겠지만, 우리가 늘 언제나 포스트모던적인 세계에서 헤매고 있는 이유는, 우리가 충분히 허무주의자가 되지 못했기 때문이라고 한다. 따라서 분명히 모든 것은 바티모가 '허무주의'로 무엇을 의미하는지에 달려 있다.

니체와 허무주의의 역사

바티모의 해석 개념은 니체에게서 영향을 받았는데, 니체는 이전에 해석에 대해 펼쳤던 주장 중에서 가장 극단적인 입장을 취했다. 그는 사실은 없고 해석만이 있다고, 그리고 — 여러분이 묻기도 전에 — 이것 또한 하나의 해석임을 인정해야 한다고 주장했던 것이다.[2] 우리들은 제각기 하나의 해석, 삶에 대한 관점을 가지지만, 이런 관점들은 그 관점들의 참에 의해서가 아니라 삶에 대한 그것들의 가치에 의해 판단된다고 니체는 말했다. 관점은 참이거나 거짓인 것이 아니라, 약하거나 강한 것이며, 삶에 긍정적인 것이거나 삶에 부정적인 것이다. 그리고 그것이 니체 자신의 관점에도 해당된다고 보았는데, 니체의 사상이 그중에서도 가장 건강하고

· ·

1. 『약한 사유(*Weak Thought*)』, eds. Gianni Vattimo and Aldo Rovatti, trans. Peter Carravetta(Albany, NY: SUNY Press, 2013).
2. 프리드리히 니체, 『견딜 수 있는 니체』, trans. and ed. Walter Kaufmann(New York: Viking Press, 1954), 458쪽. 앨런 슈리프트(Alan Schrift)의 『니체와 해석의 문제: 해석학과 해체 사이에서』(London/New York: Routledge, 1990)를 보라.

가장 힘이 있다는 것이었다. 니체에게 허무주의는 생명력의 쇠퇴를 의미하였다. 우리의 가치 — 그 안에 우리의 생명력이 역력히 새겨져 있는 — 들은 무가 되고 말았다. 니체에게 그것은 '능동적' 허무주의라는 이름 하에서 그가 촉구했던 좋은 일이었다. 삶의 가치가 궁극적으로 사후의 삶에 놓여 있고, 덕의 의미가 삶의 요구보다 먼저 노예적인 온순함에 있다고 하는 우리의 기독교적-플라톤적 가치는 니체에게 있어서는 삶을 부정하는 것을 뜻하였다. 19세기 후반의 기독교적 유럽에서 우리는 이 내부적인 부패를 깨닫기 시작하였다. 하기야 니체는 그것을 깨달았겠지만, 그는 이 메시지를 나르기에는 시대를 너무 앞서 가고 있었다. 다음 세기에 점차적으로 모두가 그것을 알게 될 터이겠지만 말이다.

신은 죽었다

허무주의의 역사는 니체가 전에 썼던, "신은 죽었다 … 그리고 우리가 그를 죽였다."[3]라는 유명한 문장으로 요약된다. 니체가 "신은 존재하지 않는다." 또는 "신은 없다."라고 말하지 않는다는 점을 주목하라. 니체는 궁극적 실재의 본성에 관한 형이상학적 언명을 하기를 거부한다. 그는 신이 허구적인 관점이라고 말하고 있는 것이다. 그러나 당신은 신이 허구라는 것 때문에 신을 나쁘다고 볼 수는 없다. 그래서 나머지 모든 것은 그대로 있는 것이다. 문제가 되는 것은, 이런 허구가 대중들을 귀족 계층의 목적에 동조하게끔 쓰이는 한, 삶의 적이 되어왔다는 점이다. 왜냐하면 대중들은 이제 그 반대의 길을 가고 있기 때문이다. 플라톤적-기독교적 전통은 현세 space and time의 아수라장을 탈출하고자 하는 열망인, 부패하고 타락한 힘에의 의지이다. 신의 죽음은 유럽의 문화적-역사적 삶을 가리킨다. 니체는 유럽이

● ●

3. 프리드리히 니체, 『즐거운 학문』, 125절, in 『견뎌낼 수 있는 니체』, 95쪽.

빈사 상태 — 피상적인 '대중'의 사회, 안락만을 좇는 부르주아의 사회 — 에 있다고 생각한다. 이것은 키르케고르가 유럽을 '전 세계 기독교인들'이라는 이름으로 진단을 내렸던 것과 정확히 같은 것이다. 키르케고르와 니체는 다음과 같은 사실에 동의한다. 기독교적 유럽이 스스로를 기독교인이라고 부른다면, 그것은 공허한 소리처럼 들린다. 유럽인들은 결단력 있게 행동하거나 생각하라는 요구를 회피하면서 안락한 삶을 찾고 있다. 니체와 키르케고르는 삶의 정열을 되살리자고 하는 같은 해결책을 제안하였다. 그러나 그들의 해결책은 전혀 다른 자리를 잡고 있었다. 키르케고르는 초기 순교자들의, 원시 기독교의 열정적인 신앙을 회복시키려고 하였다. 반면에 니체는 이교 신앙paganism, 無宗敎에서, 초기(소크라테스 이전) 그리스인의 인생 경험의 비극 정신에서 해독제를 찾아냈다. 초기 그리스인들은 인간 조건을 똑바로 보고 일체의 비극적인 분노 속에서도 결연히 삶과 나쁜 점들까지도 모두warts and all '그래'라고 긍정했던 것이다. 나를 죽이지 않는 것은 나를 더 강하게 만든다. (니체도 그렇게 썼다.)

약한 사유

바티모는 허무주의의 역사를 또 한 번 뒤트는데, 그것은 니체보다는 하이데거에, 그리고 가다머에 한층 더 가까운 것이다. 허무주의의 역사는 형이상학의 폭력으로부터 우리를 해방시켜준다는 점에서 환영을 받는다.[4] 바티모는 이것을, 형이상학의 역사를 비판한 하이데거로부터 받아들인다. 하이데거에게 형이상학의 역사는 인간이 존재를 조종하는 역사, 존재를 인간 사고의 계획적인 구성에 종속시키는 역사였다. 이에 따라 바티모는

4. 지안니 바티모, 『허무주의와 해방: 윤리학, 정치학 그리고 법학』, trans. William McCuaig(New York: Columbia University Press, 2003).

형이상학을 강한 사고라고 기술하게 되는데. 강한 사고의 개념들은 실재의 궁극적인 본성을 파악하고(con+capere라는 라틴어에서 온) 또 객관적인 진리를 얻을 수 있다고 주장한다. 그것은 동의하지 않는 자들에 대해서는 치명적인 위협을 가한다. 절대적 진리는 논쟁의 의욕을 꺾어버리려고 한다. 여러분이 머릿속에 가지고 있는 생각들이 신이나 자연이나 순수 이성에서 온 것이라고 결론짓게 되면, 그러니까 여러분이 절대적 진리에 속박되어 있다고 생각해서 여러분의 견해가 여러분의 관점을 전혀 제시하지 못하게 되면, 나머지 우리들은 난처한 입장에 처할 것이다. 바티모만이 쓰는 특유의 개념, 허무주의를 기술하는 그의 방식은, 그것을 이런 구조들의 **약화**(weakening 의 역사, 무가 되어가는 역사, 믿을 수 없는 것이 되어가는 역사라고 부르는 것이다. 그런 점에서 그것은 바티모에게 해방적 발전의 역사이다.

이 약화시키기에다 붙인 이름이 해석학이다. 즉, 객관적-절대화 하는 사고를 해석과 교체한 것이다.[5] 바티모에게 포스트모던 시대는 '해석의 시대'[6]이고, 해석학은 탁월한 포스트-형이상학적이고 포스트-모던한 철학이다. 바티모는 두 가지 이유 때문에 자기 입장을 직접적으로 입증하려고 하지 않는다. 첫째, 리오타르가 말하듯이, 포스트모던 시대에 형이상학은 믿을 수 없는 것이 되었으며, 우리는 그것의 '큰 이야기'에 '회의적'이게 되었기 때문이다. 바티모는 상대를 물리쳐야 하는 것이 아니다. 그 상대는 스스로를 믿을 수 없는 것으로 만들고 있는데, 이것이 해석학을 최후의 승자로 남겨 놓는 것이다. 둘째, 니체가 말했듯이, 이런 해석의 편재성 주장은 객관적 진리가 된다고 주장하는 것이 아니며, 큰 이야기에 대한 또 다른 경쟁 후보로서 행세하지 않는다. 그것 역시 하나의 해석이다. 그러나 바티모는 그것이 최선의 해석이라고 생각한다. 그것의 생물학적 활력이나

• •

5. 지안니 바티모, 『근대성의 종말: 포스트모던 문화에서 허무주의와 해석학』, trans. Jon R. Snyder(London: Polity, 1988).

6. 리처드 로티 그리고 지안니 바티모, 『종교의 미래』, ed. Santiago Zabala(NewYork: Columbia University Press, 2005), 43ff.

초기 그리스의 시적 사유에서 느끼는 기분 때문이 아니라, 그것이 가장 민주적이고, 궁극적으로 가장 비폭력적이고, 가장 기독교적이고, 우리가 말할 수 있는 가장 사랑하는most loving 것이기 때문이다. 해석학에서 우리는 논쟁을 버리는out-argue 것이 아니다. 우리는 이야기를 버리는 것out-narrate이 아니다. 우리는 더 좋은 이야기를 이야기한다.

약화시키기의 네 형식

형이상학(강한 사고)을 해석학(약한 사고)으로 약화시키는 것은 네 개의 층위에서 일어난다. 첫째, 우리가 말했던 것처럼, 실재(존재론, 형이상학)의 궁극적 본성을 알아야 한다는 강한 주장은 해석으로 약화된다. 둘째, 강한 사고는 지식론(인식론)을 제공해야 한다고 주장한다. 지식론은 '진리에 도달하는 방법'을 제시하는 것이고, (데카르트를 생각해보라.) 우리 지식의 확실성과 명료성을 보장해주는 것이다. 포스트모더니스트들은 그런 터무니없는 주장에 하품으로 반응하고, 지식이 실제로 획득되는 복잡한 방식에 더 민감하다. 오늘날 인식론은 대화 당사자들이 어떻게 해서든지 무언가를 타결하겠다는 희망을 가지고 자기들의 여러 관점을 협상하는 (가다머식) 대화로 약화된다. 따라서 바티모는 형이상학 — 그것은 플라톤적인 '상기'의 도구였다 — 이라는 밧줄을 풀고 대신 대화라는 닻을 올리며, 그것에 전적인 해석학적 의미를 부여한다.

셋째, 형이상학은 우리에게 행위 지침을 제공하는 윤리적 원리를 갖추고 온다. 윤리학에서 선과 악은 양단간의 결정의 문제black and white이다. 원리들은 보편적이고 불변적이다. 그리고 그 원리에 동의하지 않는 사람은 상대주의자로 분류된다. 포스트모더니스트들은 더 하품을 한다. 발달된 통신 운수 체계의 시대에, 우리는 지역적 차이와 사람들이 살아가는 근본적으로 다양한 방식들을 더 확연하게 감지한다. 따라서 우리는 근본적으로 아리스토텔레스적인 정신과 더 가까이 통해 있으며, 따라서 원리의 오만을 못 미더워한다. 포스트모더니스트들에게 원리들은, 판단들을 특수한 상황의 특징에 맞게 잘라내면서, 보다 유연하고 탄력적인 실천적 지혜로 약화되어야 한다.

넷째, 고전적 형이상학은 사회를 조직화 하고 역사를 자기들의 목적에 — 계급 없는 사회나 민족Volk의 영광 — 따르게 하려는, 그래서 결국은 보통 엄청난 피를 흘리며 끝나는, 강력한 정치적 원리들을 선언하는 경향이 있다. 이에 대해 해석학은 어수선한 민주주의의 과정을 제안하는데, 여기에는 어느 누구도 큰 이야기Big Story를 알지 못하지만 사람들이 저마다 하나의 관점을 가지고 있다는 가정이 깔려 있다. 어느 누구도 신권이나 천부의 권리에 의해 권력을 소유하지 않는다. 모든 사람에게 말할 권리가has a say 있으며, 권력은 가급적 넓게 분산되어 있어야 한다. 만일 해석학이 하이데거 안에서 국가사회주의와 결부되었다면, 여기서 그것은 민주주의로 나타날 것이다.

자기들의 강한 형이상학적 원리들이 맥락적인 해석학적 판단으로 약화되는 것을 보면서, 우리 주변의 더 많은 보수주의자들은 하늘을 우러르고 도움을 청한다. 이것은 상대주의로 가는 길이 아닌가? 라고 그들은 묻는다. 아니다. 오늘날은 해석의 시대이다. 사실 그것은 — 그물망 없이 연기하는 공중 곡예사처럼 — 모험적인 일business이다. 그러나 이는 그것의 대안만큼 위험스러운 것은 아니다. 결국 종교가 이단자들을 박해할 때, 히틀러, 스탈린, 마오와 그 밖의 '독재자들strong men'이 수백만 명의 사람들을 살해했을 때, 민족주의와 인종주의, 동성애 혐오증과 성차별주의가 맹위를 떨칠 때, 문제는 이러 사람들이 상대주의자들이라는 데 있지 않다. 문제는 절대주의이다. 문제는 해석을 하늘로부터 물려받은 진리와 혼동하는 데 있다. 해석학은 모험적인 일이다. 그러나 그것은 우리를 안전하게 지키는 최선의 기회를 제공한다.

기독교 이후

바티모에게 해석학은 최선의 대안이다. 왜냐하면 그것은 가장 사랑하는 대안이기 때문이다. 우리는 공정이라든가 민주적이라는 말을 이해할 수 있다. 그것이 어떠한 것인지에 대해서는 통상 철학자들이 이야기한다. 그러나 바티모는 사랑을 신학자들에 남겨주어야 했지 않은가? 바티모는 해석학, 해석, 약한 사유가 궁극적으로 기독교 사랑의 신, 이웃을 사랑하라는 예수의 복음의 문제라고 생각한다. 물론 신은 죽었고 기독교는 믿을 수 없는 것 — 강한 신학, 큰 이야기로서, 오직 참된 성스러운 가톨릭과 가톨릭 사도 교회로서의 기독교 — 이 되었다. 바티모는 이탈리아 가톨릭교의 매일 영성체를 받는daily Mass and Communion 사람으로 지내며 자라났다. 그러나 동성애자였다. 그래서 바티모는 동성애 관계와 일반적으로 성 문제를 놓고 가톨릭교회가 보인 반동적인 태도에 깊게 상처를 받았다. 기독교에 대한 그런 해석 — 기독교는 하느님이 우리에게 보내주신 하나의 절대적 진리인데, 거기에서 교회는 그리스도God-man의 지상적 대리자라고 하는 — 은 죽었고, 허무주의 역사의 희생물이 되었고, 제거되었다. 저를 무신론자이게 해주셔서 하느님께 감사드립니다, 라고 바티모는 말하기를 좋아했다.[7]

그런 기독교 이후에 다른, 포스트모던적인 기독교가 온다. 독단적 진리로서가 아니라, 위대한 소설이나 시와 같은 이야기로서, 메시지로서 말이다.[8] 완고한 교리를 가진 강력한 제도로서의 기독교는 (이전에 불신자에게 행사했던 무력과 더불어) 말라 죽는다. 그런 기독교는 개인의 존엄을 존중하는 현대 민주주의의 세속적 제도들로 약화된다. 민주적 제도들은

7. 로티 그리고 바티모, 『종교의 미래(*The Future of Religion*)』, 63쪽.
8. 지안니 바티모의 『기독교 이후(*After Christianity*)』, trans. Luca D'Isano(New York: Columbia University, 2002), 그리고 지안니 바티모의 『믿음(*Belief*)』, trans. Luca D'Isanto and David Webb(New York: Columbia University, 1999)을 보라.

하느님의 백성, 하느님의 친구, 그리스도의 형제자매들이라는 기독교 교리의 세속화 된 잔여물이다. 약화의 과정은 성 바울의 신성 포기kenosis(빌레몬서 2:7)에서 보여진다. 거기에서 하느님은 '텅 비워진다'. 또는 세계로 약화된다. 세속화는 기독교의 화신 또는 기독교와 세계와의 합병이다. 초월적인 하느님과 당신의 교회는 죽었다. 그러나 그것들은 세속적인 유럽 질서 속에서 새 삶을 획득하였다. 해석의 시대에 이 세계에서 기독교의 세속화는 기독교의 파괴가 아니라 그것의 해체, 재창조, 재실현화이다. 현대의 민주주의 제도들은 — 바티모는 두 번이나 유럽 의회 의원으로 선출되었다 — 오늘날 신으로 형성되었던 것what has become of God, 신이 형성했던 것what God has become, 즉 사랑의 복음의 정치적 입법이다.

이런 점에서 바티모는 절대 정신Geist을 말하는 헤겔처럼 들리는데, 이 절대 정신 안에서 유대인의 초월적 하느님은 당신의 초월성을 포기하고 세계-내-기독교 정신으로서 지상으로 내려온다. 그러나 바티모에게 절대 정신Absolute Spirit은 훨씬 더 큰 쿵 소리를 내면서 지상에 충돌하였다. 왜냐하면 헤겔이 말하는 절대 정신은 여전히 매우 강한 형이상학적 개념이기 때문이다. 바티모 안에서 그 정신은 가다머적인 대화가 되었다. 하이데거의 존재는 언어로 약화되고, 언어는 대화로 약화된다. 그러나 이것은 존재와 교감하는 그리스-독일식 시인-사상가의 대화가 아니라, 민주주의 사회 안에서 활동하는 구체적인 인간의 대화이다. 사람들은 자기들 고유의 관점을 제시하고, 서로 상대방으로부터 무언가를 배우리라는 희망을 가지고, 기꺼이 자기들의 전제를 의문에 붙이려고 한다. 태초에 말씀Logos이 있었다. 그러나 결국 말씀은 인간의 대화가 되었다.

로티의 양키식 해석학

한편 미국으로 돌아와서, 헤겔의 절대 정신은 '인류의 대화the conversation

of mankind'가 되느라 바빴다. 이 말은 리처드 로티가 자기의 주저에서 묘사한 표현인데, 나는 로티가 20세기 후반의 가장 흥미 있는 미국 철학자라고 생각한다.[9] 로티는 분석철학이라는 아폴론에게 장난꾸러기 헤르메스 역을 연기한다. 분석철학은 니체, 하이데거, 데리다를, 주술사들이자 위험한 상대주의자들의 부정한 삼위일체로 바라보는 지배적인 영미권 담론이다. 로티는 분석철학의 요새인 프린스턴대학에서 일류 교수로 봉직했었고, 젊은 시절에는 분석철학을 잘 알고 있는 것처럼 보였다. 나는 과거 1970년대에 빌라노바대학에서의 강연을 위해 그를 초청하였는데, 후에 만찬에서 반 농담으로, 그의 형이상학 비판이 내게는 하이데거처럼 들렸다고 논평하였다. 이에 대해 그는 그게 내 입장이라고 대답했다. 우리는 모두 웃었지만, 그러나 그것은, 내가 그 당시 생각했던 것처럼 만찬 때의 정감어린 농담이 아니라 진짜 사실이라는 것이 밝혀졌다. 그것은 분석철학교파 추기경들이 모여 있는 대학에서 — 바티모와 유사하게 로티에게도 상대할 강력한 교회가 있었다 — 그에 대한 반감을 불러일으켰고, 결국 로티는 스탠포드 대학 인문학(주의: 철학과가 아니다) 교수로 이직하였다.

관념들은 자연의 거울이 아니다

로티의 이단적인 주장은 두 가지였다. 그는 대륙철학의 흑마술에 손대고 있었을 뿐만 아니라, 윌리엄 제임스(하버드 학) 그리고 특히 존 듀이(콜롬비아대학)의 저작에서 구현되었던 미국의 실용주의 철학으로 되돌아갔다. 실용주의는 영국(옛 잉글랜드)에서 수입한 분석적 운동에 의해 거의 말살되다시피 했던, 토박이 뉴잉글랜드 미국의 철학적 운동이었다. 듀이와 제임스는 유명한, 영향력 있는 대중 지식인이었지만, 그러나 분석철학자들의 영향 하에 미국 철학은 대중들에게 아무 재미도 없고, 또 전혀 읽을 수도 없는 짧은 논문 식의 전문적인 연구 체제로 오그라들어 있었다.[10]

• •

9. 리처드 로티, 『철학 그리고 자연의 거울』(Princeton: Princeton University Press, 1979).

로티는 허풍떠는high-blown 말에 대해서 마음 속 깊이 의심하였다. 그는 철학사가 좀 더 간단한 설명을 요하는 요란한 어휘들로 가득 차 있다고 생각하였는데, 그는 이를 짐짓 무표정한dead-pan 표정의 유머로, 미국식 영어 표현과 억양을 그대로 써서 표현할 것이었다. 전에 내가 하이데거에 대한 그의 해석을, 간과한 것이 있다고, 존재의 역사에 대해 하이데거가 말한 것을 등한시했다고 비판하였을 때, 로티는 — 보통은 철학자들의 기질상 비판에 대해 그렇게 응수하지 않는데 — 나의 지적에 감사를 표하면서 답변하였다. 그는 그 답변에서 '즐거웠던upbeat' 것(그가 사용했었을 부분)과 하이데거에서 '우울했던downbeat' 것을, 말하자면 그가 사용할 수 없었을 부분인 존재에 관한 요란한 발언들 간의 차이를 지적해주었던 것이다.

로티는 진리 개념이 삶을 위한 유용성으로 대체되어야 한다는 니체의 주장과 미국 실용주의 사이에 어떤 친연성이 있다는 것을 보았다. 실용주의에서 진리 개념은 로티에게 있어서는 성공적인 발화 행위 개념으로 대체된다. 우리는 하나의 믿음이 제 일을 다 해낼 경우에 참이라고 말한다. 그리고 그 믿음을 참이라고 부를 때 우리는 그것에 경의를 표하는 것 외에 어떤 것을 부가하는 것이 아니다. '참'은 남에게 기대지 않고 살아가는 믿음에, 작동하는 믿음에 우리가 듬뿍 보내는 칭찬이지만, '참'은 그 자체로는 아무 일도 않는다. 우리는 성공적인 믿음에 흥분해서도 안 되고, 어떤 것을 객관적으로 참이라고 선언하는 것처럼, 또는 그것이 실재를 재현한다거나 '저 밖'에 있는 것을 거울처럼 반영한다고 주장하는 것처럼, 불필요한 것들uncalled-for things을 말해서도 안 된다. 그 모든 것들은 아무것도 성취하지 못하고 다른 견해를 가진 다른 사람에게 적대감을 일으키거나 할 뿐인, 불필요한 수사적 짐, 잡동사니이다.

● ● ●

10. 최근에 뉴욕 뉴 스쿨로 이주한 영국의 대륙철학자 시몬 크리츨리(Simon Critchley)가
『Stone』을 편집해왔는데, 〈뉴욕 타임즈〉는 철학을 위한 매우 성공적인 대중 포럼이
라고 평하였다. http://www.nytimes.com/column/the-stone을 보라.

무토대주의non-foundationalism

그리하여 로티의 입장은 단호하게 '반본질주의적anti-essentialist' 또는 '반실재론적anti-realist'이다. 로티는 우리의 명사noun가 실제 세계에 있는 본질을 가려낸다고 생각하지 않는다. 그는 이를 완전히 불필요한 과대광고라고 간주한다. 우리의 명사들은 참된 존재의 거울 같은 반영이 아니라 성공적인 명명 행위이다. 사람의 이름을 아는 것이 대화와 상호 작용을 용이하게 하지만, 그 사람의 영혼을 남의 눈에 드러내는 것이 아닌 것처럼 말이다. 한 언명이 하나의 사실을 재현한다고 말하는 것은 그런 믿음을 가지고 있는 것이 효과가 있다work는 것을 의미한다. 로티의 입장은 무토대주의적이다. 즉, 우리의 평범하고, 자연적인 일상생활이 감사하게도 자기들의 일을 처리할 수 있다고 생각하며, 그것은 어떤 선험적이거나 형이상학적인 후원을 받기 위해서 또 어떤 근거에 입각해 있어야 한다고 선언하기 위해서, 하늘에서 온 철학자에 의한 특별한 간섭을 요구하지 않는다. 철학은 특수 분과들 사이에 다툼이 벌어졌을 때 그 분과들이 항소하는 고등법원도 아니다. 일상생활에서처럼 과학에서도 우리는 효과가 있는 것과 어울려 지내야 하고, 효과가 없어지면 수선해야 한다고 로티는 생각한다.

철학은 글쓰기의 한 형태이다

그런데 철학은 그저 글쓰기의 한 형태이다. 철학은 진리에 도달하는 길을, 또 진리를 한갓된 의견에서 분리해내는 길을 제공하는 특별한 방법이 아니다. 많은 철학이 실제로 근무시간 후에 그리고 주말에 우리가 집

안에서 쉬고 있을 때 사적으로 할 것 같은 일을 기술하고 있다. 그럴 때 우리는 자유롭게 우리 자신을 '초라하게 실존하는 개인'이나 '세계-내-존재' 또는 존재의 근거와 접촉하는 것 — 또는 우리에게 사적인 만족감을 주는 것은 무엇이든 다—으로서 재기술해야 한다. 따라서 훌륭한 철학은 이따금 문학과 다른 예술작품들에서 발견된다. 철학자들은 그대로 상상력의 귀재들로, 우리가 살아가는 다양한 길들을 재기술하기 위해서 대단히 창조적인 어휘를 고안해내는 사람들이다. 그것은 종교에도 해당된다. 여기서 유일한 제한은, 우리의 사적인 자아 기술을 어떤 사람에 적용할 규범으로 취급하지 말고, 공적 영역 안에 이런 것들을 들이지 않는 것이다. 대부분의 포스트모더니스트들과는 달리, 로티는 강력하게 (근대적인) 공적/사적 구분을 유지한다. 따라서 좋은 철학은, 철학이 형이상학에서 그러는 것처럼 허세를 부릴 때 철학을 비웃는 데 있다. 이것이 바로 로티가 키르케고르, 니체와 데리다의 짓궂은 기지에 크게 경탄하는 이유인 것이다.

하나의 믿음은 모든 사람이 그것의 성공에 관해 동의할 때인, 합의에 의해 강화된다. 그리고 그것은 합의에 이를 만큼 충분히 공통점을 공유하는 사람들의 사회 내에서, 그리고 왜 어디에서 불일치의 여지가 있는지를 이해하는 사람들의 사회 내에서 수행된 대화를 통해 오게 된다. 따라서 대문자로 된 진리Truth나 객관성Objectivity을 선언하는 대신에, 그 안에서 우리가 공주체적인 합의에 도달하게 될 대화에 대해 말하기로 하자. 그리고 그 이상 문제 삼지 말기로 하자. 바티모처럼 로티도 '타자'라는 개념을 설정하는 짓을 피한다. 이것은 바티모와 로티가 공통적으로, 데리다 및 프랑스 포스트모더니스트들과 불일치하는 것 중의 하나이다. 대신에 가급적 많은 다른 관점들을 포괄하기 위하여 동일자의 사회를 확장시키는 일을 선호한다. 결국 이국적이고 다르게 보이는 것이 같은 것, 우리 모두가 공통적으로 가지고 있는 것의 사회가 된다.

우연성, 아니러니 그리고 연대성

『우연성, 아이러니, 연대』는 로티의 가장 중요한 책 중의 하나인데, 그 제목이 로티의 사상을 아주 잘 압축해놓고 있다.[11] 우리가 가진 믿음들은 특수한 언어를 말하게 만들고, 머릿속의 관념들을 가지게 만들고, 우리가 방문하는 도서관에서 특수한 책을 만나게 해주는, 그런 우연한 출생에 의존한다. 우리 출생과 믿음의 우연성을 인정한다는 것은, 그것들을 우리가 얻었던 도구로 취급하면서도, 어떤 아이러니와 함께, 즉 그것들을 계속 수정할 수 있도록 상당히 망설이고 거리를 둔 채로 그것들을 유지한다는 것을 의미한다. 우리는 연대성을 바라는데, 이 연대성은 우리 모두가 여기서 하나라는 감각을 연마시켜주고, 그에 따라 서로를 연민을 가지고 대해야 한다는 사실을 의미하고 있는 것이다. 연대성과 연민은 신적인 명령이나 순수 이성의 논증에 근거해 있지 않다. 사실상 그런 논증은, 여러분이 동정심을 발휘하기 위해서 그런 논증의 후원이 필요하다 해도 여러분에게 아주 보잘것없이 반영될 것이다. 대신에 설득이라는 공간이 있다. 우리는 잔인성과 무자비함을 나쁘게 보게 만들기 위해서, 그리고 동정심을 좋게 보이게 만들기 위해서, 대화를 사용할 수 있다. 우리가 서로에 대해 좀 더 알았다면, 무엇이 타자에게 동정적인 것이고 잔인한 것인지를 알 수 있었다면, 그리고 서로가 서로에게 배울 수 있다는 것을 알 수 있었다면, 이는 우리 모두에게 이익이 되었을 것이다.

••

11. 리처드 로티, 『우연성, 아이러니, 연대(*Contingency, Irony, and Solidarity*)』(Cambridge: Cambridge University Press, 1989).

바티모와 로티의 공동 연구

믿음들이 우연적이고 아이러니하게 유지되고, 의견의 차이가 폭력이 아니라 대화, 비교, 설득에 의해 타결되는 체제의 수립은 우리가 민주주의를 가지고 의미하는 것에 거의 가깝다. 민주주의는 대문자 단수로 된 영원한 진리Eternal Truth가 아니라, 지금까지 누군가가 제안해왔던 것 중에서 가장 덜 나쁜 신념이다. 로티는 특히 몰락하는 미국의 노동 운동에 우려를 표명했던, 고전적이고 전형적인 미국 자유주의자이다. 2016년 11월, 미국 대통령 선거가 끝나고 2주 후에, 1998년 책에서 표명했던 로티의 말이 인터넷을 강타한다.[12] 그 책에서 로티는, 노동 계급과 너무 정체성 정치학identity politics에만 집착하는 좌파 지성인들 간의 점점 벌어지는 틈에 대해 불평한다. 그리고 그는, 포스트모던 교수들이 자기들의 생활 방식을 꼬집는 데 신물이 난 홀대받은 육체노동자들이 선거로 선출하게 될, 그래서 과거 50년 동안 좌파가 개선해놓은 온갖 것을 원상태로 돌려놓을, 우파 '독재자'의 당선 — 도널드 트럼프의 등장 — 을 예언한다. 그 말은 입소문went viral을 탔고, 결국 그날 저녁에 책이 동이 나고 말았다. 로티가 우연히 가다머와 조우하고,[13] 나중에는 바티모와 만났을 때, 그는 이 분들이 자기와 같은 소리를 낸다는 것에 큰 감명을 받았다. 실용주의자로서 로티가 말했던 것 중 상당 부분이 소위 하이데거와 가다머의 해석학에도 있었고, 소위 하이데거와 데리다의 현전 형이상학의 해체에도 있었다. 로티는 그들의 어휘가 너무나도 이상하지만, 그러나 요점은 아주 한결같다고, 즉 이들은 저마다 믿음들이 성공적인 해석이라고 말하고 있는 것처럼 보인다고 생각하였다. 그로 인해 결국 바티모와 로티는 그들 생애의 후반기에 공동

12. 리처드 로티의 『우리나라를 이뤄가는 것』(Cambridge, MA: Harvard University Press, 1998), 89-90을 보라.
13. 리처드 로티, 「이해될 수 있는 것은 언어이다」, in 『가다머의 영향』, ed. Bruce Krajewski(Berkeley University of California Press, 2004), 21-29쪽.

작업을 하게 되었다. 1989년, 하이데거 탄생 100주년 기념식에서, 허버트 드레퓌스Hubert Dreyfus는 나와 그들을 모두 연사로 초청하였는데, 서로 꼭 붙어서 우리들 어느 누구도 감히 방해하지 못할 대화를 나누고 있는 이 두 분을 본 것을 지금도 나는 기억하고 있다.

이 공동 연구의 결과가 『종교의 미래』라는 작은 책으로 출간되었는데, 거기에서 평생 무신론자이자 세속주의자였던 로티는 종교에 관해 멋진 것을 — 종교라고 할 때에는 바티모가 의미했던 것을 의미한다는 조건 하에 — 말할 만큼 설득을 당했다. 그는 결코 신을 믿는 길로 돌아오지 않았지만, 그러나 무신론은 지지하기에는 너무 지나치게 형이상학적이고 독단적인(강한) 입장이라고 결론을 내렸다. 따라서 로티는 자신을 반교권주의자anticlerical라고 재기술하였다. 반교권주의자란 자기들의 사적인 종교적 믿음을 나머지 우리들을 위해 공공 정책으로 펼치고자 하는 사람들에게 반대하는 자를 말한다. 종교도 본질이 아니라 말뿐인 하나의 어휘이다. 그리고 종교가 바티모가 설명하는 식으로, 즉 동정적인 세속적 제도로 약화된 것으로서 설명된다면, 그것은 민주주의 사회를 위한 유용한 어휘를 제공할 수 있다. 로티는 여전히 계몽주의와 미국 창시자들의 어휘를 선호하지만, 이것은 바티모에게도 맞을 것이다. 왜냐하면 바티모는 그것 또한 기독교의 자손이라고 생각하기 때문이다.

요약하자면, 바티모와 로티에게서 해석학은, 다원주의적인 포스트모던적 삶의 틀이 허용하는 범위 내에서 우리 자신의 두 해석학적 의견을 말하는 동안, 민주주의적인 대화의 정신에서, 주고받기의 정신에서, 우리 자신의 전제들을 의문시하는 정신에서, 대화를 하기 위한, 앉아서 얘기하기 위한, 일을 해결하기 위한 하나의 부름이다.

지금까지 우리는 포스트모던 해석학의 주류를 이루었던 기라성 같은 근본적인 사상가들 중에서 좋은 본보기들을 끌어내 보여주었다. 이제 여기서부터 우리는 현장 작업 중인 현대 해석학을 지켜보면서 더 많이 시간을 보낼 것이다. 바로 포스트모던적 삶의 한가운데에서, 해석의 행위

안에 그것을 잡아놓고 말이다. 아마도 로티는 이렇게 말했을 것 같은데, 해석학은 우리가 성공적으로 세계를 일주하게 해주는 길을 기술한다고 말이다. 따라서 이후의 장들에서, 나는 해석학의 구체적인 활동 모습을 보기 위해서, 여러 가지 성공적인 이야기들, 여러 직업 세계, 여러 가지 삶의 모습들 — 법, 병원, 대학교, 정보 시대, 종교 — 을 뽑아낼 것이다.

제7장

정의의 부름과 법이라는 권총

1989년에 미국의 주도적인 정치학 및 법 이론가이자 여성주의 철학자 중의 한 사람인 드루실라 코넬Drucilla Cornell은 카르도조 법학 대학원에서 학회를 개최하였다. 그때 그녀는 그곳 대학원의 법학 교수였다.[1] 약자로부터 부자를 지키도록 훈련시키는 많은 법학 대학원과는 달리, 카르도조 법학 대학원은 기초적인 법이론을 공부시키는 매혹적인 교육 기관이었고, 재학생들은 상위 1%로부터 약자를 옹호하는 국선 변호인이 될 가능성이 더 많을 것 같았다. 이는 유대인 선지자들이 처음 표명한 근본 사상이었을 것이다.(이익 대 선지자profit versus prophets) 예시바대학교 부속 로스쿨인 카르도조는 뉴욕시 그린위치 빌리지 구역에 있으며, 사회연구 뉴 스쿨New School of Social Research에 인접해 있다. 사회 연구 뉴 스쿨은 과거 1930년대에 나치 독일로부터 날아온 유대인 지식인들이 창립한 학교였다. 뉴 스쿨의 교수들 중에는 한나 아렌트, 테오도르 아도르노 그리고 막스 호르크하이머

· ·

1. 회보는 『해체와 정의의 가능성(*Deconstruction and the Possibility of Justice*)』, ed. Drucilla Cornell et al(New York: Routledge, 1992)이라는 제목으로 출판되었다.

가 있었고, 데리다는 그곳에서 1980년대와 90년대에 방문 교수로 지냈다. 그는 매년 가을 뉴욕에 오는 것을 좋아했으며, 드루실라 코넬은 좋은 친구이자 후원자였다. 코넬이 고지했던 회의의 주제는 '해체와 정의의 가능성'이었다. 오랫동안 데리다는 난해한 텍스트를 놓고 서로 엇갈린 독해 놀이를 즐겼던 문학 이론가이자 미학자로서 — 굳이 말하자면, 매우 부당한 — 평판을 얻어왔다. 현실 세계는 그를 감싼 모든 것을 태워 없애버렸는데도 말이다. 따라서 그런 생각이 카르도조의 교수와 학생 앞에 데리다를 불러 앉히게 했는데, 거기에서 사회 정의의 근거는 모든 사람의 심중에서 가장 중요한 것이었으므로, "해체는 정의와 무슨 관계가 있는가?"라는 질문에 답변을 듣고자 했던 것이다.

새로운 방향들

데리다가 행한 강연은 충격적인 것이었다. 그 강연은 데리다의 생애 마지막 20년 동안 그의 작업이 나아갈 새로운 방향을 가늠하는 하나의 문턱과 같은 성명서였다. 이것은 후기 하이데거의 『휴머니즘에 관한 편지』에서 선언된 그의 후기 작업에서의 근본적인 이동과 전적으로 같은 것임을 내가 말하고 있다고 여러분이 생각한다면, 다시 생각해야 할 것이다. 하이데거와는 정반대로 데리다의 기본 가정은 전혀 변하지 않았다. 데리다의 가장 근본적인 관심은 한편으로는 프로그램화 할 수 있는 것, 예상할 수 있는 효과, 예측할 수 있는 결과와 다른 한편으로는 프로그램화 할 수 없는 것, 예상할 수 없는 것, 주변부, 국외자 간의 구분에 있었다. 전자는 사전에 고정된 매개변수 내에서 우리의 믿음과 실천을 한정하고, 규범화 하고 조정하는 것이고, 후자는 새로운 것, 놀라운 것, 우발적인 것, 우리가 예상할 수 없는 것의 분출을 허용하는 것이었다. 그에게 이 구분은 불변적으로 남아 있었다.

그러나 그 강연은 데리다 쪽에서는 윤리학, 정치학 및 종교와 같은 실천적인 문제에 새로운 강조점을 두겠다는 신호였다. 그것은 데리다가 지적하듯이 그의 전 생애에 걸쳐 관심이 있었던 문제였고, 과거에도 다양한 방식으로 말을 걸었던 문제였다.[2] 우리는 살아 있는 영혼(기독교인)과 죽은 문자(유대인) 간의 고전적인 구분에 데리다가 부여했던 정치적 의미를 보았다. 『그라마톨로지에 대하여』는 그 자체가 루소의 몽상적인 순수한 자연(자연법)과 타락한 문화(실정법) 구분에 대한 하나의 해체이다. 그러나 코넬은 관점을 이동시켰다. 그녀는 "자연이 아니라 정의와 관련하여 법의 해체는 무엇을 의미하는가?"라고 묻고 있었다. 이제부터 데리다는 파리에서의 세미나와 전 세계를 돌아다니며 행할 강연에서 그런 문제들에 좀더 지속적으로 계속 주의해가게 될 것이었다.

해체 불가능한 것이 있는가?

데리다가 정의는 해체 불가능한 것이라고 말했던 — 청중들을 깜짝 놀라게 한 — 곳이 바로 여기 해체 가능한 법을 논의하는 자리에서였다. 우리는 모두 해체 불가능한 것은 없다는 것을 확신하고 있었다. 해체 불가능한 것은 어떤 신이나 영원한 플라톤적인 이데아, 어떤 소멸되지 않는 존재나 실체와 같은 것처럼 보였는데, 그런 것은 데리다의 사상과는 매우 이질적인 것이었을 터이니 말이다. 존재하게 된 것은 무엇이든 그것은 구성되어왔고, 구성되었던 것은 무엇이든 해체될 수 있다. 해체 불가능한 것은 존재하지 않는다. 우리 모두는 고개를 끄덕이며 엄숙하게 동의하였다. 만일 우리가 바티칸 종교 회의장에 있었다면, 우리는 교황이 그런 절대 확실한 가르침을

2. 자크 데리다, 「법의 힘: 권위의 신비적 토대」, trans. Mary Quantaince, in 자크 데리다 『종교 행위(Acts of Religion)』, ed. Gil Anidjar(New York and London: Routledge, 2002), 234–236쪽. 이것은 강의의 개정본이다.

선언하라고 권고했었을 것이다. 우리는 그렇게 확신했었다.

참으로, 해체 불가능한 것은 아무것도 없다. 그러나 — 우리가 예상하지 못한 것, 데리다가 말하리라고 우리가 예상하지 못했던 것이 여기에 있다 — 이는 그것에 아무것도 없다는 것을 의미하지 않는다. 해체 불가능한 것은 존재하지 않는다. 물론 그것은 존재하지 않는다! 그럼 어떻다는 건가? 이 무nothing는 우리에게 무언가를 말하고 있다. 해체 불가능한 것은 힘power, 위세prestige, 실재의 현전presence of reality을 가지지 않는다. 그래서 어쨌다는 건가? 대신에 그것에는 유령의 힘과 같은 약한 효과의 힘이 있다. 스크루지나 햄릿에게 물어보라, 그들의 유령이 전혀 아무것도 아니었다고 생각하는지를. 유령은 해석적 명령의 절묘한 모습이다 — 고압적인 목소리가 있는 것이 아니라, 우리조차도 확신하지 못하는 유령이 저기에 있다 — 수 년 후에 데리다는 『마르크스의 유령Specters of Marx』에서 이를 아주 길게 사용하였다. 이 책은 구소련의 붕괴로 인해 마르크스주의가 완전히 죽었다고 희희낙락해서 선언했던 레이건주의자-대처주의자들을 패러디하기 위해서, 겁주기 위해서 썼던 것이다.[3]

그래서 데리다는 법의 문제를 제기하고, 정의가 해체 불가능한 것의 유령이라고 말함으로써, 진지하고 행동 지향적인 법학 교수와 법학도들의 청중들과, 냉혹한 불의의 현실에 신경을 쓰고 있는 사람들과 이를 가지고 논의했었을 것이다. 정의는 존재하지 않는다. 정의는 항상 오고 있는 중이고, 항상 약속된 것이지만, 결코 다다르지 못한다. 존재하는 것은 법이고, 법을 집행하는 무시무시한 기관의 집합들 — 법원, 경찰, 감옥 — 이다. 이런 현존하는 기관들은 얼마간은 정의롭지만 이는 얼마간은 불의하다는 것을 뜻하기도 한다. 그러나 정의 자체, 그와 같은 정의는, 그런 것이 있다 해도sil y en a — 그러면 어떻게 있을 수 있었을까? — 존재하

· ·

3. 자크 데리다, 『마르크스의 유령: 부채의 국가, 비애의 작업 그리고 신 국제주의』, trans. Peggy Kamuf(New York: Routledge, 1994).

지 않는다. 이것은 으스스한 말이었다.

결코 모습을 보여주지 않는 메시아처럼

정의는 실제로 재판이 이루어지는 법원의 문제가 아니라, 좀 더 실체가 없는 부름의 문제이다. 정의는 행동을 위한 하나의 해석학적 부름이며, 정언명법Categorical Imperative이 아니라, '아마도perhaps'라고 조용하게 속삭이는 것처럼, 좀 더 여린 한숨, 한결 더 부드러운 억양이다. 정의는 왕처럼 고함쳐서 무언가를 요구하는 그리스-독일식 존재의 부름도 아니고, 최고의 존재(신)나 순수 형상(플라톤)도 아니다. 정의는 일종의 아마도-있음 may-being(peut-être)이다. 이것은 아주 희미한 희망처럼, 미래로 열려 있는 약속처럼, 죽은 자에 대한 기억처럼, 밤낮으로 우리를 불안하게 만든다. 현실적인 그리고 때로는 피비린내 나는 법의 폭력에 대해서 데리다는 다가올 정의의 유령으로, 도래할 정의의 약속으로 맞선다.

언젠가 오래전에 데리다가 그의 종교를 '실천'했었던 때가 있었다. 여전히 이 모든 것은, 되돌아와 그를 괴롭히는 그의 유년 시절의 유대교처럼, 하나의 유령이 되돌아온 것revenant처럼, 무덤에서 '되돌아온' 어떤 것처럼, 매우 메시아적인 것처럼 들린다. 그러나 정의는 오고 있으나 결코 그 모습을 보여주지 않는 메시아처럼, 도래하는 것arrivant, 오고 있는 그 무엇이기도 하다. 이것은 유대 전통의 예시바와 뉴 스쿨 친구들에게는 친숙한 소리였겠지만, 청중 중에 좀 더 세속적인 해체주의자들은 자기들 자리에서 꼼지락거리기 시작했다. 전체적인 생각은 너무 신학적이고 너무 플라톤적이고, 너무 관념론적이어서 거의 딴 세상 이야기인 듯했고, 우리가 그에게서 기대했을 만한 얘기는 하나도 없는 것처럼 보였다. 우리는 사태가 어떻게 해체될 수 있는지, 어떻게 우연적인지, 어떻게 개정되고 철폐될 수 있는지를 그가 설명하는 것을 듣는 데 익숙해져 있었다. 우리는 해체에 저항할 수 있는 것에 대해 그가 말하는 것을 전혀 들어본 적이 없었다. 데리다는 만년에 데리다 판 절대적 진리에 무릎을 꿇고 만 것이었을까?

유령론적 해석학

일전에 나는 한 작은 대학의 연수회에 초청되어 교수진에게 해체를 소개한 적이 있었다. 강연 서두에서 내가 데리다의 이 강연이 아주 명쾌해서 전부터 당신들과 함께 읽기로 결정했다고 말했을 때, 즉시 온 방안에 폭소가 터졌다. 그들은 분명히 데리다의 아방가르드적인 스타일이 굉장히 매력적이라는 것을 알지 못하고 있었다. 아마도 나는 데리다의 그 강연에 데리다의 최고의 대사best line가 몇 가지 들어 있다고 말하는 편이 더 좋았을 것이다. 어쨌든, 그 강연의 획기적인 사상인, 해체 불가능한 것은 곧바로, 데리다의 작업 어디에서든 발견되는 것으로, 그가 하는 일을 적시하는 가장 요긴한 표현 — 일종의 해체적 또는 포스트모던적 해석학 — 을 낳는다.

그러나 여기서 이것은 유령의 활동으로, 유령론적 해석학으로, 밤에 유령처럼 우리를 방문하는 명령으로서 기술된다. 그러면 유령과 이야기를 나누는 것보다 더 나은 해석적 기술이 있을 수 있는가, 유령과 이야기를 나누는 것만큼보다 우리의 판별력에 무엇이 더 요구될 것인가? 유령이라는 희미한 실체와 대화를 나누는 것보다 더 기술subtilitas을 요구하는 것이 어디 있는가? 선친의 유령이 요구하고 있는 것을 가려내려고 할 때 햄릿은 얼마나 많은 애를 먹었는가? 비실재적인 것이 암시하는 것을 알아내기 위해 실재하는 것의 행간을 읽어내기란 여간 어려운 일이 아닌가? 그런 의미에서 해석학은 항상 그리고 필연적으로 유령론적이지, 결코 존재론적이지 않다. 그것은 항상 귀에 들리는 유령이다. 반면 존재론자들, 존재논리학자ontologician들은 실재적인 것의 안정적인 본질을 탐구하는 것으로 만족한다.

　이제 다 까놓고 말하자면, 데리다의 강연에는 정말이지 단 한 번도 '해석학'이라는 말이 나오고 있지 않다. 그럼 어쩌라고? 우리는 작가의 의도에 구속되어서는 안 된다. 그리고 우리는 방금, 어떤 것이 존재하지 않는다는 사실이 그것의 초현실성hyper-reality을 은근히 암시해서 드러내주기도 한다는 점도 보았다. 그 말은 나타나지 않지만, 강의 전반에 해석학적인 망령apparition이 들러붙어 있다. 그것이 바로, 숨겨져 있는 것을 파내면서, 애매한 것을 밝혀주면서, 암시적인 것을 해명하면서, 그때까지 그저 기술되었던 것을 해석하면서, 해석학이 하는 일인 것이다.

정의는 불가능한 (것)이다

　하지만 데리다는 '해석'이라는 낱말을 여러 번 언급한다. 문제는 정의에 비추어서 또는 정의의 부름 하에서 어떻게 법을 해석할 것인가 하는 점이다. 데리다는 결코 해석학을 실천하는 일을 그친 적이 없다. 그리고 이하에서 우리가 검토할 것인데, 이 강연에서 그가 법의 '아포리아'라고 부른 것을 말할 때보다 더 분명하게 그 실천이 이루어진 적은 없다. 아포리아는 문자 그대로 '갈 길 없음a+paras' — 입구도, 출구도, 앞으로 갈 길도, 뒤로 갈 길도 없음 — 을 의미한다. 아포리아는 데리다에게 아주 절묘한 모델을, 그리고 "가기 불가능한 곳으로 가라!"고 하는 매우 재미있는 역설적 명령 또는 이중적 속박double bind을 제공한다. 법의 실행을 가능하게 하는 것은 그것이 불가능하다는 데 있다.

　틀림없이 법률가들은 이런 말에서 거의 위안을 받지 못할 것이다. 그러나 이 남자는 너무 유명했으므로 그들은 그의 말을 끝까지 들어주었다. 대체적인 취지는 이런 것이다. 활동을 — 행동하거나 생각하거나 만들거나 상상하거나 이론을 실천하거나 실행하기 — 불가능하게 만드는 조건이 바로 실제로 그런 활동을 가능하게 만든다는 것, 우리가 예술이나 과학이나 일상생활에서 최선으로 활동하는 것을 가능하게 만든다는 것이다. 그런 조건이 없는 것이 바로 차바퀴나 배의 노에 충돌 방지 시스템을 장착해서 자동 운전하고, 자동 항해하는 것이다. 불가능성의 가능성이 없는 것은 안전제일 해석학의 재료인 일종의 상투적인 가능성에, 일종의 해체의 아류인 미지근한 무알콜성 해체에 해당하는 것이다. 그것은 우편물을 전달하는 헤르메스의 안전한 면에만 매달리고 장난꾸러기 짓에서 달아나는 것이다. 따라서 드루실라 코넬이 데리다에게 정의의 가능성에 대해 묻는다면, 데리다는 정의는 바로 정의의 상황이 불가능할 때 가능하다고 대답할 것이다.

해석에 활력을 불어넣는 것은, 해석학적 중재를 촉발시키는 것은 해체 불가능성인데, 그것은 불가능한 것이다.[4]

해석학적 상황에 가장 강렬하게 긴장을 불어 넣는 것은 이 불가능성이다. 전형적인 해석학적 상황은 우리 안에 있는 이중적 속박이다. 우리의 궁극적인 가능성posse과 힘potens은 불가능한 상황 속에 있는 존재의 한 기능이다.

사람들은 이 모든 것이 아무 성과도 내지 못한다고 반대할 수도 있을 것이다. 지금까지 그것은 다음과 같은 소리인 것처럼 들린다.

법률가: 좀 현실적이면 좋겠습니다.

데리다: 지금 제가 하고 있는 일이 그렇습니다.

법률가: 현실 세계로 내려와서, 학교 문을 나가서 불의에 적용시킬 때, 이런 것이 다 어떤 차이를 일으키나요?

데리다: 모든 것에 다 일으킵니다.

법률가: 그러면 무얼 해야 합니까?

데리다: 불가능한 것을 하십시오.

· ·

4. 데리다, 「법의 힘」 in 『종교 행위』, 243쪽.

그러니, 할 일이 더 남아 있다. 법률가들은 웃는 낯을 보이지 않는다.

아브라함과 이삭: 역설인가 범례인가?

상황을 더 악화시킬 위험을 무릅쓰고 데리다는 불가능한 일을 하는 하나의 유명한 예를 소개한다. 신이 아브라함에게 아들 이삭을 제물로 바치라는 명령이 그것이다. 아브라함은 신의 명령과 사랑하는 아들 이삭을 두고 불가능한 선택을 해야 한다. 서양 종교의 기본적인 이야기 중의 하나인 이 이야기에서 '이삭의 결박'(창세기 22:1-19)에는 이중적인 속박이 있다. 이 이야기는 키르케고르의 신앙의 도약이라는 사상의 한 범례였으며, 키르케고르의 해석을 통해서 현대 유럽 대륙 사상에 전달되었다.[5] (엠마누엘 레비나스와 같은 유대계 사상가는 거의 완전히 키르케고르의 해석과는 상반되는 다른 해석을 내린다.) 아브라함은 매우 예리한 칼날을 가지고 실존적 결단decision을 내려야 할 처지에 있었다. 이 결단이라는 말은 문자 그대로 다른 대안을 '잘라낸다cut off' — 라틴어 de+cidere에서 유래하는 — 는 것을 의미한다. 아브라함이 자기의 결정을 실행하려고 했을 때, 하느님의 천사가 와서 그를 중지시켰다. (천사는 그 당시에 지고의 신이 이용할 수 있는 최신식 순간 속달 시스템이다.)

그러나 법을 이해하는 한 모델로서의 일단의 법률가들에게, 특히 강자에 맞서 약자의 변호에 전념하겠다는 사람들에게, 이런 이야기를 꺼내는 것은 지극히 무분별한 것처럼 보인다. 귀에 들리는 목소리였던 소통 불능의 아버지가 순진무구한 어린아이를 희생시킨다니? 비록 그가 실제로 그런

● ●

5. 쇠렌 키르케고르의 『공포와 전율』 in 『키르케고르 전집, VI, 공포와 전율/반복』, trans. and ed. Howard and Edna Hong(Princeton University Press, 1983)을 보라.

일을 관철하지는 않았을지라도, 그 남자는 — 물론 그가 제 정신이 아니지 않는 한non composmentis — 확실히 살인미수죄에 해당되거나 또는 적어도 무모한 중죄에 해당한다고 법률가들은 다들 생각할 것이다. 아브라함은 미쳤는가? 신앙의 기사가 아니라 순수 이성의 기사였던 칸트는 아브라함이 율법을 어기려고 산을 기어오르기 전에 몇 가지 질문을 더 했어야 했을 것이라고 결론지었다.

따라서 여기서 우리는 창세기 22장의 목소리에 대한 아브라함의 해석(에 대한 루터의 해석)을 키르케고르가 해석한 것을 다시 데리다가 해석한 것을 해석하고 있다. 중층적인multistrata 해석학적 복합건물이 네 층씩이나 높이 포개져 있다. 이것이 바로 가다머가 '영향사'라고 부른 것인데, 우리는 이처럼 우리 자신도 그 일부인 긴 역사의 렌즈를 통해 어떤 것을 보고 있는 것이다. 여기에다 성서사가들은 한 번 더 또 다른 지층을 쌓아올린다. 이런 일화가 일어나기는 했는가? 아니면 한 편의 종교 문학적 상상인가? 아브라함은 실존 인물이 아니었다고 상상하면 어떨까? 그러면 어때서? 많은 것들이 존재하지 않는다. 하지만 그것은 그것들에 아무것도 없다는 것을 의미하지는 않는다.

왜 아브라함은 신에 대한 순수한 의무와 아들에 대한 사랑을 놓고 선택해야 했던가? 또는 왜 아브라함은 신에 대한 사랑과 아들에 대한 사랑 사이에서, 또는 신에 대한 사랑과 아들에 대한 의무 사이에서, 또는 신에 대한 의무와 아들에 대한 의무 사이에서 선택해야 했던가? 왜 우리는 의무와 사랑 간의 차이를, 명령과 사랑 간의 차이를 해석해야 하는가? 사랑이 명령일 수 있는가?

역설은 하나의 범례이다

데리다에게 이 유명한 키르케고르적 역설은 실질적인 결정을 가능하게 해주는 것의 한 범례이다. 이것은 상품에 적혀 있는 사용설명서를 그저 따르는 것과는 정반대되는 것이다. 데리다에 따르면 그것이 정확히 법이 우리에게 부과하는 문제이다. 이것이 예외적인 상황이고 예외는 나쁜 법을 조장한다고 법률가들이 생각할 것이겠으나, 데리다는 그것이 바로 정의가 이루어지게 되는 보편적인 조건이라고 생각한다. 첫째, 자기 자식의 경우는 그 곱절로 금지해야 할 것인데, 살인을 금지하는 법처럼, 하나의 법이 있고, 그런 뒤에 법의 느슨함slack이 있다. — 어떤 이가 예컨대 신이 법에 개입해서 유보시킨다고 가정해볼까? 그럼, 그 다음엔? 그래서 데리다는 신, 아브라함 그리고 이삭을 세 명의 가주어place-holder로서 해석한다. 이삭은 "그대는 살인하지 말지어다."와 같은 역할을 하는 보편법이다. 신은 예외적인 상황을 뜻하는 법의 느슨함이다. 법은 결코 모든 상황에 꼭 들어맞지는 않기 때문이다. 그리고 아브라함은 매우 어려운 입장에 서 있는 우리를 뜻하는데, 결단하도록 신 앞으로in the accusative 불려온다. 정의는 마치 목을 옭죄는 것처럼 느껴지는 삼각 측량 속에서 발생한다. 정의는 법의 느슨함에서 생겨난다. 그리고 그런 느슨함을 처리하기 위해, 법이 남겨 놓은 빈자리를 차지하기 위해 해석이 요청된다. 정의의 빛은 법의 갈라진 틈을 파고든다. 법은 결코 꼭 들어맞은 적이 없거나 아주 느슨하게만 들어맞거나, 또는 때로는 전혀 들어맞지 않기 때문이다. 인생은 법 안에서 영위되는 것이 아니라 느슨함 속에서 영위된다. 가다머와 데리다 간의 차이가 무엇이든지 간에, 이 두 사람이 지금 이 책의 이런 페이지들에서 말했던 것보다 더 가까운 적은 결코 없었다.

해체는 정의이다

그러나 법률가들은 팔짱을 끼고 이맛살을 찌푸린 채 여전히 납득하지 못하고 있다. 그들의 불안을 달래주어야 할 것이다. 데리다는 반쯤만

농담으로 마치 자기가 매복 공격당했던 것처럼, 이것이 심문, 고문이었던 것처럼 말을 시작한다.[6] 물론 그런 것은 아니었다. 그는 친구들과 숭배자들 가운데 있었으며, 코넬은 부당한 비난을 반박하기 위한 토론회를 그를 위해 마련하려고 했었다. 그러나 여전히 문제 자체가 개인적인 이의제기를 불러 일으켰다. 마치 그것은 코넬이 (만일 여러분이 코넬을 전에 만났더라면 믿을 수 있는) 질문했던 것과 같은 것이었는데, 회의 섞인 또는 심지어 빈정거리는 어조로, 도대체 해체가 정의와 관계될 수 있는 겁니까? 라는 것이었다. 이 세상에 그처럼 많은 폭력과 고통과 불의가 있는데도, 법의 해체를 이야기하는 것은 무책임한 일이 아닌가?

데리다의 답변은 충격적이었다. 해체는 정의이다라고 데리다는 말했다. 프랑스어로 이것은 하나의 말장난이었다. 프랑스어 est에, 이다와 et에, 그리고는 동음이의어이다. 그래서 데리다는 학회의 주제를 해체와 정의déconstruction et justice로 정하고는 해체는 정의이다déconstruction est justice라고 읽게 만들었다. 이것은 언어도단이었고, 데리다도 그것을 알고 있었다. 데리다가 말했듯이, 그것은 "앞에서 단호하게 해체에 대해 적대감을 표시한 사람들에게, 또는 해체라는 이름을 놓고 자기들이 상상했던 것에 적대감을 표시한 사람들에게" — 그들은 해체가 정의가 아니라 난장판anarchy이라고 생각한다 — 충격일 뿐만 아니라, "해체의 신봉자 또는 전문가로 통하거나 자처하는 사람들까지도" 충격에 빠트렸다.[7] 후자에게 이것은 너무너무 플라톤의 『국가』처럼 하늘로 치솟는 관념론처럼 들렸으며, 또는 나쁘게 말하자면 심지어 노골적으로 종교에 빠지는 것처럼 들렸다. 그들은 어떻게 생각해야 할지를 몰랐다. 그들이 알았던 데리다는 이런 식으로 말하지 않았던 것이다.

● ●

6. 데리다, 「법의 힘」 in 『종교 행위』, 231쪽.
7. 데리다, 「법의 힘」 in 『종교 행위』, 249쪽.

마땅히 해야 함^{should} 대 억지로 해야 함^{Must}

데리다의 직접적인 출발점은 『팡세』에 나오는 파스칼의 말이다.

> 정의, 힘-정당한 것이 지속되는 것은 정당하며, 가장 강한 것이
> 지속되는 것은 필연적이다.[8]

우리는 마땅히 정당해야 한다^{should}. 우리는 마땅히 옳은 것^{juste}을 해야
한다. 그러나 우리는 우리보다 더 강한 것을 억지로 해야만^{must} 한다. 우리는
우리보다 더 강한 것을 어쩔 수 없이 하지 않을 수 없다. 자체만을 놓고
생각해볼 때, 정의와 힘은 두 개의 다른 질서에 속한다. 법은 힘의 질서에
속한다. 법은 처벌의 협박 하에 우리에게 강제된다. 법은 경찰, 총, 법정,
감옥, 처형실을 가지고 있다. 그것이 정당하든 않든 말이다. 그러나 그런
것들을 전혀 가지지 않는, 하나의 호소일 뿐인 정의는 다른 질서에 속한다.
물론 우리는 정의와 법이 함께 결합되어 있기를 원한다. 왜냐하면 정의
없는 법은 전제적이고, 힘없는 정의는 무능하기 때문이다. 정의는 하나의
호소이다. 그러나 법에는 강제력이 있다. 그래서 파스칼은 이렇게 결론짓는
다. "그래서 정당한 것을 강하게 만들 수 없기 때문에, 우리는 강한 것을
정당하게 만들어야 한다." 우리는 정의를 강하게 만들 수 없다. 정의는
하나의 존재가 아니라 호소이고, 억지로 해야만 하는 것^{must}이 아니라 마땅히
해야만 하는 것^{should}이고, 하나의 있는 것$^{an\ is}$이 아니라 마땅히 있어야
하는 것$^{ought-to-be}$이기 때문이다. 정의는 질량과 무게를 가진 사물이 아니라
양심의 소리처럼, 하나의 요청, 하나의 간청이다. 그것은 마치 유령과 같다.
따라서 유일한 대안은 실재하는 것, 법을 지탱하는 강한 것을 정당하게

---

8. 데리다, 「법의 힘」 in 『종교 행위』, 238-239쪽.

만드는 것이고, 그것을 유지하고 집행하는 모든 제도적 장치를 정당하게 만드는 것이다. 우리는 정의를, 우리에게 옳은 일을 시키게끔 하는 것으로 만들 수 없을 때조차도, 법을 정당한 것으로 만들 수 있다.

신비적 권위

법은 하나의 역사적 구성물이므로, 정당할 수도 정당하지 않을 수도 있을 것이다. 사실상, 대부분 법의 힘은 그것이 구성되어 왔다는 사실의 결과이다. 법은 그것이 존재하기 때문에, 그것이 어쩌다 법이 되었기 때문에, 그리고 우리가 기억할 수 있는 한 있어왔기 때문에, 다시 말해서 관습 때문에 힘을 가진다. 법의 힘은 관습의 힘이다. 관습은 법에 소위 파스칼의(몽테뉴를 따르면서) '신비적 권위'라는 것을 부여한다. 여기서 '신비적'이라는 말은 '마술적인'과 같은 것을 의미한다. 이는 마치 절벽을 벗어나 걷다가 밑을 내려다보고는 아무것도 받쳐주는 것이 없다는 사실을 알아채기 전까지는 떨어지지 않는 만화의 인물과 같이 마술적인 것이다. 법은 그와 같은 것일 수 있다. 법은 우리가 밑을 내려다보지 않는 한, 그리고 무엇이 받쳐주고 있는지를 묻지 않는 한, 그대로 유지되는데, 이는 그것이 법이고 지금까지 법이었다는 사실에 지나지 않는 것이다. 법의 기원은 누군가가 기회를 잡아 권위를 주장하고 다른 사람들이 따를 때, 그때에는 정당할지도 모른다. 처음에는 누군가가 이것이 법이라고 선언한다. (또는: 우리는 과거 옛 잉글랜드의 미친 왕에게서 독립한다.) 법의 기원, 제도화, 설립 계기는 정의상 합법과 불법의 대립을 넘어서 있다. 법을 창설하는 행위에는 미리 존재해서 준수하거나 어길 아무런 법도 없었기 때문이다. (그런데 그런 사람이 하나 있다면, 율법의 제정 이전부터 살았던 아브라함일 것이다.) 법의 기원은 하나의 '해석적 폭력',[9] 즉 실질적인 폭력을 획득하는 해석학적 폭력인데, 여기서 법은 법으로서 선언된다. 우리는 권위를 가진 법을 신뢰한다. 이는 우리가 그것의 가치를 보증해주는 금이나 은 없이도 돈을 신뢰하는 것과 같다. 법의 힘은 돈의 가치처럼, 그 유통을 신뢰하는 것처럼, 그것의 가치를 받아들이겠다는, 그것의 가치를 '믿겠다credere'는 공동의 합의에 의해 지탱된다. 그 무슨 이유든 간에, 사람들이 모두 유통 가치를, 또는 한 나라의 법을 그만 믿는다면 어떻게 될 것인가?

정의의 해체 불가능성

이제 데리다의 핵심적인 주장을 보기로 하자. 법은 구성되어 왔고, 역사적으로 설립되어 제도화되어 왔던 것인 한, 항상 그리고 원리적으로 해체될 수 있다. 그러나 이것은 나쁜 소식이 아니다. 왜냐하면 그것이 바로 법 개정의 근거이기 때문이다. 구성될 수 있었던 것은 그 무엇이든 해체될 수 있고, 재구성될 수 있다. 하지만 이것은 '정의 자체'에 대해서는 해당되지 않는다. 우리는 어떠한 법도 정의가 요구하는 것에 책임을 지지 않는다 할지라도, 정당한 법을 요구하는 정의의 이름으로 법을 해체한다. 법의 해체 가능성과 정의의 해체 불가능성은 해체를 이루어내기 위해서 서로 손을 잡고 함께 간다.

> 해체 가능성을 보증해주는 것은 법의 이런 해체 가능한 구조, 또는 여러분이 선호하는 표현을 쓰자면 법으로서의 정의의 이런 해체 가능한 구조이다. 법 바깥에 또는 법 너머에 있는 정의 자체는, 그런 것이 현존한다면, 해체 불가능하다…. 해체는 정의이다.[10]

• •

9. 데리다, 「법의 힘」 in 『종교 행위』, 241쪽.
10. 데리다, 「법의 힘」 in 『종교 행위』, 243쪽.

정의의 명령이 법에 압력을 가하고, 그것의 결과는 중대하다.

해체는 정의의 해체 불가능성과 법의 해체 가능성을 분리시키는 간극에서 발생한다. 해체는 불가능성의 경험으로서 가능하며, 이러한 경험이 현존하지 않더라도, 이러한 경험이 현전하지 않더라도, 아직 또는 결코 현전하지 않더라도, 거기에 정의는 존재한다il y a.[11]

해체는 이 둘 간의 느슨함에서, 거리에서 발생한다. 과연 우리는 이 둘 간의 거리에서 일상 삶을 영위한다. 우리는 우리가 꿈꾸는 불가능한 것에 비추어서 가능한 것을 한다. 우리는 어떠한 법도 정의가 이루어지리라는 것을 보증할 수 없다는 것을 정의의 밝은 빛이 분명히 해줄 때조차도 정의의 빛 안에서 법을 구성하려 한다. 정의 자체는, 만일 그런 것이 있다면 ─ 그리고 있지 않은데 ─ 소환되는 것이다. 법의 해체 가능성은 역사적으로 구성된다는 점에서 아래로부터 일어나며, 현존하지는 않지만 항상 소환되고 있는, 항상 도래하고 있는 정의의 끊임없는 압박에 따른다는 점에서 위로부터도 일어난다. 정의는 현존하지 않지만 정의는 '있다il y a'. 정의는 있는 것 또는 현존하는 것으로서가 아니라 하나의 부름으로서 발생한다.

불가능한 것의 경험

따라서 우리는 아래의 것을 그 경험의 한 일반적 특징으로 삼을 수도 있을 것이다.

● ●
11. 데리다, 「법의 힘」 in 『종교 행위』, 243쪽.

(1) 구성이 있을 때나 있는 곳에서는 언제 어디서나 ― 그리고 있지 않은 때가 있었던가? ― 해체 가능성이 있다.

(2) 그리고 해체 가능성이 있을 때는 언제나 ― 그리고 있지 않은 때가 있었던가? ― 그것은 해체 불가능한 것, 알맞은 때에 소환되고 있는 것 덕분이다.

해체 가능한 것과 해체 불가능한 것은 함께 간다. 따라서 정의의 요구는 경험의, 진정한 경험의 일반적 특징을 드러내 보인다고 데리다는 생각한다. 삶의 다중적 가능성은 ― 불가능한 것에 대한 ― 욕망과 꿈, 요구로 얽혀 있다. 삶에서 중요한 것은 모두 불가능한 것의 가능성, 역설적인 '불가능한 것의 경험'에 의존한다. 한편으로, 무언가를 경험한다는 것은 다른 나라의 도시에서 휴가를 즐기는 것처럼, 그것을 횡단하는 것, 가로지르는 것이다. 다른 한편, 불가능한 것은 바로 우리가 횡단할 수 없는 것이다. 하지만 우리는 가로질러야 한다. 정의가 그것을 요구하기 때문이다. "정의는 불가능한 것의 경험이다. 정의를 향한 의지, 욕망, 요구의 경험이다."[12] 그리고 항상 도래하고 있지만 결코 도달하지 못하는 불가능한 것으로서의 정의와 더불어, 따라서 어떤 X와 더불어, 예술작품이나 과학 활동, 윤리학이나 종교, 우리가 겪는 경험이 무엇이든 그런 것들이 있는 것이다.

계산 불가능함, 프로그램화 할 수 없음

나아가 정의는 계산 불가능한 명령이지만 법은 계산의 질서에 속한다. 이것은 법이 소송을 진행시키려고 만든 기계 ― 법은 하나의 프로그램과

━ ━ ━

12. 데리다, 「법의 힘」 in 『종교 행위』, 244쪽.

같다 ─ 와 같은 것이라는 점을 의미한다. 그러나 정의는 유일한 상황의 특유성과 특색에 무한히 민감해지지 않으면 안 된다. 즉, 정의는 소송에 앞서 사건의 특유성을 올바르게 건드리는 적용의 기술subtilitas applicandi을 통해 추구되어야 한다. 따라서 "정의는 우리가 계산 불가능한 것과 더불어 계산해야 할 것을 요구한다."[13] 이는 "정당함과 정당하지 않음 간의 결정이 결코 규칙으로는 보장되지 않는다"는 것을 의미한다. 그 반대의 것이 소송일 것이다. 미국에서 대기업들은 자기들의 이익에 유리하게 조세법과 재정법을 제정하도록 입법자들에게 영향력을 행사하였고, 그 결과 수백만 명의 중산층과 서민들이 공정한 부의 분배에서 배제되고 만 지극히 불공정한 결과가 초래되었다. 그러나 그것은 완전히 합법적이다.

『그라마톨로지에 대하여』의 언어로 말하자면, 언어의 프로그래밍에(구조주의) 지나지 않는 것과 같은, 정의의 프로그래밍이란 없다. 언어처럼 정의는 폐쇄되고, 계산 가능하고, 프로그램화 할 수 있는 체계가 아니라, 하나의 개방적인 부름이다. 그러나 (언어에 지나지 않는) 정의는 무정부적인, 도덕률을 폐기하는, 법을 무시하는 반체제인 것도 아니다. 발화 행위speech act와 같은 정당한 행위는 계산 가능한 것과 계산 불가능한 것 사이의 거리에서 발생한다. 그것은 결코 랍비적인 것과 시인적인 것, 후설적인 것과 조이스적인 것, 재생산적인 것과 생산적인 것 사이를 선택하는 문제가 아니라, 그것들 사이의 공간에서 거주하는 문제이다. 모든 것은 해석에 대한 두 해석 사이의 간극에서 발생한다.

책임 회피

이제 해체의 적들은 이 모든 것이 책임을 회피하려는 궤변적인 시도라고

● ●

13. 데리다, 「법의 힘」 in 『종교 행위』, 244쪽.

생각한다. 규칙들은 느슨하니까 사정을 봐가면서 일을 해석학적으로 전부 처리해야 한다고 말하는 것보다 더 책임을 회피하기 좋은 길이 어디 있을까? 그러나 사실은 그 반대의 것이 소송이다. "규칙을 따르고 있을 뿐인데요?" "여기서 일하고 있을 뿐입니다. 나는 규칙을 정하지 않았어요." 라고 말하는 것보다 더 책임을 잘 회피하는 것이 어디 있는가. 그런 변명은 설득력이 없고 심지어 뉘른베르크 재판에서 반복적으로 들먹여왔던 치명적인 변명이다. 우리는 그저 하나의 법에다 책임을 미룰 수 없다고 데리다는 말한다. 우리는 우리의 책임을 책임지는 것으로, 법에 대한 책임을 떠맡아야 한다. 우리가 탁자를 내리치면서 "이것이 법이다."라고 말할 때, 우리는 우리의 해석 안에서 탁자를 내리치고 있다는 점을 고백해야 한다. 그러나 우리는 우리의 해석에 대해 책임을 져야 한다. 정의는 그것을 요구한다. 정의는 법이 어디에서 왔으며, 어떤 근거 위에 서 있는지를 우리가 물을 것을 요구한다. 왜냐하면 우리는 법이 해체 가능하다는 것을 알기 ─ 그리고 정의는 우리가 알 것을 요구한다 ─ 때문이다. 이것은 법이 어디에서 왔으며, 어떤 상황에서 제정되었으며, 어떻게 변화되어 왔는지 하는, 법의 역사에 대한 지식을 요구한다. 그것은 책임을 약화시키는 것이 아니라 오히려 강화한다.[14]

세 가지 아포리아

그리하여 데리다는 그토록 긴 우회로를 돌아온 후, 이제 곧바로 '조금도 돌아가지 않고'[15] ─ 그때까지 데리다는 한 시간 가량 이야기를 했었다 ─ 세 가지 아포리아(난제들, 이중적 속박들)에 대해 이야기해보자고

. . .

14. 데리다, 「법의 힘」 in 『종교 행위』, 247-248쪽.
15. 데리다, 「법의 힘」 in 『종교 행위』, 249쪽.

말한다. 이것들은 사실상 정의의 계산 불/가능성이라는, 동일한 아포리아의 세 형태들이다.

데리다는 한 번 더 익살을 부리는데, 이번에는 자못 진지하다. 데리다는 그가 말하고 있는 것 — 즉, 정의는 단순히 그리고 직접적으로 이야기될 수 없다는 것, 정의는 규칙을 따르는 것만큼 단순하지가 않아서 판별하기 어렵다는 것 — 을 여기서 행하고 있다. (이하의 세 아포리아는 데리다가 아니라면 가다머가 썼을 수도 있었을 것이다. 그만큼 이 두 사람은 여기서 가깝다.)

1. 규칙의 판단 중지

법은 정의가 아니라 적법성만을 지키기 때문에, 판사와 배심원단은 기술subtilitas을 필요로 한다. 그들은 법을 그냥 서투르게 소송에 적용시켜서는 안 된다. 사실 그들은 마치 법이 있지 않은 것처럼 행동하면서, 법의 적용을 유보하면서 — 신규의 판결을 내릴 만큼 충분히 오랫동안 — 그것을 하나의 소송으로서가 아니라, 보편적인 것의 한 예로서가 아니라, 고유하고 유일한 사건으로서 다루지 않으면 안 된다.

> 소송은 제각기 다 다르고, 결정은 저마다 차이가 나며 절대적으로 특유한 해석을 필요로 한다.[16]

법 적용을 유예하는 것은, 이 상황을 보편자 밑의 특수자로서가 아니라, 유일한 것으로서 볼 수 있도록 법을 가사 상태suspended animation로 유지하고 일시 정지 상태로 남겨 놓는 것이다.

그런데 아포리아는 그 상황을 규칙에 따라 처리하기도 하고 규칙 없이 처리하기도 한다는 데 있다. 판사와 배심원단은 규칙을 폐지하지 못한다.

● ●

16. 데리다, 「법의 힘」 in 『종교 행위』, 252쪽.

하지만 그들은 문자 그대로나 일의적으로 규칙을 되풀이하는 것에 구애받지 않는다. 만일 그랬더라면, 우리는 그들을 필요로 하지 않을 것이다. 우리가 필요로 하는 것은 키오스크뿐일 것이고, 변호사는 공항에서 자기들의 탑승권을 얻는 여행객처럼 적절한 자료를 입력할 수 있었을 것이고, 컴퓨터 프로그램이 소송을 맡게 했을 것이다. 우리는 결코 하나의 법이 정당하다고 말할 수 없으며, 한 개인이 정당하다고는 더더욱 말할 수 없다. 왜냐하면 정의는 언제나 유일한 상황이 늘 변화하고 변동하는 환경에서 발생하기 때문이다. 기껏해야 우리는 기존의 법에서 정의가 실현되었으니 다시 — 우리가 예상할 수 없는 다음 경우에도 — 그랬으면 좋겠다고 희망할 뿐이다. (데리다가 미국 법률가들에게 이야기하고 있지만, 그는 나폴레옹 법전이 시행되고 있는 프랑스에서 왔다. 프랑스에서는 판례 규정이 전혀 없고, 판사에게 상당한 재량권이 있다.)

2. 결정 불가능한 것의 유령

결정은 상충하는 요구들(이중적 속박) 사이를 왔다 갔다 하는 불가능한 상황에서 이루어진다. 이것은 "규칙을 배우고 읽고 이해하고 해석하는 것과 마찬가지"[17]이다. 결정 불가능성은 두 규칙 사이에서의 동요 — 신의 규칙(네 맏아들을 희생물로 바쳐라) 대 법의 규칙(살인 금지) — 를 의미한다. 아니 더 좋은 비교로는, 계산 가능한 규칙(법)과 법 자체를 초과하는 계산 불가능한 정의의 요구 사이에서의 동요를 의미한다. 모든 정당한 결정은 이런 시련(ordeal)을 통과하지 않으면 안 된다. 이 말은 신이 아브라함을 순종시키기 위한 시험을 기술하기 위해 키르케고르가 사용했던 표현이다. 이보다 덜한 결정은 자유로운 결정이 아닐 것이라고 데리다는 말한다. "그것은 프로그램화 할 수 있는 적용이거나 계산 가능한 과정의 연속적 전개일 뿐이다. 이는 적법할지는 모르겠지만 정당하지는 않을 것이다."

• •

17. 데리다, 「법의 힘」 in 『종교 행위』, 252쪽.

그러나 시련은 결코 완전히 끝나지 않는다. 심지어 결정이 내려진 후에도, 우리는 그것이 정당했는지를 확신하지 못한다. 시간이 말해줄 것이다. 시간이 지나고 나서 우리는 그때의 결정을 후회할 수도 있다. 좋은 법도 시간이 지나면 변질될 수 있다. 심지어는 괴물 같은 것이 될 수 있다. 하나의 결정에는 항상, 전에도, 지금도, 앞으로도 결정 불가능성이라는 유령이 들러붙어 있다. 그런 유령은 결코 쫓아낼 수 없다. 그것은 유령처럼 항상 되돌아온다.[18]

정의의 이념은 '무한하다'고 데리다는 말을 덧붙인다. 이것은 신을 가리키는 것이 아니라, 결코 충족되지 않는 정의의 끊임없는 요구를 가리킨다. 내가 배고픈 이들을 모두 먹일 수 없는 것처럼, 내게 요구해온 모든 것을 들어주지 못한다는 점에서, 나는 항상 부분적으로 유죄인 자이다.[19]

3. 긴급성

만일 우리가 미래는 항상 열려 있고, 정의는 항상 도래하고 있고, 항상 연기된다고 주장한다면, 그것은 전혀 모습을 보여주지 않는 메시아를 기다리면서 일종의 피로를 암시하지 않는가? 아니면 더 나쁠 수도 있는데. 정의가 발생하리라는 희망이 없는 낙담을 암시하지 않는가? 그것은 데리다에 대한 일반적인 비판이다. 연기된 정의는 부정된 정의이다. DNA의 증거가 과거 25년 간 투옥되었던 사람의 무죄를 입증할 때, 그것은 유린된 25년의 시간이다. 그 시간은 보상될 수 없다. 정의는 메시아를 또는 과학의 진보를 기다리지 — 기다릴 수 없다 — 않는다. 그러나 그것은 데리다의 요지와 상반되기는커녕, 그것이 데리다의 요지, 제3의 요지 — 정의의 긴급성 — 이다. 데리다는 이런 아포리아들이 해소될 때까지 우리가 행동을 연기해야 한다고 말하고 있지 않다. 그는 아포리아의 제약 하에서도

- -

18. 데리다, 「법의 힘」 in 『종교 행위』, 253쪽.
19. 데리다, 「법의 힘」 in 『종교 행위』, 254쪽.

행동의 필요성을, 숙고를 중단하고 행동해야 할 필연성을 지적하고 있다. 항상 더 심사숙고할 것이 있지만, 그러나 정의의 부름은 기다리지 않는다. 우리는 하나의 결정을 "정당화 할 수 있는 조건, 규칙 또는 가언명법hypo-thetical imperative에 대한 무제한적인 지식과 무한한 정보를 제공받지 못한다."[20] 우리가 필요한 정보를 모두 가질 때가 있다. 그러면 우리는 바로 결정을 내려야 한다.

"결정의 순간은 하나의 광기이다, 라고 키르케고르는 말한다."[21] 정의는 아무 이유 없이, 우리에게 이득이 되는 것 없이 받은 선물처럼 표현된다. 정의는 그 이득을 자신의 이득보다 더 중시하는put before 사람의 광기이다. 해체는 그런 광기이다. 해체는 그 광기를 온갖 곳에서 ― 법, 정치, 병원, 학교, 상담 ― 효율적으로 사용한다. 따라서 해체가 실천적이어야 할 것을 우리가 요구한다면, 그 답은 무엇보다도 가장 실천해야 할 것은 미치는 것, 정의, 불가능한 것, 해체 불가능한 것에 대한 광기라고 말할 것이다.

따라서 우리는 잘 되리라는 보장 없이, "우리가 가급적 많이 알려고 함에도 불구하고, 지식과 규칙이 부재한 밤에"[22] 행동하지 않으면 안 된다. 정의는 어떤 면에서 결정의 긴급성이 지연하려는 경향보다 우선할 것을 요구한다. 하지만 이 결정은 결정 내용과는 무관하게 행동만을 위해 행동하는 순전한 '결정만능주의decisionism'가 아니다. 결정의 순간은 능동적일 뿐만 아니라 수동적이기도 또는 순종적이기도 하다. 왜냐하면 나는 내 안의 타자의 압력에 나에게 압력을 가하는 정의의 부름에 응답하기 때문이다.

• •
20. 데리다, 「법의 힘」 in 『종교 행위』, 255쪽.
21. 데리다, 「법의 힘」 in 『종교 행위』, 255쪽.
22. 데리다, 「법의 힘」 in 『종교 행위』, 255쪽.

약속들, 약속들

　우리는 여기서 정의가 실천 속에서 점근적으로만 실현될 수 있는 하나의 무한한 이상이라고 결론짓고 싶어 할지도 모르겠다. 그러나 그것 또한 전혀 옳지 않다. 정의는 이상적인 본질이 아니라 하나의 명령, 특수하고 끊임없이 변하고 예측할 수 없는 상황에 보내지는 개방된 부름이다. 거기에는 우리가 예견할 수 있는 어떠한 형식이나 본질도 없으며, 보기판^{template}처럼 우리가 보여줄 수 있는 어떠한 정의도 없으며, 우리가 경험적으로 접근할 수 있는 어떠한 관념이나 이상도 없다.[23] 해석학에서는 사태가 본질이 아니라 역사를 가진다는 점을 명심하라. 정의는 그것의 지금까지의 실제 역사를 의미하는 것이 아니다. 왜냐하면 '정의'는 기본적인 약속의 말, 정의가 소환되는 것의 예측할 수 없는 미래에 대한 말이기 때문이다.

　데리다가 카르도조에서 읽었던 판본인, 이 강의의 초고에서, 그는 정의를 그 개방성을 제약하는 어떤 결정론적 이상과 묶어 놓을 것 같은 두려움 때문에, 그래서 정의를 메시아적인 약속이라고 부르기를 주저했다고 말했다. 나중에 개정판에서 데리다는 여전히 좀 주저하면서 정의를 메시아적 약속이라고 불렀는데, 이때에도 우리는 이 약속을 유대교의 메시아나 기독교의 메시아, 또는 헤겔의 역사 속의 정신 개념이나 마르크스의 계급 없는 사회에 대한 꿈과 같은 철학적 등가물인 것으로 한정해서는 안 되는 것이다. 이런 경우들에서는 정의가 무엇인지를 미래가 어디로 가야 하는지를 알고 있다고 주장되고 있는 것이다. 그러나 우리는 정의가 무엇인지를, 그것의 정의^{definition}나 본질을 알지 못한다. 왜냐하면 우리는 미래를 알지 못하고, 정의가 어떤 의미를 가지고 오게 될지를, 정의가 무엇을 의미하게 되었을지를 알지 못하기 때문이다. 정의를 하나의 부름이라고 말하는 것은, 법이 도래하고 있는 것이 무엇이든 그것에 노출되어, 유연하

---

23. 데리다, 「법의 힘」 in 『종교 행위』, 254쪽.

고, 탄력적이고, 융통성 있고, 개혁될 수 있어야 한다는 열린 자세의 요구를 기술하는 것이다.

아마도

데리다는 미래의 두 의미를 구별하고 있다. 첫 번째 것을 데리다는 (프랑스어 futur를 사용하면서) 미래 현재라고 부르는데. 이것은 온당하게 예측할 수 있는 미래로, 이것이 없으면 정말이지make no mistake 삶은 순전한 혼돈 상태일 것이다. 이것은 미래를 나타내는 다른 프랑스어 avenir로 표기되는 '절대적 미래'와 구별되어야 하는데, 이것은 예측할 수 없는 미래 '도래하는 것à venir'을 뜻한다. 이 '절대적 미래'는 그리고 정치와 법에 의해 포함되지 않는 정치와 법 안에 들어 있는 것인데, 이런 정치와 법들은 자기들을 미래로 넘기고 계속적으로 개혁과 변혁을 허용하는 그런 것이다. 이 해석적 월권은 '아마도perhaps'가 바로 정의의 개념에, 정의 해석의 개념에, 그리고 정의와 대체될 수도 있는 어떤 X의 개념에 들어가 있다는 것을 의미한다. 해석적 명령은 아브라함을 공포와 전율로 채웠던 협박조의 목소리로서가 아니라, 아마도 라는 가장 부드러운 속삭임처럼 가장 온화한 모양새로 찾아온다. 아마도는 존재론이나 존재의 존재신학에 속하는 것이 아니라, 아마도-있음peut-être의 유령론에 속한다.

'아마도' — 정의에 관해서는 항상 아마도라고 말해야 한다il faut. 정의에는 미래가 있으며, 사건이 가능하지 않고서는, 곧 계산과 규칙, 프로그램과 예견 등을 초과하는 사건이 가능하지 않고서는 정의는 존재하지 않는다. 절대적 타자성의 경험으로서의 정의는 현전 불가능하지만, 그것은 사건의 기회이며 역사의 조건이다. 물론 그것은 틀림없이 인식될 수 없는 역사이다. 그 역사가 사회적이고 이데올로기적이며 정치적이고

법적인 또는 어떤 다른 역사인지는 모르지만, 역사라는 이 낱말을
사용해서 자신들이 말하고 있는 것이 무엇인지 알고 있다고 믿는 사람들
에게 있어서도, 인식될 수 없는 하나의 역사이다.[24]

물론 이것은 긴급한 과제이다. 왜냐하면 우리는 이 초과에 의해서 예견할
수 없는 것에 노출되기 때문이다. 우리는 과거에 증명되었던 것을 잡아서
그것을 위험에 빠트린다. 따라서 우리는 계산해야 한다. 도래하는 것의
예측불가능성은 가능한 결과를 계산해내지 못한 데에 대한 알리바이를
제공하려는 것이 아니다. 우리는 '계산 가능한 것과 계산 불가능한 것
간의 관계를 협상'해야 한다. 우리는 '해석'해야 하는데, 이는 둘 사이의
가격을 협상inter+pretium하는 것을 의미한다. 우리를 안내하는 알고리즘의
도움이 없이 말이다. 이것은 '도덕, 정치 또는 법'과 같이 잘 아는 영역과
'국내와 국제, 사적인 것과 공적인 것'이 마찬가지로 계속적인 혁신에
노출되어 있어야 할 것을 의미한다. 자유에 있어서의 모든 진보는 이런
모양새를 띤다. 데리다는 과거에도 그랬던 것처럼 현재에도 문제가 되는
일련의 쟁점 사안들을 열거하면서 결론을 맺는다. 여기에는 낙태, 안락사,
장기 이식, 자궁 외 출산, 마약, 과학의 군사적 이용, 노숙자, 동물의 대우
등과 같은 문제들이 포함된다. 그의 가르침 중 마지막 2년 동안 다룬
세미나 주제는 사형 문제였다.
　　이제 실천적인 문제들을 다루기로 하자. 해석적 명령은 행동하라는
외침이다.

- -

24. 데리다, 「법의 힘」 in 『종교 행위』, 257쪽.

제8장

가다머 식 간호사

"나는 제도를 사랑한다"

1993년, 빌리노바대학교의 새로운 철학 Ph. D. 프로그램 개설 기념행사에서 우리는 데리다와 원탁 토론을 벌였는데, 데리다는 그 자리에 꼭 맞는 주빈이었다. 나는 데리다에게 새로운 제도적 프로그램을 축하하러 온 것이 이상한 일은 아니냐고 물으면서 논의를 시작하였다. 해체는 제도와 프로그램의 적은 아닌가? 물론 나는 그게 아니라는 것을 잘 알고 있었지만, 드루실라 코넬처럼 데리다에게 억울한 누명에서 벗어날 기회를 주려고 물었던 것이다. 파리에서 새롭고 혁신적인 제도를 창설하면서, 많은 기관 창립에 일생 동안 관여해왔던 일을 이야기하고 난 후, 데리다는 해체가 제도의 적이기는커녕, 제도들을 미래로 계속 열어 놓으려고 하는 제도의 철학이라고 덧붙여 말했다. 데리다는 얼핏 헤르메스처럼 악동 같은 눈빛을 보이며, 그런 점에서는 자기는 '매우 보수적인 사람'이라고 말했고, 우리는 그가 진지한 사람이라는 것을 알면서도 아폴론과 제우스처럼 웃을 수밖에 없었다.[1]

하나의 제도는 실로 보수주의적이 됨으로써가 아니라, 그것의 과거 평판memory과 새로운 일을 하려는 시도 간의 긴장을 유지하는 데에서 보존된다. 그것은 모험적인 일이고, 데리다가 관여했던 것 중 일부 계획이 그랬듯이, 실패하기 쉽다. 살아 있는 제도는 새로운 목표를 만들어내고, 새로운 계획을 제안하고, 지금껏 생각하지 못했던 개념들을 생각하는 프로그램들을 고안해내려 한다. 살아 있는 제도는 프로그램화 할 수 없는 것을 프로그램화 한다. 그것은 경계를 가로지르고, 당대의 수용된 표준에서 볼 때 정당성이 없는 일들을 조사하는 것이다. "나는 제도들을 사랑한다." ― 데리다가 전에 했던 재담인데, 특히 자기에게 명예박사 학위를 수여한 제도들을 사랑한다 ― 고 말하고는 계속 다음과 같이 말했다. 제도의 해체에서 분해되는 것은 자체의 미래에 대해서 제도가 불평을 늘어놨던 반대뿐인데, 이는 어떤 것의 해체를 특징짓는 좋은 방법일 수도 있다고 말이다.[2]

제도 밖에는 아무것도 없다

이 말의 요점은 해석이 자유롭게 떠다니는 비물질적인 영혼이 아니라는 것이다. 해석은 제도적 삶이라는 아교에 찰싹 달라붙어 있다. 그곳에서 해석의 역할은 좀이 쑤시는 소크라테스나 악동 같은 신처럼 교란시키는 것이다. 제도들은 해석한다. 그리고 제도들은 그 자체를 해석해야(제도들의 '사명') 한다. 해석은 온통 어떻게 제도들을 ― 병원, 학교, 대학교, 교회와 박물관, 법원과 정치 단체 ― 계속 개방할 것인지, 사업에 대해서 뿐만 아니라 미래에 대해서 개방할 것인지에 맞춰져 있다. 사건들은 허공에서 발생하지 않는다. 사건들은 제도적 배경 속에서 일어난다. 제도적 맥락

● ●

1. 존 카푸토, 『해체 요약본: 자크 데리다와의 대화』(New York: Fordham University Press, 1997), 8쪽.
2. 카푸토, 『해체 요약본』, 8쪽.

밖에서는 거의 아무것도 있지 않다. 성공적인 혁명은 새로운 제도 형성의 초기 단계에 지나지 않는다. 그리하여 모든 것은 얼마나 제도들이 자신들을 해석하는지, 그리고 어떻게 제도들 자체가 해석되는지에 의존한다.

사건들은 — 제도적 관습에 대한 간섭으로서, 제도적 타성에 대한 교란으로서 — 일어난다. 사건들은 — 법, 윤리와 정치 안에서, 시장, 교실, 병원 안에서, 목회자들과 사회운동가 가운데에서, 소위 윌리엄 제임스의 와글거리고 혼란스러운 세계에서 우리가 언제 있든 어디에 있든 그 시간과 장소에서 — 일어난다.

가다머 식 간호사

수년 전에 나는 캐나다 해석학회로부터 연설해달라는 초청을 받았다. 협회 명칭으로 보아 내가 요령을 피워도 될 만한 또 다른 철학자들의 모임이겠거니 생각했지만, 나중에 알고 보니 간호사들로 이루어진 모임이었다. 이 모임에는 현역 간호사와 간호학 교수도 있었고, 교육, 사회사업 및 심리학 교수로 봉직하는 사람들도 있었다. 전문직에서 가르치고 일하는 사람들의 협회는 모두 해석학에 관심이 있는 건가? 해석학적인 간호사, 교사, 상담가와 사회사업가라? 내가 요령을 피울 수 있는 곳이 아니었다. 그러나 얼마나 더 이보다 명백할 수 있었을까? 해석학을 출발시킨 경건주의 신학자들에게까지 되돌아가보면, 애당초 처음부터 해석학은 실천적 지식이라고 생각되었다. 다시 한 번 람바흐의 적용의 기술subtilitas applicandi, 올바른 감각을 가지고 가볍게 적용하는 능력을 상기하라. '응용 해석학'이라는 표현은 '생명의 생물학' 같은 표현처럼, 요지를 강조하는 데에는 유용할지 몰라도 실제로는 군더더기 표현 — 생물학이 있는 것으로 그만이지, '생명'을 첨가할 필요가 없다 — 이다. 마찬가지로 해석의 기술art — 응용, 실천적 지식, 구체적으로 할 줄 앎know-how — 이 있는 것으로 그만이다. 학자들은 "이론은 좋은 것 같은데, 실제로 써먹을 수 있습니까?"라는 불평을 듣기 일쑤이다. 그러나 그런 물음이 해석학에 오게 되면, 입장은 전도되고 만다. "써먹기는 좋은 것 같은데, 이론적으로 어떻게 작동되나요?"가 올바른 물음이 되는 것이다.

가다머는 『건강의 수수께끼』*The Enigma of Health*[3]라는 제목의 책을 썼다. 그는 무려 102살까지 살았으며, 해석학뿐만 아니라 건강에 관한 일에 대해서도 분명히 한두 가지쯤은 알았을 것이다. 그래서 나는 이런 간호사들로부터 그 책에 대해 얼마쯤 들어보게 되지 않을까 하고 기대하였다. 하지만 그렇지가 못했다. 우선, 가다머의 책은 건강에 관한 이야기는 많았어도 전문 의료에 관한 이야기는 별로 없었다. 또 하나, 그 책은 간호사보다는 의사에 대해 더 말을 많이 하고 있었다. 나중에 알게 되었지만, 이들 간호사들은 실제로 『진리와 방법』에 훨씬 더 관심을 가지고 있었고, 나는 곧바로 이 간호사들이 그들의 가다머를 아주 잘 알고 있다는 사실을 발견하였다.

이해되고 있는 질병은 언어이다

내가 들으면 들을수록, 더욱 더 완벽하게 이해가 되었다. 간호사들은 의료계의 권력 서열에서 미묘한 자리를 차지하고 있다. 그들은 지상군들이다. 의사들은 치료 과정에 관해 큰 결정을 하고, 간호사들은 그 치료를 지속한다. 그들은 알약을 투여하고, 생명 유지 장치를 점검하고, 매일 빈번하게 철야 간호하고, 환자들과 이야기하는 데 시간을 보낸다. 이 마지막 대목은 그 어떤 활력 징후vital sign 못지않게 생생한 부분이다.

• •

3. 한스 게오르그 가다머, 『건강의 수수께끼: 과학 시대에 있어서의 치유의 기술』, trans. Jason Gaiger(Stanford University Press, 1996).

환자는 대화를 통해 자기들의 질병 경험을 말하고, 병의 진행 상태도 이해하게 될 것이고, 그래서 자기들의 치료에 관한 결정을 내린다. 가다머의 가장 유명한 금언을 각색하자면, 이해되고 있는 질병은 언어이다. 환자들은 그들의 의사나 외과의보다는 간호사들과 이야기하는 데 훨씬 더 많은 시간을 보낸다. '대화 치료talking care'는 정신분석학에만 국한되지 않는다. 모든 질병이 이를 필요로 한다. 그러나 이것은 — 하이데거 식의 시인과 존재 간 왕래도 아니고, 병상 위 환자 이야기의 틈새와 구석에서 무의식을 감지하려고 하는 프로이트 식 탐정도 아닌 — 인간들끼리의 대화이다.

극단적인 예를 하나 들어보기로 하겠다. 한 간호사가 어떤 의사와 관련된 경악스러운 이야기를 내게 들려주었다. 그 의사는 한 여성 환자의 검사 결과가 나왔다는 것을 알려주려고 나타났다. 그 검사 결과는 그녀의 상태가 더 이상 손쓸 수 없다는 것을 보여주고 있었고, 찾아온 의사는 자기가 고통 완화 처치를 논의하기 위해 그날 늦게 그녀를 보러올 팀원 중의 한 사람이라고 말했다. 그러고 나서 그는 서둘러 자리를 떴다. 하루를 바쁘게 보내는 바쁜 남자였다Busy man, busy day. 환자는 충격을 받아 흥분 상태가 되었고, 방 밖으로 튀어나와 울면서 큰 소리로 남편을 불렀다. 그러나 간호사들은 환자들을 악마 같은 인간들에게 맡겨놓지 않는다. 간호사들은 환자의 건강 회복을 위해 '보살피는nurse'('기르다nourish'와 같은 뿌리에서 나온) 일을, 또는 환자들의 병세가 호전되지 않으면, 호스피스 시설에서 더욱 더 보살피는 일을 맡고 있다. 분명히 치료가 잘 이루어질 때는, 간호사들도 상당한 의학 지식을 가지고 있어야 하겠지만, 의사들이 상당한 간호술을 가지고 있을 때일 것이다. 그러나 일이 항상 잘 되어가는 것은 아니다. 그것은 그들이 이 환자들과 맞닥뜨리게 될 것 같은, '힘든 대화들'을 야기시킨다.

간호사의 세 아포리아

간호사들은 일의 한 복판에[in medias res] 자리 잡고 있다. 좀 비유적으로 말하자면 곤경에 처해[is in the soup] 있다. 그들은 그런 가장 미묘한 접점인 병상을 맡고 있는데, 거기에는 아주 많은 규칙들과 규정들이 — 병원 규칙, 의료보험 규칙, 의사의 지침, 환자의 권리와 관련된 법 및 의료 행동 강령 — 한데 모여 있다. 나 원 참, 법의 힘이란[talk about the force of law]! 여기에는 완벽한 유사점이 있다. 환자의 행복[well-being]과, 그런 규칙 및 규정 간의 관계는, 정의와 법 간의 관계와 같다. 사실 그것은 한낱 그것과 닮아 있는 것만이 아니다. 환자의 행복은 환자에게 갚아야 할 정의의 부름이다. 그것은 간호사라는 직업을 하나의 소명[vocation], 즉 연민, 관심, 사랑의 부름에 의해 추진되는 하나의 부름[calling]으로 변형시킨다. 간호사들 중의 한 사람이 썼듯이, "소아 종양학이 나를 선택하였다."[4]

데리다와 가다머가 여기 같은 페이지에 있다는 것은, 법에 대한 데리다의 세 가지 아포리아가 얼마나 완벽하게 여기서 잘 들어맞는지를 보면 분명해진다.

1. 규칙의 연기: "소송은 제각기 다 다르고, 결정은 저마다 차이가 나며 절대적으로 특유한 해석을 필요로 한다."[5] 데리다에게서 따온 이 구절은 모든 병원에서 모든 환자의 진료기록부 위에 붙여두어야 할 것이다. 규칙은 폐지되었다가는 혼란이 생길 것이므로, 공중에 떠 있을 만큼 알맞게 부양되어야 한다. 하지만 이 증세의 특이성[singularity]을 충분히 볼 수 있도록 일정 정도 느슨하게 있어야 한다. 모든 증세는 이런 내력과 이런 질병이 있는 이 환자의 상황에 맞는 '새로운 판단'을 요구한다. 마치 그 질병이 그저

· ·

4. 낸시 J. 물레스, 그래햄 P. 맥카르피, 제임스 C. 필드 그리고 캐서린 M. 라잉, 『행동 해석학 연구: 철학에서 실천으로』(New York: Peter Lang, 2015), 78쪽.
5. 자크 데리다, 「법의 힘: "권위의 신비적 토대"」, trans. Mary Quantaince, in 자크 데리다 『종교 행위』, ed. Gil Anidjar(New York and London: Routledge, 2002), 252쪽.

항상 같은 것을 뜻하는 하나의 것이었던 게 아니듯이 말이다.

2. 결정 불가능한 것: 규칙들은 서로 쉽게 상충할 수 있고, 어떤 규칙을 따라야 할지를 결정해야 한다. 거기에다 규칙으로 알 수 없는 이 환자의 삶의 계산 불가능성과, 계산 가능한 규칙이 더더욱 통약 불가능하다는 점을 첨가해보라. 특정 증세가 있을 때, 그냥 그런 규칙에 따르는 것은 올바른 행동이 될 수 있을는지는 몰라도, 바라는 치료는 아닐 것이다. 규칙을 따르는 것은 주치의의 분노로부터 간호사를 보호하거나, 또는 간호사와 병원을 모두 소송으로부터 보호해줄 것이다. 그러나 환자를 제대로 다루는 최선의 방법은 간호사를 의사나 병원이나 법의 처사에 맞대응하게 하는 데 있을 것이다. 그러면 무턱대고 규칙을 따르는 것은 무책임한 일이 될 것이고, 우리가 따르고 있는 규칙에 대해서 책임을 떠맡지 않을 것이다.

3. 긴급성: 상황은 지금 당장 행동할 것을 요구한다. 지연된 치료는 부정된 치료이다. 결국 병원은 그 모든 방이 응급 환자를 위해 미리 준비되어 있어야 할 장소인데, 데리다는 이를 준비되어 있지 않은 것에 대해 준비함이라고 부른다. 응급 해석학을 빼고 부상자 선별triage이 이루어질 수 있을까? 하나의 사건보다 긴급한 것이 어디에 더 있겠는가?

다음 사례의 해석학

이들 교수들과 전문 간호사들의 연구집인 『행동 해석학 연구Conducting Hermeneutic Research』에는 반복적으로 등장하는 흥미 있는 표현이 있는데, 이들 저자들은 그것을 '다음 사례'의 해석학 — 또는 '다음 환자' 또는 '다음 실천' ('최선의 실천'은 '다음의 실천'이다) — 이라고 부른다. 해석학의 많은 내용이 이 표현 속에 응축되어 있으므로 이를 좀 더 세밀하게 살펴보는 게 좋겠다.[6] 첫째, 다음번next: 의료 행위는 경험을 바탕으로 점차적으로 축적된 기량이다. 아리스토텔레스는 이를 '습관habit'이라고 불렀는데, 이는 문자 그대로 우리가 '가지는'(획득했거나 얻었던) 것을 뜻한다. 여기서 경험은, 경험이 나아가는 실제 과정에 의해 때로는 확증되고 때로는 좌절되는 예상들의 복합체라는 것을 의미한다. 그것은 소위 아리스토텔레스의 '실천적 지혜phronesis'를 요구한다. 자전거를 타는 능력처럼, 프로네시스는 실천에 의해서만 획득될 수 있다. 그것은 구체적인 상황에서 해야 할 일을 아는 것을 의미한다. 그것은 정확하게 계산할 수 없는 실천적 지식know-how이다. 환자의 고통의 범위를 측정하기 위해 1에서 10까지의 숫자를 검사지에 매기라고 환자에게 요구하는 것과, 저절로 나오는 '아야' 소리를 듣는 것 또는 얼굴에서 고통을 '읽어 내는' 것과를 비교해보라.[7]

경험적인 실천지know-how는 그 자체가 보여주는 우연성에 상당히 민감하게 반응한다. 그것은 소위 키츠Keats의 '부정적 능력', 즉 불확실성을 존속시키는 능력을 요구한다. 경험은 상대적으로 안정적인 지식 — 그렇지 않았으면 우리는 매일 아침 커피메이커를 새로 고안해야 했을 것이다 — 이면서도, 동시에 상대적으로 불안정한 지식, 즉 다음에 올 것에 노출되어 있는 취약한 지식이다. 그것은 그 자체로 미래에 의해 — 다음 방에 있는 환자에 의해, 이 병상에 누울 다음 환자에 의해 — 수정될 준비가 되어 있다. '다음 사례'는, 사건에, 즉 우리가 예상할 수 없는 것의 도래에 강력한 효과를 일으킨다.

사례들

'사례case'라는 말은 일어나다to fall, 들이닥치다to befall를 뜻하는 cadere에

● ●
6. 『행동 해석학 연구』, 58쪽.
7. 『행동 해석학 연구 II』, 49-50쪽.

서 유래하며, 해석학을 오용한다는 의미와 해석학을 이용한다는 의미가 있을 때 이 두 다른 의미 사이를 왔다 갔다 하면서, 유익한 결정 불가능성을 지니고 있다. 첫 번째 의미에서 그것은 보편자의 한 특수한 사례, 한 종의 표본, 보편자 '밑에 포섭되는' 것을 뜻한다. 그런 의미에서 포스트모던 작가들은 '사례'라는 말을 거부하고, '특이성singularity'이라는 말을 선호한다. 이 말은 그 자체로 독특한 것, 반복될 수 없는 상황이나, 유일무이한 개별자를 의미하며, 보편자보다 더 고귀한 것을 일으키는 것이며, 하나의 규칙 밑에 포섭되는 어떤 것, 무엇의 사례가 아니다. '결의론casuistry'은 사례의 과학, 독특성을 제거시켜 원리에 복종하는 하나의 사례로 내려 보내는 사례의 과학이다. 이런 데서 판단한다는 것은 하나의 사례를 원리에 끼워 넣는 것으로 축소될 것이다. 원리가 완전히 판단을 결정 — 또는 프로그램화 — 하는 것이다. 다시 한 번 이런 일은 성능 좋은 컴퓨터가 하거나 더 잘할 것이다. 해석학에서 우리들은 원리들을 사례들에 적용하지 않는다. 오리혀 우리는 소위 가다머의 '개별 사례의 다산성the fecundity of the individual case'을 원리에 적용시킨다. 이것은 항상 수정받을 준비가 되어 있다. 원리들은 세계의 끊임없는 소음으로부터 구성된, 잠정적이고 인위적인 조화이다.

두 번째, 좀 더 시사적인 의미에서, 포스트모던 작가들이 이용할 수 있는 의미에서, 하나의 사례는 누군가에게 들이닥쳤던 것이다. 이런 의미에서 사례는 '결의론'이 아니라, '재난casualty' 또는 '사고accident'(ad+cadere)와 관계하며, 통상 치료를 요구하는 문제이다. 이런 의미에서의 사례는 원리들이 예상하지 못하는 것이다. 따라서 한편으로는 우리의 습득된(습관적인) 기대 지평과, 다른 한편으로는 각각 새로운 사례가 도입되는, 우연적인, 예상치 못한 도래, 즉 데리다가 사건이라고 부르는 것 사이에 가다머적인 대화가 있다. 사고가 환자에게 닥쳤을 때, 우연적인 것이 의사와 간호사에게도 닥치는 것이며, 그때 이들의 해석적인 실천지가 그때까지의 그들의 경험에 따라 매 시간 시험되고, 개조되고 변형된다.

다시 한 번, 이와 같은 점에서는, 이들 저자들이 일차적으로 의존하고 있는 가다머와 데리다는 전혀 구별되지 않는다.

종양학은 해석학으로서만 가능하다

"네, 무슨 말씀이신지 잘 알겠습니다. 종양학이 모두 해석학적이지 않을까요?" 이는 '개별 사례case의 다산성'이라는 가다머의 표현을 분석하는 강의를 듣고 난 후 종양학과 학과장이 했던 말이다.[8] 이 발언자는 특히 로버트 버크맨Robert Buckman의 삶과 업적을 염두에 두고 있었다. 버크맨은 토론토대학교의 존경받는 종양학자이자, 암 진단이라는 '곤란한 정보difficult knowledge'를 환자에게 알리는 문제로 16권의 책을 쓴 저자였고, 그 자신이 최근에 63세를 일기로 암으로 돌아가신 분이었다. 버크맨은 겸손한 자세를 가지고 의료 경험을 자랑하지 말기, 예상치 못한 것에 대처하기, 그리고 늘 부족하다는 감각을 지닐 것을 제안하였다.[9] '암'은 한 가지 것이 아니라 많은 관계된 병상pathology들을 일컫는 약칭이다. 한 특수한 형태의 암이 진단되었을 때조차도, 처치 대상은 그냥 그 질병이 아니라, 궁극적으로 그 개인(특이성)이다.

그것이 또한 기술을 악마화 하는 것이 이해가 되지 않는 이유이기도 하다. 요즈음의 유전자 검사는 개인 맞춤형 치료법이 됨으로써 의사와 간호사의 실천적 지혜를 지원한다. 그렇다 하더라도, 마술 같은 치료법의 공식은 없는 것이다. 토마스 아퀴나스가 한 말을 인용하자면, "수용되는 것이 무엇이든, 그것은 수용자의 태도에 따라 수용된다." 암 진단 소식을

• •

8. 낸시 J. 몰레스, 데이비드 W. wkels, 그래햄 P. 맥카르피 그리고 크리스토퍼 브라운, 「종양학은 모두 해석학적이 아닌가?」, 『응용 해석학 저널』(2013), JAH는 온라인 저널이다. http://jah.journalhosting.ucalgary.ca/jah/index.php/jah/index.
9. 「종양학은 모두 해석학적이 아닌가?」, 3쪽.

받는 각 개인은 자기들 식대로 그것을 받아들일 것이다. 어떤 환자는 침착하게, 다른 환자는 공포에 질린 채로 말이다. 그리고 환자들도 의사도 치료가 어떻게 펼쳐질지를 알지 못한다. 사례들은 규칙들의 적용이 아니다. 그것들이 규칙들을 생산적으로 결정하고 개발한다. 사례는 그저 규칙에 복종하지 않는다. 사례가 규칙에 말대꾸하는 것이다.[10]

개별 사례는 투명한 보편자의 총합이 아니라, '다산적'이고 무한한 밀도를 가지고 있다. 과학은 보편자에 대한 것이지만, 개별자들은 현존하는 유일한 사물들이라고 아리스토텔레스는 말했다. 과학은 현존하는 것의 풍부성을 대신하는 약식 기호 체계이다. 그것은 세상의 소란을 조화로 환원시키면서 복잡성을 단순화 한다. 해석학적 판단은 보편자와 개별자 간의 차이를 협상하면서 이 둘 사이의 간격에 존재한다. 간호사실은 전략적으로 바로 그 지점에, 계산 가능한 것과 계산 불가능한 것 사이에 자리 잡고 있다. 한 이론가가 말했듯이, 그것은 아리스토텔레스 식으로 바꾸어 표현하자면, "알맞은 시간에, 알맞은 방식으로, 알맞은 양만큼, 그리고 알맞은 이유로 알맞은 일을 하도록 잘 선택하는" 문제이다.[11]

해석학에 한 수 가르치다

해석학은 간호사들로부터 무언가를 배워야 한다. 포스트모던 이론가들은 통상 전문 분야의 실세들이the powers that be 예기치 못한 사건을 막기 위해 늘어서 있는 상황을 당연하다고 여긴다. 그러나 병원 현장에서 활동하는 사람들(그리고 사회활동가나 특히 재정이 빈곤하고 자금 부족을 겪는 학교의 교사들)은 정확히 그 반대의 문제에 부딪친다. 전장의 군인들처럼,

· ·

10. 「종양학은 모두 해석학적이 아닌가?」, 6쪽.
11. 『행동 해석학 연구』, 58쪽.

그들은 사건에 과도 노출된 삶을 살아간다. 응급 상황, 참사, 인생이 바뀔 정도의 부상, 예상된 죽음이나 예기치 못한 죽음, 자연적인 죽음이나 불시의 죽음에 끊임없이 노출되어 있는 것이다. 그들이 직면한 문제는 사건을 방지하려는 과정에 압도당하는 데 있지 않다. 문제는 너무 많은 사건으로 인한 극도의 피로를 방지하는 데 있다. 더 고약한 문제는 생존 기술로 자신들을 마취시키는 것을 막는 데, 그리고 무관심의 태도, 스토아 적인 고요한 아파테이아(냉정)의 태도를 취하는 것을 막는 데 있다.

내가 만났던 많은 간호사들은 소아 종양학 분야에서 근무한다. 그분들의 말이 등골을 오싹하게 만들었다. 그들이 설립한 로터리 플레임 하우스Rotayy Flames House는 병세 악화로 생명을 위협받거나 말기 상태로 고통 받는 지역 아동들의 가족들을 위해 봉사하였다. RHF는 밤낮없이 아이들을 돌보느라 지친 부모들에게 여유 시간을 주기 위해서, 그러니까 부모들이 월요일 아침부터 끊임없는 의무를 다시 시작하기 전에, 마음을 가다듬고 재충전하고, 기분 전환을 할 수 있도록, 주말에 그들에게 아이들을 훈련된 건강관리 간호사에게 맡길 기회를 주었다. 이것은 사건으로부터 보호를 제공하는 프로그램이고, 부모들에게 정상적인 생활을 할 기회를 주는 것이다. 여기서, 미래를 개방하는 방식은 사건을 예방하는 것이다.

왜 어린아이들이 죽어야 하는가?

"왜 어린아이들이 죽어야 하는가?"라는 물음은 의학이 제기할 수 있는 가장 중요한 물음 중의 하나이며, 제대로 된 과학적 질문에는 원리상 과학적인 답변이 있다. 그러나 하나의 인간적 비극이라고 생각되는 어린아 이의 죽음은, "신은 굽은 선으로 곧게 쓴다."와 같은 격언을 내놓는 신학자들 처럼, 그 설명을 찾는 것이 좋지 못한 물음들 중의 하나이다. 홀로코스트에 대해 말하면서 리오타르는, 역사 속 정신의 진보에서 그것을 '부정적 계기'로 처리하자는 헤겔주의자처럼, 그런 식의 정당화를 찾는 것은 심지어 외설이라고까지 말하였다.[12] 물론 암으로 아이를 잃은 부모들은 암 연구 기금을 모으는 데 그들 나머지 생애를 바칠 수도 있을 것이고, 그런 일은 분명히 그들의 비극에서 솟아난 위대한 선일 것이다. 하지만 그것은 비극을 제거해주지 못하고 설명하거나 정당화 해주지도 못한다. 그리고 그 부모들이 암 연구 운동을 추진하겠다고 사전에 동의했었다 해도 그것은 무의미할 것이다. 그 상실의 고통은 정확히 그것이 원래부터 인간적으로 의미 없고 치유할 수 없는 상실이라는 것에 있다. 그것은 마치 인생의 황금기를 부당하게 투옥되어 보낸 사람이 받은 돌이킬 수 없는 피해와 같은 것이다. 부모들은 다른 아이를 낳을 수 있지만, 잃어버린 아이를 대신할 수는 없는 것이다. 부모들은 이 어이없는 상실을 이해할 수 없다. 그들이 할 수 있는 일은 그 상실로 인해 인생을 망가지게 놔두는 대신에 그 이후 남은 인생에 의미를 부여하는 것이다. 우리는 과거를 변화시킬 수는 없지만, 과거의 의미를, 과거가 미래에 우리를 위해 지니게 될 의미를 변화시킬 수는 있다.

　이 간호사들은 이 어린아이들과 그 부모들이 미래의 희망을 가지도록 돕기 위해 기꺼이 이 참을 수 없는 슬픔의 세계로 끼어든다. 종교에 특별히 관심이 있는 철학자로서 말해보자면, 나는 이 간호사들이 매일 우리 생명의 신비에 직면하고 있다고 말할 것이다. 이는 우리가 개인적으로 신앙 고백적 종교나 제도 종교에 관계하든 않든 간에, 포괄적인 의미에서 대단히 종교적인 문제인 것이다. 아마도 종교를 사생활로 지키는 것은 그들 직업상의 의전의 일부였을 수도 있을 것이다. 그러나 내가 간호사들에게 이 문제를 제기하자마자, 그들은 신앙과 궁극적 의미의 문제에 관해 이야기할 기회가 자주 있었다는 것을 알게 되었다. 이것은 일리 있는 일이다. 과거에 간호사들

‥

12. 장 프랑수아 리오타르, 『차이짓기: 논쟁의 국면들』, trans. Georges Van Den Abbeele(Minneapolis: University of Minnesota Press, 1988), 86-106쪽.

은 수녀들이었고, 전문직은 처음부터 긴밀하게 신앙심 깊은 여성 계층과 연결되어 있었다. 간호, 목회자의 상담과 임상 심리학은 서로 마음 아파한다.

따라서 "왜 어린아이가 죽어야 하는가?"라는 물음에는 답이 없지만, 반응은 있을 수 있으며, 어떤 반응은 다른 반응보다 나은 면이 있다. 낱말의 해석학적인 의미에서 상황은 참을 수 없는 것이다. 그런 상황은 부모의 기대 지평을 산산이 부숴놓는다. 그것은 우리가 아니라 타인에게 일어난다. 그러나 때때로 참을 수 없는 일이 벌어진다. 그때에 할 수 있는 일, 필요한 일은 그 상황을 다루는 것, 불가능한 것을 하는 것, 우리가 갈 수 없는 곳으로 가는 것, 생각할 수 없는 것을 생각하는 것이다. 부모들은 살아가는 것이 불가능할 때 살아가야 할 필요가 있으며, 간호사와 의사들은 참을 수 없는 일이 벌어졌던 사람과 함께 일해야 할 필요가 있다. 이것을 가다머가 그들에게 건네준 언어로 표현하자면, 이것만큼 극도로 힘든 진리를 다룰 아무런 방법도 없는 것이다.

힘든 대화

이런 부모들에게 우리가 말할 수 있는 것은 많지 않다. 그러나 부모들과 더불어 이야기를 나눔으로써 얻게 되는 중요한 것이 있다. 손에 쥐어줄 마술 같은 처방은 없다. 부모들과의 대화에서는 객관적인 정보를 가지고 이야기를 나누는 일은 별로 없고, 좀 더 인간적이고, 정서적이고, 위로를 전하는 만남이 우선이 된다. 여기서 나는 우리가 길거리를 지나다 만난 전혀 모르는 낯선 사람에게 '안녕하세요?'라고 건네는 인사말을 탁월하게 분석한 레비나스를 떠올린다. 그 인사말은 거의 아무 의미론적 내용도 가지고 있지 않지만, 방금 우리를 스쳐간 무한성, 즉 타인의 헤아릴 수 없는 깊이를 인정하게 해준다. 이것이 우리가 소화전이나 가로등 기둥에 인사를 하지 않는 이유이다. 인사말은 유익하고, 마음을 치유해주고, 건전하다. 물론 경험 많은 간호사들은 부모들에게 도움이 되는 정보를 전해줄 수 있지만, 실제로 여기서 효과적인 것은, 부모들과 이야기하면서, 그들의 악몽을 뚫고 손을 잡으면서, 그들에게 슬픔을 말로 털어놓게 해주면서, 거기에 타인들과 함께 그들이 있다는 것, 그들을 위해 거기에 있다는 것이다. 이해되고 있는 슬픔은 언어이다. 말할 수 없는 것으로 이해되고 있는 말할 수 없는 슬픔도 또한 언어이다. 언어는 설명하지 않지만, 그러나 언어는 치유에 도움을 준다. 언어는 정당화 하지 않지만, 건강을 회복시키는 데 도움을 준다. 언어는 과거를 변화시키지 못하지만, 그러나 언어는 과거의 의미를 변화시킨다. 신학적인, 존재론적인 또는 종양학적인 그런 마술 같은 처방을 주는 것은 아니지만, 우리는 은총의 사건을 일으키게 해주는 그런 치유에 도움이 되는 말의 진정한 마법을, 가다머적인 대화의 진정한 마법을 무시해서는 안 된다. 이 은총은 어떤 초자연적인 성격의 은총이 아니라, 타인들을 위해 거기에 있음이라는 은총이다. 거기에서 슬픔의 사건에 반응하여 은총의 사건이 출현한다.

이것이 바로 가다머적인 대화의 해석학이 그들의 업무에 그처럼 중요한 이유인 것이다. 산더미 같은 교범으로 훈련받고, 전문적인 정보에 파묻혀 있었어도 — 이 모든 것은 필요하다. 정말이지 나는 여기서 결코 과학과 기술을 비난하려고 하는 것이 아니다 — 그들은 또한 언어에 대한 다른 해석을, 객관화 하고 있지 않는 언어를 필요로 한다. 언어는 개념, 명제, 논증의 체계로 오그라들어서는 안 된다. 언어는 사물들이 있는 그대로의 것으로서 경험될 수 있게끔 사물들을 배열하면서, 세계를 웅장하면 웅장한 대로 비참하면 비참한 대로, 있는 그대로 세계답게 하는 것이다(하이데거). 그런 언어는 사물을 뻔히 다 들여다보는 것이 아니다. 대신에, 언어를 풀어주는 것, 언어를 보이게끔 해주는 것은, 우리가 따라잡고 있을 뿐인 그런 보여질 수 없는 것의 신비이다. 아, 이 천진한 어린아이를 놓고, 슬픔에 짓눌린 부모, 그리고 의사와 간호사들은 죽음이 우리를 갈라놓을 때까지 죽음을 이기기 위해 밤새워 간호하는 것이다. 제라드 맨리 홉킨스

Gerard Manley Hopkins는 노래한다. "인간이기에 걸리고 만 질병 / 그대가 슬퍼하는 것도 그대 마가렛이지It is the blight man was born for/It is Margaret you mourn for."13

고통을 통해 배움

해석학은 규칙, 알고리즘 그리고 객관화 하는 지식이라는 레이더 밑에서 영원히 흘러가는 경험 세계 — 우리 차의 조종간을 내내 위 아래로 조금씩 조정하는 것에서부터 과학적 담론이 두 손 드는 곳인 신비와 조우하는 이 지점까지 — 를 기술한다. 해석학적 진리는 이 경험의 깊이에서 얻어진다. 이 그룹의 중심인물인 낸시 물레스Nancy J. Moules는 가다머가 기술하듯이, 고통으로부터 배우는 아이스킬로스의 파테이 마토스patei mathos, 고난을 통해 지혜를 얻음, 파토스, 해석학적 지식의 이 특별한 수동성에 호소한다. 가장 유익한 경험은 우리가 타격을 받아 불확실한 세상살이에 관해 이것저것을 배우게 될 때인 부정적 경험이라고 가다머는 말한다. 물레스는 여기서, 문자 그대로 '수난을 함께 함com-passion, suffering-with'을 의미하는 것으로, 부모들과 고통을 나눔으로부터 배우는 것을 말하고 있다.14 복지 관계의 직업에서 이것은 확실히 제1의 덕목이다. 이 견딜 수 없는impossible 상황 속에서 가능한 것은 공감을 가지고 응대하는 것, 고통과 비극의 동반자가 되는 것, 부모의 슬픔을 나누는 것이다.

• •

13. 제라드 맨리 홉킨스, 「봄 그리고 가을」, 온라인 http://www.poetryfoundation.org/poems-and-poets/poems/detail/44400을 이용하라.
14. 낸시 J. 물레스, 「고통을 함께함: 그들은 누구의 말이었는가?」, 『가족 간호 저널』 5: 3(1999), 255쪽.

불가능한 애도: 인터뷰

　궁극적으로 이 부모들이 겪고 있는 일을 '이해'할 수 있는 유일한 사람은 전에 거기에 있었고 이 끔찍한 곳을 다시 방문한 다른 부모들뿐이다. 물레스는, 암으로 아이를 잃은 같은 처지의 다른 부모들을 도우려는 뜻에서 기꺼이 자기들의 경험을 공유하고자 했던―기꺼이 그들의 말할 수 없는 고통을 이야기하고, 그들이 극복하려고 애썼던 악몽으로 되돌아왔던― 부모들과 대화한 인터뷰의 인상적인 기록을 제공한다.[15] 이 부모들은 데리다가 '불가능한 애도'라고 기술한 것의 입장에 처해 있다. 이 말은 프로이트의 애도와 우울 간의 구분으로까지 거슬러 올라간다. 만일 그들의 애도가 성공적이라면, 그들은 충격blow을 완화시키고 이를 극복할 것이고 그런 의미에서 아이를 잊게 될 것이다. 다른 하나는 실패해서, 즉 충격에 패배해서(우울) 극복하지 못할 것이다. 따라서 이 성공의 불가능성, 이 충실한 부정infidelity은 상처받은 자를 좌절시키지 않고 개방해 놓는 애도에서의 유일하게 가능한 성공이라고 데리다는 말한다.[16]

　조금도 적극적인 질문 형태를 띠지 않고, 물레스의 인터뷰 스타일은 발생할 언어 사건 ― 이해 사건 ― 을 위한 여지를 ― 그 사건이 발생하도록 만드는 것이 아니라 그 사건이 발생되게 놔두는 여지를 ― 허용한다. 여기에는 화려하고 문법적으로 우아한 명제들은 전혀 없다. 주로 반쯤 시작했다가 도중에 끊긴 문장들, 가끔씩 눈물을 보이기도 하고 심지어는 웃음소리도 있다. 고통의 핵심을 향해 주저하면서 힘들게, 때로는 신중하게 빙빙 돌기도 하고, 때로는 에둘러 나아가기도 한다. 인터뷰가 무르익었을 즈음에, 부모들은 아이의 상실로 고통 받는 부부의 높은 이혼율 통계 자료를 어느 날 이들 부모에게 보여주었던 사람의 충격적인 영향에 대해 보고한다.

* * *

15. 『행동 해석학 연구』, 99-114쪽.
16. 자크 데리다, 『요점들: 인터뷰 1974-1994(*Points: Interviews, 1974-1994*)』, ed. Elisbeth Weber, trans. Peggy Kamuf et al(Stanford Univesity Press, 1995), 152쪽.

그 순간, 아주 파멸적인 객관화의 힘이 극도의 해석학적 기술subtilitas로 차 있는 현장을 무너트렸다. 이것이 서투르고, 무례하고, 사회적 요령이 부족한 것이라고 말하는 것은, 불행을 극복하려는 모든 부모의 용기를 꺾어버린 그것의 파괴력을 하찮게 보이게 만드는 것이다. 어둡고 차가운 죽음의 전령처럼, 냉혹한 운명의 전령처럼 찾아와서는 이 사람은 당신들에게 미래가 닫혀 있고, 기다리고 있는 것은 또 다른 파멸이고 끔찍스러운 운명을 받아들이라고 말하고 있었다. 이는 거기 온 모두를 낙담시키는 말이었다. 통계는 큰 수를 놓고 하는 것이고, 중요하기는 하지만, 그러나 인생에서 각 사례는 그 자체로 특이한 것이다.

행동 해석학 연구

이 인터뷰 — 통계 연구와는 확연히 다른 — 는 이 캐나다 간호사들이 간호 교수로서 하는 탐구의 불가결한 부분이다. 그들은 객관화 하는 정량적 탐구에 종사하지 않는다. 그것이 중요하지 않기 때문이 아니라, 포스트구조주의자들이 표현하는 것처럼, 그것이 전부가 아니기 때문이다. 합계를 내는 것이 아니기 때문이다. 그들이 '해석학적 탐구'라고 부르는 것은 치유 기술의 형식화 할 수 없는 측면, 프로그램화 할 수 없고 객관화 할 수 없는 측면에 초점을 맞추고 있다. 이것은 실제로 통계 자료가 있는 과학 교본의 본문에 부록으로 보충한 부가적 장식이 아니다. 그것은 총체적으로 이해되어야 할 해석학적-임상적 상황의 본질적인 구성 요소이다. 그것 없이는 어떠한 치료도 이루어지지 않으며, 아니면 치료가 이루어진다 해도, 그것의 부재에도 불구하고 이루어지는 것이다. 해석학적인 전체는, 경험을 거의 이해하기 불가능하게 만든 근대성의 왜곡된 범주를 사용해서 말하자면, 주관적인 것과 객관적인 것, 이 양 요소의 복합이다.

해석학적 무대는 자아와 세계 간의 접점이며, 그 세계는 수학적이고 비수학적인 특징을, 양적이고 질적인 특징을 함께 보듬고 있다. 그리고 이 두 특징들이 그 차이들을 협상하는 길을 찾을 수 있을 때 일이 가장 잘 돌아가는 것이다. 근대 세계의 위대한 돌파구는— 그리고 그것은 내내 해석학적이었다— 세계를 수학의 언어로 쓰여진 책으로서 해석해내는read-ing 새로운 방법의 발견이었다. 피타고라스와 플라톤에게까지 거슬러 올라가는 이 발견은, 그때에 그것은 소위 신비주의와 혼합되어 있기는 했지만, 근대 세계의 모습을 형성하였다. 그러나 모든 것은 이런 이해 양태를— 생성되었을 때부터 모든 것을 측정할 수 있고, 정량화 할 수 있고, 프로그램화 할 수 있는 것으로서 취급하는 괴물 같고, 외눈박이monocular 같고, 외시monovision 같은— 막는 데 달려 있다.

정밀성과 정확성

우리는 수리 과학이 제공하는 '정확한exact' 지식을 굳게 믿고 있지만, 실제로 우리가 살고 있는 세계의 다성적이고, 다형적인 구조에 감응하게 되어 있는 다른 종류의— 후설이 가려낸 구분에 호소해서[17]— '정밀성rig-our'이 있다. 그 다성성은 우리가 장난꾸러기 신을 보호하기 위해 놔둔 것이다. 그런데 해석학적 탐구의 과제는 또 다른, 비정량적이고, 정확성과 무관한non-exact 담론의 고유한 정밀성을 보여주는 데 있다. 내가 몇 페이지 앞에서 인용했던 것과 같은 시의 놀라운 유기적 통일성economy에서처럼 특별한 분야에 들어 있는 정밀성을 생각해보라. 그 시에서 시인은 15행밖에 안 되는 짧은 글을 놓고 우리 죽을 자들의 신비를 환기시켜주고자 한다. 홉킨스는 예수회 사제였지만, 그 시에서 어떤 신학적 해결책을 팔고 다닌 것이 아니었다. 그는 구원에 관한 큰 이야기로 죽음을 쫓아버리려 한 것이 아니라 죽음을 하나의 신비로서 경험하게 하려는 것이었다. 우리는

• •

17. 에드문트 후설, 『엄밀학으로서의 철학』, trans. Quentin Lauer, in 『현상학과 철학의 위기』(New York: Harper Torchbooks, 1965).

모든 것을 정확하게 정의하거나 증명할 수 없으며, 그런 것을 요구하는 일은 우리 교양paideia(문화, 교양, 교육)의 결여를 무심코 드러내는 짓이라고 아리스토텔레스는 말했다. 해석학적 탐구는 우리가 물레스의 인터뷰에서 보는 것처럼 세심한 배려 또는 요령, 기술subtilitas을 요하는 힘든 분야, 까다로운 기술이다. 그와 같은 인터뷰는 어떤 일을 수행함으로써 수행되는 것이 아니라, 가다머가 말하듯이 대화를 추동하는 로고스의 고동에 의해 수행되게끔 놔둠으로써 수행되는 것인데, 이는 데리다가 이야기하는 것처럼 치유 사건이 일어나도록 놔두는 것을, 그래서 이 대화 속에서 말로 드러나게 놔두는 것을 의미한다.

사건의 교육학

여기서 보여준 해석학적 기술이 다른 많은 곳에서도 — 상담, 목회, 사회사업에서도 — 있을 수 있다는 점을 놓치고 지나쳐서는 안 된다. 교사들이 학생들에게 어느 누구도 다루어보지 못한 진지한 질문을 제기할 때, 모든 이가 진지하게 무지를 살피는 상태에 있는 것이다. 그들은 어디로 가야할지를 모르지만, 그러나 모르는 것만큼은 알고 있는 것이다. 이것을 신비주의 신학자 코사의 니콜라스Nicholas of Cusa(1401-64)는 '학구적인 무지learned ignorance'라고 불렀다. 그 성과는 프로그램화 할 수 있는 것이 아니다. 그리고 확실히 측정할 수 있거나 계산할 수 있는 것이 아니다. 현재 미국에서 유행하고 있는 제도로서, 마음을 괴롭히고 끊임없는 시험을 수반하는 '성과 기반' 교육에서처럼, 엄격하게 측정가능한 성과를 통해 교육을 평가하려는 짓은, 사건의 왜곡이자 교육에 있어서의 재앙이며 교육 무대의 정밀성을 인식하지 못하는 것이다.

사건이 교육에서 일어날 때, 그것은 아무도 그것을 알지 못하는 것일 수도 있을 것이다. 세월이 흐른 후에 얼마나 많은 교사들이 언젠가 자기들이 말했던 — 교사들은 이미 잊어버렸던 — 일을 학생들이 잊지 못하고 있다고 말하는 것을 그들로부터 듣고 있는가. 어느 날인가, 교사가 학생들의 주의를 끄는 질문을 하거나 말을 했을 것이다. 이것은 그때 거기에서 표면으로 드러나지 않았지만 한참 후에서야 드러나는 느린 연쇄 반응을 일으키는 것이다. 그때까지는 교사도 완전히 그 말을 잊고 있었을 것이고, 아마 심지어 학생도 마찬가지로 잊고 있었을 것이다. 학생이 그 기원을 더 이상 확인할 수 없는 이런 동요와 의혹이 열매를 맺게 되는 것은 오랜 세월이 지난 후에 와서일 뿐이다. 학생의 인생이 변화되었던 것이다. 사건이 일어났고 어느 누구도 어떻게 된 일인지 말할 수 없다. 아마도 정말 좋은 교사들은 아무도 그때에는 눈치 채지 못했고, 어느 누구도 나중에 기억할 수 없는, 조용하고 눈에 띠지 않는 혁명을 일으켰던 분들일 것이다.

어떻게 우리가 그것을 측정할 수 있는가? 아무도 기억에 간직하지 못했고 나타나기까지 오래 걸리기도 하고 숨겨져 있는 성과를 어떻게 우리가 관찰할 수 있는가? 어떻게 우리는 교사를 — 또는 학생을 — 진실되게 평가할 수 있을까? 어떻게 우리는, 사건이 되게끔 하기 위해서, 같은 방, 닫힌 문, 교사와 학생들에게 함께 주어진 한 시간 안에 그들에게 떨어졌던 볼 수 없고 들을 수 없는 명령을 측정할 수 있을까? 분명히 이것은 결코 둘 사이에서 선택하는 문제가 아니다. 나는 거기에 아무런 표준도 없고 나쁜 교사를 우리가 평가할 수 없다고 말하고 있는 것이 아니다. 다만 나는 교육을 평가하는 일이 세심한 해석학적 예술이고, 이는 엄밀성을 요구하는 일이지 정확한 측정에 종속되어서는 안 된다는 것을 말하는 것이다.

프로그램화 할 수 없는 프로그램들

보수적인 교육학은 전통을 한 가지 의미로만 전달하려 한다. 사건의 교육학은 전통을 아래로부터 구성되었던 구성으로서, 우리가 잊고 있었던 하나의 해석이 하늘로부터 떨어진 신으로서가 아니라 하나의 해석이라는 것으로서 전달한다. 가르친다는 것은 전통에 미래를 주는 것이다. 가르친다는 것은 위험을 감수하는 것 — 심지어 어린 소녀를 가르치는 것을 금지하는 문화에서 가르치는 것처럼 때로는 생명의 위협을 감수하는 것 — 이다. 교육자는 학생들이 기존 해석이 제공한 안전한 공간에서 나와 스스로 또 다른 이해 가능성의 큰 옥외로 나아가는 기회를 그들에게 제공함으로써 '이끈다ducere'. 물론 그 과정에서 교수자는 거꾸로 학생에 의해 가르침을 받기도 한다. 당연히 교사들은 자기들의 직업이 그렇듯이, 과거 ENS에서 데리다가 했던 젊은 교수직처럼, 우리 모두가 예상할 수 있는 미래를 위해 학생들을 준비시켜야 한다. 그러나 여전히 더 중요한 것인데 — 그리고 그것은 결코 선택의 문제가 아니다 — 교사들은 학생들이 미처 대비할 수 없는 미래를 위해, 틈입하는, 예견할 수 없는 미래를 위해 그들을 준비시켜야 한다.

교사들은 학생들을 자유 상태에 있도록 교육시켜야 한다. 따라서 그들은 신중하게 계산할 수 없는 것의 여지를 남기는 교육과정을 계산하면서, 프로그램화되지 않는 프로그램을 고안해야 한다. 그들은 우리 모두가 — 교사와 학생 공히 — 비진리 속에 있다고, 진리는 여전히 도래하고 있고, 절대적인 답Answer을 가진 단수 대문자로 표시되는 교사Teacher는 없다고 가정해야 한다. 이것은 우리가 예상할 수 없는 것의 도래에, "뭐가 오는지를 보자!"라고 말할 마음가짐, 용기, 열정을 요구한다. 물론 교사를 위한 규범과 표준, 정보 체계, 그 분야를 습득하기 위한 도제 기간도 있어야 한다. 그러나 이것은 방법에 대한 전략적인 경시 및 사건의 인식과 더불어, 정확성을 벗어난 엄밀성에 대한 존중과 더불어 수행되어야 한다.

236

이런 말들의 저자는 누구인가?

해석학이 전문직에 내밀었던 방법은, 여섯 살에 암으로 죽은 딸 아론의 어머니와 뮬레스가 다시 만나 나눈 또 다른 힘든 대화 속에 온통 고스란히 드러난다. 어머니는 아이의 병상 곁에서 "파이팅, 잘 견뎌라."라고 속삭이면서 철야 간호를 했고, 가족들은 아이가 '풀 코드' 상태로 유지되기를 고집했다. 그것은 아이가 심박 정지에 이르렀을 때 전문팀이 들어올 것이고 그때 가족들은 어쩔 수 없이 그 방에서 나가 있어야 할 것을 요구하고 있었다. 그러다가는 아이의 고통이 연장될 뿐만 아니라 그 기나긴 철야 간호 끝에 어머니가 무엇보다도 가장 중요한 순간을, 즉 거기에서 딸을 안고 자기 품 안에서 평화롭게 떠나보낼 수 있는 기회를 빼앗길 게 뻔했다.

가족을 지원하는 간호사로서 뮬레스는 어머니에게 이야기 좀 하자고 요청했다. 뮬레스는 이와 같은 상황에서 경험과 권위를 갖춘 사람의 위치에 있으면서도, 어머니에게 명확한 이유를 대는 주장을 제시하는 일은 하지 않았다. 뮬레스는 어머니에게 마치 자기가 잘 알고 있는 사람인 양, 자기의 전문적인 판단을 믿느냐고 묻지 않았다. 뮬레스는 정반대로 행동했다. 그녀는 이것이 어머니의 결정 사항이고 어머니가 딸의 고통과 괴로움에 대해서는 권위자라는 가정에서 출발했다. 그래서 뮬레스는 어머니에게 누구보다도 딸의 고통을 잘 아는 당신을 신뢰한다고 말했다. 결국 자기 아이가 죽는 것을 보는 사태가 어떤 일일지를 알게 되는 사람은 간호사가 아니라 어머니이다. 그래서 뮬레스는 방향을 제시하거나 자기 경험에 따른 도움을 주지 않고, 한 가지 질문을 던졌다. "아론이 어머니를 위해 계속 병고와 싸워왔다고 생각하셨다면, 이제는 그만 싸우기 위해 어머니의 허락을 받고 싶어 하지는 않을까요?"[18] 그렇게 뮬레스는 어머니가 아이를 죽음에서 벗어나게 해주지 않는 한, 아이는 이길 수 없는 싸움을 계속하게

● ●

18. 뮬레스, 「함께 아파함」, 251-253쪽.

될 것이고, 그만큼 고통만 연장된다는 점을 어머니에게 알기 쉽게 암시했던 것이다.

간호진은 물레스가 좀 더 적극적이지 않았다는 것에 실망했지만, 그러나 한 시간 후에 아론의 부모는 아이를 '노 코드'로 바꾸었고, 몇 시간 후 아이는 어머니 품에서 숨을 거두었다. 나중에 어머니는 이렇게 말했다.

> 갑자기 아론이 죽음을 맞을 수 있는 올바른 상황을 만들 수 있을 거라는, 그래서 애가 가게 해달라는 허락을 내게 받아야 할 거라는 깨달음이 일었어요. 그래서 저희들은 풀 코드를 중단했고, 저는 아이에게 말하기 시작했어요. 아가야, 지쳤다면 싸움을 끝내는 것도 좋을 것 같구나. 아가야, 가도 좋다고 허락하마. 그러고는 곧 숨을 거두었죠. 저는 아이를 안았습니다.

이 어머니는 사실 물레스가 그녀 앞에서 드러냈던 가능성을 자기의 것으로 삼은 것이었다. 물레스는 어머니가 '받아들이지 못하는 심리 상태in denial'에 있고, 즉, '저항자'로 있고, 자기의 '직업'은 그런 저항을 허물어뜨리는 데 있다는 통념적인 임상 체계를 완전히 버렸다. 대신에 그녀는 소위 가다머의 '재치tact'[19]를 가지고 그 현장에 접근하였다. 그리고 그 과정에서 그녀는 우리에게 키르케고르가 말한 '간접 소통indirect communication'의 — 반면에 간호진은 직접 소통을 원했다 — 한 빼어난 예를 보여준다.

"제가 이 어머니에게 뭔가를 가르쳤나요, 아니면 제가 배웠던 걸까요?" 라고 물레스는 물었다.[20] 우리는 여기서 그냥 수동적이 아니라 적극적으로 위로의 말을 건네는, '고통을 함께 하려는 의지'에서 나온 한 대화를 목격하고 있다. 이 대화는 가장 섬세하고, 가장 온화하고, 가장 심문답지 않은

19. 한스 게오르그 가다머, 『진리와 방법』, 2nd rev. edn, trans. Joel Weinsheimer and Donald Marshall(New York: Crossroad, 1989), 17쪽.
20. 물레스, 「함께 아파함」, 253쪽.

제안의 모습을 띠고 있는 것이다. "그 말들은 누구의 말이었을까요?" 물레스는 어머니가 말했던 말에 대해서 묻는다. 그 말들의 저자는 누구일까? 물론 그 답은 간호사와 어머니 이 두 사람의 말이라는 것이 되겠지만, 더 좋은 답은 두 사람의 말이면서 어느 누구의 말도 아니라는 것이고, 여기에는 어느 누구도 저자의 권한이 없다는 것이다. 그것이 바로 소위 데리다의 '결정 불가능성'(그리고/또는 그리고 이것도 아니고/저것도 아닌)의 구조이며, 소위 가다머의 대화 놀이의 구조이다. 왜냐하면 물레스와 그 어머니는 둘 다 사건의 기세에 휩쓸려 들어갔기 때문이다. 물레스가 말하듯이, 그들의 말들은 "우리 사이에서 우리가 창조했던 공간에서 존재했고", "대화는 어느 누구의 것에도 '속하지' 않는다."[21]

21. 물레스, 「함께 아파함」, 256쪽.

제9장

포스트-휴먼이라는 유령
— 우리가 인간이었던가?

새로운 괜찮은 것

1870년과 1970년 사이에 세계는 5개의 새로운 기술 — 전기, 화학과 제약, 자동차, 통신수단(전화, 라디오, 텔레비전), 도시 위생 시설 — 에 의해 완전히 변화되었다. 만일 우리가 1860년에 집에서 아침에 깨어났다면, 전혀 다른 세계에 왔다는 느낌이 들었을 것이고, 거리는 지저분했을 것이다. 하지만 1940년에 집은 약간은 투박하다고 느꼈을 — 나는 그와 같은 유럽 호텔에 묵은 적이 있다 — 터이지만, 우리는 길을 나설 수 있었을 것이고, 거리는 깨끗했을 것이다. 그랬다. 『미국 성장의 부침*The Rise and Fall of American Growth*』[1]에서 경제학자 로버트 고든Robert J. Gordon에 따르면 말이다. 1940년 이래 우리는 이런 혁신들을 광범위하게 향상시켰지만, 그러나 우리는 **근본적으로 새로운 것**은 만들어내지 못했다. 리오타르가 말했을 것처럼, 우리는 기존 게임에서 새로운 수를 두었을 수는 있으나

●　●

1. 로버트 J. 고든, 『미국 성장의 흥망성쇠』(Princeton: Princeton University Press, 2016).

새로운 게임을 창안하지는 못했다. 그리고 그것이 왜 이 시기가 우리가 더 이상 지속을 기대할 수 없는 경제성장의 시기였는지를 설명한다고 고든은 주장한다.

나는 경제학자들이 경제성장을 어떻게 측정하는지에 대해 이야기할 생각이 조금도 없지만, 한 가지 기본적인 점에 대해서 — 나는 새로운 괜찮은 것new game in town이 있다고 생각한다 — 동의하지 않는다는 것을 알리고 싶다. 나는 우리의 자기 이해에서의 급변sea change을, 우리 자신과 세계에 관한 우리의 가장 깊은 전제에서의 패러다임 이동, 돌연변이를 보고 있다. 간단히 말해서 우리의 기본적인 해석학적 틀의 변경을 보고 있는 것이다. 1870년과 1970년 사이의 시기가 우리의 삶에 전대미문의 새로운 편의 시설을 전해주기는 했지만, 사물의 질서 속에서의 우리의 위치에 대한 자기 이해는 거의 변하지 않은 채로 있었다. 우리는 어떻게 이런 기계와 관련된 기술들이 작동하는지를 더 잘 이해했었고, 우리의 편의를 위해 만들어진 도구로서 그것들을 어느 정도 신뢰하면서 다루었다. 우리는 라디오와 냉장고를 사랑했지만, 어느 누구도 우리가 라디오나 냉장고였다고 걱정하지 않았다. 그것들은 한 종으로서의 우리 자신의 중요성에 대한 확신에 충격을 주지 않았다. 우리는 여전히 인간과 비인간 사이에, 자연적인 것과 인공적인 것 사이에, 인간의 삶과 세탁기 또는 자동차 사이에 좁힐 수 없는 거리가 있다는 안온한 환상에 빠져 있었다.

오늘날, 우리는 그렇게 확신하지 못한다. 우리는 우리의 인간주의적 좌석에서 안절부절 못 하고 있다. 세계 속의 우리의 위치와 세계에 대해서 우리가 가진 암묵적인 배경적 이미지에서의 이동을 일으키면서, 소위 이론가들이 말하는 우리의 '상상계imaginary'에서의 이동을 일으키면서, 우리의 해석학적인 대들보를 덜커덕거리게 하는, 진행 중인 힘이 있다. 으스스한 새로운 상상계가 그 모습을 드러내고 있는 중이다. 포스트모던, 후기 산업, 포스트 종교적인(10장) 모습으로뿐만 아니라, 무엇보다도 섬뜩한 포스트-휴먼의 모습으로 말이다. 우리의 상상계는 이제 과거에 그랬던 것처럼 종교, 예술과 철학에 의해서가 아니라 새로운 기술에 의해 모양을 갖춰 가고 있다.

포스트-휴먼 상상계에 오신 것을 환영함

우리가 마음 편히 세계 일주 여행을 할 수 있게 해주는 이웃에 감사하면서 — 여기에서 '우리'는 비행기 표를 살 여유가 있는 우리들을 말하고, '이웃relative'은 긴 보안 검색대 줄과 형편없이 비좁은 좌석을 여러분이 참고 견딜 수 있는지를 의미한다 — 그리고 새로운 전자 통신 체계에 감사하면서, 우리는 문화의 다양성, 많은 존재 방식, 다양한 변화 그리고 인간에 대해 내릴 수 있는 다양한 해석들을 뚜렷하게 감지한다. 실제로 전보다 더 많이 우리는 한 특정 문화가 영원한 존재 형식이 아니라 하나의 해석이라는 사실을 깨닫는다. 인간 존재가 많은 다른 모습으로 있을 수 있다는 예리한 감각을 지니고 있으면, 우리는 보편 구제설적인universalist 주장으로 위험을 자초하는 짓을 덜 하게 될 것 같다. 우리는 겸손한 자세를 갖추고 차이에 관용을 베풀도록 요청받고 있을 뿐만 아니라, 차이를 긍정하라고 요청받고 있다. (우리는 여전히 차이를 두고 일하고 있다.)

그러나 세계 여행을 하는 것을 넘어서, 우리는 지구의 표면을 넘어서는 모험을 감행하였다. 우리는 지구의 중력을 탈출하였고(그런 힘이 있다는 것을 발견하기 위해서 우리가 누군가를 필요로 했던 것은 그리 오래되지 않았다), 행성 간 여행 — 달 위의 우주인, 다른 행성을 탐사하는 우주선 — 에 착수하였다. 갈릴레오의 이름을 딴 한 우주선은 실제로 태양계의 중력장을 탈출하였다. (정작 갈릴레오 자신은 태양계라고 말하기 위해서 교황의 손아귀에서 벗어나지 못했음에도 불구하고 말이다.) 그와 더불어 인류는 끝없는 항성 간 공간으로 들어섰다. 우리가 별 특징 없는 별 주위를 돌고 있는 작은 암석 덩어리에 뒤늦게 등장한 존재에 지나지 않는다는 이야기를 들었을 때, 이 별도 상상할 수 없을 만큼 광대한 우주에서 하나의 먼지에 불과하다는 이야기를 들었을 때, 우리는 감히 고개를 들기 어려울 것이다. 이제 거기에다 우주에는 무수히 많은 다른 형태의 지적인 생명체가 존재해왔고 존재하고 있고 존재할 공산이 훨씬 더 크다는 이야기를 덧붙여 보라. 우리는 혼자가 아니다.

우리의 사라질 육체를 여전히 자극하는 어떤 인간중심주의의 잔여물이 혹시라도 남아 있다면, 상황은 더욱 나빠질 것이다. 우리의 뼈, 몸, 바로 우리 존재는 새로운 시체 도둑body snatcher — 정보 기술 — 의 침략을 받고 있다. 과거에 가끔 회의론자들이 우리가 기계에 지나지 않는다고 비웃었을 때, 그들은 산업 시대의 톱니바퀴, 전선줄, 금속으로 이루어진 냄새 나고 연기 나고 시끄럽고 투박한 잡탕을 의미하였다. 그러나 오늘날 인간과 비인간 간의 뚜렷한 경계선은 거의 문자 그대로 흔적도 없이 지워져버렸다. 디지털화의 구름 속으로 사라진 것이다. 우리는 기술을 의인화 하는 것an-thropomorphizing에서부터 시작했다. 컴퓨터가 부착 장치에 연결되어 있지 않을 때 우리는 컴퓨터가 '볼' 수 없다고 말한다. 컴퓨터가 데이터를 처리할 때 우리는 컴퓨터가 '생각하고' 있다고 말한다. 그러나 우리는 우리를 의기계화techo-morphizing하는 기술에 이르고 말았다. 우리가 생각할 때, 우리는 우리의 뇌가 '처리하고 있다'거나 또는 '정보 과부하'에 시달리고 있다고 말한다. 어느 쪽이 은유인가?

유물론과 관념론 간의 낡은 논쟁은 고물이 되었다. 사실 우리는 기계도 아니고 기계 속의 유령도 아니다. 순수한 정신도 아니고, 투박한 톱니바퀴 묶음도 아니고, 어느 누구도 전에는 생각해보지 못한 제3의 것tertium quid — 정보단위 — 이다. 복잡한, 세밀하게 조율된 생체 기술적 정보처리 시스템인 것이다. 도나 해러웨이는 30년 전에 우리를 사이보그라고 불렀다.[2] 그것이 포스트-휴먼이고, 실제로 그것은 으스스하다. 우리는 누구인

2. 도나 해러웨이, 「사이보그를 위한 강령」 in 『해러웨이 전집』, ed. 도나 해러웨이(New

가? 또는 우리는 무엇으로 되어 있는가?

플라톤과 아리스토텔레스를 울부짖게 만드는 법

따라서 오늘날 우리는 우리가 전에 인간이었던가? 하고 의아해 하고 있다.

만일 여러분이 인간을 플라톤이 그랬던 것처럼 순수한 영혼과 동일시하거나, 데카르트가 그랬듯이 육체에서 자유로운, 또는 비물질적인 그 무엇인 순수한 사고 작용과 동일시한다면, 그 답은 분명히 아니다 이다. 5장에서 상세히 들여다보았듯이, 만일 우리가 인간을 아리스토텔레스처럼 '이성적 동물'(아리스토텔레스가 주조한 용어이다)과 동일시한다면, 그 뒤를 이어서 소쉬르가 나와서는 소위 아리스토텔레스의 로고스(비율, 이성, 언어)는 얼굴 없는 의미 형성 체계라고 말한다. 언어는 우리가 고전적인 인간주의 철학에서 생각했던 것처럼 한 개인의 내적 사고의 외적 표현이 아니라, 서로 판별할 수 있는 차이에 의해 의미를 생산하는 기표들('링'/'킹'/'씽')의 비개인적인 구조, 익명적인 비인간적 체계이다. 태초에 로고스가 있었다. 아마 그랬을 수도 있을 것이다. 그러나 로고스의 내부를 들여다보라. 그러면 인간 이해와 이해를 가능하게 하는 핵심에 놓여 있는 것은 말하는 인간 주체가 아니라 하나의 CPU, 하나의 기호학적 체계이다. 순수하게 인간적인 것을 가능하게 해주는 듯이 보였던 바로 그것이 또한 순수하게 인간이 되기를 불가능하게도 하는—그것은 하나의 '해체' 전략이다— 것인데, 이는 우리의 자긍심에 또 한 번 타격을 가하고 있다.

플라톤이 현대 물리학의 수학적 측면에서는 자랑스럽게 '거봐 내가 뭐랬어.'라고 흡족해하고 있을지 모르지만, 그는 우리가 가상현실과 놀아

York and London: Routledge, 2004), 7-46쪽.

나는 짓에 대해서는 싫어했을 것이다. 가상적인 것과 실재적인 것을, 재현과 원래의 현전을 혼동하는 것은 플라톤주의에서는 중대 범죄이다. 그러나 생각해보라. 인간 지능은 모든 것을 재현 체계의 힘에, 규칙 지배적이고 부호화 된 기표들이나 가주어의 사용에 신세지고 있다. 기표들 — 그것들은 마술과 같다 — 에 있어서 놀라운 점은 실제 사물의 부재에서도 작동한다는 점이다. 그것이 정확히 기억과 상상을 가능하게 하는 것이며, 그것들 없이 우리는 멀뚱히 서 있는 기둥처럼 멍청할 것이다. 대체물, 복제상simulacrum, 도상icon과 이미지 — 바로 플라톤에 의해 검열 당했던 모사와 모방의 영역 — 들을 통해, 현전하지 않는 사물들을, 시공 속에서 우리와 떨어진 사물들을 정신에 불러오는 능력, 그것은 전적인 마술이다! 그것은 지능의 손상이 아니라 바로 지능의 표지mark이다. 바로 우리 코앞에 있는 그대로의 것을 두고 말하는 것은 이해가 된다. 그러나 그것이 코앞에 있지 않을 때 말하는 것은 더욱 놀라운 것이다. 우리의 가상현실 속으로의 여행은 우리의 꿈을 무디게 한 것이 아니라, 우리가 꿈도 꿀 수 없을 정도로 지능을 확장시켰다. 언어는 우리가 고안했던 가장 오래된 가상현실 체계이고, 현대 정보 시스템은 뒤이은 것이다.

만일 우리가 그런 식으로 생각한다면, 모든 지능은 인공적인 것이 아닌가? 라고 우리는 묻지 않을 수 없다. 모든 것이 인공물, 기호, 대역, 대용물, 재현의 교묘한 사용에 달려 있는 것은 아닌가? 아주 처음부터 미지의 고등 유인원 무리가 어딘가에서 무언가를 가리키기 위해서, 즉 이 상황은 좀 위험해 보이니 피해야겠다든지, 식물의 이 부분을 먹을 수 있고 이 부분은 먹을 수 없다는 것을 가리키기 위해서, 서로에게 가까스로 몸짓을 분명하게 구분지어 표현해가기 시작했다. 의미와 진리는 이런 기호 체계들에 의해서 가려져 있는 것이 아니다. 의미와 진리는 그것들로 구성되어 있다. 기호와 모사는 실재로부터 멀리 떨어진 곳에 우리를 내려놓지 않는다. 플라톤이 주장했듯이, 그것들은 우선 우리를 실재에 접근하게 해준다. 의미(의의)는 바로 그것들의 효과이다. 현전은 재현의 차이를 일으키는 전개에 의해 생산된다.

고전적인 인간주의적 의미에서 우리는 결코 인간인 적이 없었다.

물질은 문제가 되지 않는다Matter does not matter

우리는 한 기표의 물질적 기체substrate나 실체가 임의적이라고 소쉬르가 말했다는 것을 기억하고 있다.(5장) 문제가 되는 것은 기표들 간의 확인할 수 있는 차이들이 있다는 것뿐이다. 이는 장기 말이 플라스틱으로 되어 있든 화소로 되어 있든, 나무로 만들어졌든 상아로 만들어졌든, 장기 규칙과는 무관한 것과 마찬가지이다. 말은 볼 수 없는 공기와 시간의 흐름을 이용한다. 글쓰기는 볼 수 있고 만질 수 있는 기체를 이용하고 공간에 펼쳐진다. 앞에서 언급하였듯이, 데리다가 쓰인 것이든 말해진 것이든, 언어적이든 비언어적이든 차이를 일으키는 어떤 코드 체계에 대한 환유어 또는 약칭으로서 '글쓰기'를 선택했을 때, 그는 파문을 — 가장 헤르메스다운 정신에서 고의로 그렇게 했다 — 일으켰다. 이것은 서양 사상과 문화에서 말에 부여되었던 심리학적이고 인간주의적인 우선성에, 인간주의자들에게 주먹다짐을 한 것이었다. 그러나 명백한 혼동 — 하여 간 혼동을 일으켰는데 — 을 피하기 위해서, 그는 일상적 의미의 글쓰기를 차이 기호 체계의 일반적 구조인, 즉 '흔적'의 일반적 구조인 '원형적-글쓰기archi-writing'와 구별하였다. 그의 어휘 선택은, 뒤에서 간단히 보게 될 것인데, 선견지명이었음이 밝혀졌다.

형식적 체계라는 개념, 기호(의의)를 가지고 의미를 만드는facere 기계라는 개념은 AI 분야에서는 뜻밖의 횡재임이 드러났다. 이런 체계를 컴퓨터 프로그램에서 흉내 내는 것simulating이 우리의 삶을 — 우리가 그 체계 중의 하나는 아닌지? 하고 놀라고 있다는 점에서 — 변화시켰던 것이다. 겁나는 생각이었다.

이제, 여러분이 자문해보라. 실제로 인간 지성이 복잡한 신경가소적인 정보 처리 체계라면, 인간 의식을 이렇게 순전한 형식적 작용으로 도용하는 것을, 그것을 하나의 기체로부터 다른 기체로, 핵산에서 실리콘으로 또는 앞으로 생길 다른 좀 더 미묘한 실체로 변형시키는 것을 무엇이 막아줄 것인가? 언젠가는 우리의 의식적 삶의 자료를 효과적으로 처리하여 컴퓨터에 '탑재'하게 될 것이고, 나아가 그것은 우리가 지금 질질 끌고 다니고 있는 이 가련한 속세의 번뇌mortal coil를 더 질질 끌게 하기 위해서 윤이 나는 새 안드로이드에, 로봇 몸체에 다운로드할 수 있을 것이다. 이런 사태를 무엇으로 막을 것인가? 물론 그 과정에서 우리는 『배틀스타 갈락티카』의 부활선처럼 사고의 경우 복사본을 확실히 저장해두어야 할 것이다. "사망아, 너의 쏘는 것이 어디 있느냐?"(고린도전서 15장 55절)라고 바울은 물었다. 오늘날 고도로 로봇공학적인 신-바울주의 — 주요 인물로는 한스 모라벡Hans Moravec과 레이 커즈와일Ray Kurzweil이 있다[3] — 가 같은 질문을 놓고 일하고 있다.(또는 우리는 이것이 데카르트의 순수 코기토의 테크노 버전이기 때문에, 그들을 신-데카르트주의자들이라고 부를 수도 있을 것이다.) 그러나저러나 우리의 살과 뼈를 뒤에 남겨 놓게 될 이 기술적 황홀경의 도래를 기다리는 동안, 컴퓨터 프로그램 — 외국어, 위치 확인 시스템 등: 여러분이 원하는 것은 무엇이든지 — 을 인간 몸에 접목해서 다양한 컴퓨터 보조 기술로 인간 지능을 크게 향상시키는 일을 무엇으로 막을 것인가?

물질이 문제이다

무엇으로 막을 것인가? 인간 지능에 대한 또 다른 해석에 따르면 상당히

3. 레이 커즈와일, 『특이점이 온다: 기술이 인간을 초월하는 순간』(New York: Penguin, 2005); 한스 모라벡, 『로봇: 단순 기계에서 초월적 정신으로』(Oxford: Oxford University Press, 2000).

많다. 미심쩍지만 모라벡과 커즈와일의 말을 믿어주기로 하자. 우리가 먼 미래의 어떤 순간에 뇌의 의식적 삶을 한 겹씩 벗겨내기 위한 기술을 개발하고 로봇 안에 그것을 이전시킬 수 있었다고 가정해보기로 하자. 우리는 기괴한 괴물 같은, 대단히 불완전한 인식적 존재가 되고 말았을 것이다. 그런 존재의 삶은 명백히 그것의 인식적인 의식 기능에 한정될 것이고, 미스터 스포크를 아주 과장되게 만들어 놓은 모양의 존재일 것이다. 이런 해석 하에서 잊고 내버려둔 것은 인간을 인간답게 만드는 일체의 것이다. 그러한 것은 대단히 많다. 선인식적이고, 비인식적인 삶 전체, 전의식적이고 무의식적인 삶 전체, 분명히 개념적이지도 언어적이지도 재현적이지도 않은 광대한 양의 인간 지능, 육체에 묶여 있는 모든 것, 정서적이고 정동적이고 육체적인 모든 것, 잊고 놔두었을, **몸속에 묻혀** 있어서 알게 모르게 남아 있는 모든 것.[4]

예컨대 우리는 자판기를 먼저 기억하고 난 후 이 우선하는 심적 재현을 실행에 옮김으로써 타자를 하지 않는다. 타이핑은 소위 하이데거의 세계-내-존재의 한 양태이다. 모리스 메를로 퐁티가 — 하이데거의 통찰에 살을 붙였던 —『지각의 현상학』(1945)에서 보여주었듯이, 그것은 세계 내에서 그리고 세계와 더불어 신체와 관계 맺는 존재의 문제이다. 그렇기 때문에 너무나도 친숙해서 자판기가 우리 손의 연장인 것처럼 느끼는 것이다.[5] 다시 말해서 그것은 물질의 문제, 소위 물질적 기체의 문제이다. 이론적 지식이 아닌 실천적 지식으로서의 얇은 손가락 속에, 눈 대 모니터의

· ·

4. 이것은 M. 캐서린 헤일스의 논증이다. 『어떻게 우리는 포스트-휴먼이 되었는가: 사이버네틱스와 문학, 정보 과학의 신체들』(Chicago, University of Chicago Press, 1999).

5. 모리스 메를로 퐁티, 『지각의 현상학』, trans. Colin Smith(London/New York: Routledge & Kegan Paul, 1962). 허버트 드레퓌스도 이 점을-인간 지능을 흉내 내기 위해서 컴퓨터는 신체를 필요로 한다는 것-지적한다. in 『컴퓨터가 아직 할 수 없는 것: 인공이성비판』, rev. edn.(Cambridge, MA: MIT Press, 1992). 큰 소동을 일으켰던 1972년 원본은 처음에는 AI 종사자의 공격을 받았지만 나중에는 신중하게 연구되었다.

공동 작용 속에 간직되어 있다. 만일 누군가가 여러분에게 개략적으로 문자 'c'가 어느 위치에 있느냐고 묻는다면, 여러분은 머릿속으로 자판기의 이론적 그림에 의뢰하지 않고 여러분의 손가락에 의뢰하게 될 것이다. 피아노를 칠 때에도, 수영을 할 때에도 마찬가지이다.

사실, 뭘 놓고 이것이 참이 아니라고 하겠는가? 실제로 심지어 소위 순전한 언어 작용도 전적으로 형식적인 인식 체계가 아니다. 말하는 일은 허파의 바람을 밀어내고 혀를 굴리는 행동이고, 몸짓, 얼굴 표정, 사투리regional accent 및 상류층/서민층 사회정치적 계급 구분 등의 앙상블로 편성되어 있다. 구어로서의 말the verbal은 우리가 '해석'할 수 있는 비구어적인 것의 바다에서 부유하고 있다. 그것이 우리가 문서 — 우리의 신체가 그 뒤에 있다는 것을 잊어버리고 있는 온갖 시도들인 이메일, 트위터 또는 텍스트 — 를 읽는 것으로부터 배우는 것보다는, 상대방의 몸짓 언어를 읽어낼 수 있는 일 대 일 대면 대화를 통해 더 많이 배우는 이유이다. 메를로 퐁티가 말했듯이, 각각의 언어는 세계를 노래하는 한 방법이다. 만일 여러분이 이탈리아어를 배우고자 한다면, 여러분은 (손을 사용하는 법을 배우는 것은 말할 것도 없고) 이탈리아인들처럼 말을 선율적으로 조절하는 법을 배우지 않으면 안 된다. 영국 영어는 마치 말을 풀어 놓는 것이 어떤 고통을 일으키는 것처럼, 또 다른 몸을 요구한다. 의사소통은 결코 순전히 몸 없이 이루어지는disincarnate 메시지가 아니라, 물질적 매체에 스며들어 있는 것이고 거기에서 구현되는 것이다. 한 친구가 사랑하는 이를 잃는다면, 이메일로 또는 전화로 위로하는 것과 직접 방문에서 위로하는 것은 매우 다른 메시지를 보내는 것이다.

두 유형의 포스트-휴먼 유령

따라서 (적어도) 인간 지능에 대한 두 해석과 포스트-휴먼 유형에 대한 두 개의 다른 설명이 있다. 하나는 비육신적 설명이고 다른 하나는 육신적 설명이다.

비육신적^{disembodied} 설명, AI식 설명에서, 인간 지능은 다른 물질적 기체로 변환 가능한 복잡한 형식 체계로 해석된다. 인간은 기술적인 것과 대립해 있지 않다. 인간은 항상 기술적으로 처리되어 왔었다. 이것은 이상한 비유물론, 신데카르트적 이원론을 채택하는 것인데, 여기서 인간 신체는 정신적 영혼을 담는 외부적인 용기로 취급되는 것이 아니라 대체할 수 있는 형식적 체계의 기체로 취급된다.

육신적 설명은 유물론적이고 생물학적이며, 인간 존재의 많은 것들이 형식화될 수 없고 프로그램화 할 수 없다는 점을 인정한다. 따라서 이것은 훨씬 더 해석학 친화적인 환경에 머물러 있는데, 이것이 데리다가 우리 모두가 동물이라는 책을 썼던 이유이다.[6] 그것은 오늘날 환경론자와 동물권리 운동의 눈길을 끌었는데, 이들은 인간 예외주의가 환경과 그리고 해러웨이가 우리의 '동료 종'이라고 부른 영장류에 얼마나 많은 해악을 끼쳤는지를 지적한다.[7] 유물론자들은 인간 동물이 동물이고, 인간과 '동물' 간의 구분이 아니라 인간 동물과 비인간 동물 간의 구분이 적절한 구분이라고 고집한다. 그들은 우리의 기를 꺾는 인간과 동료 영장류 사이의 놀라운 유사성을 기꺼이 지적한다. 영장류들은 '얼굴'을 가지고 있고 우리를 바라본다. 데리다의 책은 그가 목욕을 하고 나와서 완전히 벌거벗은 채 고양이 앞에 노출되어 서 있을 때, 그를 응시하는 자기 고양이와 함께 이야기를 시작한다. 그 고양이는 무엇을 생각하고 있을까?[8]

● ●

6. 자크 데리다, 『동물, 그러니까 나인 동물(계속)』, ed. Marie-Louise Mallet, trans. David Wills(New York: Fordham University Press, 2008).
7. 도나 해러웨이, 『반려종 선언: 개, 사람 그리고 소중한 타자성』, ed. Matthew Be-belke(Chicago Prikly Paradigm Press, 2003).
8. 도노반 셰퍼에 따르면 심지어 그들은 어떤 종교도 가지고 있다. 『종교적 감정: 동물성, 진화 그리고 권력』(Durham, NC: Duke University Press, 2015).

정말로 인간은 불안할 정도로 동물적인 행동을 표출한다. 인간의 차이 — '말 못 하는' 동물과 대립하는 것으로서 우리가 말하고, 웃고, 죽는다는 것을 알고, 죽은 자를 묻는 것 등등 — 에 대한 연구는 쓸데없는 헛고생이다. 신으로부터 만물을 지배하는 권리를 얻은(시편 8:5) 천사 못지않은 존재라고 허풍을 떨고 선포하는 대신에, 우리는 진화 역사의 단계들에서 뿐만 아니라 태아로부터 성숙한 성인에 이르기까지의 일련의 변모에서도 볼 수 있는 것으로서, 유사한 행동의 단계별 연속이라는 것을 보지 않으면 안 된다. 인간은 동물과 반대편에 있는 것이 아니다. 니체가 기독교의 원죄 개념을, 스스로를 병들게 하려고 의도한 동물들의 소산이라고 맹렬히 비난했을 때처럼, 인간은 동물의 한 특수한 굴절, 어떤 동물에 의해 수행된 복잡한 뒤틀림이다.

그것은 둘 사이를 선택하는 문제가 아니다

포스트-휴먼을 이렇게 육화된 형태와 비육화된 형태로 구분하고 난 후, 이제 그것을 해체해보기로 하자. 데리다가 그렇게 말하기 좋아하는 것처럼, 그것은 결코 해석의 두 해석 사이를 선택하는 문제가 아니다. 따라서 데리다가 예견한 바와 같이, 기술적인 것과 — 비육화된 것과 생물학적인 것 — 육화된 것 간의 구분은 전혀 유효하지 않다. 그것들은 보기만큼 그렇게 사이가 나쁜 것은 아니다. 우리가 누구이든지 또는 무엇이든지 간에, 우리는 일종의 기술-생물학적 체계 또는 그에 준하는 체계이다.

현대 유전학은 데리다가 옹호한 (원-)문자의 편재성이 그저 하나의 은유가 아니라는 사실을 증명한다. 그것은 특별한 깊이, 넓이, 중요성을 가진 환유어이며, 따라서 이제 여러분은, 젊은 데리다가 글자를 선택한 것에는 선견지명이 있었다고 내가 말했던 이유를 볼 수 있다. 유전자 코드는 우리 육체적 생명의 중핵 속에 새겨져 있다. 이것은 데리다의 비판자들을 대단히 아이러닉한 입장에, 심지어는 우스운 입장에 빠트린다. 그들은 스스로 현실 세계의 호민관 자리에 올라서, 경박한 텍스트 신봉자와 데리다의 웃기는 텍스트주의에 맞서 물질적 육체를 방어하기 위해 칼을 휘두르는 기사로서의 기름부음을 받았다. 데리다가 "텍스트 바깥에는 아무것도 없다."라고 썼을 때, 그들은 걱정스럽고 번들거리는 눈으로 구원을 위해 하늘을 우러러보았다. 그들의 반대편은 오늘날 업신여기는 듯한 웃음에서 가장 잘 만나볼 수 있다. 현대 유전학과 뇌 과학에서 진행되고 있는 일은 텍스트성의 모델과 대립되어 있지 않다. 그것은 그 모델에 기초되어 있다.

글자 발명 신화

플라톤이 묘사한 글자writing 발명 신화(『파이드로스』, 274c-275b)에서, 타무스 왕은 글자의 발명자 테우트Theuth — 헤르메스에 다름 아닌 이집트인 이름 — 가 주장했던 것처럼, 글자가 영혼을 도와주지 않는 것은 아닌지 또는 영혼의 망각을 치료해주지 않는 것은 아닌지 하고 우려한다. 왕은 글자가 기억을 외적인 어떤 것에 의존하게 만듦으로써 기억을 약화시키고 영혼의 내적인 순수성을 부식시키는 것을 두려워하였다. 데리다가 지적하듯이, 도움이나 치료remedy를 가리키기 위해 플라톤이 사용했던 희랍어 파르마콘pharmakon은 약remedy과 독을 모두 의미했는데, 이런 애매성은 오늘날 우리말 '약drag'에도 잘 살아남아 있다.[9] 현대 정보 체계는 우리를 치료할 것인가 죽일 것인가? 우리는 치료될까, 아니면 과다 복용으로 죽어가게 될까? 도움을 받게 될까, 아니면 약물 의존적이 될까? 나는

• •

9. 자크 데리다, 「플라톤의 약」 in 『산포』, trans. Barbara Fohnson(Chicago: University of Chicago Press, 1981), 95-117쪽.

누구에게 건, 어디서든 플라톤보다 더 실질적으로 현대 기술이 일으킨 딜레마가 농축된 것이 아닌가 하고 생각한다.

그것은 글자-체계와 생명-체계bio-system 사이를 선택하는 문제가 아니다. 사실, 영혼은 차후 경험이 그 위에 새겨지는 백지blank tablet로서 삶을 시작한다고 말했던 사람은 생물학적으로 정향된 아리스토텔레스였다. 그러나 생명-체계는 글자판과 같은 것이 아니라, 그 정보가 핵산에 저장되는 글자판이다. 그리고 그것들은 전혀 비어 있는 것이 아니라 복잡한 유전자 코드로 미리 장착되어 있다. DNA는 매우 강력한 정보 저장 체계라서, "DNA 분자는 대략 포도주 한 상자 분량인 9리터의 용액으로, 세계의 모든 디지털 정보를 잠재적으로 저장할 수 있는 문서 저장 체계의 기반이 될 수 있다."[10] 이런 점에서는 특이하게도 수학적으로 정향된 플라톤이 과녁에 더 가까웠다. 플라톤은 영혼이 전생의 이데아의 세계에서 얻었던 순수 형상의 기억 흔적을 가지고 이 세상에 온다고 주장하였다. 이 순수 형상은 그러나 현생에서는 육체로 인해 그 기억이 흐려져 있지만, 상기를 통해 알게 될 것이었다.

따라서 뇌의 신경망이 데리다가 차이différance라는 말로 의미한 것을 보여주는 완전히 좋은 예인 것처럼, 그만큼이나 DNA(유전자 자모)와 RNA(유전자 언어건축자)는 그가 원-문자라는 말로 의미한 것을 보여주는 완벽한 예들이다. 육체이면서도 정신인 유기적 생명은 처음부터 부호화되어 있는데, 이것이 데리다가 형식 체계와 동물에 대해 양쪽 다 편하게 글을 썼던 이유였다.

따라서 해석학적 순환에 상당하는 유전자적 상대역이 있다. 우리의 삶은 우리가 세계로 가져온 것과 세계가 우리에게로 가져온 것 간의 순환 속에서 영위되고 있고, 날 때부터 우리가 가지고 있는 유전자 구조와

●　●
10. 존 마코프, 「합성 DNA가 수 세기 동안 자료를 저장하는 방법으로 보여진다」, 〈뉴욕 타임즈〉(2015. 12. 14).

그 속에서 우리가 태어나는 세계(해석학적 상황) 사이의 상호 놀이 속에서 영위된다. 이것들은 낡은 자연/육성 논쟁 속에서 오늘날 다시 거명되는 용어들이다.

파르마콘론적인 결과

타무스 왕의 우려는 근거 없는 것이 아니었다. 과거 1960년대에 내가 박사학위 논문을 작성하고 있었을 때, 나는 열심히 인용구들을 색인 카드에 베꼈고 그것들을 육필로 내 초고에 다시 베껴 썼다. 그래서 나는 컴퓨터를 이용한 문서 작성word-processing을 신이 준 선물처럼 환영하였다. 그러나 물론 디지털화 된 텍스트를 한자 한자 써 나가는 대신에 컴퓨터 문서로 바꾸거나 오려 붙이는 것은, 꼼지락거리기 싫어하는 내 머리와 손을 거쳐야 할 수고를 상당히 덜어줄 것이다.

데리다가 이 신화에 대한 해석을 통해 확인한, 독/약, 장래성/위협이라는 이 기술의 다의성을, 우리는 파르마콘론적인 효과라고 부를 수도 있을 것이다. 그리고 그것은 널리 퍼져 있다. 우리는 왓슨이 도처에 출현하고 있다고 말할 수도 있을 것이다. 그리고 우리는 그의 접근을 검사해보지도 않은 채 열렬히 맞아들였다. 그것은 플라톤의 악몽이다. 가상현실이 늘어나면, 현실과의 접촉은 줄어든다. 가상 공동체, 인터넷 웹사이트, 문자메시지 주고받기, 비디오와 페이스북 친구가 늘어나면, 현실의 친구와 공동체는 줄어든다. 원격 학습이 늘어나면, 교실 수업은 줄어든다.[11] 사람들은 더 많이 전 세계의 사람들과 접촉하지만, 그러나 실제 접촉, 개인적 상호 작용은 없는 것이다. 우리가 전자기 상의 접속자와 실제로 접촉하는 일은 아주 드물다.

● ●

11. 데이빗 부룩스, 「찬교 기피자를 위한 친교」, 〈뉴욕 타임즈〉(2016. 10. 7).

자동차 운전자는 GPS를 대단히 좋아하지만, 그러나 (후설과 하이데거가 가르쳤던) 프라이부르크대학의 줄리아 프랑켄슈타인 — 가명이 아니라고 본다 — 이라는 이름의 한 학자가 지적하듯이, 그 결과는 우리가 역사적 건물들을 무시하고, 환경과 동화하지 못하고, 풍경을 생생하게 느끼지 못하게 만든다는 것이다.[12]

의사소통을 향상시켰던 웹사이트와 블로그의 편재는 의사소통을 저하시키는 데에도 기여하였다. 그것은 처음부터 믿고 있는 것을 재강화하는, 같은 의견을 가진 게시 글post들의 군도를 촉진한다. 유선방송망들은 자기들의 주 시청자들의 비위를 맞추고, 다른 의견을 가진 사람들을 악마로 묘사한다. 가다머의 대화와는 완전히 정반대인 것이다. 정보와 '가짜 뉴스'[13]가 급증하고 있고, 이것은 출판의 자유와 민주주의 자체를 위협한다.

컴퓨터는 방대한 양의 의학적 문헌을 저장하면서, 최고의 의사들도 쩔쩔매는 증상을 진단하면서, 의학에 헤아릴 수 없는 도움을 주겠다고 약속한다. 의사와 환자들은 컴퓨터 프로그램이 거의 순식간에 해낼 증상의 진단을 찾아내는 데 몇 달을 시행착오의 시간으로 허비한다.[14] 그런 컴퓨터 보조 작업은 실생활 상황에서 우리가 그 경험과 판단을 믿고 있는 모든 이들 — 교사, 법률가, 비행기 조종사 — 에게서 거의 모든 곳에서 발견될 수 있다. 그들이 완전히 컴퓨터에 의존하도록 위협적으로 몰아가면서 말이다. 자동차 사고 방지casualty avoidance 시스템은 생명을 구할 수 있지만, 구글 자동차처럼 완전한 자율 자동차는 필요할 때 운전자가 차의 통제권을 넘겨받을 수 없게 만들 위험이 있는 것이다. 우리는 우리의 기량을 보조해줄

• •

12. 그레그 밀너(Greg Milner), 「GPS를 무시하라」, 〈뉴욕 타임즈〉(2016. 2.14.); 마트 벨라(Mart Vella), 「운전을 못하게 해야 한다」, 〈타임 매거진〉(2016. 3. 7).

13. 조엘 스타인(Joel Stein), 「왜 우리는 증오의 문화에 인터넷을 상실하고 있는가」, 〈타임 매거진〉(2016. 8. 29).

14. 스티브 로어(Steve Lohr), 「왓슨의 약속 이행」, 〈뉴욕 타임즈〉(2016. 2. 19).

컴퓨터를 원하지만, 하지만 각각의 경우에 축복은 혼합되어 있다. 보충은 위험하다. 치료가 독이 되고 말 수도 있다.

최신의 인간 편집

모든 환자가 다르다는 생각(8장)은 환자의 특별한 유전자 지도에 적합한 처치 과정을 우리가 재단할 수 있을 때 보다 예리한 칼날을 얻을 수 있다. 만일 모든 환자가 다르다면, DNA 검사는 그런 차이들을 확인할 수 있을 것이다.[15] 우리는 특이성의 알고리즘, 각 개인에 맞춘 다이어트, 약물 치료, 암 처치, 운동 프로그램 등등을 처방하는 알고리즘을 만들어낼 수 있다. 물론 유전자와 게놈 간의 일 대 일 대응이란 있지 않다. 그것은 어떤 일을 하기 위해 '협력하여 일하는 유전자들의 합창'[16]을 요구하며, 단 하나의 유전자일 뿐인데도 폭넓은 다양한 효과를 일으킨다. 그것은 현대 유전학에 퍼져 있는 텍스트성을, 혼합적이고 상호 작용적이고 차이를 일으키는 효과들을 이해시키기 위해서 엄청난 양의 수학과 기죽일 만큼 어려운 실험 작업 능력을 필요로 한다.

유전자 코드를 해독할 수 있게 됨으로써, 우리는 나중에 살아가는 동안 질병으로 발현되는 선천적 결손증, 유전적 질병, 유전적 소인의 원인과 이유를 이해할 수 있다. 그것은 결국 그런 질병들을 방지하거나 교정하는 법을 알게 해줄 것이다. 최근의 유전학 연구는 우리를 한계점까지 몰아붙였다. 2015년 CRISPR-Cas9(3세대 유전자 가위) 기술의 개발과 더불어, 유전자 조작이 현실적으로 수행될 수 있는 가능성이 생겨났다. 우리는 소름끼치는

• •

15. 디나 파인 마론(Dina Fine Maron), 「당신에게 맞는 알약」, 『과학적 미국인』, 315: 4(2016. 10): 38-45쪽.

16. 니콜라스 와드(Nicholas Wade), 「과학자들은 인간 게놈 편집에 대한 일시 중지를 요청한다」, 〈뉴욕 타임즈〉(2015. 12. 4).

선천적 결손과 일생의 고통을 일으키는 유전적 결함을 잘라 떼어낼 수 있는 일을 예상해볼 수 있다. 마찬가지로 우리는 언젠가 우리가 원하는 것은 무엇이든 간에 온갖 바람직한 유전적 성향을— 아마도 키가 더 크고, 더 똑똑하고, 더 강하고, 더 빠르고, 더 잘생기고, 더 잘 기억하고, 더 오래 사는, 전반적으로 새로운 인간 세대를 생산하는— 편집하여 끼워 넣는 일을 예상해볼 수 있다. 우리는 지금 후속 세대에 이전되게끔 유전자 코드를 바꾸는 것에 관해 이야기하고 있는 중이다. 우리는 인류를 재설계할 수 있는 지점에 이를 것으로 예상하고 있다.

그러나 장기적으로 어떤 결과를 동반하게 될까? 우리가 예상할 수 없는 것의 도래에 관해 이야기하라! 우리가 그런 복잡한 망을 바꿀 때, 어떻게 우리는 무엇을 바꿨어야 할 것인지를 알 수 있을까? 바뀐 유전자 코드가 유전자 풀에 얼마나 영향을 미치고 또 미래 세대에 전달될 것인가? 포스트-휴먼 유령이 이 연구의 위에서 맴돌고 있다. 프랑켄슈타인 박사가 창조한 괴물이 바로 이것의 문학적 상징인 것이다. 메리 셸리의 소설은 여느 때보다도 더 현대적인 의미가 있다.

맞춤 아기designer baby들은 필요에 맞춰 아이들을 그만 낳는 가족계획에 전반적으로 새로운 의미를 부여한다. 그럼 누구의 필요에 맞출까? 부모? 국가? 군대? 기업? 컴퓨터 산업? 하느님 맙소사, 심지어 종교적 믿음을 고취하는 유전자도 있으려나? 창세기가 유전학과 만난다.[17] 타무스 왕은 시민들의 검토가 필요하다고 말한 점에서 옳았다. 누군가가 판단을 내리지 않으면 안 된다. 해석학적 판단을.

타무스 왕은 단호하게 반대하지는 못하고 말았지만, 런던 왕립학회는 미국과 중국 국립 과학학회와 제휴하여, 발 벗고 나서서 왕의 역할을 수행하였다. 2015년 12월, 유전자 풀에 영향을 미칠 정도로 인간 게놈을

• •

17. 딘 H. 하머(Dean H. Hamer), 『신 유전자: 어떻게 신앙이 우리 유전자에 장착되는 가』(New York: Random House Anchor Books, 2005).

편집하는 것에 활동 중단을 요구한 것이다. 언제까지? 예견할 수 없는 결과에 관해 과학이 더 잘 이해할 수 있을 때까지, 그리고 어떻게 진행할지에 관해 '우리'가 동의할 수 있을 때까지. 우리 누가? '폭넓은 사회적 합의가', 이것은 오락가락하는 어수선한 민주적 절차, 상충하는 견해 ─ 국제 사회에서의 과학자, 정치 지도자, 대중 의견 ─ 들의 잡탕을 의미한다.[18] 유능한 편집 위원회는 해석학에, 신중하고 해석적인 의사소통에 참여하였다. 간단히 말해서 우리 해석학자들은, 우리가 실천적 지혜phronesis를 필요로 한다고, 중대 사안을 평가할 해석적 안목을 필요로 한다고 말하겠다.

인간, 신 그리고 로봇

AI 연구와 로봇공학에서 얻은 경험 법칙은, 인간 쪽에서 어려운 것이 기계 쪽에서는 쉽고 기계 쪽에서 어려운 것은 인간 쪽에서는 쉽다는 것이다. 왓슨은 맹렬한 속도로 계산할 수 있고 한 인간이 풀기 위해서 수 세기가 걸릴 문제를 수 초 만에 풀 수 있지만, 넘어지지 않고 방을 걸어다는 데에는, 그리고 도움이 없이는 쓸모없게 된다는 점에서는 두 살 난 아이도 로봇보다 더 낫다는 것이다.

현재 최신식 컴퓨터는 인식적 문제들을 계산할 수 있지만, 그러나 해석학과 부닥칠 때에는 가끔은 그야말로 완전히 벽에 부딪치고 만다. 컴퓨터는 해석을 요구받을 때, 즉 계산으로는 해결할 수 없고 오직 협상에 의해서만 해결할 수 있는 일을 하도록 요구받을 때에는 한계에 봉착한다. 컴퓨터는 규칙이 마련되어 있지 않아서 새로운 판단을 요구하는 새로운 상황과 만날 때 곤란해진다. 로봇은 틀에 박혀 있는 연산을 수행하는 데에는

18. 앨리스 파크(Alice Park)의 「생명, 리맥스」, 〈타임 매거진〉(2016. 7. 4).

독보적이지만, 문손잡이를 돌리는 것과 같은, 단순한데도 프로그램화되어 있지 않은 일은 너무 까다로운 일이다. 어떤 이가 재담을 늘어놓았던 것처럼, 만일 여러분이 터미네이터로부터 자신을 지키고 싶다면, 방문을 닫기만 하면 될 것이다.[19]

가다머의 용어를 빌리자면, 로봇은 방법을 따르는 데 있어서는 대단하지만, 놀이에 이르게 되면, 자발적인 것, 비방법적인 것에 이르게 되면 꼼짝 못 하게 된다. 그것은 이런 반론들을 의식하지 못한 것이 아닌 컴퓨터 설계자들에게는 도전이 된다. 그들은 우리가 말하는 것을 듣고는 무시무시한 일을 — 모든 수학적 가능성들을 다 써버리는 것이 아니라 통찰에 의해 처리하는 것, 실수를 수정하는 것, 경험을 학습하는 것, 창조적인 일을 하게 만드는 것 — 하는 컴퓨터를 설계하고 있다. 간단히 말해서 프로그램화 할 수 없는 것을 프로그램화 하고 있다.[20] 우리는 컴퓨터가 컴퓨터를 설계하고 심지어 컴퓨터들끼리 우리가 이해할 수 없는 방식으로 의사소통하기 시작하는 지점에 도달하게 될지도 모른다. 등골을 오싹하게 만드는 자식!

철학자들에게 던져진 과제는 과학을 악마화 하지 않고, 과학을 환원주의로 환원시키지 않고 이런 논쟁들을 헤치고 나아가는 것이다. 현대 이론 물리학이 열어놓은 우주관에 의해 형성된 포스트-휴먼 상상계는 오늘날 우리가 철학자와 신학자들로부터 들은 많은 것들보다 훨씬 더 잘 존재의 신비를 정당화 해주고 있다. 철학이 경이에서 시작된다면, 이론 물리학자들은 그 경이를 훔쳤던 것이다. 그들은 다중 우주, 다차원, 시간 여행을 이론화 하고 있고, 또 그것이 철학과나 신학과에서 나왔더라면 강의실을 웃음바다로 만들었을 양자 역설을 이론화 하고 있다. 우리가 필요로 하는 것은, 드러나고 있는 우주의 신비를 탐구하기 위해 서로가 상대방의 작업을

19. 스티브 로어, 「로봇을 두려워하지 말 것」, 〈뉴욕 타임즈〉(2015. 10. 25).
20. 이것은 또한 하이데거와 메를로 퐁티에 빠졌었던 철학자인 드레퓌스가 『컴퓨터가 여전히 할 수 없는 것』에서 지적하고 있다.

잘 이해하고 있는 철학자와 이론 물리학자 간의 일정 정도의 해석학적 협동 작업이다. 왜냐하면 과거에 우리가 철학과 물리학이라고 불렀던 학문은 오늘날 수렴되기 시작하기 때문이다. 물리학자가 빅뱅 속에서 무언가가 무로부터 나온다고 말할 때, 우리는 방 안의 과학적으로 교양 있는 철학자에게, 당신은 실제로 그렇게 말할 수 없다고, 하지만 여기서 일어나는 아주 신비스러운 무언가가 있고 우리는 그것이 무엇인지를 말할 방법을 찾지 않으면 안 된다고 말하도록 요구해야 한다.

가소성의 해석학

사실, 뇌가 톱니바퀴와 도르래로 이루어진 기계가 아니고 시계의 기계적 반복처럼 움직이지 않는다는 것은 어떤 철학자보다도 뇌 과학자들이 더 잘 우리에게 설명해주고 있다. 뇌는 상호 연결된 복잡한 신경망인데, 가소성plasticity, 유동성, 변형 가능성, 새 정보를 흡수하는 능력, 새 환경에 반응하는 능력을 그 특징으로 가지고 있다. 뇌는 전체론적인holistic 신경망이기 때문에 어느 한 부분이 손상되면, 다른 부분이 그것을 바로 잡으려고 한다. 뇌는 하나의 전체이지 폐쇄된 체계가 아니다. 그것은 전체이기는 하지만 전체주의는 아니다. 그것은 신경망이지만 열려 있는 것이다. 간단히 말해서 뇌는 예상하지 못한 경험의 쇄도를 예측할 수 없는 다른 방식으로 받아들이는 일단의 잠재성이다.

이런 면에서 우리 시대의 가장 해석학적인 철학자는 카트린 말라부 Catherine Malabou(1959-)인데, 그녀의 간판 개념인 '가소성'은 의도적으로 뇌 과학에서 빌려온 것이다. 가소성이라는 범주는 람바흐 이후 해석학을 정의해왔던 기술subtilitas과 썩 기분 좋게 어울리는 짝이다. 말라부는 한 편으로는 대륙철학의 대가들(칸트와 헤겔, 하이데거와 데리다)과 다른 한 편으로는 뇌 과학 사이를 왕래하는 분이다. 그녀는 이 둘 사이에 불화가 있을 것이라거나 있어야 할 것이라고는 조금도 생각하지 않고 있다. 가소성은 유물론과 관념론, 또는 자유와 필연 간의 옛 전쟁을 쫓아낸다.

말라부는 인간 지능에 대한 어떤 합당한 철학적 설명에서 뇌 과학을 포섭할 것을 그리고 뇌를 설명하는 생물학적 환원주의를 배제할 것을 주장한다. 바람직한 뇌 과학에서 뇌는 기계가 아니라 가소성, 재창조성, 전체론적이고 자율 변형적인 성격을 가진 존재이다. 최근의 책『내일이 오기 전에*Before Tomorrow*』에서, 그녀는 배아 특유의 발전 과정인 '후성설*epigenesis*'의 모델을 채택한다.[21] 후성설은 같은 형상을 유지하면서도 점점 크게 자라나는 아주 미세한 인간인 극미인homunculus — 작은 어른처럼 보이게 만든 옛날의 어린이 그림과 같은 — 과 함께 시작하지 않는다. 후성설은 성숙한 모습에 도달할 때까지 저마다 자체의 형태를 가지고 있되, 연속적으로 다른 모습을 통과하면서 점진적으로 분화하는 과정을 기술한다. 어떠한 형태도 점점 자라나는 것이 아니라, 수정에서 성인에 이르기까지 일련의 연결된 변형인 것이다. 후성설은 순전한 본유주의innatism — 같은 선천적인 형태가 점점 커져서 반드시 그 작은 자아의 더 큰 변형태가 되는— 도 아니고, 순전한 우연 발생chance occurrence의 우연적인 연속도 아니다. 그것은 환경적 자원input과의 공동 작업에서 발생하는 일련의 일관된 변형이며, 조율된 순서로 단순한 것으로부터 복잡한 것으로 나아가는, 전체로서의 신체에서 일어나는 세포 분화이다.

바람직한 뇌 과학에서 뇌는 데리다가 즐겨 말하는 것처럼 미래에 개방되어 있고, 예상할 수 없는 것의 도래에 반응할 수 있고, 그 도래를 환영한다. 그 수용성은 자발적이고 자발성은 수용적이다.

• •

21. 카트린 말라부, 『내일이 오기 전에: 후성설과 합리성』, trans. Carolyn Shread(Cambridge: Polity Press, 2016).

큰 타자는 빅 데이터이다

포스트모던 해석학의 관심은 기술을 악마화 하는 데 있는 것이 아니라, 파르마콘의 결정 불가능성을 보존하기 위해서 그것의 창조적-생산적 힘을 풀어놓는 데 있다. 기술은 중립적이 아니다. 기술에도 물려받는 경향성이 있다. 그러나 기술에는 전혀 고정된 본질이 없다.[22] 좋기도 하고 나쁘기도 한, 때로는 약이 되기도 하고 때로는 독이 되기도 하는 여러 다른 전개가 있을 뿐이다. 우리에게는 사전에 그 결과를 장담할 어떠한 방법도— 미리 내다보고 길을 보여줄 수 있는 어떠한 영역도, 프로그램도, 방법도, 알고리즘도— 없다.

기술, 대체, 의미 체계, 가주어, 기호, 모방, 재현, 소위 가상 영역을 공격하기는커녕, 우리는 그것들을 요구한다. 우리는 그저 마지못해 필요 악으로서 그것의 필요에 동의하는 것이 아니라, 그것들과 계속 놀이하려고 하면서, 그것들을 긍정한다. 현상, 이미지, 모사라는 가상 세계의 독약 효과에 면역되고자 하는 대신에, 우리는 자가 면역을 옹호한다. 자가 면역 안에서는 육체가 저항력을 상실하는데도, 처리 못 하는 것 하나도 없이 기꺼이 기호와 대체물에 오염되도록 놔둔다. 그런 위험을 감수하는 것이 우리의 유일한 희망이고, 미래를 계속 개방하는 유일한 길이다.

걱정은 기입 기술 자체에 있는 것이 아니라, 그 기술의 결정 불가능성을 막으려는— 절대적 진리로 내장되어 있다고 주장함으로써— 시도에 있다. 오늘날 우리가 마주하고 있는 하나의 큰 위협적인 존재는 프로그램, 즉 빅 알고리즘의 신화이다. 우리의 큰 타자big Other는 빅 데이터(대용량 자료)이다. 주 과제는 시스템으로 구축된 각본play을 저장하는 데 있다. 왜냐하면 이 각본만큼 위험한 것으로서 거기에는 약속이 숨어 있기 때문이

22. 데리다, 「플라톤의 약(Plato's Pharmacy)」, 125쪽.

고 그 각본을 정지시키는 것만큼 위험한 것은 없기 때문이다.

포스트모던적 약국

철학에서 가장 뛰어난 작가의 한 사람인 플라톤은 멋진 이미지 —
유명한 '동굴의 비유'와 '선분의 비유'(『국가』12권) — 를 가지고 이미지의
세계를 멋지게 질책하였다.[23] 플라톤은 실제의 진정한 세계와 (소위) 가상
세계를 분리하는 심연을 보여주기 위해서, 참된 실재 및 지상의 진정한
진리의 밝은 세계와 지하 동굴의 덧없는 그림자의 세계를 구분하였다.
따라서 나는 포스트모던적인 역 — 이미지 또는 우리 자신의 상반적 —
비유를 제안하겠다. 여기에는 천상계에서 잠시 머물다가 우리를 위해
문제를 해결하려고 아래로 내려온 철학자 왕과 같은 존재는 없다.

우리의 삶은 동굴 속의 죄수와 비교되어야 할 것이 아니라, 약국 —
좀 색다른 약국 — 에 들어온 고객과 비교되어야 한다. 온갖 약들이 잘
진열되어 있고, 문에는 "마음대로 드시오."라는 글귀가 붙어 있다. 하지만
병에는 약 이름이 붙어 있지 않고, 근무하면서 우리를 도와줄 사람도
없다. 점원도, 계산원도, 약사도 없어서 어떤 것이 약이고 어떤 것이 독인지
를 말해주지 않는다. 그러나 상황은 생사의 문제일 정도로 위급하다.
우리에게는 약학적인 도움이 절실하다! 어디에다 도움을 청할 것인가?
플라톤의 비유에서는, 철학자 왕, 절대적인 약사가 있어서 일을 처리하고

23. 물론 플라톤에 대한 다른 해석도 있다. 내가 일반적으로 플라톤과 특히 플라톤의
여파인 플라토니스트들의 이원론에 기합을 주고 있지만, 역사적인 맥락에서 플라톤
은 파르메니데스에 반대했었고, 파르메니데스는 플라톤보다 더 시간과 변화, 이미
지를 더 가혹하게 비판하였다. 플라톤은 '형상을 구제'하려고 하였고, 감각적인
이미지들이 우리를 미혹시킬 수도 있지만 잘 해석될 경우 절대적 진리의 이데아의
세계로 가는 길로 이끌 수도 있다는 것을 보여주려 하였다.

최종 처방을 내리고 해석의 놀이를— 아마도 틀림없이 — 끝낼 것이다. 여기 우리에게는 도움의 손길을 보낼 사람도 없고, 우리 자신이 읽고 이해하려고 해야 할 약병에는 아무 표시도 없다.

이 약국의 비유는— 마음이 더 편한 플라톤의 신화보다 불안하고 반이 상향적인 대역 신화— 공황 상태와 아수라장을 만들려고 하는 것이 아니고, 철학자 왕이 아니라 해석이 필요하다는 점을 지적하려고 제시한 것이다. 물론 그처럼 미친 약국은 실제로 없다. 세계는 카프카적인 악몽이 아니다. 모든 신화를 가지고서도 그런 것처럼 그것의 요점point을 보는 것으로 충분하다. 그것은 우리가 절대적 진리라는 개념과 결별하고, 더 나은 해석을 가려내기 위해서 단서를 찾고 조각들을 신중하게 짜 맞추고 다른 사람과 상의하고 시험하고 비교하는 등, 더 엉망이라도 되는 대로의hit and miss 해석을 고집하는 것이다. 플라톤의 비유를 생각해보라. 거기에 천상계는 없으며, 우리가 이용해야 할 것은 이미지, 그림자, 대리자, 대역뿐이다. 그것은 진리와 한참 떨어져 있는 것이 아니다. 물리학자들조차도 우리가 우주의 5%만을 볼 수 있다고 말하고 있다. 나머지는 우리가 거의 알지 못하는 또는 전혀 모르는 '암흑'(볼 수 없는) 물질과 암흑 에너지로 이루어져 있다.[24] 우리의 포스트모던적 신화는 체계 내의 돌이킬 수 없는 결정 불가능성을, 사물의 유동성과 불안정성을 보호하고자 하는 것이다. 우리의 상기설은 우리의 해석들이 바로 그렇게 해석들이라는 것을 상기시킨다. 플라톤의 순수 진리의 왕국에 맞서서, 우리는 기호 해독의 불가피성을, 불가피하게 시공 속 사물의 애매한 작용과 놀고 있다는 것을 가정한다. 이런 사물들은 영원한 진리의 창백한 이미지가 아니라, 우리의 소문자

· ·

24. 브라이언 그린(Brian Greene)이 『숨은 실재(*The Hidden Reality*)』(New York: VintageBooks, 2001), 272쪽에서 지적하고 있는 것처럼, 플라톤은 심지어 더 강한 의미에서 옳을 수 있었다. '홀로그래픽 원리'에 따르면, 우리가 일상 경험에서 조우하는 모든 것(우리를 포함해서!)은 '희미하고도 외진 장소'에서 '먼 경계면'에서 일어나는 활동에 의해 생성된 3차원 홀로그래피 존재일 수 있었다.

차원의 이데아와 이념들을 창출했던, 배경 속에서 움직이고 있는 익명적 체계의 결과이다.

실재와 가상을 명확하게 구분하는 선을 긋는 대신에, 우리는 신과 같은 역할을 하는 차이를 옹호한다. 우리는 그 어떤 실제적인 결정도 이 유령 같은 약국의 무대에서 안전을 유지할 수 없다고 주장한다. 우리는 모든 것이 끔찍하다고 말하고 있는 것이 아니다. 모든 것이 다 모험이라고 말하고 있는 것이다. 우리는 삶을 긍정해야 한다고 말한다. 그러면서도 삶은 기호 독해와 해석이라는 까다로운 문제라고 주장하는 것이다. 그리고 결국 해석의 모험을 받아들이는 것이 우리의 유일한 희망이라고 주장하는 것이다. 해석학은 약속/위협의 앞에서 사실상 희망의 해석학이다.

과거에 그런 치명적인 파르마콘론적인 애매성과 마주쳤을 때, 우리는 신만이 우리를 구원할 수 있다고 믿으면서 우리 영혼을 괴롭히는 것을 치유하기 위해 신을 찾았다. 그러나 오늘날 종교도 또 다른 독/치유이다. 종교는 위기에 처해 있으며, 해석학을 도와줄 입장에 있기는커녕, 종교 자체가 해석학적 도움을 필요로 한다. 따라서 끝으로 현대 해석학이 출발했던 곳인 종교로 눈을 돌릴 때가 왔다.

제10장

포스트모던, 포스트-세속, 포스트-종교

철학자로서 나의 특별한 관심, 나의 전문 학문 분야는 포스트모던 세계에서의 종교 상태이다. 내가 말하고 싶은 그 상태는 — 그것은 여러분이 어느 요일에 내게 묻는지에 달려 있다 — 유감스럽고 점점 더 부끄러워지는 상태이다. 한쪽에서는 폭력, 과학 부정, 원시적 미신이, 다른 한쪽에서는 지성인들의 코웃음 치는 묵살과 미국에서 도널드 트럼프의 출현에 크게 공헌했던 양극화가 있다. 주류 교회는 비어가고 있고, 젊은 복음주의자들은 온통 신의 이름으로 여성, 유색인, 동성애자와 이민자들을 향한 그들 선배의 편견에 질겁하고 있고, 교수단은 종교를 에볼라 바이러스처럼 취급한다. 종교는 스스로를 믿지 못할 것으로 만들고 있고, 또 자주 받아 마땅한 멸시를 받고 있다.

나의 진단은? 근대성이라는 독성 있는 나무가 독성 있는 열매를 맺은 것이다. 그래서 돕기 위해 현대 해석학에 한 번 더 주의를 돌릴 이유가 있는 것이다. 따라서 종교를 문제 삼으면서, 내 생각은 구원을 위해 종교에 눈을 돌리는 것이 아니라 종교를 그 자체로부터 구원하기 위해서 해석학이 종교가 가질 마지막 최선의 희망이라는 것을 보여주자는 것이다. 뭐 하러 그래야 하지? 종교는 그 모양임에도 불구하고 우리가 피상적으로 살아가는 것을 부족하다고 보면서, 우리 안에 있는 깊은 무언가를 건드리고 있기 때문이다. 그것은 내 쪽에서는 좀 허세huffing and puffing, 오만인 것처럼 들리는 것 같다. 하지만 나는 이런 것들을 생각하느라 상당히 많은 시간을 할애해왔고, 그 점을 실증할 수 있을 거라고 생각한다.

내가 믿는 것을 믿는다

우리가 앞에서 보았듯이 가톨릭 집안에서 태어나서 자라고 유명한 포스트모던 철학자가 되었던 지안니 바티모가 일전에 여전히 믿고 있는 것이 있느냐는 질문을 받았을 때, 그는 "저는 제가 믿는 것을 믿습니다I believe that I believe."라고 대답하였다.[1] 즉 그의 의심과 불신에도 불구하고, 그는— 바티칸에 있는 원로들에 있어서의 신앙이 아니라— 확실한 믿음으로 어떤 신앙을 신실하게 가졌거나, 또는 불확실한 신앙, 막연한 신앙을 가졌다. 포스트모던적 조건에 있는 많은 사람들이 바로 그렇다. 그들도 부정적으로 같은 의견을 표명할 수 있었다. 즉, 그들은 마찬가지로 쉽게 자기들이 믿지 않는 것을 믿지 않는다고, 자기들이 불신자이면서도 완전히 불신자인 것은 아니라고 말할 수 있었다. 또 자기들이 악마나 전지한 지고의 존재를 믿지 않으면서도, 그것이 자기들에게 믿음의 여지가 전혀 남아 있지 않다는 것을 뜻하지 않는다고 말할 수 있었다.

그들은 믿으면서 믿지 않는다. 그들은 불신하면서 불신하지 않는다. 그것은 단순한 망설임이나 혼란으로 환원될 수 없는 절묘한 포스트모던적 성향, 결정 불가능성이다. 그것은 저기 밖에서 세계 속에 있는 무언가를, 해석을 요구하는 무언가를 이해하고pick up on 있는 것이다.

그것은 데리다가 택한 입장— 유대인 가정에서 자랐고, 만년에 가서

- ·   ·

1. 지안니 바티모, 『믿음』, trans. Kuca D'Isanto and David Webb(New York: Columbia University Press, 1999), 69-70쪽, 93쪽.

결국 신앙을 포기할 때까지는 젊은 철학도로서 청년기에 종교적 믿음을 계속 지녔던(4장) — 과 같지 않다. 그러나 내가 즐겨 인용하는 텍스트에서 'circumfession'이라고 불렀던, 아우구스티누스의 『고백』에 대한 매혹적인 반복 악절riff에서 데리다는 자기가 "지당하게도 무신론자로 통한다."[2]고 썼다. 전에 — 실제로 기회 있을 때마다 여러 번 — 나는 데리다에게 왜 당신은 '나는Je suis, C'est moi, I am' 무신론자라고 말하지 않느냐고 물었다. 이에 대해서 그는 자기가 모르기 때문이라고 답했다. 무신론자라는 것은 다른 사람들이 그에 대해서 말하는 것이고, 그들이 옳을 수도 있겠지만 그는 확신하지 못하고 있다. 내 안에는 진정 해석의 갈등을 일으키는 여러 목소리들이 있지만 그것들은 서로에게 평온을 주지 않는다고 그는 말했다. 그러고는 자기는 종교를 가지고 있지만, 그때까지 어느 누구도 눈치 채지 못한 것이어서 결과적으로 자기는 계속 오해받고 있다고 그는 덧붙였다.

여기서 늘 자기 발판을 확신하는 모더니즘이, 우리는 이 모든 사태를 제3의 가능성으로 인정한다고, 그것을 위한 범주를 가지고 있다고, 그것을 집어넣을 '불가지론'이라는— 판단을 유보하고, 입찰하기를 거부하는 '형세 관망자', 우유부단한 자, 신중한 자 —이름의 선물 상자를 가진다고 말하면서 걸어 나온다.

우리는 모더니즘이 계산을 잘못했다고 생각할 수 있다. 유신론, 무신론, 불가지론은 모두 똑같은 모더니즘의 도식에 속해 있다. 이 셋은 모두 같은 전제들을 공유하고, 이 전제들 내의 뚜렷하게 다른 입장 때문에만 — 찬성 입장pro position, 반대 입장contra position, 중립적 입장ne uter(이것도 아니고/저것도 아닌) — 다를 뿐이다. 그러나 그것들은 모두 고전적인 신과 고전적인 유신론에 관한 참된 **명제들**을 찾아내려 하고 있다. 그것들은

2. 자크 데리다, 「Circumfession: 59 명문과 완곡어법」 in 고프리 베닝턴과 자크 데리다, 『자크 데리다』(Chicago: University of Chicago Press, 1993), 155-156쪽.

모두 제안된 믿음의 영역 — 찬성, 반대, 미결정 — 내에서 발생한다. 따라서 포스트모던 해석학에 관한 이 책의 끝으로 우리가 오면서 바티모와 데리다를 인용함으로써 내가 절대로 — 정말 절대로 — 피하고 싶은 일the last thing I mean은, 불가지론과 같이 중립적이고, 사심 없고, 면역성 있고, 미결정된 형세 관망의 입장에 이르는 것이다. 제발 그런 일이 없기를! 만일 현대 해석학에서 배울 것이 있다면, 그것은 사심 없는 중립성의 입장이라는 환상에 관한 점일 것이다.

더 이상 선택의 여지가 없는가?

여전히 우리는 선택할 여지가 있지 않는가? 유신론도 아니고, 무신론도 아니고 불가지론도 아니지 않을까? 곤경은 우리가 사용하고 있는 어휘에 기인한다. 이 어휘들이 진부해서 교체될 필요가 있는 것이다. '유신론', '무신론'과 같은 말로 처리할 수 있는 일은 그리 많지 않다. 이런 말들은 종교적인 것과 세속적인 것에 관한 근대 논쟁의 소산이며, 쓸모 있기보다는 문제가 더 많은 것으로 드러났다. 근대 이전에는 모든 사람이 유신론자였으므로 크게 그 말을 필요로 하지 않았다. '무신론'이라는 말은 근대성의 산물이며, 전에는 비판적 목적이 기여하였다는 점을 나는 인정한다. 종교가 정신에 끼친 — 그리고 정치적 권력을 가졌을 경우에는 육체에 끼친 — 많은 해악을 생각해보면, 무신론은 독주를 끊는 것처럼 괜찮은 실천, 훌륭한 지적 다이어트였다. 많은 종교의 특징으로 묘사되는 무지, 불관용과 미신 숭배에 신물이 난 많은 사람들이 안개 속에서 벗어나기 위해 무신론을 받아들였다. 재미나게도 그것은 오늘날에도 여전히, 결코 새롭지 않는 아주 성가신 새 무신론자들 사이에서 계속되고 있다.[3] 어쨌든 우리는

3. 크리스토퍼 히친스(Christopher Hitchens)의 『신은 위대하지 않다: 어떻게 종교는

이미 한 번의 19세기를 겪었다. 만일 여러분이 다른 19세기를 필요로 한다면, 영화를 보러 가거나 시대극을 보러 가라. 그러나 무신론은 충분히 갈 때까지 갔고, 옛 종교처럼 이제는 좋기보다는 해가 더 많다. 여기서 나는 강경한hardball 무신론의 해악을 말하는데, 이런 무신론은 "신은 존재하지 않는다. 마침표. 토론 끝."을 뜻한다.

포스트모던적인 생각은 성격상 약간 더 교묘하다. 이런 분할은 거부되고, 양측 사이에 그어진 선은 흐려지고, 벽들은 투과적이고, 그것들 사이에서 뚜렷하게 내릴 결정도 없다. 어떤 결정 불가능성과 자가 면역이 전체의 배경을 둘러싸고 있다. '포스트모던'에서 '포스트'는 '모던에 반대되는against' 뜻을 의미하는 것이 아니라, 모던을 '통과through'해서 새롭고 혁신적인 형태로 다른 끝에서 나오는 것을 의미한다. 따라서 나의 생각은 종교를 근대의 강력한 비판에 시달리게 만드는 것이 아니라, 종교에 포스트모던적인 재-해석(반복 또는 해체)을 부여하는 것이다. 내가 추구하고 있는 것은 종교적인 것과 세속적인 것 간의 근대적 분할을 해체하는 일이다.

포스트-종교, 포스트-세속

현대 해석학에서 눈에 띄는 것은 포스트-종교적이면서도 포스트-세속적인 포스트모던적 현상이다. 세속주의secularism는 종교적인 것과 세속적인 것, 신앙과 이성, 사적인 것과 공적인 것, 사실과 가치 등 간의 순수한 분할을 가정하고 있는 또 한 번의 근대성이다. 세속주의는 해석학이 수

모든 것을 오염시키는가』(New York: Hachette Book Group, 2009). 리처드 도킨스(Richard Dawkins), 『만들어진 신』(Boston: Houghton Mifflin, 2006). 대니엘 데닛(Daniel Dennett), 『주문을 깨다: 자연 현상으로서의 종교』(New York: Penguin, 2006). 그리고 샘 해리스(Sam Harris)의 『종교의 종말: 이성과 종교의 충돌, 이제 그 대안을 말한다』(New York: Norton, 2004)를 보라.

세기 동안 전투를 벌여왔던 낡은 개념 — 단 하나의 규범적인, 끽소리 못 할 담론이 있다는 환상 — 이다. 중세시대에 그것은 신학이었다. 오늘날 그것은 과학이다. 어느 쪽이든 우리는 이쪽이나 저쪽의 독단주의에 빠져 있다. 세속주의는 여러분이 종교를 건물에서 쫓아내려고 할 때, 공공 광장에 나오는 것을 금하려고 할 때, 모든 악령을 쫓아내려고 할 때, 그리고 일반적으로 공적 공간을 철저하게 중립화시키려 할 때, 데리다의 표현대로라면 공적 공간에 면역성을 주려할 때 생겨난 것이다. 나는 중립화된 공간, 전제 없는 출발, 사심 없는 구경이라는 그런 발상을 거부한다. 그것은 어느 모로 보나 천사와 악마가 신화적인 만큼이나 상당히 신화적인 근대주의의 허구이다.

종교의 위기

포스트모던의 요점은 종교적인 것에 구제할 만한 무언가가, 아무리 포착하기 힘들더라도 세속주의적 공격에 저항하는 무언가가 있다는 것이다. 이 세속주의적 공격을 우리는 앞에 나왔던 바티모와 데리다의 발언들에서 보고 있다. 종교적인 것은 현대의 세속주의와 맞붙어 선전하고 있는데, 불행히도 종종 이성과 반대되는 것으로서의 신앙, 사유와 대립하고 있는 것으로서의 감정을 과장되게 또는 왜곡되게 옹호하는 방향으로 나아간다. 무언가 중요한 것이 종교 자체에서 그러니까 종교 내에서 수행되고 있는데, 이는 종교에 상반되는 온갖 예측에도 불구하고 오늘날에도 여전히 종교가 활동하고 있고 또 어떤 곳에서는 크게 번성하는 이유이다. 그러나 문제는 바로 그처럼 중요한 것을 이해하는 데 — 한편으로는 미신이나 초자연주의에 떨어지지 않으면서, 또는 다른 한편으로는 종교를 완전히 묵살하지 않는 것인데, 이는 종교 자체의 가장 나쁜 경향성들을 검사하지 않고 그대로 놔두고 있을 뿐이다 — 있다.

문제는 해석학적이다. 종교가 수천 년간 버텨왔던 해석적 지반이 발밑으로 이동하였다. 그것은 심각한 위기를 초래하였다. 위대한 성서적 서사들은 고대의 상상계에서 유래하였지만, 이제 그것들은 새롭고 이상한 포스트모던적인 상상계 속에 있다. 그것은 어떻게 설교할지를 몰라 목회자들이 머리를 긁적이게 만들고, 많은 다른 사람들은(때로는 목회자까지 포함해서) 왜 그들이 귀찮게 말을 거는지 머리를 긁적이게 만든다. 종교적 믿음은 급속히 믿을 수 없는 것이 되어가고 있다. 종교는 우스꽝스러운 것처럼 보이고, 또 빈번히 자신을 우스꽝스럽게 보이게 만들고 있다. 그것은 심각한 문제이고, 그 상태는 말기에 이른 듯하다. 나의 진단은 종교가 해석학적 판단에 있어서의 실수로 고통을 받고 있다는 것이다.

하늘을 우러러 봄

문제가 되는 아주 간단한 예와 함께 시작해보자. 누군가가 기도할 때 왜 그들은 올려다보는가? 그 답은 해석학적 이동에서 귀띔을 얻을 수 있다. 즉, 궁극적인 해석 틀의 변화, 한 마디로 말해서 하늘heaven로부터 맙소사heavens로의 이동이다. 우리는 과학을 종교와 대립시키는 데 익숙해져 있다. 마치 종교가 과학 없는 세계에서 기원해서 오늘날 과학에 의해 도전받고 있는 것처럼 말이다. 하지만 이는 옛날에는 과학이 존재하지 않았다고 가정하는 것이다. 그것은 전혀 옳지 않다. 고대의 과학적 세계관이 있고, 그것이 유대교 성서와 기독교 성서에 제대로 내장되어 있다. 따라서 진짜 갈등은 과학과 종교 사이에 있는 것이 아니라, 성서가 전제하는 고대 과학과 종교가 오늘날 어쩔 수 없이 쫓아가는 근대 과학 사이에 있다.

고대 과학관에서 신을 포함하여 모든 사람은 평평한 지구를, 세계를 세 영역으로 나누었던 지구 중심관을 믿었다. 신과 신들이 있는 곳, 지하의 불타는 지옥, 그리고 그 중간의 땅이 있다고 말이다. 일부 고대인들은 별들이 하늘의 작은 구멍이어서 그것을 통해 우리의 번제의 연기가 신의 콧구멍으로 들어갈 수 있고, 그래서 신의 노여움을 달래주리라고 생각하였다. 땅과 하늘 사이의 공기가 차 있는 공간에서는 천사와 악마가 아래에 사는 인간의 운명을 놓고 결전을 벌였다. 따라서 예수가 부활했을 때, 그에게는 갈 곳이 전혀 없어서 신, 즉 그분의 '하늘에 계신 아버지'가 살고 계신 '하늘'로 '올라'가야 했다. 오늘날 그것은 예수가 지구 궤도의 어딘가에 있다는 것을 의미한다. 고대 교부 중의 한 사람은 하늘로 올라간 예수가 악마의 공기를 정화하여 나머지 우리들을 위한 안전한 통로를 만들었고, 우리는 그분이 남기신 공중의 자국을 따라가게 될 것이라고 말하였다. 여기 이 땅에서 얌전하게 살면서, 잘만 되면hopefully. 왜냐하면 다른 방향, 다른 가능한 운명이 있었기 때문인데, 그 경우 우리는 지옥으로 보내질 터이기 때문이다, 아이고! 그래서 우리가 더 잘 아는 오늘날에도 기도할 때에는 하늘을 우러러보는데, 이는 지구 반대편에 있는 신자들이 정확하게 반대 방향으로 보고 있다는 것을 뜻한다. 그것은 깨기 어려운 낡은 습관이며 우리가 모두 해가 뜨고 진다고 말하는 것처럼 지구 중심적인 것을 말하는 것이다.

종교를 탈신화함

이 고대의 세계관은 우리가 성서에서 읽어내는 일에 온통 영향을 미친다. 그 세계관은 이런 텍스트에서는 하나의 기본적인 전제이다. 20세기의 가장 위대한 신약성서 학자 중의 한 사람인 루돌프 불트만Rudolph Bultmann은 고대 세계관을 신화적인 것으로 기술하였고, 분명히 그것은 그와 같은 경고성 명칭을 얻어 마땅한 것이다.[4] 그래도 우리는 2세기 후에 프톨레마이오스가 고대 세계관을 가장 잘 체계화 했을 때 그것이 상당한 양의 관찰에 기초했다는 점을, 그리고 (비록 그가 신의 콧구멍의 소품으로 사용하지 않았음에도 불구하고) 천 년 이상 견뎌왔다는 점을 잊어서는 안 된다. 불트만은 중요한 해석학적 주장을 내놓았다. 우리는 고대 물리학과 천문학의 지평이 이런 텍스트들에 얼마나 깊게 내장되어 있고 전제되어 있는지를 인정하지 않으면 안 된다. 두 가지 이유가 있다. 첫째, 그저 그들을 이해하기 위해서이다. 그들은 그렇지 않으면 달리 이해할 길이 없었을 것이다. 둘째, 낡은 과학을 도외시하기 위해서 — 그것이 소위 '탈신화화 하기'인데 — 이다. 그리고 이는 얼마나 성서가 여전히 말할 거리를, 재-해석re-imagine 될 수 있는 것을, 그래서 고대 상상계가 완전히 불러 세우지 못한 것을 가지고 있는지를 이해하기 위해서이다.

그것은 성서 종교에 있어서는 각별한 해석학적 문제이다. 분명히 세계의 삼분 구조는 사라졌다. 그리고 대부분의 사람들은 기꺼이 악마도 사라지게 놔두고 그것을 정신질환으로 대체한다. 그러나 많은 이들이 자기들의 천사는 보내버리기 싫어한다. 미국에서 천사들은 신과 성서를 뒤따라와서 개표소에서, 그리고 말 안 해도 되겠지만 민주당과 공화당보다 훨씬 더 낮게 일을 계속하고 있다. 우리는 천당과 지옥이 신화적인 장소라는 것을 다 안다. 여러분이 속세와 멀리(아주 멀리) 떨어져 살고 있지 않는 한, 그리고 근처에 어디에도 도서관이 있지 않는 한 말이다. 심지어 그런 데에는 지구가 평평하다고 믿는 사람이, 그런 젊은 사람이 활보하고 있을 것이다.

세속화 대 세속주의

해석학적 문제에서 종교에 붙어 다니는 일반 명칭은 '세속주의secularism'

· ·
4. 루돌프 불트만, 『예수 그리스도와 신화』(New York: Charles Scribnre's Sons, 1958).

이다. 세속화secularization는 교회와 국가의 분리를 뜻하는 정치적 건축물이다. 그것은 좋은 소식(의도적인 아이러니임)이다. 그리고 적어도 서구에서 거의 모든 이가 그것을 인정하고 있다. 세속화의 반대는 일종의 신정주의이다. 그러나 '세속주의'는 종교가 하나의 환상이라는 규범적 주장이다. 따라서 더 큰 상처를 입힌다. 그것은 점증하는 종교 불신을 가리키고, 처음에 근대성 비판에서 착수되었으며 포스트모던적인 불신에 의해 지속되고 있다. 통계적으로 세속주의는 줄어드는 수녀nun 수와 소속 종교를 묻는 여론 조사에서 '무'에 표시하는 사람을 의미하는, '무종교인none'의 증가 수에서 드러난다.[5] 이들 중 일부는 비종교 가정에서 자라났던 2세대, 3세대 무종교인들이다. 그들은 자기들의 몸속에 종교적인 씨bone가 없다고 말한다. 어떤 이는 복음주의나 가톨릭교를 '되찾기도' 하고, 종교적인 가정에서 자라났으나 성인이 되고 나서는 온통 우스꽝스러운 것을 보게 되는 사람들로 있다. 이것들은 오늘날 종교가 가진 공통적인 문제이다. 1990년대에 아일랜드가— 수 세기 동안 신실한 가톨릭 국가—켈트의 호랑이로 강력해졌을 때, 일반 대중들이 부유해지고 교육을 받게 되었다. 결과는? 교회가 텅 비고 말았다. 그러나 남아메리카와 아프리카의 교회에서는 교인이 꽉 찬다. 종교는 무지와 빈곤의 토양에서 번성한다. 그러나 일부 무종교인들은 바티모와 데리다가 뽑아낸 결정 불가능성에 공감한다.

세속주의

그러면 왜 이런 것인가? 왜 종교는 도망 다니고 있는가? 왜 세속주의는

• •

5. 사무엘 프리드만(Samuel Freedman)의 「세속, 그러나 신학교로 부름 받음을 느낌」, 〈뉴욕 타임즈〉(2015. 10. 17)를 보라.

전망이 있고, 왜 종교는 점점 더 믿을 수 없는 것으로 보이는가? 캐나다의 철학자 찰스 테일러Charles Taylor는 세속주의를 설명하는 무려 900페이지에 달하는 책을 썼다. 이하에서 하는 얘기는 그 긴 이야기를 짧게 줄인 것이다.[6]

첫째, 불트만의 첫 발걸음을 무시하고 지나가기는 쉽지 않다. 일단 여러분이 성서를 탈신화화 해가기 시작하면, 그 일을 그만 하기란 어렵다. 일단 여러분이 여자의 몸에서 나서 신에 의해 지어진fathered 존재가 고대에는, 치유자와 퇴마사, 심지어 죽은 자를 일으켜 세운 사람이 흔해빠지게 있었던 것처럼, 흔해빠지게 있었다는 사실을 알게 되면, 여러분은 성육신Incarnation을 (해석학적인) 새로운 빛 안에서 보려할 것이다. 일단 여러분이 신약성서 복음이 전혀 예수를 눈으로 본 적이 없는 희랍어 구사자 비유대인에 의해 작성되었다는 것을 알게 되면, 또는 예수 사후 40년이 지나서 예수를 만나본 적도 없고, 아람어도 알지 못했고, 예수의 유대 신분에 적대적이었고, 예수를 찬양하려고(좋은 소식) 구전으로 전했지만 역사적 기록이라기보다는 전설적인 영웅에 관한 민요에 더 가까운 노래로 전했던 ― 나는 계속할 수도 있었다 ― 사람에 의해 작성되었다는 것을 알게 되면, 여러분은 나자렛에서 온 예슈아Yeshua라는 이름의 아람어를 구사하는 유대인 퇴마사이자 치유자와, 신약성서 저자들에게는 알려지지 않았던 말인 예슈아는 말할 것도 없고, 기독교의 그리스도라는 말 사이에는 아주 넓은 틈이 있다는 것을 알게 될 것이다.[7] 따라서 근대의 '역사의식' ― 가다머가 비판하고 있었던 것, 잊지 말 것 ― 은 종교인이 성서에 관한 주장을 손상시키려고 한다.

둘째, 우리가 포스트모더니티에서 도야했던 다원주의라는 예민한 감각이, 특수한 종교적 전통은 우연한 출생과는 조금도 관계가 없다는 점을

. .

6. 찰스 테일러, 『세속의 시대(*A Secular Age*)』(Cambridge, MA: Harvard University Press, 2007).

7. 게자 베르메스(Geza Vermes)의 『기독교의 기원: 나자렛에서부터 니케아까지』(New Haven: Yale University Press, 2014)를 보라.

밝혀주고 있다. 나는 수년 전에 중동에서 강의한 적이 있었는데, 나중에 이슬람 신학자가 내게 찾아와서는 이렇게 말했다. 봐라. 간단한 진리다. 내가 기독교인이고 그가 이슬람 교인이 된 이유는 내가 필라델피아에서 태어났고 그는 중동에서 나서 자랐기 때문이다. 맞는 말이다. 모든 사람에게는 고유의 언어, 문화, 전통 그리고 종교적 서사가 있다. 그것은 일괄 거래이다. 종교를 가지는 것은 언어를 가지는 것과 같고, 어느 쪽이 참된 종교냐고 묻는 것은 어느 언어가 참된 언어냐고 묻는 것과 같다. 그것은 범주 오류category mistake이다. 이는 이해가 되지 않는다. 그것은 해석학적인 실수이다. 종교적 서사는 역사적 사건에 대한 저널리즘적인 설명이나 우주의 기원에 대한 과학적 설명이 아니며, 한쪽이 참이면 다른 쪽은 참이 아니다. 그것들은 해석학적으로 전혀 다르게 처리해야 할 물고기이다.

끝으로 종교적 담론은 모스트모던 상상계와 포스트-휴먼 상상계에 의해 크게 손상된다. 무로부터 우주를 창조하는, 원죄로부터 구원받음으로써 신의 귀여움을 받는 특별한 존재(우리)에게 인생의 의미를 제공하는 지고의 존재에 대한 요구는 정말로 좋아 보이지 않으며, 우리는 갈수록 더 믿지 않게 되었다. 근대인들은 자기들이 적극적으로 그것을 거부할 수 있다고 생각했지만, 포스트모더니스트들은 그것을 하품으로 — 당신이 좋아한다면 믿을 수 있다. 하지만 제발 당신의 환상을 가지고 우리를 괴롭히지는 말아라 — 처리해버린다. 오늘날 우리는 과학에 근거해서 뿐만 아니라 문학과 예술에서 끌어낸 훨씬 더 많은 신뢰할 수 있는 대안을 가지고 있다. 이런 것들이 다 종교가 남긴 공백을 채워주고 있다. 그러나—그리고 이 '그러나'는 결정적인데 — 이 과학은 옛 근대인의 기계론적 환원주의가 아니다. 전 장에서 말했듯이, 현대 물리학에서 우리에게 열어주는 우주에 대한 설명은 그야말로 장엄하며, 신비와 아름다움과 경외와 시적인 면에서 부족하지 않다. 현대의 천체 물리학과 양자 물리학은 여러분의 할아버지의 할아버지의 할아버지의 뉴턴주의가 아니다. 모든 상상계는 상상할 수 없는, 놀랄 만한 신비의 장소를 간직하고 있다. 고전적인 유신론의 신은 무한하고 헤아릴 수 없는 것의 가주어인 것으로, 오늘날 우리의 온갖 상상력을 뛰어넘은 우주에 의해 대체되는 장소인 것으로 드러나고 있다.[8]

누가 함정에 빠졌는가?

일부 종교인은, 여러분이 고전적인 신을 가지지 못할 경우, 여러분은 한정된 내재성의 영역의 함정에 빠져 있는 것이라는 생각을 가지고 스스로 만족할 것 같다. 친절하게도 놀라운 것을 말해주고 있네. 함정에 빠져 있다고? 이차원도 아니고 삼차원도 아니고 어쩌면 11차원인 우주에? 오늘날 밝혀지고 있는 우주는 너무나도 신비스러우며, 그 저자들이 마음 내키는 대로 썼던 옛 종교적 서사와는 달리 과학자들은 수학을 따르고 있다. 거의 무한한 우주(우리가 결코 그 끝에 도달할 수 없을 것을 뜻하는)를 향한, 이 겸손을 가장한 종교적 오만을 처리하는 최선의 방법은 가장된 겸손으로 맞받아치는 놀이를 하는 것이다. 만일 이 광대한, 신비스럽고 헤아릴 수 없는 우주에 대한 여러분의 반응이 "이게 전부란 말인가Is this all there is?"라고 묻는 것이라면, 오늘날 우리가 탐색하고 있는 우주가 그 길이, 폭과 깊이에 있어 평평한 것처럼 보인다면, 만일 여러분이 그것의 함정에 빠져 있다고 느낀다면, 여러분은 좀 더 알아야 할 필요가 있다. 우리는 모금을 해서 이런 사람들이 『과학적 미국인』을 구독하게 해야 한다.

틸리히의 신학적 무신론

* *

8. 정확히 내가 의미하는 것에 대한 통찰과 간략하고 이해할 수 있는 설명은 카를로 로벨리(Carlo Rovelli)의 『물리학에 관한 간략한 강의(*Seven Brief Lessons on Physics*)』, trans. Simon Carnell and Erica Segre(New York: Riverhead Books, 2016)를 보라.

따라서 포스트모던적인, 정말 포스트-휴먼적인 상상계는 낡은 유신론을 불신하고 새로운 종류의 무신론을 설치한다. 그것은 종교와, 우리가 바티모와 데리다에게서 보았듯이 특정 종교와 불화하지 않는 무신론이다. 참 흥미롭게도, 항상 종교에 중요했고 또 중요한 신학적 봉사를 해왔던 다른 무신론이 있다. 나는 시몬 베유Simone Weil가 말하는 '정화하는 무신론 purifying atheism' [9] 또는 "나는 내 안의 하느님을 지워달라고 하느님께 기도한다."[10]고 말하는 마이스터 에크하르트의 신비적 무신론을 생각하고 있다. 나는 해체가 에크하르트의 문구를 개선할 수 있는 어떤 방법도 알지 못한다. 그것은 신학도들을 우상숭배로부터 보호하기 위해 모든 신학대학 정문에 새겨져 있어야 한다.

그러나 여전히 다른 형태의 무신론이 있는데, 그것은 신학에 적대적이지 않고, 포스트-신학적 신학의 기초가 되는 또 다른 무신론이다. 이 새로운 종류의 신학에서 고전적 유신론은 신화적인, 심지어는 조금 신성모독적인 하나의 실수이다. 새로운 신학의 무신론은 신에게 이별을 고하는à Dieu 신학 자체의 방식이다. 그것은 문을 쾅 닫아버리는 독단적인 투의 지극히 평범한 무신론자들의 무신론이 아니라, 유신론적이지도 않고 무신론적이지도 않은, 종교적이지도 않고 세속적이지도 않은 무언가를 위해 문을 열어놓는 무신론이며, 신학의 끝이 아니라 시작인 무신론이다.

그것은 폴 틸리히가 제공한 단 한 번의 서비스인데, 틸리히는 내가 포스트-신학이라고 부르는 것에 해석학적인 단서를 줌으로써 종교와 신학에 놀라운 중요한 무언가를 말해주었다.

신은 주체로서의 우리와 같은 대상이 전혀 아니다. 그분은 항상

· ·
9. 시몬 베유, 『중력과 은총(*Gravity and Grace*)』, trans. Emma Craford and Mario von der Ruhr(New York/London: Routledge, 2002), 114-115쪽.
10. 『마이스터 에크하르트: 본질적 서원, 논평, 논문과 옹호』, trans. Edmund Colledge and Bernard McGinn(New York: Paulist Press. 1981), 200쪽.

이런 구분에 앞서 있는 분이다. 그러나 다른 한편 우리는 그분에 대해서 말하고 그분 위에서 행동하고, 또 우리는 그것을 피할 수 없다. 왜냐하면 우리에게 실재해 있는 모든 것이 주체-대상 상관관계를 맺고 있기 때문이다. 이런 역설적인 상황으로부터 반쯤 신성모독적이고 신화적인 '신 존재exiestence of God' 개념이 생겨났다. 그래서 이 '대상'의 현존을 증명하려는, 실패하기 마련인 시도가 있었다. 무신론은 그런 개념과 그런 시도에 대한 정당한 종교적이고 신학적인 답변이다.[11]

만일 내가 신학교를 연다면, 그런 일은 없겠지만, 위 말은 장차 내 기관에 기부하는 모든 기부자들이 서명해야 했을 학교 헌장이 되었을 것이다. 그것은 지난 2세기 동안에 표명된 노련하고 통찰력 있는 신학적 발언들 중 내 최종 후보자 명단에 올라 있는 것이며, 근대의 막다른 길에서 벗어나는 탈출구를 가리킨다. 어느 누구도 틸리히보다 유신론/무신론이라는 교착 상태에 대안적인 어휘를 제안하여 우리를 새로운 출발선에 서게 한 인물은 없었다. 어느 누구도 종교의 해석학적 위기에서 벗어날 더 좋은 탈출구를 제공하지 못했다.

반쯤 신성모독적이고 신화적인

틸리히의 언어는 매우 강하다. 유신론과 무신론(그리고 불가지론) 간의 고전적인 논쟁에서 논의되는 신은 반쯤 신성모독적half-blasphemous이고 신화적이라고 한다. 이 용어들을 차례로 검토해보자.

'신화적'이라는 말을 가지고 틸리히는 신을 인격적 특징을 가진 위대한

• •

11. 폴 틸리히, 『문화의 신학(*Theology of Culture*)』(Oxford: Oxford University Press, 1959), 25쪽.

분, 여러 행위의 수행자, 우리와 대화할 수 있는 (다언어 구사) 화자, 물론 매우 공손하게 무언가를 요구하고 감사드리는 분 등으로 취급하는 것을 의미한다. 그것은 비인간적인 것을 인격화 하고, 태양, 바다, 천둥 또는 정의 또는 진리를 우리가 대화하고 협상할 수 있는 초인으로 만드는, 고전적인 신화적 표현 — 우리는 그것을 도처에서, 그리스 로마 종교에서 문학에서 볼 수 있다 — 이다. 심지어 우리의 사랑스러운 헤르메스도 그런 창조물이다. 여러분이 여러분의 언어를 아주 신중하게 검사하지 않는 한, 그것은 쉽게 이해될 수 있는 일이다.

틸리히가 글을 썼던 시대에는 신을 남성으로 가리키는 것이 올바른 성 선택이었으므로, 틸리히 자신도 실제로 이 텍스트 안에서 신을 남성으로 가리킬 때 이 문제에 걸리게 된다. 우리 시대의 최초이자 가장 치열한 여성주의자 중의 한 사람인 메리 데일리^{Mary Daly}(1928-2010)는 — 그녀는 자기 교실에 남자들이 들어오지 못하게 했을 것이다 — 그것을 구닥다리로 보려 했고 틸리히를 읽기를 회피했지만, 그러나 틸리히는 오늘날에도 결코 그것을 제거하지 않았을 것이다. 그러나 여러분은 틸리히의 문제를 안다. 그의 선택은 제한되어 있었다. 오늘날 많은 여성주의자들은 '그녀^{She}'라고 말한다. 하지만 그것은 일반적으로 가부장제를 (포상으로 받아서) 조롱하고 있다. (학자들은 그것을 '전략적 전환'이라고 부른다.)

사실대로 말하자면, 성서의 신에게는 실제로 생식기가 없으며, 따라서 신은 남성도 여성도 아니다. 또 남은 유일한 선택으로 신을 '그것^{it}'이라고 부르는 것은 좀 모욕적인 것처럼 보인다. 틸리히는 이런 남용에 관용적인데, 이는 문법의 불가피성 때문이다. 우리가 "비가 오고 있다^{it is raining.}"고 말할 때, 우리는 어떤 특수한 '그것^{it}'이 우리를 젖게 하는 일을 하고 있다는 것을 의미하지 않는다. 그가 말하듯이, 주체가 대상에 대해 말하는 것처럼 말하지 않는 것은 거의 불가능하다. 중요한 것은 비록 우리가 어쩔 수 없이 그렇게 말할지라도, 신은 그런 것 — 생각하는 주체에 의해 한정되는 특수한 대상 — 이 아니라는 점을 명심하고 기억하는 것이다. 우리가 그렇게 이야기할 때 우리는 해가 뜬다고 말하는 우주인과 같다. 오늘날 우리는 신이 '그분he'이라고 말하는 것을 피하기 위해서 우리의 문법을 혼란에 빠트리고 있다. 그러나 철학적으로 명심할 점은 이것이다. 신은 남성도 아니고 여성도 아니며, 그냥 중성적이지도 않다. 왜냐하면 신은 전적으로 다른 질서에 속하기 때문이다. 그처럼 이야기하는 것은 하나의 '범주 오류'이다. 신의 색깔은 무엇인지 또는 신은 어떤 치약을 더 좋아하는지를 묻는 편이 더 나을 것 같다.

이것은 우리를 반쯤 신성모독이라는 다음 논의 사항으로 데려간다. 신성 모독은 신답지 않은 무언가를 말하는 것을 의미한다. 신을 신보다 못한 것으로 만드는 것, 무한한 존재인 신을, 어떤 것을 말하거나 행하는 특수한 사람처럼 유한한 존재인 듯이 취급하는 것, 또는 '그분'이 해야 한다고(우리 의 지역 축구팀을 돕기 위해 자연 재해를 막아주는 그런 모든 일들) 우리가 생각할 때 하지 않아서 우리를 혼란에 빠트리는 그런 유한한 존재인 듯이 취급하는 일 등이 그러한 것이다. 신은 하나의 존재자가 아니다. 정말로 무서운 존재자도 아니고 심지어는 존재자들의 목록의 꼭대기에 있는 최상의 존재도 아니다. 최고의 존재, 가장 지혜로운 분, 가장 실재하는 분 등, 아무리 많은 극상, 최상의 표현을 여러분이 붙인다 하더라도, 여러분 이 생각할 수 있는 온갖 전능의 속성을 가지고 신을 장식한다 할지라도, 아무리 그의 반에서 1등일지라도(최우등, maxima cum laude) 그것은 여전히 신을 한-정de-finite적인 존재자로 축소시킨다.

틸리히에게 신은 초존재Superbeing가 아니라, '존재자의 근거the ground of being', 모든 존재자의 가장 깊은 원천이자 토대이다. 개별적인 존재자들은 (근거에서) 왔다가 (근거 뒤로) 사라지지만, 근거 자체는 영원하고 무궁무 진한 것이다. 신은 하나의 사물이나 초-사물(남성, 여성 또는 중성)이 아니라, 만물이 그로부터 왔다가 그에게로 돌아가는 그런 것이다. 틸리히에 게 있어서는, '존재 자체'가 '최상의 존재'를 대신하며, 그분의 신적인 의무를 덜어주는 것이다.

무조건적인 것

만일 이 모든 것이 우리의 포스트모던적인 귀에 너무 철학적 신학인 것처럼 들린다면, 틸리히는 우리에게 경험과 올바르게 연결되는 다른 실존적 어휘 — 틸리히는 키르케고르를 사랑했고 하이데거를 개인적으로 알고 있었다 — 를 제공할 것이다.

예와 더불어 시작해보기로 하자. 예전에 내가 벨파스트에서 강의를 했을 때, 나와 아내는 걷다가 '타이타닉' 박물관 광고판을 보고는 거기를 방문하기로 했다. 걸어가면서 우리는 배가 가라앉고 있는 동안에도 쉬지 않고 연주하고 있는 영화 속 사중주단의 위대한 장면을 기억해냈다. 나는 그 박물관이 헐리웃의 기증품이 아닐까 생각했었는데, 아니나 다를까 박물관에는 사중주단의 사진과 음악가들의 용기를 기리는 기념물이 있었다. 나는 상념에 잠겼다. 만일 그들이 이타적이고 용감하고 싶었다면, 왜 악기를 내려놓고 여자와 아이들을 구명선에 태우는 일을 돕지 않았을까? 틸리히는 이에 대해 이것이 도덕적 용감함보다 더 위대한 행동이라고 답했을 것이다. 그것은 더 심원한 그 무엇, 실제로 그가 한 유명한 책에서 '존재에로의 용기'라고 부른 그런 것이었다.[12]

이런 해석에서 이 음악가들은 "이것이 겪게 될 인생이었을 테지요. 감사합니다. 안녕히This is what life will have been about, merci, adieu."라고 말하고 있었다. 이것은 삶에 대한, 그들 예술 속에 묻혀 있던 인생의 아름다움에 대한 그들의 무조건적인 긍정이었다. 이들 음악가에게는 아무런 조건도 없었다. 그들은 다음 계약 때 고용주로부터 승진을 약속받은 것도 아니었

---

12. 폴 틸리히, 『존재의 용기(The Courage to Be)』(New Haven: Yale University Press, 1952), 186-190쪽.

고, 유명해질 거라는 생각도 없었다. 그들은 답례로 무언가를 얻을 거라는 조건에서 이런 일을 하고 있지 않았다. 그들은 에크하르트가 말했을 것처럼 '이유 없이', 무조건적으로 했던 것이다.

아니면 전도유망한 의사 직을 뒤에 내려놓고, 서부 아프리카의 에볼라 바이러스와 싸우는 고된 길에 투신하기 위해 국경 없는 의사단에 합류하는 의사들을 생각해보라. 또는 치명적인 질병을 고치기 위해, 우주의 신비 하나를 해결하기 위해 시간을 보내는 과학자를, 노숙자를 도우러 시간과 노력을 쏟는 사람을, 환경 보호에 앞장서는 사람을, 동물 학대에 맞서는 사람을 생각해보라.

또는 '무슨 일이든지 다' — 하면 영원한 보상을 약속해주고, 하지 않으면 영원한 처벌을 내리는 그런, 어딘가에 있는 최고 존재를 그들이 생각하고 있기 때문에 그들이 하는 것을 하지 않는 한 말이다. 그런 것보다 더 진정한 종교를 손상시키는 생각은 거의 없다 — 그리고 그런 생각은 앨라배마뿐만 아니라 성서에 널려 있다.

궁극적 관심의 문제

진정한 종교는 궁극적으로 가치 있는 또는 무조건적으로 가치 있는 그 무엇에 의해 사로잡히는 궁극적 관심의 문제라고 틸리히는 말한다.[13] 이상 끝. 내가 이 정의가 마음에 드는 이유는 성직자도, 촛불도, 무오류적인 책도, 악마도, 천벌도, 도그마도 또는 파문의 위협도 전혀 언급하고 있지 않기 때문이다. 무조건적인 것은 어디에 있을까? 심오한 삶, 심오한 현실에 사로잡힌 사람이 무조건적으로 문제되는 그 무엇을 긍정하는 곳은 어디서든 그리고 어디에서나. 종교는 모든 경험 속에 깃들어 있는 심오한 차원에

· ·

13. 폴 틸리히, 『신앙의 원동력(*Dynamics of Faith*)』(New York: Harper & Row, 1957), 1쪽.

있지, 경험의 한 특정한 영역에 있지 않다. 종교는 모더니즘에서 그런 것처럼 구역에 한정될 수 없다. 틸리히의 종교는 무조건적인 것의 종교이고, 그의 신학은 무조건적인 것의 신학이다.

거기에서는 교회나 절에 대해 전혀 언급하지 않을 뿐만 아니라, 구획된 성스러운 공간이 있다는 것 자체가 근대적인 소외의 증거이다. 따라서 하늘의 예루살렘에서는 사원이 없는 것처럼 — 하느님은 모든 곳에 계시기 때문에 여러분은 일요일 아침에 교회 가기 위해 일어나지 않아도 될 것이다 — 틸리히의 종교에서도 사원은 전혀 필요하지 않다. 중요한 점은 여러분이 같은 일을 해낼 수 있다는 것, 예술적인 삶이나 과학 실험실에서, 교사나 간호사로서, 부모나 배우자로서 사물의 깊이와 접촉할 수 있다는 것이다. 여러분이 하는 일이 무엇이든 간에 말이다.

틸리히의 무조건적인 것이라는 개념은 뜨거운 칼이 버터를 자르듯이 종교적인 것과 세속적인 것이라는 이항 대립 — 그리고 주체와 대상처럼 근대성에서 규범화 된 온갖 또 다른 범주들 — 을 싹둑 잘라내버린다. 대신에 그는 — 그리고 여기서 여러분은 실존주의자로서의 틸리히를 볼 수 있다 — 한편에서는 사물의 '깊은' 차원과 접촉하는 삶을 사는 사람, 무언가를 믿고believe something, 옳다고 생각하고believe in something, 무언가를 긍정하고, 무조건적으로 중요한 무언가에 의해 사로잡힌 사람과, 다른 한편에서는 그렇지 못한, 피상적인 삶을 살아가는 사람 사이를 구분한다. 이는 『존재와 시간』에서 본래성과 비본래성의 구분과 좀 닮은 것처럼 보인다. 우리는 즉시, 이 대립이 새로운 이항 대립이 될 필요는 없고, 포스트모던적(해체적) 스타일에서의 어떤 다른 구분만큼이나 투과적이고 애매하게 있는 것으로 이해되는 구분이라는 점을 첨언해둔다. 우리에게는 누구나 좋은 날도 있고 궂은 날도 있다, 고귀한 때도 있고 비열한 때도 있다. 우리는 조건적인 것과 무조건적인 것 간의 차이에서 살아간다.

상징

만일 우리가 엄격한 의미나 상식적인 의미에서 종교 ― 기독교, 유대교, 이슬람교, 불교, 힌두교 같은 세계 종교 ― 의 경우는 어떤가라고 묻는다면, 틸리히가 사용했던 중심적인 해석학적 범주가 하나 출현한다. 틸리히는 전문적인 기독교 신학자였고, 따라서 특히 기독교에 대해서는 어떻게 생각했을까? 기독교는 다른 모든 종교와 마찬가지로 궁극적 관심 문제의 한 상징symbol이라고 그는 말했다.[14] 오랜 기간 세 개의 유명한 기독교 신학교에서 주급을 받았기 때문에, 그는 대체로 기독교가 최고의 상징이라고 말했다. 그러나 틸리히의 작업에서 그것은 기독교가 그에게 최고를 뜻했던 상징이었다고 말하는 것 이상의 것을 말했다고 생각할 좋은 이유는 전혀 없다. 이것은 부모의 50주년 결혼기념 행사에서 이 세상 최고의 부모라고 공표하면서 부모님께 건배를 제의하는 것과 같은 것이었다. 방안의 어느 누구도 그것을 사실적이고, 시험할 수 있는 명제적 주장으로 생각하지 않는다. 그런 과잉 사랑의 표시는 부모를 쑥스럽게 만들 것이다. 종교가 고작 하나의 상징일 뿐이라는 말을 듣는 것은 매우 모욕적이라고 신자들이 즉각 제기한 반론에 대해서, 틸리히는 상징이 무엇인지를 진짜로 이해한 사람치고 어느 누구도 '고작 하나의 상징일 뿐'이라고 말하지 않을 것이라고 응수한다. 우리는 어떤 사람이 국기를 불태우면서 이건 고작 깃발이야, 상징일 뿐인데라고 말할 때 분노로 격앙되는 감정 속에서 이것을 볼 수 있다. 사람들은 상징을 위해 죽는다 ― 그리고 죽인다 ― 진정한 상징, 살아 있는 상징은, 우리 존재의 깊이에서 우리를 움켜잡는다. 상징은 살아 있는 것이며 논박되는 것이 아니다. 상징은 그 상징력을 잃기 때문에 죽는다.

14. 폴 틸리히, 『신앙의 원동력』(New York: Harper & Row, 1957), 47-62쪽.

상징의 해석

상징 범주, 상징 해석학의 도입과 더불어, 유신론과 무신론 간의 논쟁들은 와해된다. 그것들은 우상숭배를 놓고 다투는 꼴이 된다. 무조건적인 것은 그 자체로 현존하고 있지 않다. 무조건적인 것은 한 특수한 존재가 아니라 존재 자체의 성질이며, 그것이 현존할 수 있는 방법은 그것에 상징적 표현을 주는 어떤 조건들 하에 있을 때뿐이다. 무조건적인 것은 존재의 어떤 유한한 역사적, 조건적 양태 안에 있는—그리스나 유대, 서방이나 동방, 고대나 근대, 과학적이나 예술, 남성이나 여성, 종교나 세속 안에 있는 — 존재의 무한한 깊이이다. 이런 조건들은 우연적이고 역사적이다. 우리는 부모나 고향이나 모국어와 전통처럼, 우리를 미리 조건 짓고 있는 조건들을 선택할 수 없다. 그러나 다른 조건이라기보다는 이런 조건들 하에서 있게 되어 있는 그런 조건들 자체는 필연적이다. 그렇지 않았다면, 무조건적인 것은 일종의 막연한 추상이 되었을 것이다. 따라서 과제는 무조건적인 것이 그 아래서 스스로를 드러내는, 그런 구체적인 조건 속에 상징적으로 표현되어 있는 무조건적인 것을 더듬어 찾는 것 — 해석하는 것 — 이다. 그리고 이 둘을 혼동하지 않는 것이다. 제발 상징(기독교)과 상징화되어 있는 것(무조건적인 것)을 동일시하지 말라고 틸리히는 애원한다. 그것은 우상숭배이고 절반의 신성모독이다. 그것이 우리가, 조건적인 것은 결코 무조건적인 것의 적절한 표현이 아니라는 소위 틸리히의 '프로테스탄트 원리'를 요구하는 이유이며, 그 원리는 범위에 있어 역사적인 프로테스탄티즘과 가톨릭을 모두 다 포함한다.[15] 그것은 모든 것을 포함한다. 그것은 보편적인 해석학적 원리이다.

· ·

15. 폴 틸리히, 『신앙의 원동력』(New York: Harper & Row, 1957), 33쪽.

틸리히가 독일인이었음을 기억하라

상징에 관해 틸리히가 말했던 것을 더 잘 이해하기 위해서 우리는 그가 독일인이었다는 점 —그러나 이렇게 말하게 되어서 기쁜데, (틸리히가 그의 저술을 사용했고 찬양했던) 하이데거와는 정반대되는— 을 상기해야 한다. 틸리히는 1933년에 국가사회주의를 폭로하는 책을 출판했고 그로 인해 직장을 잃었기 때문에 같은 해 미국으로 이주하였다. 그는 독일 관념론의 '정신Geist' 개념에, 헤겔과 셸링의 절대 정신의 개념에 깊이 빠져 있었다. 헤겔은 절대 정신이 상승해가는 3단계 길에서 스스로를 표현한다고 말했다. 그것의 가장 감각적인 형태에서, 절대 정신은 예술작품 속에서 표현되고, 그것의 가장 높은 지성적 형태에서는 헤겔이 철학과 동일시했던 절대적 지식 속에서 표현된다. 이 둘 사이에 종교가 있는데, 종교는 예술의 감각성을 나누어 가지고 있지만, 철학과 같은 어떤 지성적 내용도 가진다는 점에서 예술보다 높고, 뚜렷하게 종교적인 양태로 표현되고 있음에도 불구하고 철학과 유사하다. 이것을 그는 **표상**Vorstellung이라고 불렀는데, 이는 비유나 서사처럼 상상적 그림과 같은 양태를 의미한다. 그런 점에서 예술작품의 상상적이고 감각적인 호소력을 여전히 유지하면서도 중요한 생각을 또한 보여주고 있는 것이다. 따라서 예수는 비유parable를 말하고 있을 뿐만 아니라 예수는 하나의 비유이다. 표상은 분명히 틸리히의 상징 개념의 선조이다.

표상은 수학적 설명 없이 내셔널지오그래픽에 실린 빅뱅의 특별 사진과 같은 것이다. 이미지는 감각적이고 포착할 수 있지만 그러나 그것은 임의적인 그래픽 디자인보다는 더한 것이면서 동시에 수학적인 것보다는 덜한 것이다. 종교적 상징은 파악될 수 있는 장점을 가지고 있고, 직감에 따르는 사람들을, 철학과 강의의 기죽이는 추상성을 오래 견디지 못하는 사람들을 붙잡을 수 있는 장점을 가지고 있다. 정신Geist은 번역하기 어려운 말이지만, '감정gut'은 그것의 한 중요한 부분을 집어낸다. 종교는 대부분의 사람들이 그들의 철학을 얻는 방법이라고 헤겔은 말했다. 대체로 이는 교사에게 이끌려 가보고 난 이후로는 전혀 미술관 안에 들어가 본 적이 없는 사람들이 축구 경기를 그들의 예술이라고 둘러대는 것과 같다. 따라서 기독교는 절대적 진리라고 헤겔이 말했을 때 프러시아의 종교부 장관은 크게 웃으며 좋아했지만, 그러나 헤겔은 덧붙였던 것이다. 표상의 형식에서, 즉 이야기의 형식에서 라고 말이다. 여전히 종교는 우리가 들은 가장 위대한 이야기, 위대한 소설처럼 이야기 형식으로 된 절대적 진리라고 헤겔은 주장한다.

데리다의 의사–유대적 원리

만일 이 중 일부가, 우리가 자크 데리다에 관해 이야기했던 것을 상기시킨다면, 그럴 수밖에 없을 것이다. 데리다가 틸리히에 관한 무언가를 알고 있었던 것도 아니었고 그에게 관심을 가지고 있었던 것도 아니었다. 내가 아는 한, 데리다는 그랬었다. 하지만 이 두 사람에게는 무언가 유사한 점이 있었는데, 그것은 바로 이들이 '무조건적'이라는 어휘를 선택한 것에서 보여진다. 틸리히의 프로테스탄트 원리와 내가 과감히 데리다의 의사–유대적 원리라고 부를—그렇게 말하기로 하자—좀 무신론적인 메시아적 원리 사이에 상당한 유사성이 있는 것처럼, 그들이 서로 똑같이 조건적인 것과 무조건적인 것을 구분한 점에서도 상당한 유사성이 있다. 나는 의사–유대적 원리를 다음과 같이 표현하겠다. 우연적으로 구성되어 있는 것은 그 어느 것도 결정 불가능한 것에 충분하지 않다. 현존하는 그 어떤 민주주의도 도래할 민주주의에 필적하지 못한다. 어떠한 정의의 작업도 도래할 정의에 필적하지 못한다. 우리가 해체를 표현하는 하나의 명사를 사용할 때마다 우리는 그것을 소문자로 써야 하고, 부정사 도래하는 것a to-come을 가지고 마침표를 찍어야 한다. 이 부정사는 실제적인 무한, 또는 무한한 이념, 본질, 영원한 형상 또는 우리가 항상 경험적으로 접근해가는 영속적인 이런저런 것을 의미하려는 것이 아니다. 대신에 그것은 하나의 역사적인, 무조건적인 개방성open-endedness을, 미래에로의 무제한적인 노출, 항상 하나의 모험인 약속을 의미한다.

틸리히와 데리다 간의 차이는 무엇인가?

틸리히와 데리다 간의 차이는 독일의 정신Geist의 형이상학으로까지 거슬러 올라간다. 이 '정신'은 구체적이고 유한한 사물들을 뒷받침하는 무한 실체적 실재인데, 틸리히는 뉴욕에서 몇 십 년을 살고 나서도 여전히 이 말에 애착을 보이고 있었다. 틸리히의 포스트-신학적 입장은 얼핏 보기에는 그렇게 보일지 몰라도 사실은 범신론적이 아니다. 그것은 만유내재신론panentheism으로 알려져 있는 것으로, 신은 만물 안에 있고 만물은 신 안에 있다고 하는 형이상학적 신학이다. 그것은 부엌 식탁 위의 케첩병을 포함하여, 신은 만물이라고 말하는, 또는 신은 일요일 만찬에 가끔 모습을 드러내는 심술궂은 늙은 삼촌이라고 말하는 어리석음을 피한다. 그러나 신은 만물 안에 있으므로, 그것은 앤디 워홀에게 케첩병과 같은 진부한 것을 예술작품으로서 재생산하도록 허용해준다. 그런 예술작품에서 우리는 인생에서 일어나고 있는 일에 관해 무언가를 배우기도 한다. 그럼에도 불구하고 만유내재신론은 그대로 알아챌 수 있을 만큼 여전히 하나의 형이상학이며, 따라서 데리다가 어김없이 사양하는, 건너뛰어야 할 (또는 보강할) 그러한 것이다.

따라서 틸리히와 데리다의 만남이 이루어지는 곳은 틸리히의 철학적-신학적 측면('존재의 근거')에서가 아니라 실존적-경험적 측면, 무조건적인 삶으로 이끄는 무조건적인 것의 해석학에서이다. 무조건적인 가치를 지닌 무언가에 사로잡히고, 무조건적인 가치를 가진 무언가를 긍정하고, 실재의 궁극적 본성에 관한 큰 이야기를 하지 않으면서 말이다. 나는 무조건적인 것에 대한 두 해석 중에서 데리다가 더 나은 해석을 제공한다고 본다. 형이상학적 설명은 잭 위에 올려놓는 자동차와 같다. 여러분은 무한정 액셀레이터를 밟을 수 있지만 절대로 아무 곳에도 갈 수 없는 것이다. 우리는 경험이라는 더 느린 길을 따라가는 편이 더 낫다. 내가 무엇인지 알지 못하는 어떤 것에 부름 받고 응답하는 존재의 해석학에 관해 말하는 편이 더 낫다. 그것을 그냥 사건이라고 부르기로 하자. 그러면 전혀 형이상학적인 것으로 가지 않게 될 것이다. 우리 경험의 근본 구조를 격려하는 것이 더 낫다. 이는 무조건적으로 중요한 것으로부터 인생에서 일시적인 의미를 가질 뿐인 것을 가려내는 것이다. 그것들은 예술이나 윤리 속에, 이론이나 실천 속에, 과학이나 일상생활 속에 있다. 그것들이 무엇이든, 어디에 있든 간에 말이다.

정신을 유령으로 약화시킴

따라서 존재론 대신에 우리는 다시 한 번 데리다의 유령론과 마주친다. 절대 정신 대신에 유령을 만난다. 존재Being 대신에, 반만의 존재demi-being, 귀신을 만난다. 하이데거의 육중한 어조를 되풀이하면서, 데리다는 es gibt(it gives, there is, Being)가 es spukt가 된다고 말한다. 모든 곳에 유령이 달라붙어 있다. 있는 것, 거기 있는 것은 도래할 자들인 도착할 자arrivants에 시달리고 있고, 죽은 자가 미완성으로 남겨둔 삶의 과제를 우리가 끝내라고 조르기 위해서 죽은 자로부터 되돌아온 망령revenants에 시달리고 있다.

이렇게 해서 고귀한 삼위일체 신학의 성령이 헤겔 형이상학의 절대 정신 속에서 지상으로 강림하고, 나아가서 틸리히의 존재의 근거에 내려 앉아 하나의 유령, 심지어 귀신spook이 된다. 이 역사 —기독교와 성령의 해체 역사 —가 소위 바티모의 약화함weakening의 역사이다. 만일 독실한 자가 이것은 상실loss의 역사라고 불평한다면, 그 답은 이 상실에 아무

유감도 없으며, 이는 열심히 다이어트와 운동을 해서 몸무게를 100파운드나 뺀 친구가 그 몸무게의 상실로 더 나빠졌다고 생각하는 것과 마찬가지라는 것이다. 이것은 과체중의 형이상학적 신학을 생활에 맞는 모양으로 손질하는 절감reduction —존재론적, 현상학적, 해석학적 절감— 의 역사이다.

상실로 인한 수확은 새로운 활력, 삶의 명랑성을 보존하는 새로운 활기, 즉 변동하는 경험의 결정 불가능성을 보존하는 새로운 활기이다. 이 절감된 신학은 포스트모던 세계에서 종교가 어떤 모습으로 보일지를 우리에게 소개한다. 그것은 포스트-종교의 형태를, 무조건적인 것에 대한 포스트-세속적 종교의 모습을 띨 것이다. 강한 신학의 역사를 통과해가면서 절감된 신학은 더욱더 생생하고 활기차게 약한 신학의 모습으로 출현하는데, 그것은 삶에 대한 더 깊은 믿음, 소망, 사랑에 눈을 돌리면서 과중한 무게의 초자연적 믿음과 종교의 강력한 제도적 관심을 버린, 세계-내-존재의 필요에 맞게 줄어든 모습인 것이다.

모든 계시는 특별하다

이것이 바로 포스트모던 해석학이, 일어나고 있는 일에 대한 종교 자체의 설명을 무턱대고 받아들이지 않으면서도, 종교 안에서 일거리를 얻게 되는 이유이다. 정의의 이름은 기억할 수 없는 시간으로부터, 그리고 유령적 과거 속의 어떤 확인할 수 없는 근원과 동요를 아는 사람에 의해 우리에게 전해진, 여전히 지켜지지 않는 약속에 대한 이름— 약속의 기억, 기억의 약속— 이다. 구체적인 기독교적 상징 — 한정할 수 없을 만큼 많은 여러 상징들이 있다 — 은 예수아Yeshua의 기억과 약속으로 구성되어 있다. 예수아는 역사의 안개 속에서 대부분 잃어버린 인물이지만, 그러나 수 세기에 걸쳐 다양한 명상을 일으키게 만드는 매력 포인트는 항상 다시 오겠다고 약속한 데 있다. '기독교'는 그의 도래 연기의 역사, 출현의 반복된 실패로 구성되어 있고 그런 역사로서 열려져 있는 것이다. 만일 그가 출현했더라면, 모든 것이 전복되었을 것이다.

내가 서두에서 말했던 해석학적 실수는 이것이다. 기독교의 계시가 계시하는 것은 초자연적인 존재자들과 거주할 다른 세계가 아니라 세계-내-존재의 구체적 모습이라는 것이다. 그것은 독특하고 특별한 계시이다. 우리의 부모가 특별한 것처럼, 그러나 그것은 많은 계시 중의 하나이다. 계시는— 신화학적이고 반쯤 신성모독적인 입장에서처럼— 시공 밖에서 하늘로부터 온, 세계에 관한 초자연적 간섭인 것으로 여겨지지 않는다. 계시는 인류에게 비밀의 메시지를 전달하는— 종종 전령인 천사의 도움을 받아— 죽을 자들이 결코 자체적으로 알아낼 수 없었던 신비를 여는 열쇠를 전달하는 초행위자Superagent의 행위로 생각되지 않는다. 대신에 계시는 삶의 한 모습을 드러낸다. 그것은 우리에게 무조건적으로 요구되는, 존재에로의 길로 침입해 들어가는 것이다. 신약성서의 경우에 삶의 독특한 모습은 신의 왕국이라는 이름 하에서 죽어버린다. 이 신의 왕국은 나중 온 자가 먼저 되고, 우리의 적을 용서하고 사랑하기 위해 소환되는, 뒤집히고 전도된 세계를 의미한다. 그런 삶의 모습은 세계가 지혜라고 부르는 것에게는 광기인 것처럼 보이고, 세계가 권력이라고 부르는 것에게는 허약함인 것처럼 보인다.(고린도전서: 1:18-31)[16]

해석학적 관점에서 계시는 하늘의 간섭이나 초자연적인 폭로가 아니라 하나의 시적인 개시disclosure라고 생각된다. 종교적 계시는, 신이 신의 이름으로서가 아니라 사건의 이름으로 대신 통치했다면 삶이 어떻게 보이게 되었을까를 보여주는 하나의 시학— 비유와 역설, 놀라운 말씀과 잊을 수 없는 서사들의 성좌— 이다. 모든 문화는 자신만의 독특한 방식으로

• •

16. 나는 이를 『허약한 신: 사건의 신학(*The Weakness of God: A Theology of the Event*)』 (Bloomington: Indiana University Press, 2006)에서 길게 설명한다.

세계를 노래하는 언어를 가지고 있는 것처럼, 그런 계시적 사건을 갖는다. 종교에 있어 종교적인 것은 교리와 신조, 정통과 이단, 성직자와 촛불과는 거의 관계가 없다. 종교적인 것은 예술과 과학, 윤리학과 종교 등 도처에 있으며, 오히려 종교로 자처하는 것 속에서는 들어 있지 않다. 이는 종교가 너무 자주 진정한 것의 반쯤 신성모독적이고 신화적인 모조품simulacrum을 내놓고 있는 탓이고, 나쁜 세력의 손에 들어가는 불행을 겪어왔던 탓이다.

사람들이 신의 권위로 말한다고 주장할 때, 모자를 들고 문을 빠져 나와라. 그것은 말하는 신이 아니라, 진리를 수호하기 위해서 죽을 준비가 되어 있을 뿐만 아니라 진리를 위해 죽일 준비도 되어 있는, 콧대 센 폭력적 의지인 것이다. 그러나 무조건적인 것은 연약하고, 귀중하고, 값을 매길 수 없는 인생에서 — 내가-알지-못하는-그-무엇sometning-I-know-not-what in life, 초자연적인 것을 신비화 하지 않고도 우리를 매혹시키는 마술이다. 무조건적인 것은 예배 장소인 교회와 주일 봉헌을 요구하지 않는다. 그것은 무조건적인 것이 여러분을 응시하고 있다는 것을 보기 위해서, 미묘한 해석학적 안목만을, 소위 람바흐의 지적 기술subtilitas intelligendi 을 요구할 뿐이다.[17]

• •

17. 나는 이런 종교관을 내가 펴낸 여러 책에서 피력하였는데, 그중 가장 이해하기 쉬운 책은 『신의 어리석음: 무조건적인 것의 신학(*The Folly of God: A Theology of the Unconditional*)』(Salem, OR: Polebridge Press, 2016)이다.

제11장

짧은 회고
— 거두절미하고 포스트모던 해석학은 무엇인가?

철학적 해석학–또는 신학적 해석학?

만일 내가 이 책의 내 주장을 한 줄로 요약해달라는 부탁을 받는다면, 나는 해석은 끝까지 간다고 말하겠다. 그리고 이를 밑받침하기 위해서 이미 위에서 인용했던 아우구스티누스의 이런 글귀를 고르겠다. "저에게는 저 자신이 큰 문제가 되어왔습니다." 아우구스티누스는 해석학적 상황을, 급진적 또는 포스트모던적 해석학적 상황을 인생에 대한 끝없는 질문 가능성questionability으로 — 이는 우리 삶의 끝없는 해석 가능성을 의미한다 — 압축해서 요약하고 있다. 우리가 누구인가라는 물음에 대해 해석학이 내리는 최선의 답은 우리가 바로 그 질문이라는 것이다. 질문이 답이다. 하이데거에게 그 다음 질문은 우리가 그 질문 가능성을 유지할 수단을 가지고 있는지, 늘 그 해석 가능성에 대처할 수단을 가지고 있는지, 아니면 다시금 기존의 의견으로 되돌아가 기존 세력이 차려놓은 길을 받아들일지 하는 것이었다.

그런데, 잠깐만! 아우구스티누스는 기존 세력의 한 사람, 즉 유명한 주교였고, 거의 틀림없이 주류 기독교 신학의 주요 건축자였다. 그래서 그는 '대안적 해석'에 고통 받지 않았다. 그는 대안적 해석들을 이단이라고 딱 잘라 말하고는 탄핵하였다. 사실이기는 하지만 그것은 나중에, 즉 『신국』에서 더 잘 들어맞는 것이었다. 하이데거와 데리다가 아우구스티누스의 『고백』으로 거슬러 올라가고 있다는 점을 주목하라. 『고백』은 영혼 탐구의 걸작, 종교적 체류자의 걸작이고 때로는 최초의 자서전이라고 일컬어지는 작품이다.[1] 그들은 다른 그리고 좀 더 체제 전복적인 사유 노선을 찾아냄으로써 아우구스티누스가 우리 포스트모던적인 순례자들에게 말을 걸게 하는 길을 찾아냈는데, 이는 『존재와 시간』에서 분명히 드러나고 있다.[2]

그렇다면 이것은 처음에 우리가 말했던 것처럼 철학적 해석학인가, 아니면 신학적 해석학인가? 도서관의 어느 구역에 이 책을 놓아야 할까? 어떤 학과에서 아우구스티누스를 공부할 것인가? 아우구스티누스는 빙그레 웃었을 것이다. 그는 철학은 진리에 대한 사랑이고 신은 진리라고 말했다. 그렇게 구획해놓도록 하라! 아우구스티누스는 근대 이전에 살았던 인물이고, 그의 머리는 근대성의 온갖 요소로 채워져 있지 않았다. 그것은 전근대와 포스트모던을 하나로 모으는 방법들 중의 하나이다. 우리 포스트모던적인 부류들도 그런 구분을 대체로 불신을 가지고 처리한다. 따라서 내가 전 장에서 나의 전문 분야가 종교와 포스트모더니즘이라고 말하면서 시작했을 때, 나 역시 철학과 신학 사이를 결코 선택할 수 없었을 것이라는 점을 고백한 셈이었던 것이다. 나는 진정한 신학이란 캐서린 켈러Catherine

• •

1. 가장 무신론적인 작가들까지도 포함하여 얼마나 많은 포스트모던 작가들이 아우구스티누스의 『고백』에 관심을 쏟는지를 보는 것은 흥미로운 일이다. 『아우구스티누스와 포스트모더니즘: 고백과 서컴패션』, eds. John D. Caputo and Michael Scanlon(Bloomington: Indiana University Press, 2005)을 보라.

2. 하이데거의 『종교 생활의 현상학』, trans. Matthias Fritsch and Jennifer Anna Gosetti-Ferencei(Bloomington: Indiana University Press, 2004)에서 『고백』에 대한 그의 1920년 강의를 보라.

Keller가 말하듯이 '불가능한 것 앞에서 재편성하는'[3] 하나의 방식이라고 생각한다. 그리고 이는 또한 정확히 철학에도 해당된다고 본다. 철학과 신학은 둘 다 더 깊은 샘에 의해서, 선-철학적이고, 선-신학적이고, 심지어는 선-논리적인 무엇에 의해 부양되는 것이다.

거두절미하고 포스트모던 해석학은 무엇인가?

따라서 청년 하이데거가 우리는 무언가에 대한 모호한 선-이해를 가진다고 말했을 때, 무언가를, — 존재? 신? 세계? — 우리가 해명하려고 일생을 보내는 아주 기본적인 무언가를 안다고 하는 그런 선-이해를 가지고 있다고 말했을 때, 거두절미하고… 그것이 해석학인 것이다. 마지막으로 한 번 더, 해석은 바닥끝까지 간다. 바닥 어디까지? 이 늘 재해석될 수 있는 이런저런 것으로까지. 하지만 우리는 어떻게 기초가 되는 그 어떤 것에 접근해갈 것인가? 우리는 이미 거기에 있다. 그것이 해석학적 순환이다. 우리는 항상 우리가 이미 있는 곳으로, 우리를 우리로 만든 사태로, 우리 삶의 심층 구조로 다시 돌아간다. 우리는 항상 사태와의 이 원초적 접촉을 표현하는 방법을 찾고 있다. 우리 인생길을 가면서, 우리는 이런저런 또는 그 밖의 사태에 관한 아주 다양한 믿음을 구성하는데, 그 대부분의 것은 우리가 태어난 시대와 장소 때문에 우리의 머릿속에 들어온 것이지만, 이런 믿음들 밑바닥에 있는 흐름은 세계 자체, 인생 자체에 대한 보다 원초적인 신앙faith이고, 믿음과 의심, 철학과 신학, 과학과 인문학 간의 구분에 선행하는 신앙이다.

해석학은 정확히 바로 거기에 자리 잡고 있다. 즉, 우리가 세계와 접촉하는 바로 그 지점에, 우리가 세계 속에서, 세계에 의해, 세계와 더불어 관계 맺는 바로 그 지점에 자리 잡고 있다. 그리고 해석학의 과제는 그것을 언어로 드러내어 보이게 하는 데 있다. 그것이 바로 내가 신비주의자들을 우리 중의 가장 예리하고 가장 섬세한 사상가라고 생각하는 이유이다. 그들의 역설과 수수께끼 같은 난문("나는 내 안의 하느님을 지워달라고 하느님께 기도합니다!")은 우리 속에 있는 미묘한 이중적인 속박을 반영한다. 우리가 세계에 관해 이야기하자마자, 우리는 세계를 하나의 대상으로 만들고, 선-명제적인 것을 명제로 포장하고, 선-객관적인 것을 객관화한다. 마치 우리가 얼마간 세계 밖에서 발판을 찾았고 아주 멀리 떨어져서 그것에 관해 이야기할 수 있는 체하면서 말이다.

해석학의 작업은, 윌리엄 제임스의 말을 빌려 표현하자면, 어둠을 보기 위해서 신속하게 빛을 밝히는 것이다. 해석학은 일종의 객관화에서 벗어난 non-objectifying 담론을 추구하는 것이고, 세계에 대한 우리 경험에 관해 말하는 방법이 아니라 세계에 대한 우리 경험에서 벗어나 있는 것으로부터 말하는 방법이다. 그것이 바로 내가 소위 데리다의 해석적 명령을 독해하는 방법인데, 이는 어떤 듣는 귀, 어떤 예민함(지적 기술)을 필요로 한다. 이 명령은 황제의 칙령도 아니고 분명하고 강력한 목소리도 아니다. 그것은 좀 더 무언의 애매한 소환장이고, 침묵의 소리이고, 세계의 음악을 듣기를 멈출 경우 순수한 침묵의 순간에 여러분이 들을 수도 있는 것이다. 이 침묵은 한밤중에 우리를 잠 못 들게 하는 것이거나, 바쁜 대낮에 우리에게 눈치 채지 못하게 살금살금 다가오는 것이다. 그것이 내게 만물이 가장 깨끗하게 보일 때인 이른 아침을 사랑하게 만드는 것이다. 그것이 바로 일부 사람들이 대양이나 고요한 호수를 사랑하는 이유이며, 하이데거가 슈바르츠발트(검은 숲)에 있는 그의 오두막집을 사랑했던 이유이며, 기술 세계의 빠르고 시끄러운 발걸음을 싫어했던 이유이다. 하이데거는 항상 소리를 들음—『존재와 시간』에서는 양심의 소리, 그리고 후기에는 보다 시적인 목소리로 존재의 부름 또는 세계의 소리 — 에 관해 말하고 있었다.

삶의 과제는 세계가 부르고 우리가 응답하는 대화로 들어가기 위해서 우리에게 말을 거는 것에 귀를 기울이는 것이다.[4] 이 응답은 빈 말에서가 아니라 행동(적용의 기술) 속에서 완성되며, 단 한 번의 행동 속에서가 아니라 삶 속에서 우리가 생각하거나 행동하는 일체의 것에서, 우리가 세계를 헤치며 나갈 때 우리의 삶이 조각하는 곡선 속에서 완성된다.

유령이 출몰한다

따라서 내가 소리[a] call에 대해 말할 때, 나는 나의 머릿속에 있는 소리를 듣는 것에 대해 말하고 있는 것이 아니라, 이런 침묵을 의미하는 것이다. 『존재와 시간』(§§ 56-7)에서 하이데거가 양심의 소리에 대해 말할 때, 그는 그것에 아무 내용도 없다는 것을, 어떤 사실적 정보나 지혜로운 말을 전달하지 않는다는 것을, 어떤 직업을 선택할지 누구와 결혼할 것인지에 관한 어떤 현명한 충고를 주지 않다는 것을 말하는 것이다. 양심의 소리는 우리에게 삶의 비밀에 대해 말하지 않는다. 그러나 모든 것을 애매하고 미정인 채로 남기는 대신에, 그 소리는 정확하게 반대되는 효과를 생산해낸다. 그 모든 침묵과 무에도 불구하고, "그 소리가 개시하는 것은 애매하지 않다."[5]고 하이데거는 말한다. 비록 그것이 사람마다 다르게 해석될지라도 말이다. 우리가 **호출 받았다는 것**, 지목되고 곤혹스러운 처지에 있다는 것은 틀림이 없다. 게다가 어떠한 것도 우리가 텔레비전을 켜는 것을 막아서지 않으며, 그것은 마치 소화불량증과 같다고 되뇌는 것도 막지 않는다. 그리고 이 매우 불편한 순간은 지나갈 것이고, 아침에 우리는 훨씬 더 기분이 나아지게 될 것이다.('비본래성')

- - -

4. 소리는, 부르는 것, vocare에서 유래하는, 우리의 '소명(vocation)'이다.
5. 마르틴 하이데거, 『존재와 시간』, trans. John Macquarrie and Edward Robinson (New York: Harper & Row, 1962), § 56, 318쪽.

만일 우리가 하이데거에게 누가 또는 무엇이 이런 소환을 하느냐고 다그친다면, 우리는 같은 답을 얻을 것이다. 소환자caller는 전혀 명함calling card을 남기지 않는다고.[6] 그래도 하이데거는 이것이 부정적인 무가 아니라고 말한다. 사실상 그것은 가장 긍정적인 방식에서의 부름으로 이루어져 있다. 그 부름은 우리의 책임을 불러일으킨다. 만일 우리가 소리의 저자를 확인할 수 있었다면, 부르는 자의 권위는 찬탈되었을 것이고 우리는 수화기를 내려놓았을 것이다. 질문 가능성은 끝이 날 것이고 답이 그 안에 있을 것이다. 그리고 해석의 요구는 거기서 중단될 것이다. 우리는 누군가가 — 신 또는 자연, 프로그램 또는 우리의 DNA, 그 어떤 것이든— 책임을 떠맡고 있다고 안심했을 것이다. 대신에 그것은 우리를 불안하게 만들고 불편하게 한다고 하이데거는 주장한다.

하이데거는 "우리의 기대에, 심지어 우리의 의지를 거슬러 그것이 부른다."[7]고 말한다. '그것'이 부른다. 생소한 '그것', 유령 같은 어떤 것, '낯선un-canny' 어떤 것이 부른다. 이 말은 문자 그대로 '고향에 있지 않은not-at-home'을 뜻하는 독일어 unheimlich고향을 떠난의 번역어로, 낯선 세계에서 이방인이 된 느낌을 표현한다. 만일 하이데거가 더 좋은 유머 감각을 가지고 있었다면, '그것이 부른다'라고 말하고는 '그것이 출몰한다es spukt'라고 덧붙일 수도 있었을 것이다. 그러면 es gibt있다와 es spukt출몰한다가, 존재론과 유령론이 재미있게 놀 수 있었을 것이다. 하지만 이를 위해서는 장난꾸러기 해석학자 데리다를 기다려야 했다.[8] 따라서 후기 하이데거가 그런 것처럼, 비록 우리가 이것은 세계의 소리라고 말할지라도, 그것은 발신자를 명확하게 확인하는 것이 아니다. 그 소리는 그냥 시공을 넘어 다른 세계로부터

· ·

6. 하이데거, 『존재와 시간』, §57, 319쪽.
7. 하이데거, 『존재와 시간』, §57, 320쪽.
8. 『유령이 출몰한다: 들리지 않는 소리에 응답하여 살아감』, ed. Erin Schendzielos (Rapid City, SD, Shelter50 Publishing Collective, 2015)에 있는 나의 「희년을 선포하면서: 유령적 삶에 대한 사고」, 10-47쪽을 보라.

도래하지 않고 있다는 것을 의미한다. 그것은 일상생활의 틈과 금 안으로 교묘하게 스며드는 어떤 것, 실제의 그리고 확인할 수 있는 발신자 없이 걸려오는 어떤 것과 더 닮아 있다. 상황은 아주 이상하다. 확인할 수 없는 미지의 발신자가 예고도 없이 우리를 방문하고, 무를 말하고 침묵을 주장함으로써 우리를 침묵하게 만들고 곤혹스럽게 만든다. 그냥 앉아서 응시하고 있는 유령 때문에 밤에도 깨어 있는 스크루지를 상상해보라.

그것은 급진 해석학 또는 포스트모던 해석학의 불안을 풀어준다고 나는 생각한다. 그것은 궁극적인 해석적 상황을 묘사하는데, 그 상황에서 해석을 요구하는 것은 낯선 것uncanniness이라는 것이다. 그런데 이는 정확히, 우리를 부르고 있는 주변의 모든 사람 모든 것에 응해서 순전히 자동적으로 가 아니라 책임 있는 모습으로, 우리가 어떤 삶을 살아가고 싶은지를 결단하라고 요구받을 때 그러한 것이다. 그래서 데리다가 말하듯이 그 결정은 '내 안에 있는 타자의 결단'이다. 그것은 하나의 결단을 요구한다. 그것은 우리가 말할 수 있는 가장 넓은 용어로 세계에 대해 '그래'라고 말하기로 한 데 있는 결단이며, 세계를 그 결점까지도 전적으로 긍정하기로 한 데 있는 결단이다. 또한 우리 삶의 끝없는 질문 가능성과 재해석 가능성을 지탱하기로 한 데 있는 것이다.

삶은 계속되고 결단은 이루어져야 한다. 우리는 결코 오지 않을 최종 결정Final Word을 기다리면서 그저 생각나는 대로 어중간하게 살아갈 수 없다. 그래서 우리는 다양한 잠정적인 해석학적 대체물 ─대역stand-in, 대표자, 표상, 가주어place-holder, 상징, 안내원courier, 사절envoy, 대리인, 위임자delegate, 대변인, 철학적이고 신학적인 별명들─ 을 필요로 한다. 이는 부름에 구체적인 형태를 부여하기 위해서이며, '무조건적인 것'이 자기를 보여줄 구체적인 조건 속에서 구체화되도록 하기 위해서이다. 물론 헤르메스는 성서의 천사에게 자기의 직업을 빼앗기기 전까지 ─ 헤르메스와 천사가 오늘날 왓슨에 의해 일할 힘을 잃고 말았지만 ─ 우리가 해석적 명령에 대해 붙였던 첫 번째 상징이었다. 요약하자면, 그것이 해석학의 역사이다.

　아마도! 그러나 누가 그런 위험한 아마도에 관심을 가지려 할 것인가! 그것을 위해 우리는 새로운 종의 철학자가 도착하기를 기다려야 할 것이다. 그런 철학자들—모든 의미에서 위험한 '아마도'의 철학자들—은 그 선배 철학자들과는 대립되는 취미와 경향성을 가진 자들일 것이다. 그리고 진지하게 말하건대 나는 그런 새로운 철학자들이 흥기하고 있다는 것을 안다. — 프리드리히 니체.[9]

●　●
9. 프리드리히 니체, 『선악의 저편』, trans. R. J. Hollingdale(New York: Penguin, 1973), no. 2, 16쪽. 주석을 위해서는 자크 데리다의 『우정의 정치학』, trans. George Collins (London & New York: Verso, 1997), 34-45쪽을 보라.

결론 없는 결론
— 니체까지도 사랑할 수 있었을 신

지금까지 우리가 오늘날 해석학의 큰 인물들과 그들의 중요한 사상에
대해 전부 알아보았고, 또 우리의 포스트모던적 세계와 점증해가는 포스
트-휴먼 세계에서 해석학이 스스로를 약화시키는 면도 보았기 때문에,
다시 한 번 나와 해석학에 관한 회의론자 간의 대화에 귀를 기울여보기로
하자.

이 책의 끝에 도달했으니, 철학자들은 인생의 비밀에 관해 무언가 좀 말해주
어야 하지 않겠는가?

  그렇다면, 비밀은, 신비를 풀어줄 아무런 비밀도, 비밀스런 진리나 열쇠
도 없다고 나는 말하겠다. 그것은 데리다가 '해석학'이라는 말을 피했던
이유 중의 하나였다. 그러나 여기서 연마한 해석에 대한 포스트모던적
해석에서, 우리는 암호를 풀거나 비밀스런 의미를 찾으려는 일은 하지
않는다. 비밀은 구조적인 비밀이다.

여기서 '구조적'이란 무엇을 의미하는가?

그것은 그 비밀이 체계로 구축되었다는 것을 의미한다. 그것은 비밀을 아는데도 그것을 우리에게 주지 않고 보류하는 어떤 사람과 같은 것이 아니다. 그것은 접근할 수 없는 것이고, 휴식 중이고, 원리적으로 우리 모두에게 건네지지 않고 보류되었다. 언약의 궤는 비어 있다. 거기에는 아무것도 있지 않다. 아무 모델도 없는 초상화, 전혀 원본이 없는 복사를 상상해보라. 그것은 끝까지 초상화이고, 복사이고, 대체물이고, 보충이다. 비밀은 누군가가 그것을 발견할 때까지 또는 하늘에서 우리에게 계시될 때까지 어딘가에 숨겨져 있는 것이 아니다. 그것은 항상 모든 해석에서 빠진 채로 있는 것이다. 따라서 우리가 할 수 있는 최선의 일은 해석학적 조건에 스며들어 있는 분위기와 애매성, 개방성과 프로그램화 불가능성과 놀이하면서 머무는 것이다.

그런 애매성만을 이야기하니까 많은 사람들이 그래서 신에게 눈을 돌리고 있다

신은 비밀이 아니라 비밀의 상징이다. 여전히 상징들은 중요하다. 그래서 내가 전달해줄 비밀은 가지고 있지 않더라도, 나는 놀라운 것을 가지고 있다. 나는 신을 또는 '신'이라는(의) 이름을 찾지 못할 것이라고는 생각하지 않았다. 나는 여전히 그것이 생명력을 가지고 있을 것이라고 생각한다. 니체가 그런 신에 대한 예언자이다.

니체? 누가 신은 죽었다고 말했지?

바로 니체다. 그리고 나는 니체가 비판했던 신이 정말로 잘 죽었다는 것에 동의한다. 그러나 니체는 그의 차라투스트라를 통해서 이렇게 물었다. 만일 신이 존재한다면, 내가 창조할 것이 남아 있을 수 있을까?[1] 라고.

. .

1. 프리드리히 니체, 『차라투스트라는 이렇게 말하였다』, trans. Walter Kaufmann(New York: Viking Press, 1966), 「축복받은 섬에서」, 87쪽.

그것은 대단한 질문이다. 니체에게 신의 죽음은 인간 창조성의 탄생을 의미했다. 신이 없이도 모든 것이 가능하다. 그러나 나는 신에 대한 니체의 반론을 받아들여 그것을 커다란 신학적 돌파구로 변모시킨다. 다시 한 번 묻겠는데, 그것이 신이 존재하는 모양이라면 어쩔 것인가? 신의 이름이 불가능한 것까지 포함해서 가능한 모든 것의 이름이었다면 어쩔 것인가?[2]

당신은 니체가 이런 신과 함께 살았다고 생각하는가?

니체에게 그리고 많은 철학자들에게 신이 일으키는 문제는, 신이 항상 대화 중단자, 해석의 놀이를 막으려는 힘과 같은 존재였었다는 것이다. 말하자면 그것이 니체가 신을 정면으로 공격했던 이유이다. 그러니까 나는, 신의 섭리와 도래할 컴퓨터 프로그램 사이에, 지고의 존재와 슈퍼컴퓨터 사이에, 야훼와 왓슨 사이에 일종의 유비가 있다고 말해왔다. 하지만 여기서 나의 제안은 니체를 곧이곧대로, 그를 새로운 종의 신학자들의 예언자로서 받아들이자는 것이다. 나는 도래할 신을 함께 예언할 신학자들을 더 보탬으로써 이를 개조할 것이다.

그러면 도래하는 신은 누구이며, 무엇을 하는가?

신의 섭리로서가 아니라 사건으로 여겨지는 신이다. 역사의 수레바퀴에서 완성된 신이 아니라, 여느 약속처럼 위험에서 보호될 수 없는 미래의 약속으로서 여겨지는 신, 창조의 적으로서가 아니라 바로 창조성의 가능성으로서 여겨지는 신, 해석적 창조성을 위협하는 존재로서가 아니라 그것의 대리 선동가agent provocateur로서 여겨지는 신, 하늘의 최종적 이유Why로서가 아니라, '왜 안 돼Why not?'로서 여겨지는 신이다. 이런 신은 옛 철학자들의 '필연적 존재'가 아니라, 도래하는 철학자들의 아마도-존재may-being, 사태

• •

2. 나는, 존 카푸토 『신에 대한 주장: 아마도의 신학』(Bloomington: Indiana University Press, 2013)에서 신에 대한 그런 강한 포스트모던적 해석을 제안하였다.

속에 새겨진 궁극적인 '아마도'의 새로운 철학자와 신학자들의 아마도-존재이다. 그런 신은 니체가 『선악의 저편』에서 요구하고 있는, 위험한 '아마도'의 철학자들에 의해 예언된 그런 존재일 것이다. 이것은 니체까지도 사랑할 수 있었을 신이다.

아마도, 그렇다면 이런 신은 성서와 어떤 관계가 있는가?

여러분이 생각하는 것보다 더 관계가 있다. 누누이 말하지만, 성서는 신과 더불어 모든 것이 가능하다고 말한다. 성서 속의 '신의 왕국'은 온갖 불가능한 일들, 기적과 경이, 잇달아 일어나는 놀라운 사건들로 가득차 있다. 그러나 성서는 신문 보도가 아니라 '좋은 소식good news', 이야기라는 점을 명심하라. 복음주의자들은 기자들이 아니다. 성서는 왕국의 도래를 요구하는, 항상 도래하고 있는 것인 희망의 노래이다. 성서는 틸리히의 의미에서 신의 이름을 하나의 대역, 비유, 상징으로 삼는 하나의 시학이다.

무엇의 상징인가?

희망의 상징이다. 신의 이름은 희망의 한 별명, 가망 없는 희망hope against hope의 한 별명이다. 미래는 항상 나아질 것이다. 그것이 나아지기 때문이 아니라 그것이 우리의 희망이기 때문이다. 사실 종교는, 만일 그 낱말이 여전히 구원할 만한 가치가 있는 것이라면(그리고 나는 그럴 것인지 확신하지 못하고 있다), 믿음belief과 관계하고 있는 것이 아니라, 세계에 대한 신앙faith과 관계하고 있다. 그것은 도그마와 관계하고 있는 것이 아니라 우리의 가장 깊은 갈망desire과 관계하고 있다. 신의 이름은 갈망 저편의 갈망과 함께 우리가 갈망하는 그 무엇에 대한 대용 표현이다. 이것은 이런저런 것에 대한 갈망이 아니라, 내가 알지 못하는 그 무엇에 대한 갈망이다. 이런 갈망은 항상 그리고 이미 그 갈망을 미래에 노출시키면서, 우리의 더욱 특별한 갈망을 비집어 여는 갈망이고, 갈망 자체의, 무조건적인 갈망의 개방성을 유지하는 갈망이다. 믿음보다 더 깊은 신앙, 가망 없는 희망, 갈망 너머의 갈망, 이런저런 것의 가능성이 아니라, 가능한 것 자체, 아마도 자체 — 데리다가 항상 부언하듯이, '그런 것이 있다면' —인 것이다.

그러면 왜 이것이 해석학인가?

그것은 우리의 최초의 세계 관여 지점에 대한 해석학인데, 청년 하이데거로 돌아가서 얘기해보자면, 이 세계에서 우리는 항상 언어와 맞붙어 씨름하고 있다. 그것은 '위험한 "아마도"'의 해석학이고, 약속/위험의 해석학이고, 그 안에서 신(의)이라는 이름은 해석학적 명령에 대한 가주어로서 기능한다. 신(의)이라는 이름은 하나의 사절envoy이고, 끝없이 재해석 가능한 것을 해석하라는 소리의 아이콘이다. 그 이름은 생각할 수 없는 것을 생각하는 것을, 상상도 할 수 없는 것을 상상하는 것을, 말할 수 없는 것을 말하는 것을, 상상 불가능한 것을 상상하는 것을, 할 수 없는 것을 하는 것을, 우리가 갈 수 없는 곳으로 가는 것을 의미한다. 그 이름은 지금 우리를 쉬지 못하게 만들고 있고 우리의 능력을 그 한계까지 밀어붙이도록 만들고 있다. 그 이름은 우리가 결코 도달하지 못하는 한계 상황을 제시한다. 그 이름은 우리가 기도하고 우는 그 무엇을 위해 봉사한다.

기도한다고? 정말이야?

진심이다. 나의 괴팍한 제안 중 하나는 내가 구식 신학자들에게 '기도'라는 말에 대한 독점적 권리를 주지 않으려고 한다는 것이다. 기도는 우리의 기본 조건의 일부이다. 기도한다는 것은 조용하면서도 결연히 우리 기본 조건에 주의를 기울이는 것이다. 우리는 종교와 더불어 또는 종교 없이 항상 기도하고 있다. 실은 기도는 사실상, 종교의 어떤 확신 없이, 기도를 해줄 사람, 우리의 기도를 들어줄 사람, 우리의 기도에 응답할 힘을 가진 사람이 있다는 최소한의 확신 없이, 그리고 우리가 무엇을 위해 기도하는지에 대한 정확한 생각 없이 우리가 기도할 때, 시작할 수 있을 뿐이다.

그러면 그런 기도는 어떤 모습일는지?

  내 생각에 궁극적인 기도는 제임스 조이스의 『율리시즈』에서 "그래, 그래라고 말했지. 그래라고 말할 거야and yes I said yes I will Yes."라고 말한 몰리 블룸의 멋진 독백처럼, 세계에 대해 대뜸 '그래'라고 말하는 것이다.[3] 특히 이것이 〈타이타닉〉에서의 4중주단의 예에서처럼, 우리가 이 세상에서 하는 마지막 말일지라도 말이다. 그래, 그래, 아멘-미래에 대해서, 세계의 약속에 대해서, 세계에 대한 끝없는 해석 가능성과 재해석 가능성에 대해서.

그러면 결국 …

  … 눈에 보이는 끝은 없다. 무한한 즉흥곡처럼 해석학의 맥박은 계속 뛴다. 다른 해석들을 없애버리는 최종 해석은 없다. 해석들interpretations은 항상 위험한 '아마도'에 노출된 채, 소문자 복수의 모습으로 산다. 우리는 신비와 어울려서, 우리에게 무엇이 요구되는지를 판별하면서, 흘러가는 구름 모양에 이름을 지으려고 애쓰면서, 지금 직감력을 가진 인간으로, 하나의 인간a horse으로 삶을 살아간다. 모든 해석은 결코 모습을 보여주지 않는 도래할 해석에, 항상 도래할 것인 해석에 노출되어 있다. 그 무한함은 우리를 낙담시키지 않는다. 그것은 우리를 유혹하고 미래를 열어놓는다. 그것은 질문 가능성을 계속 유지한다. 해석학은 보충, 대리, 상징, 대체의 언어로 수행된다.

  … 이 공란을 대체할 것에 대해서 한 말씀

  … 알지는 못하지만 무언가가 들어간다. 그것은 해석에 달려 있다.

- - -

3. 온라인 http://archive.org/stream/MollyBloomMonologEnd/MollyBloomMonologhy End
   _djvu.txt를 활용하라.

더 읽을거리들

일반

장 그롱댕Jean Grondin의 『철학적 해석학 입문Introduction to Philosophical Herme-neutics』(서론, 주1). 가다머가 서문을 썼는데, 고대에서부터 현대까지 주요 인물과 운동에 대한 전문가적인 요약이 실려 있는 해석학에 대한 대단히 훌륭하고 탄탄한 역사적 소개서이다. 그롱댕은 1990년대 중반까지 중요한 모든 것을 포괄하는, 정성스럽게 정리한 60쪽에 달하는 참고문헌을 달아놓았다. 범위는 유사하지만 좀 더 문학적인 각도에서 쓴 또 다른 탁월한 저작으로는, 제랄드 부른스Gerald L. Bruns의 『해석학 고대와 현대Hermeneutics Ancient and Modern』(New Haven: Yale University Press, 1992)를 보라.

리차드 팔머Richard E. Palmer의 『해석학: 슐라이어마허, 딜타이, 하이데거 그리고 가다머Hermeneutics: Interpretation Theory in Schleiermacher, Dilthey, Heidegger and Gadamer』(Evanston: Northwestern University Press, 1969)는 영미 독자들에게 영향을 끼쳤던 이런 인물들에 대한 읽을 만하고 신뢰할 수 있는 안내서이다. 다음과 같은 도움이 될 만한 선집들이 있다.

—『해석학에 대한 블랙웰 안내서Blackwell Companion to Hermeneutics』ed. Niall

Keane and Chris Lawn(New York: Wiley Blackwell, 2016).

—『해석학 읽기 교재*The Hermeneutics Reader*』, ed. Kurt Mueller-Vollmer(New York: Continuum, 1988).

—『해석학에 대한 루트리지 안내서*The Routledge Companion to Hermeneutics*』, ed. Jeff Malpas and Hans-Helmut Gander(New York/London: Routledge, 2014).

하이데거

푀겔러Otto Pöggeler의 『마르틴 하이데거의 사유의 길*Martin Heidegger's Path of Thinking*』(2장, 주17). 1963년에 처음 출판되었고, 내가 아는 하이데거 사상을 전반적으로 가장 잘 개관한 책이다. 존 에드워드 반 뷰렌의 『청년 하이데거』(1장, 주6)와 테오도르 키지엘Theodore Kisiel의 『하이데거의 존재와 시간의 기원*The Genesis of Heidegger's 'Being and Time'*』(Berkely: University of California Press, 1993)은 『존재와 시간』 및 그것의 해석학적 혁신에 대한 아주 훌륭한 소개서이다. 허버트 드레퓌스의 『세계-내-존재: 하이데거의 '존재와 시간'에 대한 논평, 1부 *Being in the-World: A Commentary on Heidegger's 'Being and Time', Division I*』(Cambridge, MA: MIT Press, 1990)는 자체만으로도 가치 있을 뿐만 아니라, 특히 AI의 한계(9장)에 대한 그의 현상학적 비판과 관련되어 있다. 토마스 쉬한Thomas Sheehan의 『하이데거 이해하기: 패러다임 이동*Making Sense of Heidegger: A Paradigm Shift*』(London: Rowman & Littlefield International, 2014)은 학자로서의 하이데거의 일생에 대한 참신한 새 연구이다.

하이데거와 국가사회주의에 대한 방대한 문헌보다 '해석의 갈등'을 더 잘 보여주는 예는 거의 없다. 그레고리 프리드Gregory Fried의 『하이데거의 전쟁: 존재로부터 정치로*Heidegger's Polemos: From Being to Politics*』(New Haven: Yale University Press, 2000)는 그 문제에 대한 깊고도 균형 잡힌 해석이다. 그의 서론은 하이데거와 나치에 대한 다양한 해석을 압축적으로 요약하고 있다. 프리드, 리처드 폴트Richard Polt와 토마스 쉬한의 저술 이외에도, 다른 관점을 제시하는 주도적인 학자들의 유용한 논문들이 들어 있는 두 개의 최근 문집을 추천한다.

— 『하이데거의 검은 노트북 1931-1941 읽기』*Reading Heidegger's Black Notebooks 1931-1941*, ed. Ingo Farin and Jeff Malpas (Cambridge, MA: MIT Press, 2016)

— 마르틴 하이데거, 『자연, 역사, 국가: 1933-1934』*Nature, History, State: 1933-1934*, translated and edited, with introduction, by Gregory Fried and Richard Polt(London: Bloomsbury, 2013). 이 문집에는 하이데거가 총장이었을 때 (1933-1934) 한 세미나도 포함되어 있다.

가다머

가다머 연구는 수많은 탁월한 저작으로 축복 받는 복을 누렸다. 장 그롱댕의 『가다머의 철학』*The Philosophy of Gadamer*, trans. kathryn Plant(Montreal: McGill-Queen's University press, 2003)을 능가하기는 어렵다. 그러나 다른 매우 신뢰할 수 있는 연구로는 아래를 보라.

— 도나텔라 디 세자레Donatella Di Cesare, 『가다머: 철학적 초상』*Gadamer: A Philosophical Portrait*, trans. Niall Keane(Bloomington: Indiana University Press, 2013).

— 제임스 리서James Risser, 『이해의 삶』*The Life of Understanding*(Bloomington: Indiana University Press, 2012).

— 조르지아 와른케Georgia Warnke, 『가다머: 해석학, 전통과 이성』*Gadamer: Hermeneutics, Tradition and Reason*(Stanford University Press, 1987).

— 조엘 와인스하이머Joel Weinsheimer, 『가다머의 해석학』*Gadamer's Hermeneutics*(New haven: Yale University Press, 1985).

가다머에 대한 많은 훌륭한 선집이 있다.

— 『가다머에 대한 캠브리지 안내서』*The Cambridge Companion to Gadamer*, ed. Robert J. Dostal(New York: Cambridge University Press, 2002)도 놓쳐서는 안 된다.

— 『가다머 읽기 교재: 후기 저작 묶음』*The Gadamer Reader: A Bouquet of the Later Writings* trans. and ed. Richard E. Palmer, (Evanston: Northwestern University

Press, 2007).

—『한스 게오르그 가다머의 철학*The Philosophy of Hans-Georg Gadamer*』, ed. Lewis Edwin Hahn, Library of Living Philosophers, Vol. XXIV(Chicago: Open Court, 1997).

데리다

우리는 데리다에 대한 2차 문헌으로 도서관들을 꽉 채울 수 있었다. 제오프리 베닝톤Geoffrey Bennington과 자크 데리다의 『자크 데리다』(Chicago: University of Chicago Press, 1993) 안에 데리다의 'Circumfession'에 딸린 제오프리 베닝톤의 논평은 데리다의 저술 전반에 관한 탁월한 안내서이다. 데리다에 대한 최근 작품에 대해서는 잡지 『오늘날의 데리다*Derrida Today*』, published by Edinburgh University Press, (2007-) eds. Nick Mansfield and Nicole Anderson을 보라. 시카고대학 출판부는 최근에 '자크 데리다 세미나'를 출판하고 있다. 이것들은 전에 출판되지 않았던 것으로, 데리다가 수년간에 걸쳐 한 강의에 대한 영어 번역이다.

『해체 요약본*Deconstruction in a Nutshell*』에 있는 '원탁'(4장, 주11)은 데리다가 직접 영어로 자기의 저작을 멋지게 소개한 것이다. 거기에 붙인 나의 논평은 더 해명하기 위한 것이다. 나는 항상 소개에 도움을 주기 위해 그의 인터뷰 자리에 있었다. 아래를 보라.

—『요점들: 인터뷰 1974-1994*Points: Interviews, 1974-1994*』(8장, 주16)

—『협상: 조정과 인터뷰들, 1971-2001*Negotiations: Interventions and Interviews, 1971-2001*』, trans. Elizabeth Rottenberg(Stanford: Stanford University Press, 2002)

내가 데리다를 악동 헤르메스와 비교한 것은 자크 데리다의 『악동: 이유에 대한 두 논문*Rogues: Two Essays on Reason*』, trans. Pascale-Anne Brault and Michael Naas(Stanford: Stanford University Press, 2005)에 의해 고취된 것이다.

내가 제시했던 데리다와 가다머 간의 관계에 대한 해석은 나의 『급진 해석학』의 노력이다.(서론, 주2) 이 관계에 대해 더 알아보기 위해서는 — 주 출처는 주석(4장,

주10)에서 인용되고 있다— 자크 데리다의 『의문의 군주: 폴 스랑의 시학 *Sovereignties in Question: The Poetics of Paul Celan*』, ed. Thomas Dutoit and Outi Pasanen(New York: Fordham University Press, 2015), 135-140을 보라. 거기에서 데리다는 1983년의 가다머와의 만남에 대해 다시 논의한다.

로티와 바티모

로티의 대작은 『철학 그리고 자연의 거울*Philosophy and the Mirror of Nature*』(6장, 주9)이다. 그의 하이데거 해석은 리처드 로티의 『하이데거와 그 밖의 사람들에 관한 에세이: 철학적 논문들*Essays on Heidegger and Others: Philosophical Papers*』(Cambridge: Cambridge University Press, 1991) 2권에 있다. 그의 사상 전반에 대한 신뢰할 만한 연구집은, 하이데거에도 박식한 철학자들에 의해 편집되었는데. 바로 찰스 귀논Charles Guignon과 데이비드 힐레이David Hiley의 『리처드 로티*Richard Rorty*』(Cambrideg: Cambridge University Press, 2003)이다.

로티와 해체와의 관계는 『해체와 실용주의: 시몬 크리츨리와 자크 데리다, 에르네스토 라클라우 그리고 리처드 로티*Deconstruction and Pragmatism: Simon Critchley, Jacques Derrida, Ernesto Laclau and Richard Rorty*』 ed. Chantal Mouffe(London: Routledge, 1996)과, 존 카푸토, 『보다 급진적인 해석학: 우리가 누구인지 알지 못한다는 것에 대하여*More Radical Hermeneutics: On Not Knowing Who We Are*』(Bloomington: Indiana University Press, 2000) 4장에서 논의된다.

바티모와의 공동 작업에 대해서 알아보기 위해서는, 리처드 로티와 지안니 바티모의 『오늘날을 위한 윤리학: 철학과 종교 간의 공통 근거 찾기*An Ethics for Today: Finding Common Ground between Philosophy and Religion*』(New York: Columbia University Press, 2010)를 보라.

바티모의 가장 중요한 책 중의 하나가 『근대성의 종말: 포스트모던 문화에서의 허무주의와 해석학*The End of Modernity: Nihilism and Hermeneutics in Post-modern Culture*』, trans. Jon R. Snyder(Baltimore: Johns Hopkins University Press, 1988)이다. 참고할 만한 탁월한 논문집들은 다음과 같다.

—『약화하는 철학: 지안니 바티모 기념 논문집 *Weakening Philosophy: Essays in Honour of Gianni Vattimo*』, ed. Santiago Zabala(Montreal: McGill-Queen's University Press, 2007).

—『허무주의와 정치학 사이에서: 지안니 바티모의 해석학 *Between Nihilism and Politics: The Hermeneutics of Gianni Vattimo*』, ed. Silvia Benso and Brian Schroeder(New York: SUNY Press, 2010). 벤소 Silvia Benso는 밀란에서 바티모와 함께 공부했던 이탈리아 철학자이다.

르네 지라르 René Girard와의 공동 작업은 지안니 바티모와 르네 지라르의 『기독교, 진리 그리고 약화하는 신앙: 대화 *Christianity, Truth, and Weakening Faith: A Dialogue*』, ed. Pierpaolo Antonello, trans. William McCuaig(New York: Columbia University Press, 2010)에 있다.

나와 바티모와의 대화는 존 카푸토과 지안니 바티모의 『신의 죽음 이후 *After the Death of God*』, ed. Jeffrey Robbins(New York: Columbia University Press, 2007)에 있다.

교육

포스트모던적인 해석학적 방법을 받아들이는 교육 철학에 대해서는

— 숀 갤러거 Shaun Gallagher, 『해석학과 교육 *Hermeneutics and Education*』(Albany, NY: SUNY Press, 1992).

—『문화와 종교 이론 잡지 *Journal of Culture and Religious Theory*』, 12:2(2012, 가을), 특별 주제: 교육학적 실습과 실천 이론, ed. T. Wilson Dickinson: www.jctr.org

—『학습 해소의 교육학 *The Pedagogics of Unlearning*』, ed. Aidan Seery and Éamonn Dunne(Punctum Books, 2016; Creative Commons International License).

— 클라우디아 뤼텐버그 Claudia Ruitenberg, 『세계 개방: 환대 윤리학에 있어서의 교육 *Unlocking the World: Education in an Ethics of Hospitality*』(Boulder, CO: Paradigm Publishers, 2015).

316

자크 데리다는 다음의 두 책에서 현대 대학에 관해 두루 글을 써왔다. 『누가 철학을 두려워하랴: 철학할 권리 1*Who's Afraid of Philosophy: Right to Philosophy 1*』, trans. Jan Plug(Stanford: Stanford University Press, 2002). 『대학의 목적: 철학할 권리 2*Eyes of the University: Right to Philosophy 2*』, trans. Jan Plug(Stanford: Stanford University Press, 2004).

포스트-휴머니즘

유익하면서도 최근의 것인 해설서로는, 우수한 대학 출판부에서 나온 것으로 나중에 〈뉴욕 타임즈〉 베스트셀러가 된 책들이 있다. 닉 보스트롬Nick Bostrom의 『초지능: 길, 위험, 전략*Superintelligence: Paths, Dangers, Strategies*』(Oxford: Oxford University Press, 2014), 존 마르코프John Markoff, 『우아함을 사랑하는 기계: 인간과 로봇 간의 공통점에 대한 탐구*Machines of Loving Grace: The Quest for Common Ground between Humans and Robots*』(San Francisco: Ecco/ HarperCollins, 2015)를 보라.

도미니크 자니카우드Dominique Janicaud는 『인간 조건에 관하여*On the Human Condition*』, trans. Eileen Brennan (London: Routledge, 2005)를 쓴 현상학자인데, 포스트모던 시대에 인간과 포스트-휴먼의 역학 관계에 대한 일리 있는 평가를 제시한다.

프란시스코 바렐라Francisco Varela와 마뉴엘 데 란다Manuel De Landa는 그중에서도 더 유명한 포스트-휴머니즘 이론가들이다.

부르노 라투어는 이 주제와 이 책에서 언급된 대부분의 다른 주제들에 있어 읽을 만한 가치가 있는 작가이다. 그의 『우리에게는 결코 근대가 없었다*We Have Never been Modern*』, trans. Catherine Porter(Cambridge, MA: Harvard University Press, 1993), 『실험실의 삶: 과학적 사실의 구성*Laboratory Life: The Construction of Scientific Facts*』, 2nd. edn(Princeton: Prinston University Press, 1986), 『아라미스 또는 기술에 대한 사랑*Aramis, or the Love of Technology*』(Cambridge, MA: Harvard University Press, 1996), 『판도라의 희망: 과학적 연구의 현실에 관한 논문*Pandora's Hope: Essays on the Reality of Science Studies*』(Cambridge, MA: Harvard University

Press, 1999)을 보라.

이자벨 스텐거스Isabelle Stengers의 『세계 정책 I*Cosmopolitics I*』, trans. Robert Bononno(Minneapolis: University of Minnesota Press, 2003)와, 『세계 정책 II』, trans. Robert Bononno(Minneapolis: University of Minnesota Press, 2011)는 포스트-휴머니즘 상에 대한 포괄적인 전망을 제시해 준다. 장 프랑수아 리오타르의 『비인간*Inhuman*』, trans. Geoffrey Bennington and Rachel Bowlby(Stanford: Stanford University Press, 1991)은 주도적인 포스트모던 이론가가 이룩한 놀라운 공헌이다.

그 밖에 캐서린 헤일스M. Kathryn Hayles(9장, 주4) 이외에도 다음과 같은 것을 보라.

― 엘레인 그래험Elaine Graham 『포스트/휴먼의 표상들*Representations of the Post/human*』(New Brunswick, NJ: Rutgers University Press, 2002).

캐리 울프Cary Wolfe, 『후인간주의란 무엇인가?*What Is Posthumanism?*』(Minneapolis: University of Minnesota Press, 2010).

― 캐리 울프, 「인간주의는 실제로 인도적인가?Is Humanism Really Humane?」, 나타샤 레나드Natasha Lennard와의 인터뷰 in 「The Stone」, 〈뉴욕 타임즈〉, 2017. 1. 9.

종교

틸리히의 포스트모던적 각색에 대해서는 조지 패티슨George Pattison의 『폴 틸리히의 철학적 신학: 50년의 재평가*Paul Tillich's Philosophical Theology: A Fifty-year Reappraisal*』(Basingstoke: Palgrave Macmillan, 2015), 그리고 『근본적인 것을 회복하는 틸리히*Retrieving the Radical Tillich*』, ed. Russell Re Manning(Basingstoke: Palgrave Macmillan, 2015)를 보라.

데리다와 종교에 대해서는 이미 주(10장, 주16, 17)에서 인용했던 내 저작 이외에도, 『기도와 자크 데리다의 눈물: 종교 없는 종교*The Prayers and Tears of Jacques Derrida: Religion without Religion*』(Bloomington: Indiana University Press,

1997)를 보라. 종교에 관한 데리다 자신의 저술들은 『종교 행위』(7장, 주2), 그리고 자크 데리다와 지안니 바티모, eds. 『종교*Religion*』, trans. David Webb (Stanford: Stanford University Press, 1998)에 있다.

종교와 세속주의에 관한 가장 포괄적인 설명은 찰스 테일러의 대작 『세속의 시대』(10장, 주6)이다. 다행히도 제임스 스미스*James K. A. Smith*의 『세속인이 되는 (되지 않는) 법*How (Not) to be Secular*』(Grand Rapids, MI: William Eerdmans Publishing Co., 2014)은 이 책을 매력적이고 비범하게 압축해서 보여주고 있다. 나는 『종교에 관하여*On Religion*』(London/New York: Routledge, 2001)에서 대중적인 목소리로 이 문제들에 관해 이야기하였다.

불트만(10장, 주4)과 베르메스(10장, 주7)의 저작 이외에도, 나는 존 도미닉 크로산*John Dominic Crossan*이 성서의 역사-비판적 연구에 관한 가장 흥미 있는 작업을 하고 있다고 생각한다. 그의 『예수: 혁명적 전기*Jesus: A Revolutionary Biography*』(San Francisco: HarperOne, 2009)는 정말 읽을 만하다.

부르노 라투어도 『환희: 종교 언어의 고통에 대하여*Rejoicing: On the Torments of Religious Speech*』(New York: Polity, 2013)와 『실제 같은 신들의 현대적 숭배에 대하여*On the Modern Cult of Factish Gods*』(Durham, NC: Duke University Press, 2010)에서 포스트모던 세계에서의 종교에 관해 박식한 글을 썼다. 그의 2013년 기포트 강의인 『가이아를 마주 보면서*Facing Gaia*』는 곧 출판될 예정이다.

그 밖에도 종교에 대한 포스트모던적 해석학적 이론에 대해서는 리처드 키어네이*Richard Kearney*의 『아마도 계신 신*The God Who May Be*』(Bloomington: Indiana University Press, 2001)과 『무종교주의: 신 이후의 신으로 돌아가기*Anatheism: Returning to God after God*』(New York: Columbia University press, 2010)를, 그리고 캐서린 켈러의 『심원한 것의 얼굴*The Face of the Deep*』(London/ New York: Routledge, 2002)과 『불가능한 것의 구름: 부정 신학과 지상의 혼란』(11장, 주3)을 보라.

옮긴이 후기

이 책은 존 카푸토John D. Caputo 의 최근 저작 *Hermeneutics: Facts and Interpretation in the Age of Information*(A Pelican Books, 2018.)을 옮긴 것이다. 원제를 번역하자면 『해석학: 정보 시대에서의 사실과 해석』이 되겠지만, 본문의 내용을 감안하여 책명을 『포스트모던 해석학』으로 옮기기로 하였다. 대학원 시절에 전통 해석학에 대한 거의 완벽한 해설서라고 할 수 있는 에머리히 코레트의 *Grundfragen der Hermeneutik: Ein Philoso- phischer Beitrag*을 진교훈 교수님의 지도하에 읽은 적이 있었는데, 나중에 출판된 이 책의 번역본 제목이 『해석학』으로 되어 있어서 중복을 피하고 싶어서이기도 하다. 개인적으로 해석학 분야에 처음 접하게 된 것은 역시 대학원 시절에 특이하게도 희랍 철학의 대가이신 이태수 교수님의 해석학 강의를 들으면서부터였다.

저자 존 카푸토는 브린모어대학에서 철학으로 박사 학위를 받고 빌라노바대학교에서 철학 교수를 지내면서 키르케고르, 니체, 후설, 하이데거, 레비나스, 들뢰즈, 데리다 등에 대해 강의를 한 것으로 알려져 있다. 현재는 시러큐스대학교의 토마스 J. 왓슨Thomas J. Watson 명예 종교 교수이자 빌라노바대학교의 데이비드 R. 쿡David R. Cook 명예 철학 교수로 봉직하고 있다. 해석학, 현상학, 해체주의 등 현대 유럽 철학 전반에 걸쳐 광범위한 관심을 가지고 연구해왔으며, 특히 데리다에게 큰 영향을 받은 분으로 보인다. 포스트모던적 조건 하에 있는 종교에도 관심을 보여 데리다의 해체주의와 현대 신학을 접목하였으며, 그 결과 소위 '약한 신학weak theology'이라고 하는 새로운 사상을 전개하기도 하였다. 철학에 대한 탁월한 해설서를 쓰는 분으로 유명하며, 그 동안 20권의 책을 저술하였는데, 그중 중요한 저서로는『하이데거 사상 속의 신비적 요소』(1978),『급진 해석학』(1987), 『하이데거 신화 벗겨내기』(1993),『종교에 대하여』(2001),『철학과 신학』(2003),『키르케고르 독해법』(2007),『진리』(2014) 등이 있다. 이 중 2001년, 2003년, 2007년 저서는 이미 우리나라에도 번역되어 소개된 바 있다.

옮긴이가 역서의 제목을『포스트모던 해석학』이라고 옮긴 이유는 이 책에서 존 카투토가 현대 해석학의 특징을 포스트모던 해석학 또는 급진 해석학radical hermeneutics이라는 명칭으로 압축해 표현하고 있기 때문이다. 그런 명칭을 동원할 수밖에 없었던 그 저간의 사정을 들여다보기로 하자.

현대 유럽 대륙 철학의 중요한 방법론으로서 현상학과 더불어 쌍벽을 이루고 있는 것이 다름 아닌 해석학이다. 주지하다시피 원래 해석학은 성서 해석학, 문헌 해석학에서 출발하였으나, 슐라이어마허에게 와서 해석 방법 일반에 관한 이론으로 확립되었다. 슐라이어마허에게 해석학은 이해 기술론Kunst des Verstens으로서, 이 기술론은 이론적 지식이 아니라 실천적 행위, 올바른 해석의 실천을 의미하였다. 그 뒤에 해석학을 굳건한 철학적 방법론으로서 정초한 철학자는 빌헬름 딜타이이다. 딜타이의 해석학은 19세기 말 위기에 처한 철학의 자기 정체 확인 작업에서 비롯되었다. 주지하다시피 근대에 들어 철학의 권위를 뒤흔드는 초유의 사건이 일어난다. 그것은 그때까지 자연철학이라고 일컬어져왔던 철학의 한 분야가 뉴턴 물리학이라는 이름으로 분가한 사건이다. 자연에 관한 연구는 이제 자연과학자들의 몫으로 넘어갔으며, 철학은 그들의 손이 미치지 못하는 정신의 영역을 움켜잡고 자위하지 않을 수 없었다. 그러나 더 심각한 문제는 자연과학이 분가에 만족하지 않은 채, 정신의 영역을 자기들의 학문 영역으로 편입시키려고 끈질기게 도전해왔다는 점이다. 자연과학의 눈부신 발전은 역사, 예술과 같은 인문과학 또는 정신과학의 문제까지도 자연과학의 방법론을 가지고 해결하려는 경향을 낳았던 것이다. 철학은 이에 맞서서, 철학을 자연과학과 대립되는 정신과학으로 규정하고, 정신과학의 방법론은 자연과학의 방법론과는 근본적으로 다른 것임을 보여주고자 하였다. 신칸트학파의 철학과 딜타이로 대표되는 해석학이 바로 그것이었다. 해석학의 완성자 딜타이는 이런 배경 하에서 자연과학과 정신과학을 대립시키고 다음과 같이 선언한다. "우리는 자연을 설명하고 정신생활을 이해한다." 정신과학을 이해하는 방법론이 바로 해석학이라는 것이다. 그리하여 '이해'라는 개념은 딜타이에게 와서 자연과학과 대립되는 역사, 철학, 예술 등을 탐구하는 독자적인 방법적 개념으로 확립되기에 이른다. 그 후 인문학자들은 당당하게 자기들의 학문 영역을 옹호할 수 있게 되었다. "봐라, 인문학에도 자연과학 못지않은 방법이 있다. 우리도 진리와 객관성에 도달할 수 있지만 그 방법은 다르다."라고. 자연과학은 수학적으로 측정 가능한 현상을 인과적으로 설명하는 반면, 인문학에서 우리는 비수학적 의미를 가진 현상인 예술작품이나 역사적 사건에 대한 해석적 이해에 도달한다. 인문학은 다르기는 하지만 자체적으로 정당하다는 것이다.

그러나 20세기에 들어와 전통 해석학의 방향을 바꾼 두 가지 상황이 출현한다. 첫째, 포스트모던 철학자들은 모든 이해의 행위는 인문학에서뿐만 아니라 자연과학에서도 이루어지고 있으며, 강단 학문에서 뿐만 아니라 우리가 일상생활에서 하는 모든 것이 이미 하나의 해석이라고 주장하기 시작했다. 둘째, 이들은 자연과학이 선호하는 방법은 오히려 진리를 찾는 데 결정적인 장애가 될 수 있으며, 방법보다는 해석이 더 유연하고 독창적인 과정임을 밝히려고 한다. 가령, 20세기 중반에 전개된 과학지상주의에 대한 철학자들의 공격을 상기해보라. 과학적 변화와 지식의 성장은 선형적인 진보에 의해서라기보다는 급작스러운 패러다임의 변화와 혁명을 통해 이루어진다는 쿤의 주장, 이론-관찰 이분법에 대한 핸슨과 포이어아벤트의 반발 등은, 과학을 하는 데에도 상당히 많은 해석적 기술이 수반된다는 사실을 보여준다. 이론적 가설을 제안하는 것, 증거를 해석하는 것, 방법으로 처리되지 않는 변칙을 다루는 것에는 이미 우리의 선이해와 해석적 관심이 애당초부터 작동되고 있다는 사실이 확인된 것이다. 그럴 경우 과학이 금과옥조로 여겼던 객관성은 좋은 해석과 나쁜 해석이라는 말로 약화된다. 순수한 객관성이나 순수한 사실이란 있을 수 없다.

그리하여 카푸토는 해석학의 이러한 시대적 변천 과정을 숙지하고 소위 포스트모던 해석학의 특징을 다음과 같이 정리한다.

첫째, 해석학은 해석의 이론이다. 해석학은 모든 것이 해석의 문제라는 이론이다. 해석은 일차적 행위이고, 해석학은 그런 행위들에 대한 이차적 반성이다. 이때 해석에는 종착점은 없으며 해석은 끝까지 간다. 포스트모던적 해석학적 상황은 인생에 대한 끝없는 질문 가능성, 우리 삶의 끝없는 해석 가능성을 불가피한 것으로 상정한다.

둘째, 포스트모던 해석학은 해석의 외연이 인문학에만 한정되는 것이 아니라 인간적 삶의 전 영역에 미친다고 본다. 그 외연의 확장은 이미 하이데거의 해석학에서부터 이루어지고 있다. 또한 해석학은 독백이나 비판이 아니라 대화를 탐구 모델로 삼는다. 그중에서 가다머의 해석학은 가장 탁월한 대화의 해석학이다.

셋째, 포스트모던 해석학은 데리다 류의 해체주의도 해석학의 한 변형으로 받아들인다. 데리다가 말하는 해체는 우리의 모든 신념과 실천이 끝없이 재해석될 수 있다는 데 있기 때문이다. 데리다에게 있어서도 해석은 끝이 없이 수행된다. 더 나은 해석과 더 나쁜 해석이 있을 뿐이다. 다만 데리다의 해체는 해석을 더 깊이 밀고 나가 고지식하게 꼼꼼하게 들여다보는 엄밀성을 지향한다.

넷째, 포스트모던 해석학은 급진radical 해석학이다. 급진 해석학으로서의

324

포스트모던 해석학은 지금까지 우리가 등한시하거나 배제해왔던 국외자, 외부인, 주변부의 관점을 중시하고, 동일성보다는 차이를 강조한다. 이것은 우리가 오늘날 탈중심화되어 있고, 다초점적인 포스트모던 문화적 상황에 처해 있기 때문이다. 헤르메스에 대한 전통 해석 중에서 얌전한 전령보다는 더 짓궂고 장난꾸러기 같은 헤르메스의 모습을 강조하면서, 해석도 다양화시키는 전략을 구사하는 것이다.

이 책은 포스트모던 해석학의 전반적인 의미를 해명해주는 서론과 책의 내용을 요약하고 있는 결론을 빼고 나면, 모두 12장으로 구성되어 있다. 이 중 1-4장, 6장은 카푸토가 전형적인 포스트모던 해석학자라고 평가한 하이데거, 가다머, 데리다, 바티모와 로티의 철학을 설명하는 데 할애되고 있다. 5장은 구조주의 언어학과 후기 구조주의 철학이 해석학적 사유와 어떤 연관을 맺고 있는지를 요약하고 있다. 나머지 7-11장은 포스트모던 해석학이 구체적인 현장에서 어떻게 실천되고 있는가를 보여주는 데 할애되고 있다. 7장은 데리다의 해체 철학이 법의 영역에 어떻게 적용되고 있는지를 보여준다. 8장은 가다머의 해석학이 의학과 간호학, 교육학 등에 적용되고 있는 사례들을 다룬다. 9장은 5장과 연계하여 포스트모던 해석학이 과학과 공학에 어떻게 적용되고 있는가를 보여준다. 10장은 카푸토의 주 관심 영역 중의 하나인 신학에 포스트모던 해석학의 방법론이 적용되었을 때 신학의 모습이 어떻게 변모될 수 있는지를 다룬다. 바로 이 10장에서 그의 '약한 신학'이 등장한다. 11장은 포스트모던 해석학의 특징을 다시 한 번 정리하여 보여주고 있다. 특히 7장-10장까지의 해석학 응용 부분은, 법조계, 의료계, 교육계, 과학기술계, 종교계 종사자들에게는 해석학적 사유의 적실성을 일깨우고, 세계를 바라보는 지평의 확대와 아울러 사고의 유연성을 길러줄 수 있다는 점에서 이분들에게 대단히 계발적인 역할을 할 것으로 믿어 의심치 않는다. 이 중에서 카푸토가 전후기 하이데거, 가다머, 데리다의 해석을 통해 포스트모던 해석학에 도달하게 되는 과정과, 그 한 응용 사례로서 그의 '약한 신학이 어떤 내용을 담고 있는지를 좀 더 자세히 들여다보기로 하겠다. 나머지 로티와 바티모, 구조주의 언어학에 관한 내용은 독자 분들의 탁월한 독서 역량과 이해 능력으로 그 내용을 소화하리라 믿고 소개를 생략하기로 한다.

1. 전후기 하이데거의 해석학에 숨어 있는 포스트모던 해석학의 단초들

카푸토는 전후기 하이데거가 기본적으로 포스트모던 해석학의 단초를 마련해준 철학자라고 주장한다. 그 요지는 해석학의 외연을 인문학에 한정하지 않고 삶의 전 영역으로 확대시킨 데 있다는 것에 있다. 먼저 하이데거가 보기에 근대성 속에서 슐라이어마허와 딜타이로 대표되는 전통 해석학은 변질되고 말았다. 근대성 속에서 해석학은 인문학의 방법을 제공하는 시시한 방법론적 반성으로 축소되고, 구체적 상황에서 살아가고 있는 역사적 존재자가 하잘 것 없는 '의식', '사고하는 동물', 유리된 '비판적 자아'로 퇴화하였다는 것이다. 하이데거에게 있어서 이런 전통 해석학에 대한 비판은 이미 『존재와 시간』이 나오기 이전인 그의 프라이부르크 시절부터 시도된다. 당시 하이데거는 소위 '현사실성의 해석학the hermeneutics of facticity'이라는 제하에서 일련의 강의를 펼쳤는데. 이때 현사실성은 우리가 산다는 사실이 아니라 어떻게 우리가 사는가라는 구체적 경험의 사실을 의미하였다. 이것이 해석학인 이유는 '현사실적'이 사실의 문제가 아니라 해석의 문제를 의미하기 때문이다. 하이데거에게 해석은 우리가 우리의 삶을, 우리의 세계를, 세계 속에서 우리가 서로 '같이-있음'을 해석하는 문제이다. 해석은 우리의 세계-내-존재의 배경을 조정하고, 우리가 세계에 조율되는 방식을 조율한다. 그에게 해석은 세계가 어디에 있고 우리가 어떻게 거주하는지를 보여주는 하나의 세계-제작이다.

그리하여 하이데거는 순전한 독해 기술로서의 방법론적인 의의만을 가지고 있었던 종래의 해석학적 순환을 존재론적 순환으로 가공하고, 인간이라는 말을 현존재라는 표현으로 바꿔치고, 선-이해와 더불어 세계와 우리 자신이 이미 해석되어왔다는 것을 인정한다. 따라서 해석학에서 우리는 미리 포장된 해석을 보류해야 하며, 좀 더 근본적으로 우리 존재에 대해서 심문하지 않으면 안 된다. 이것은 해석학이 순수하고 영원한 무역사적 본질을 찾아내려는 것이 아니라, 우리의 전승된 역사적 실존의 가장 깊은 뿌리까지 파내려가는 일을 한다는 것을 의미한다.

여기서 하이데거의 『존재와 시간』의 내용을 되풀이하지는 않겠다. 그 대신 지적하고 싶은 것은 『존재와 시간』에서 사용된 기본적인 해석학적 도식들이, 개인과 사회, 인문학과 자연과학 등 전 영역에 걸쳐 유효하다는 점이다. 현존재의 실존적 시간성의 순환 역학은 해석학에 대해서 여러 가지 중요한 의미를 가진다. 현존재의 시간성은 현존재의 역사성의 토대이다. 현존재의 역사성Geschichtlichkeit은 현존재의 역사 기술의 기초, 즉 역사적 해석의 토대가 된다. 하이데거에게 역사적 탐구란 실제로는 우리 같은 역사적 존재자를 그 시원적 힘으로 노출시킴으로써 그를 이해하려는 시도이다. 역사 연구는 실존적으로 살아가는 탐구자들에 대한 탐구인 것이지, 먼지 풀풀 나는 기록 보관소를 파헤치는 무정하고, 현실에 유리된 사람들에 대한 탐구가 아니다. 이것은 하이데거의 해석학이 인문학의 '방법'(빌헬름 딜타이)을 제공한다는 것을 의미하는 것이 아니라, 인문학에서 일어나고 있는 것을, 인문학의 실존적 진리를 이해하는 방법을 제공한다는 것을 의미한다.

그런데 카푸토가 보기에 이런 이해는 하이데거의 자연과학의 해석학에서도 발견된다. 하이데거에게 하나의 해석은 사물들이 현재 그대로의 모습으로서 나타날 수 있는 지평에 투사된다. 가족의 탁자는 탁자로서 나타난다. 왜냐하면 그것은 현사실적 삶의 세계나 지평 내에, 그것의 독특한 존재 양태의 틀 내에 위치해 있기 때문이다. 각 연구 분야들은 저마다 그 영역 속의 대상들을 현상시키는 지평을 설정하거나 고정시키는 해석적 틀(하나의 '존재 이해') 내에 놓여 있다. 이것이 인문학에서도 자연과학에서도 모두 일어나고 있으며 그 결과 하이데거의 해석학에서는 양 학문 간의 뚜렷한 구분이 약화된다. 자연과학적 사유는 지평에서 자유롭지 않다. 그것은 그저 다른 지평을 사용하고 있는 것이다. 과학자들은 사물들을 수학적 측정 가능성의 지평 위에 투사시킨다. 일상성이라는 초기 설정을 중단함으로써, 탁자는 하나의 가구가 됨으로부터 이동하여 시공 망의 어느 한 지점에 위치한 측정 가능한 질량으로서 생각된다. 하이데거에게 과학은 무언가를 '행하는' 것으로서, 실험하고 측정하고, 이론과 실천 간의 구분을 만들어내기도 하는 능력을 요구하는 세계-내-존재자의 한 실천 양태이다. '가치에서 자유로운' 과학이라는 이념, 전제 없는 과학자라는 이념, 사심 없는 냉정한 정신이라는 이념은 위험한 신화이다.

『존재와 시간』에서 하이데거는 근대성의 중추 원리인, 자연과학과 인문 과학 간의 엄격한 구분을, 좀 더 일반적으로 말해서 과학적-합리적-객관적인 것과 비과학적-정서적-주관적인 것 간의 구분을 약화시킨다. 이 이분법은 어떤 분야에서 상대적으로 안정적이고, 정상적인 질서와 그것의 있을 수 있는 분열 간의 해석학적 구분으로 대체된다. 하이데거의 해석학은 절대적인 것과 상대적인 것, 합리적인 것과 비합리적인 것, 객관주의와 주관주의 간의 이분법의 지배를 분쇄한다. 간단히 말해서 그것은 카푸토가 말하는 포스트모던 해석학인 것이다.

하이데거는 후기에 가서 현존재의 기투로 구성되는 존재 사건에서 존재 자체로 사유의 방향을 선회한다. 이때 존재에 대한 여러 대용 표현으로 진리, 언어, 사건과 같은 용어들도 등장한다. 후기 하이데거에게 존재는 그 세계 속에서 살고 있는 개인들이 생각하고 행위하는 방식에 침투하고 조건 지으면서 하나의 온전한 역사적 시기가 개시되는 방식으로서, 더 심원한 진리 사건이다. 존재는 어떤 일정 시기에 존재자들 전체에 의해 채택된 세계 조망이다. 여기에 와서 '실존'은 더 이상 실존적으로 개성적 본래성을 추구하고 있는 존재자가 아니다. 이제 실존은 존재의 도래에 개방되어 있는, 탈 고정적으로 탈존함ek-sisting ek-statically으로 재기술된다. '현존재'도 더 이상 우리 자신의 거기 있음에 적극적으로 관여하고 있음을 의미하는 것이 아니라, 참을성 있게 존재가 드러나는 장소 또는 숲속의 빈터인 '존재의 저편thereof Being, das da des Seins'에 있음을 의미한다. 현존재는 세계-내-존재로 남아 있기는 하지만, 이제는 존재의 역사적 운동의 수용자로 변모한다. 인간은 존재로부터 메시지를 받는 자의 자리에 처해 있는 것이다.

이러한 사유의 변화는 후기 하이데거가 해석학이라는 말을 사용하기를 꺼리게, 아니 거의 사용하지 않게 만들었다. 해석학도 주관성의 흔적에, 해석적 인간 주관에 오염되어 있다고 생각했기 때문이다. 해석학에 지나치게 인식론적이고 인간학적이고 심리학적인 흔적이 들어 있다고 본 것이다. 그리하여 사르트르가 『존재와 시간』의 실존주의는 휴머니즘이라고 주장했을 때, 하이데거는 『휴머니즘에 관한 편지』에서 『존재와 시간』은 인간이 아니라 존재에 관한 것이었다고 말한다. 그런 점에서 후기 하이데거의 『휴머니즘에 관한 편지』는 오히려 『존재와 시간』에 달라붙어 있던 인간 주체성의 흔적을 지우기 위해 쓴 글이다. 존재가 존재대로 있게 하기 위해서 우리의 주체성을 놓아버리라고 말하는 것이다. 후기 하이데거가 인간 주체성의 요소가 암암리에 깃들인 존재의 '의미', 존재 '질문'이라는 말을 기피하고 존재의 '진리'라는 말을 썼던 이유도 여기에 있다.

그러나 카푸토는 후기 하이데거가 해석학에서 벗어난 것이 아니라 해석학의 또 다른 중요한 실례라고 주장한다. 즉, 하이데거의 『휴머니즘에 관한 편지』는 하이데거가 『존재에 시간』에서 해석학적 폭력이라고 불렀던 것의 한 예로서, 『존재와 시간』을 재해석한 것이라는 점이다. 거기에서 하이데거는 해석학적인 '로서as'의 스위치를 바꾸어서. 이 '로서'를 어떻게 인간이 기획하는가의 한 기능으로서 해석하지 않고, 존재가 선사되는 방식으로서as 해석했다는 것이다. 그런 점에서 후기 하이데거의 존재의 부름은 시대들의 해석적 이해를 위한 부름 이상의 것도 이하의 것도 아니다. 존재의 부름은 해석학적 안목에 대한 부름이다. 이처럼 후기 하이데거의 해석학은 부름의 해석학으로서 해석학의 더 깊은 구조를 세상에 드러내 보인다. 따라서 카푸토가 보기에『휴머니즘에 관한 편지』는 하이데거가 해석학이라는 말에 흥미를 잃었는지와는 상관없이, 해석학의 또 다른 차원에 대한 공헌이다.

2. 가다머의『진리와 방법』은 방법에 반대하는 진리이다

카푸토에게 가다머의 해석학은 해석이 끝까지 수행된다는 것을 보여주는 끝없는 대화의 철학이다. 후기 하이데거에 의해 의도적으로 도외시되었던 해석학이라는 말은 가다머에 와서 다시 복권되어 화려하게 부활한다. 흔히 가다머의『진리와 방법』에 담긴 사상을 철학적 해석학이라고 한다. 그러나 책 제목에 '방법'이라는 말이 들어 있다고 해서 가다머가 역사가들이나 문학도들에게 그들의 작업을 시작하는 방법에 대해 말하거나 방법론적 가르침을 주려고 한다고 생각하면 오산이다. 거꾸로 가다머에게 방법이라는 말은 객관주의라는 부정적인 함의를 담고 있는 것으로 이해된다. 그래서 일부 논평자들은 가다머가 책 제목을 방법에 반대하는 진리라고 했으면 좋았을 것이라고 비꼰다. 데카르트와 같은 근대 사상가들이 진리를 발견하기 위한 방법을 찾았다면, 가다머는 방법을 피하는 진리를 찾았다. 그 대신 가다머의 해석학은 인문학에서 일어나는 이해를 오해하는 데에 대해 경고한다. 그는 인문학 종사자들에게 자기들의 작업을 이해하도록 도움을 주고, 인문학에서 일어나는 일에 대한 철학적 이해를 그들에게 제공하려는 것이다. 가다머에게 해석학 자체는 하나의 방법도 아니고 특수한 방법들을 감시하는 메타 방법론도 아니다. 그것은 다양한 인문학 분야에서 출현하는 진리에 대한 철학적 명상이다. 그런 점에서 철학적 해석학이 하는 일은 인문학자들이 이미 일차적으로 하고 있는 일을, 2차적으로 그러나 여러 가지 다양한 자기-이해와 함께 명료화 하는 것이다. 해석학은 인문학에서 이해에 이르는 방법에 대한 철학이고, 거기에 성패가 달려 있는 진리이다. 『진리와 방법』은 예술작품의 진리, 인간 과학의 진리, 언어 경험에 대한 해석학적 분석 등을 다룬다. 이런 3부 구조를 통해 가다머가 철학적 해석학을 가지고 의도하는 것이 무엇이었는지를 간단히 정리해보기로 하자.

가다머는 하이데거처럼 예술작품을, 플라톤이 생각했듯이 그것을 실재에서 멀어진 상태로 만들고 있는 삶의 모방(미메시스)으로 바라보지 않는다. 대신에 그들은 예술작품을 실재의 강화intensification로 본다. 예술작품은 좁게 잡아도 '미감적' 응시의 예술적 '대상'이 아니다. 그것은 진리 사건이다. 하나의 예술작품을 경험한다는 것은 진리의 세계, 세계의 진리로 들어서는 것이다. 미는 존재 진리의 작열, 세계 자체의 불꽃이다. 하나의 예술작품을 경험한다는 것은 그 작품이 일으킨 놀이 속으로 끌려들어가는 것이다. 예술작품은 형식적 속성들의 놀이가 아니라, 그 놀이를 경험하는, 그것의 진리를 경험하는 모든 사람이 빨려 들어가는 자석의 중심지이다. 예술작품 속에 깃들인 진리는 세계-개시의 진리, 삶의 형식의 진리, 세계-내-존재 양태의 진리, 오로지 그것만이 고유하게 열어줄 수 있는 진리, 그리고 나에게 다가온 실존적 진리이다. 하이데거와 마찬가지로 가다머에게 있어서도 예술작품은 그 외에는 달리 접근할 수 없는 방식으로 세계를 개시한다.

예술작품을 세계를 개시하는 존재 사건으로 볼 경우, 작가나 창작자의 주관성은 배제된다. 이런 주장은 슐라이어마허의 해석학에 대한 가다머의 비판이라고 할 수 있다. 작가의 의도는 작품 해석을 위한 표준의 구실을 하지 못한다. 텍스트의 진정한 생명은 전적으로 작가의 죽음에 의존한다. 고전이 된 텍스트는 시대에 구애받지 않는, 작가의 원 의도에 제한되지 않는 텍스트들이다. 텍스트는 무기한으로 재해석될 수 있는 잠재적 의미를 가지고 있는 것이다.

역사 진리의 경험과 관련하여 가다머는 소위 지평 융합이라는 것을 통해 레오폴트 랑케의 객관주의적 관점에 반대한다. 역사적 진리는 순수한, 해석되지 않은 사실에 지나지 않는, 경험적 객관성을 쫓아가고 있는 것이 아니다. 무전제성의 '이상'의 유혹에 빠져 모든 전제들을 불신하려는 경향, 순수한 객관성이라는 황홀한 엉덩이를 쫓아가려는 경향을 가다머는 '선입견에 반대하는 선입견'이라고 부른다. 가다머에게 지평 융합이란, 우리가 빠져나올 수 없는 우리의 지평이, 그 차이로 인해 우리에게 충격을 주는 과거의 지평과 만날 때 생겨난 섬광 속에서 역사적 이해가 발생한다는 것을 의미한다. 처음에 이 둘은 충돌한 후, 곧 오해가 있다는 것이 없어지고, 과거와 현재 간의 거리가 메울 수 없는 것이 아니라는 것이 드러나면, 나중에는 융합된다. 지편 융합을 통해 가다머는 역사적 연구에서의 진리 경험을 기술하고 있는 것이다. 지평 융합은 과거도 아니고 현재도 아닌, 이전에 존재하지도 않았고 존재할 수도 없었던 것, 그러나 새로운 어떤 것, 제3의 것이다. 그것은 전통의 확장을, 그곳에서 진행되는 진리-사건을, 전통 속에서 계속 나타나는 새로운 형상이나 모습을 보여준다.

진리 경험은 다른 것의 충격에서, 멀리 떨어진 과거로부터 우리에게 온, 그때까지 알려지지 않은 것의 충격에서 일어난다. 여기에서 대화의 모델이 진정으로 활동하기 시작한다. 우리는 전통과 대화에 들어가기 위해서 우리 자신의 전제들을 의문에 붙이는 능력을 필요로 한다. 가다머에게 담화, 대화 놀이, 담론의 유연성은 해석학의 중심적인 작동 모델이다. 여기서 가다머는 대화를 하나의 방법론으로서 제안하고 있는 것이 아니라 역사적 이해를 오해하는 것을 피하는 하나의 방법으로 제안하고 있는 것이다. 그리하여 가다머는 역사적 진리와 관련하여 '영향사 의식 Wirkungsgeschichtebewusstsein'을 이야기한다. 가다머에게 이것은 그 의식이 역사 속에 들어 있고 그 의식이 이해하려고 하는 역사에 의해 형성된다는 것을 이해하는 그런 의식을 의미한다. 이것은 반성의 역설이다. 우리가 우리의 의식을 반성하려고 할 때마다, 반성하는 행위는 우리의 반성에서 빠져나가는 그 의식의 흐름에 다른 계기를 부가한다. 그런 점에서 전통은 결코 그냥 저 너머에 있는 것이 아니다. 전통은 처음부터 우리이고, 우리 존재의 부분이다. 우리는 거기에서 왔고, 또 우리는 전통이 우리에게 전해준 자원을 가지고 그것을 반성하고 있다.

한편 가다머는 궁극적인 해석학적 지평, 해석과 진리의 가장 깊은 구조는 언어라고 본다. 가다머에게 이것은 언어가 가장 포괄적이고 종합적인 의미에서 행위와 작품과 경험을 이해하고 해석하고 적용하는 가장 중요한 틀을 제공한다는 것을 의미한다. 언어 없이 그 어떠한 것도 이해되지 못할 것이다. 가다머는 정서affectivity가 선언어적이라는 것을 부정하지 않는다. 그는 정서가 이해되기를 원할 때, 우리의 암묵적인 선-반성적 삶이 명확해지고 반성적이 되기를 원할 때, 이것은 언어에서 발생할 것이라고 말하고 있는 것이다. 언어는 깔끔한 정의로 세계를 청소하고, 산뜻한 주장과 강력한 논증으로 애매한 것을 해명해주면서, 사실을 추적하는 명제와 논증 속에서 가장 잘 정돈된 형태에 이른다. 그러나 언어는 그것의 가장 깊고 풍부한 형식을 시와 같은 세계 창조적인, 세계 개시적인 언어 사건에서 갖춘다. 시는 우리가 거주하는 선-객관화 된, 선-개념적인, 심지어는 선-언어적인 세계를 공명하고 있는 것이다. 이처럼 가다머는 언어가 경험의 궁극적인 지평이라는 것, 선-언어적인 것이 이해된다면 그것은 언어 안에서 그리고 언어를 통해서 일어난다는 것을 말하고 있다. 따라서 가다머에게 해석학적 활동의 근본 모델은 끝없는 언어적 대화이다. 그리고 이것은 카푸토에게 가다머의 해석학이 끝없는 해석 가능성을 인정하는 포스트모던 해석학의 특징을 지니고 있다는 것을 의미한다.

3. 데리다의 해체주의는 포스트모던 해석학이다

보통 데리다의 해체주의는 전통 해석학의 한 타자로서 해석학에 대한 또 다른 도전인 것처럼 생각되어 왔다. 왜냐하면 해체주의의 창시자인 데리다는 해석학을 하나의 참된 텍스트의 의미를 발견하는 방법으로 취급하면서, 해석학을 그 전통적인 의미로 되돌려 보냈기 때문이었다. 그러나 카푸토는 해석학의 비판자인 데리다가, 보다 비판적인 해석학의 저자인 데리다로서 더 잘 이해되어야 한다고 제안한다. 해체는 해석학이라는 말에 또 다른 차원을 가져다주면서 해석학에 대한 생산적 도전자 역할을 했으며, 그런 의미에서 그것은 해석학적 과정 자체의 일부분으로 편입될 수 있다고 본 것이다.

초창기 데리다의 작업은 텍스트의 엄밀 독해를 통해 텍스트가 은연중에 내분을 일으키고 있다는 점을 드러내 보이는 데 주안점을 두고 있었다. 이것은 해석학적 순환에 큰 문제를 일으킨다. 전체(성서, 플라톤 등과 같은 텍스트)는 하나의 통일이 아니라 다수성으로 해체되기 때문이다. 엄밀한 재구성은 결국 해체가 된다. 데리다가 그렇다고 생각하든 않든 간에, 암묵적이고 숨어 있는 전제를 해명하는 '엄밀 독해'라는 실천은 해석학적 실천인 것이다. 해체는 단순한 파괴가 아니다. 만일 해체가 고통을 준다면, 그것은 지독하게 엄밀한 텍스트 독해를 시도하여 텍스트가 그 자체와 불화한다는 것을 보여주었기 때문에 그런 것이며, 이것은 나쁜 소식이 아니라 오히려 해석학적인 관점에서는 창조적인 시작이다. 그래서 카푸토는 해체가 반-해석학이 아니라 좀 더 급진적인 양태의 해석학이라고 보는 것이다.

데리다는 주저 『그라마톨로지에 대하여』(1967)에서 그의 '독해의 원리들'에 대해서 논의한다. 카푸토가 보기에 그것은 하나의 독해 이론이고, 독해 이론은 하나의 해석 이론이며, 해석 이론은 말 그대로 해석학인 것이다. 그런데 데리다는 독해 이론을 크게 두 종류로 구분한다. 하나는 일차적 독해인 재생산적 독해이고, 다른 하나는 이차적 독해인 생산적 독해 또는 비판적 독해이다. 일차적 독해는 작가의 의도를 존중해주는 독해로서 면밀한 주석과 재구성에 의해 진행된다. 일차적 독해는 원 텍스트

334

에 대한 최소한의 명료성을 보장해주는 독해이다. 그러나 더 중요한 것은 이차적 독해인 생산적, 비판적 독해이다. 생산적 독해는 작가의 의식적 의도에 대한 훌륭한 재생산일 수 없다. 그것은 작가가 말하려고 했으나 좀 불투명하게 말했던 것을 좀 더 명백하고 분명하게 정리하는 데 안주할 수 없다. 일차적 독해는 필요하기는 하지만 충분하지 못하다. 그것은 실제로 작가에 의해 이미 이해되었던 것의 이해에 충분히 도달한 것이 아니다. 필요한 것은 텍스트 속에 감춰진 보다 깊은 상충점을 향해 나아가는 두 번째 '비판적' 독해이다. 이것은 이 텍스트를 작가에게 알려지지 않았던 세계로, 지금 우리를 둘러싼 세계로 드러냄으로써, 그리고 보다 중요한 것으로서 그 텍스트가 궁극적으로 속하게 될 미래에 드러냄으로써 이루어진다. 따라서 텍스트를 보호하는 독해를 넘어서, 우리는 텍스트를 위험에 빠뜨리는 독해를, 그것의 취약성을 드러내는 독해를 필요로 한다. 이 두 번째 독해는 작가가 의식적으로 그리고 의도적으로 말하려는 것의 범위 바깥쪽을 지나간다. 그것은 하이데거의 '파괴' 또는 '해석학적 폭력'에 상당하는 것이다.

이제 데리다의 이런 두 독해 구분은 반복의 두 유형을 구분 짓는 데 원용된다. 같은 것의 반복과 다른 것의 반복이 그것이다. 따라서 헤르메스의 두 얼굴이 있는 것처럼, 두 종류의 해석학, 해석에 대한 두 해석, 안전 위주의 첫 번째 해석학과 모험적인 해석학이 있다. 카푸토에 따르면, 이것은 포스트모던 해석학의 핵심 교조이다. 첫째, 존중해주는, 이중적 주석의 양식으로, 같은 것, 원본의 재생산적인 반복이 있다. 첫 번째 종류의 반복은 대단히 건전하고 분별적이다. 이런 종류의 반복은 뒤쪽으로 반복한다. 그것은 이미 이야기되었거나 수행되었거나 만들어졌던 것으로 되돌아가서 그것을 반복한다. 그것은 모방을 통해, 이미 생산되었던 것의 재생산을 통해 배우는 도제를 위한 모델로서 소용이 된다. 이런 식의 반복에서 독창성은 하나의 실수로서, 원본에서 벗어난 잘못으로서 금지된다. 그런 반복은 우리가 통제할 수 있는 것이다. 그것은 모방하기 위한 고정된 모델을 가지며, 탈선과 일탈을 감시할 규칙을 가진다. 그런 반복은 가능한 것의 반복이다. 반면, 두 번째 종류의 반복은 앞쪽으로 반복한다. 그것은 미래로 향하며, 새로운 무언가를 생산하려 한다. 두 번째 종류의 반복은 새로운 것에 끼어들어 그것을 돌파하고 그것에서 벗어나게 해주는 일에 경도된 혁신자를 위한 것이다. 그것은 불가능한 것의 반복이며, 믿을 수 없는 것처럼 보이는 것을 있는 그대로 믿는다는 점에서, 희망 없는 것처럼 보이는 것에서 희망을 버리지 않는 것이라는 점에서, 불가능한 것에 대한 사랑이라는 점에서, 매우 과격한 것이다.

데리다는 이런 두 반복을 보여주는 전형으로서 랍비와 시인, 루소와 니체, 후설과 조이스를 대비시킨다. 랍비, 루소, 후설은 첫 번째 반복의 대표자이고, 시인, 니체, 조이스는 두 번째 반복의 대표자이다. 신학에 입각한 랍비는 율법을 담고 있는 성서에 응답한다. 그리하여 그는 그 역사가 성서 해석의 역사인, 해석학의 신학적 기원 내에, 유대주의 신학 내에 서 있다. 이 해석은 경건하고, 겸손하며, 세대에서 세대로 전달되는 성서의 가장 깊고도 무궁무진한 보물을 설명해야 하는 의무를 지고 있다. 반신학적인 시인은 그런 제약에 고통을 당하지 않으며, 전혀 복종할 기원도 가지지 않는다. 시인이 수행하는 해석학은 좀 더 자유롭고 좀 더 조정이 가능하며, 재생산적이라기보다는 생산적이고, 타율적이라기보다는 자율적이다. 첫 번째 반복의 한 유형인 루소식 해석은 일종의 유죄, 근원으로 돌아가려는 헛된 시도에 있는 것으로 묘사된다. 그것은 '기원에 대한 향수'로 인해, '부재하는 기원의 상실된 현전 또는 불가능한 현전' 때문에 고통 받는다. 실제로 기원이란 전혀 없었으므로, 그것은 사실상 하나의 환상이다. 해석학적 거리, 간격을 좁힐 수 없다는 슬픈 깨달음인 것이다. 그러나 향수의 슬픔을 안고, 잃어버린 기원, 잃어버린 자연 상태를 꿈꾸는 그런 첫 번째 확인이 슬프고, 루소적이라면, 두 번째 반복의 예인 니체적 해석은 즐거운 확인의 모습을 띤다. 이 경우에는 잃어버리고 한탄할 기원은 결코 없었으며, 해석은 자유롭고 조정이 가능하며 즐겁고 창조적이다.

니체적 해석은 진리의 취약성을 당연시한다. 그것은 메시아처럼 진리가 항상 올 것이라는 가정 위에서 새로운 진리들을 창조하려고 한다. 첫 번째 반복의 예인 후설적 해석은 역사를, 반복에 의해 변하지 않는 원본의 분명하고 완전한 재생산을 통해, 세대에서 세대로 단성적 의미를 전달하는 역할을 한다. 제임스 조이스적 해석은 모호성에 중점을 둔다. 제임스 조이스는 어떤 언어 내에 있는, 그리고 다른 언어들 사이에 있는 시각적, 음성적, 의미론적 관계들을 이용하여, 또 연상과 두운, 재담과 말놀이를 이용하여, 새롭고 예측할 수 없는 효과들을 적극 생산해낸다.

그러나 데리다의 최종 주장은 해석이 항상 해석에 대한 두 해석들 사이의 공간에서 수행된다는 것이다. 첫 번째 해석이 끊임없이 수행되었더라면, 전통은 죽어가고, 고착화되고, 새로운 것을 생산할 수 없게 될 것이다. 그러나 중단 없는 중단만 있었더라면, 죽음은 불가피했을 것이고, 이번에는 완전한 소멸이 문젯거리가 되었을 것이다. 따라서 해석의 존재는 둘 간의 사이-존재being-between이다. 이것은 그 역사적 계보를 따라가 볼 때 해석이 항상 협상이라는 것을 의미한다. 하나의 해석은 규칙적인 것과 불규칙적인 것, 공약 가능한 것과 공약 불가능한 것, 표준화 된 것과 예외적인 것, 중심과 주변부, 동일자와 타자, 또는 후기 데리다가 표현하듯이, 가능한 것과 불가능한 것, 조건적인 것과 무조건적인 것 사이의 공간에서 발생한다. 해석은 중재intervention로서 발생한다. 해석은 전통적인 것을 중재하는 사건이다. 데리다의 해체의 목소리는 해석학적 목소리보다 더 불경하다. 지평 융합을 향해 움직이는 가다머와는 달리, 데리다는 분산disjointedness, 균열 또는 분열fission 또는 틈fissure의 모습을 선호한다. 데리다에게 하나의 텍스트를 보호하는 유일한 길은 그것을 모험에 뛰어들게 하는 데, 그것을 미래에 내보이는 데에 있다. 데리다가 걷는 길은, 안정, 통일, 질서, 의미, 현전, 본질, 통치 체제에 대해서 항상 경계하는 채로 머물러 있는 것이다. 미래로 열려 있기 위해서는 모든 경건한 해석은 시적인 불경에, 모든 질서는 창조적인 무질서에 노출되어 있어야 한다. 그것은 두 해석 사이를 선택하는 문제도 아니고, 두 해석을 융합하는 문제도 아니다. 데리다에게 해석적 명령은 끝까지 간다. 이것은 카푸토가 역설하는 포스트모던 해석학의 중심 특징이다. 우리가 해석해가야 한다는 부름이나 그 명령은 벗어날 수 없는 것이다. 해석적 명령의 문제는 우리가 누구인지의 문제와, '인간' 존재의 문제와 같은 종류의 문제이다.

4. 해석적 실천으로서의 약한 신학

이제 카푸토는 포스트모던 해석학의 성립에 공헌한 여러 철학자들의 해석학적 사유를 소화한 후, 이를 그의 각별한 관심 영역인 신학에 적용시킨다. 먼저 카푸토는 오늘날 종교가 회멸되고 있는 참혹하고 부끄러운 상황을 직시한다. 한편에서는 여전히 종교적 진리를 빙자한 불관용과 폭력, 과학 부정, 원시적 미신이 난무하고 있고, 다른 극단에서는 종교인들의 편견에 코웃음 치며 종교를 전염병처럼 취급하는 멸시와 방관이 자리하고 있다. 이런 암울한 상황에서 카푸토는 우리가 구원을 위해 종교에 눈을 돌리는 것이 아니라, 오히려 종교를 그 자체로부터 구원하기 위해서 해석학이 거꾸로 종교가 가질 마지막 최선의 희망이라는 것을 보여주고자 한다.

먼저 카푸토는 유신론, 무신론, 불가지론 등과 같은 구분이 종교적인 것과 세속적인 것에 관한 근대 논쟁의 소산이며, 쓸모 있기보다는 문제가 더 많은 것으로 드러났으므로 폐기해야 할 어휘들이라고 생각한다. 그의 생각은 종교를 근대의 강력한 비판에 시달리게 만드는 것이 아니라, 종교에 포스트모던적인 재해석을 부여하는 것이다. 그러기 위해서는 우선 종교적인 것과 세속적인 것 간의 근대적 분할을 해체하는 일이 시급하다. 세속주의는 종교가 하나의 환상이라는 규범적 주장이다. 세속주의secularism는 종교적인 것과 세속적인 것, 신앙과 이성, 사적인 것과 공적인 것, 사실과 가치 등 간의 순수한 분할을 가정하고 있는 또 한 번의 근대성이다. 세속주의는 종교가 공공광장에 나오는 것을 금하려고 할 때, 즉 일반적으로 공적 공간을 철저하게 중립화 시키려 할 때 생겨난 것이다. 그러나 카푸토는 포스트모던 철학자로서 중립화 된 공간, 전제 없는 출발, 사심 없는 구경이라는 그런 발상을 거부한다.

여기서 카푸토는 자신의 논변을 밑받침할 하나의 근거로서 소위 포스트-신학의 해석학적 단서를 제공하는 폴 틸리히의 신학적 무신론을 적극적으로 수용한다. 틸리히의 이 새로운 신학에서 고전적 유신론은 신화적인, 심지어는 반쯤 신성 모독적이고 불경스러운 하나의 실수이다. 그의 신학적 무신론은 신에게 이별을 고하는 신학 자체의 방식이다. 그것은 유신론적이지도 않고 무신론적이지도 않은, 종교적이지도 않고 세속적이지도 않은 어떤 것을 위해 문을 열어놓는 무신론이며, 신학의 끝이 아니라 시작인 무신론이다. 다시 말해 그것은 전통적인 유신론/무신론이라는 교착 상태를 타개하는 신학이다. 틸리히에게 신은 하나의 존재자가 아니다. 신은 무서운 존재자도 아니고 심지어는 존재자들의 목록의 꼭대기에 있는 최상의 존재도 아니다. 최고의 존재, 가장 지혜로운 분, 가장 실재하는 분 등, 아무리 많은 극상 표현을 우리가 붙인다 하더라도, 그것은 여전히 신을 한정적인 존재자로 축소시킨다. 틸리히에게 신은 초존재가 아니라, '존재자의 근거the ground of being', 모든 존재자의 가장 깊은 원천이자 토대이다. 개별적인 존재자들은 근거에서 왔다가 근거 뒤로 사라지지만, 근거 자체는 영원하고 무궁무진한 것이다. 신은 하나의 사물이나 초-사물이 아니라, 만물이 그로부터 왔다가 그에게로 돌아가는 그런 것이다. 틸리히에게 있어서는, '존재 자체'가 '최상의 존재'를 대신하며, 그분의 신적인 의무를 덜어주는 것이다.

진정한 종교는 궁극적으로 가치 있는 또는 무조건적으로 가치 있는 그 무엇에 의해 사로잡히는 궁극적 관심의 문제라고 틸리히는 말한다. 무조건적인 것은 심오한 삶, 심오한 현실에 사로잡힌 사람이 무조건적으로 문제되는 그 무엇을 긍정하는 곳은 어디서든 그리고 어디에서나. 모든 경험 속에 깃들어 있는 심오한 차원에 있으며, 경험의 한 특정한 영역에 있지 않다. 틸리히의 종교는 무조건적인 것의 종교이고, 그의 신학은 무조건적인 것의 신학이다. 무조건적인 것은 한 특수한 존재가 아니라 존재 자체의 성질이며, 그것이 현존할 수 있는 방법은 그것에 상징적 표현을 주는 어떤 조건들 하에 있을 때뿐이다. 무조건적인 것은 존재의 어떤 유한한 역사적, 조건적 양태 안에 있는-그리스나 유대, 서방이나 동방, 고대나 근대, 과학이나 예술, 남성이나 여성, 종교나 세속 안에 있는-존재의 무한한 깊이이다. 따라서 카푸토가 볼 때 우리의 과제는 무조건적인 것이 그 아래서 스스로를 드러내는, 그런 구체적인 조건 속에 상징적으로 표현되어 있는 무조건적인 것을 해석하는 것이다. 그리하여 틸리히의 무조건적인 것이라는 개념은 종교적인 것과 세속적인 것이라는 이항 대립을, 그리고 주체와 대상처럼 근대성에서 규범화 된 온갖 범주들을 와해시킨다.

그런데 카푸토가 보기에 틸리히의 신학과 데리다의 철학 간에는 친밀한 유사성이 있다. 이들은 모두 조건적인 것과 무조건적인 것을 구분하고, 무조건적인 개방성, 미래에로의 무제한적인 노출, 하나의 모험인 약속을 이야기하고 있기 때문이다. 특히 이 두 학자 간의 만남은 철학적-신학적 측면에서가 아니라 실존적-경험적 측면, 무조건적인 삶으로 이끄는 무조건적인 것의 해석학에서이다. 무조건적인 가치를 지닌 무언가에 사로잡히고, 무조건적인 가치를 가진 무언가를 긍정하고, 실재의 궁극적 본성에 관한 큰 이야기를 하지 않는다는 점을 강조하는 면에서 같은 것이다. 이 두 사람의 입장을 종합하게 되면, 이제 카푸토가 말하는 소위 약한 신학의 입장에 이른다. 그리하여 삼위일체 신학의 성령이 헤겔 형이상학의 절대 정신 속에서 지상으로 강림하고, 나아가서 틸리히의 존재의 근거에 내려앉은 후 데리다에게 와서 더 절감된 신학으로 변모한다. 이 기독교와 성령의 해체 역사를 바티모는 약화weakening의 역사라고 부르고, 카푸토는 약한 신학weak theology이라고 부르는 것이다. 만일 독실한 신자가 이것은 상실loss의 역사라고 불평한다면, 그 답은 이 상실에 아무 유감도 없으며, 이는 열심히 다이어트와 운동을 해서 몸무게를 10킬로그램이나 뺀 친구가 그 몸무게의 상실로 더 나빠졌다고 생각하는 것과 마찬가지라는 것이다. 이것은 과체중의 형이상학적 신학을 생활에 맞는 모양으로 손질하는 존재론적, 현상학적, 해석학적 절감의 역사이다. 강한 신학의 역사를 통과해오면서 절감된 신학은 더욱 더 생생하고 활기차게 약한 신학의 모습으로 출현하는데, 그것은 더 깊은 믿음, 소망, 사랑에 눈을 돌리면서 과중한 무게의 초자연적 믿음과 종교의 강력한 제도적 관심을 버렸던 세계-내-존재의 필요에 맞는 모습인 것이다.

여기에 와서는 기독교의 계시도 달리 해석된다. 이제 카푸토에게 기독교의 계시가 계시하는 것은 초자연적인 존재자들과 거주할 다른 세계가 아니라 세계-내-존재의 구체적 모습이 된다. 계시는 시공 밖에서 하늘로부터 온, 세계에 관한 초자연적 간섭인 것으로 여겨지지 않는다. 계시는 인류에게 비밀의 메시지를 전달하는, 죽을 자들이 결코 자체적으로 알아낼 수 없었던 신비를 여는 열쇠를 전달하는 초행위자의 행위로 생각되지 않는다. 대신에 계시는 삶의 한 모습을 드러낸다. 그것은 우리에게 무조건적으로 요구되는, 존재에로의 길로 침입해 들어가는 것이다. 해석학적 관점에서 계시는 하늘의 간섭이나 초자연적인 폭로가 아니라 하나의 시적인 개시disclosure로 보여진다. 종교적 계시는, 신이 신의 이름으로서가 아니라 사건의 이름으로 대신 통치했다면 삶이 어떻게 보이게 되었을까를 보여주는 하나의 시학, 즉 비유와 역설, 놀라운 말씀과 잊을 수 없는 서사들의 성좌이다. 모든 문화는 자체적으로 독특하게 세계를 노래하는 언어를 가지고 있는 것처럼, 그런 계시적 사건을 갖는다. 종교에 있어 종교적인 것은 교리와 신조, 정통과 이단과는 거의 관계가 없다. 종교적인 것은 예술과 과학, 윤리학과 종교 등 도처에 있으며, 오히려 종교로 자처하는 것 속에서는 들어 있지 않다. 이것이 카푸토가 제창한 약한 신학이다.

* * *

    2018년 여름, 사적인 일로 유럽을 찾았다가 시간을 내어 런던과 파리 서점에 들렀다. 뜸을 들여 책의 목차를 찬찬히 살펴보고 구미에 맞는다 싶은 영어 텍스트와 불어 텍스트를 몇 권 구입하였다. 그중에 특히 마음에 들었던 것이 바로 카푸토의 책이어서 귀국 후 곧바로 읽기 시작했고, 포스트모던 해석학에 대한 탁월한 해설서임을 재차 확인한 후 번역에 착수하여 2019년 여름에 마무리하였다. 그간 번역서를 낸 적이 여러 번 있지만, 책의 흥미진진한 내용 때문에 몰입하여 빠르게 번역을 끝낸 것은 이번이 처음이다. 2019년 가을 학기에 가톨릭 관동대 교수 독서 모임에서 초고의 일부 내용을 뽑아 윤독하였고, 좀 어색한 문장들을 고치는 데 도움을 받았다. 이를 살뜰하게 지적해주신 독서 모임 '앙팡 테리블'의 멤버 심재상, 고재정, 송민석, 강우원용, 이 네 분 교수님께 감사드린다. 영미 분석철학을 전공하였지만, 틈틈이 유럽 대륙철학을 기웃거리기도 했는데, 이 번역으로 그 결실을 맺는다. 유럽 철학 공부로 요새는 프랑스 철학자 조르주 귀스도르프의 불어 텍스트를 번역하면서 지내고 있다. 뒤에서 늘 응원해주는 아내와 두 딸, 주연, 수연에게 고마움을 전한다. 경험상 번역은 제아무리 공을 들여도 오역이 끼어 있기 마련이어서, 독자 분들께서 틀린 부분을 지적해주시면 바로잡도록 하겠다. 코로나19 사태로 출판 계약이 지연되는 등 일이 여의치 않게 진행되었음에도 불구하고, 기꺼이 출판을 맡아 수고해주신 도서출판 b의 조기조 대표님께도 감사드린다.

2020. 6.
가톨릭 관동대 연구실에서
이윤일

찾아보기

(D)

DNA   210, 254, 257, 302

(ㄱ)

가다머, 한스 게오르그 26, 28, 36, 37, 64,
    83, 91, 93, 94, 95, 96, 97, 98, 99, 100, 101,
    102, 103, 104, 106, 107, 108, 109, 110, 111,
    112, 113, 114, 115, 116, 117, 119, 121, 123,
    126, 130, 142, 145, 146, 151, 163, 171, 172,
    174, 176, 179, 185, 198, 199, 208, 215, 217,
    218, 219, 220, 223, 224, 228, 229, 230, 234,
    238, 239, 256, 260, 277, 311, 313, 314, 315,
    324, 325, 330, 331, 332, 333, 337

가부장주의 165, 282

가상현실 245, 246, 255

가짜 뉴스 149, 256

가톨릭시즘 32, 73, 81, 160, 178, 268, 276,
    288

간호사   28, 215, 217, 218, 219, 220, 221,
    223, 224, 225, 226, 227, 228, 229, 237, 239,
    286

객관성   15, 16, 20, 64, 78, 104, 108, 109,
    110, 183, 323, 324, 332

객관주의   69, 108, 109, 328, 330, 332

『건강의 수수께끼』   218

『검은 노트북』   313

결의론   223

결정 불가능성   209, 210, 223, 239,
    263, 265, 268, 271, 276, 293

계시   86, 114, 286, 293, 294, 295, 306,
    341

고든, 로버트   241, 242

『고백』   46, 269, 298

고통   122, 136, 200, 219, 222, 226, 227,
    230, 231, 237, 238, 250, 258, 273, 298, 319,
    334, 336

과학   11, 14, 15, 16, 18, 20, 21, 50,
    51, 63, 64, 65, 66, 67, 68, 69, 86, 100, 103,
    146, 150, 151, 154, 155, 156, 163, 164, 182,
    196, 205, 210, 214, 223, 225, 226, 229, 230,
    232, 233, 258, 259, 260, 261, 267, 272, 273,
    275, 278, 279, 285, 286, 288, 292, 295, 299,

323, 324, 325, 328, 338, 340, 341
관념론   154, 193, 200, 244, 262, 289
교육   21, 120, 137, 147, 160, 189, 217, 234, 235, 236, 276, 316, 325
교육학   234, 235, 236, 325
구조주의   27, 77, 82, 84, 143, 145, 146, 148, 151, 154, 155, 157, 161, 206, 232, 326
구조주의 언어학   146, 150, 325
규칙   28, 38, 69, 99, 103, 107, 131, 134, 141, 143, 145, 151, 152, 153, 154, 155, 156, 158, 161, 162, 163, 166, 167, 168, 206, 207, 208, 209, 211, 213, 220, 221, 223, 225, 230, 246, 247, 259, 336, 337
『그라마톨로지에 대하여』   26, 123, 145, 164, 191, 206, 334
근대   15, 16, 20, 21, 23, 26, 39, 50, 75, 78, 95, 96, 97, 102, 137, 150, 183, 233, 270, 271, 272, 273, 277, 278, 281, 286, 288, 298, 322, 330, 338, 340
근대성   15, 38, 39, 42, 44, 68, 72, 78, 97, 232, 267, 270, 271, 276, 286, 298, 326, 328, 338, 340
글쓰기   106, 129, 130, 135, 155, 158, 159, 160, 163, 164, 182, 247
급진 해석학   17, 18, 303, 322, 324
기독교   53, 54, 61, 72, 73, 160, 171, 173, 174, 176, 178, 179, 186, 191, 212, 252, 273, 277, 278, 287, 288, 290, 292, 293, 294, 298, 316, 340, 341
기술   14, 16, 18, 19, 24, 28, 29, 35, 41, 47, 53, 54, 55, 64, 68, 75, 78, 82, 85, 90, 94, 99, 101, 108, 109, 116, 117, 155, 156, 163, 164, 166, 167, 169, 174, 175, 183, 186, 187, 194, 195, 206, 208, 209, 213, 217, 224, 226, 229, 230, 231, 232, 234, 241, 242, 243, 244, 248, 249, 251, 252, 254, 255, 257, 261, 262, 263, 274, 300, 301, 322, 324, 325, 326, 327, 329, 332

기표   128, 148, 151, 155, 158, 245, 246, 247
기후 변화   20, 21, 22, 64, 68

(ㄴ)

나치즘   62
놀이   26, 28, 98, 99, 100, 101, 102, 103, 107, 109, 115, 137, 138, 139, 145, 148, 150, 155, 159, 163, 165, 167, 171, 190, 239, 255, 260, 263, 265, 279, 306, 307, 331, 337
놀이의 현상학   98
뇌   154, 244, 249, 254, 261, 262
뇌 과학   253, 261, 262
니체, 프리드리히   29, 32, 37, 55, 136, 137, 140, 164, 171, 172, 173, 174, 175, 180, 181, 183, 252, 304, 305, 306, 307, 308, 321, 336, 337
니콜라스, 쿠사   234

(ㄷ)

다원주의   186, 277
대중 해석   55, 62
대화   12, 17, 18, 25, 26, 83, 84, 85, 86, 93, 109, 110, 115, 116, 135, 171, 176, 179, 182, 183, 184, 185, 186, 194, 219, 223, 228, 229, 231, 234, 237, 238, 239, 250, 256, 282, 301, 305, 307, 324, 330, 332, 333
대화 치료   219
데리다, 자크   26, 27, 61, 119, 120, 121, 122, 123, 124, 125, 126, 127, 128, 129, 130, 131, 132, 134, 135, 136, 137, 138, 139, 141, 142, 145, 146, 147, 157, 158, 159, 160, 161, 162, 163, 164, 165, 166, 167, 168, 180, 183, 185, 190, 191, 192, 193, 194, 195, 196, 197, 198, 199, 200, 201, 203, 205, 207, 208, 209, 210, 212, 213, 214, 215, 216, 220, 221, 224, 231, 234, 236, 239, 247, 251, 252, 253, 254, 255, 261, 262, 268, 269, 270, 272, 276,

280, 290, 291, 292, 298, 300, 302, 303, 305, 309, 314, 315, 317, 318, 319, 321, 322, 324, 325, 333, 334, 335, 336, 337, 338, 340

데일리, 메리　282,

데즈카 도미오　83

데카르트, 르네　44, 45, 46, 77, 78, 95, 97, 120, 131, 176, 245, 248, 251, 330

독해　41, 72, 104, 121, 122, 123, 124, 125, 126, 127, 128, 129, 130, 131, 132, 134, 137, 140, 172, 190, 266, 300, 326, 334, 335

동성애　149, 164, 177, 178, 267

듀이, 존　171, 180

드 만, 폴　160

드레퓌스, 허버트　186, 312

들뢰즈, 질 157, 321

디킨슨, 에밀리　140

(ㄹ)

람바흐, J. J.　116, 117, 217, 261, 295

랍비적 해석　140

랑케, 레오폴드 폰　107, 108, 332

레비나스, 엠마누엘　197, 228, 321

로고스　115, 156, 234, 245

로봇　168, 169, 248, 249, 259, 260

로티, 리처드　27, 115, 171, 179, 180, 181, 182, 183, 184, 185, 186, 187, 315, 325, 326

루터, 마르틴　36, 38, 41, 56, 61, 67, 112, 198

리오타르, 장-프랑수아 69, 157, 175, 226, 241, 318

리쾨르, 폴　27

(ㅁ)

마르크스, 칼　82, 212

『마르크스의 유령』　192

만유내재신론　291

말라부, 카트린　261, 262

메를로 퐁티, 모리스　249, 250

모라벡, 한스　248, 249

무신론　27, 73, 80, 81, 163, 164, 178, 186, 269, 270, 271, 279, 280, 281, 288, 290, 338, 339

무정부주의　137

무조건적인 것　141, 284, 285, 286, 288, 290, 291, 292, 293, 295, 303, 337, 339, 340

무토대주의　182

물레스, 낸시　9, 230, 231, 234, 237, 238, 239

미래　59, 60, 62, 64, 106, 111, 125, 133, 142, 151, 162, 166, 169, 193, 210, 212, 213, 215, 216, 222, 226, 227, 232, 236, 249, 258, 262, 263, 291, 307, 308, 310, 335, 336, 337, 340

미학　83, 97, 190

민주주의　18, 19, 20, 21, 33, 63, 177, 178, 179, 185, 186, 256, 290

(ㅂ)

바링, 에드워드　121

바티모, 지안니　27, 115, 171, 172, 174, 175, 176, 178, 179, 180, 183, 185, 186, 268, 270, 272, 276, 280, 292, 315, 316, 325, 326, 340

반복　45, 56, 60, 61, 62, 63, 64, 104, 105, 107, 124, 128, 132, 133, 134, 139, 140, 207, 221, 223, 261, 271, 294, 335, 336, 337

반본질주의 182

반유대주의 32, 160

버크맨, 로버트　224

법의 아포리아　195, 207, 208, 210, 220

「법의 힘」　191, 200

베유, 시몬 280

보편 문법 154

본래성　56, 59, 60, 62, 73, 75, 78, 141,

286, 328
부정 신학 81
불가지론 269, 270, 281, 338
불안 56, 57, 169, 193, 199, 252, 265, 302, 303
비트겐슈타인, 루드비히 32, 69
비판적 의식 42, 44,
비판 이론 126, 128
빅 데이터 28, 165, 263

(ㅅ)

사도 바울 45
사르트르, 장 폴 59, 72, 73, 74, 77, 78, 79, 80, 81, 82, 88, 137, 157, 329
사회 매체 55
상대주의 20, 22, 103, 147, 148, 149, 176, 177, 180
상징 29, 104, 165, 258, 287, 288, 289, 293, 303, 306, 308, 310, 340
서컴패션 298
『선악의 저편』 308
선이해 324
성령 292, 340
성서 14, 22, 23, 24, 38, 41, 76, 85, 89, 104, 106, 117, 121, 134, 136, 137, 198, 273, 274, 275, 277, 282, 285, 303, 308, 319, 322, 334, 336
세계-내-존재 38, 49, 50, 51, 54, 57, 58, 66, 75, 100, 102, 183, 249, 293, 294, 312, 326, 328, 329, 331, 341
세속주의 186, 271, 272, 275, 276, 277, 319, 338
세속화 53, 179, 275, 276
소쉬르, 페르디낭 드 150, 151, 154, 155, 156, 157, 158, 159, 161, 245, 247
소외 46, 97, 98, 286
소크라테스 35, 37, 84, 115, 174, 216

수학 15, 66, 150, 156, 168, 232, 233, 245, 254, 257, 260, 279, 289, 323, 328
슐라이어마허, 프리드리히 83, 103, 322, 326, 331
시간성 59, 63, 69, 327
시대정신 75, 83, 88
식민주의 165
신 22, 23, 24, 29, 37, 39, 43, 45, 46, 53, 56, 58, 77, 79, 80, 81, 82, 84, 85, 97, 114, 140, 151, 155, 165, 166, 173, 175, 178, 179, 186, 191, 193, 197, 198, 199, 209, 210, 216, 226, 233, 236, 252, 255, 259, 266, 267, 269, 271, 273, 274, 275, 277, 278, 279, 280, 281, 282, 283, 291, 294, 295, 298, 299, 302, 305, 306, 307, 308, 309, 339, 341
신비적 무신론 280
신비주의 35, 78, 81, 82, 91, 114, 140, 151, 233, 234, 300
신성모독 126, 280, 281, 283, 288, 294, 295
신앙의 도약 197
신약성서 36, 37, 61, 274, 277, 294
신은 죽었다 147, 173, 306
실용주의 37, 171, 180, 181, 185
실존 해석학 52
실존주의 32, 35, 46, 52, 53, 72, 73, 157, 286, 329
실천적 지혜 117, 177, 222, 224, 259
심층 생태학 35, 82
십자가의 요한 114, 140

(ㅇ)

아도르노, 테오도르 189
아렌트, 한나 32, 36, 189
아리스토텔레스 14, 23, 38, 67, 78, 93, 101, 105, 117, 156, 160, 176, 222, 225, 234, 245, 254
아브라함과 이삭 역설 197

아우구스티누스　　38, 46, 52, 53, 56,
　57, 58, 112, 143, 269, 297, 298
아이러니　125, 160, 185, 276
아인슈타인 67, 69
아퀴나스, 토마스　　224
암　　224, 227, 231, 237, 257
애매성　253, 266, 306
약학적 효과　　264
양심의 소리　　55, 56, 77, 90, 201,
　300, 301
양자 물리학　　156, 278
양자역학　69
언어　　18, 37, 39, 47, 60, 65, 69, 72,
　84, 85, 86, 93, 96, 104, 107, 112, 113, 114,
　115, 116, 127, 128, 129, 130, 131, 132, 136,
　139, 146, 147, 149, 150, 151, 152, 153, 154,
　155, 159, 161, 162, 163, 164, 166, 169, 179,
　184, 206, 218, 219, 228, 229, 231, 233, 245,
　246, 247, 249, 250, 254, 278, 281, 282, 295,
　300, 309, 310, 328, 331, 333, 337, 341
언어적 전환　　146
언어학　　17, 147, 150, 151, 152, 154, 155,
　159, 326
에콜 노르말 쉬페리에르　　120
에크하르트, 마이스터　81, 114, 280, 285
여성주의 189, 282
역사　　14, 15, 16, 17, 36, 39, 44, 60,
　61, 63, 64, 66, 67, 75, 76, 78, 82, 88, 89,
　90, 94, 95, 102, 103, 104, 105, 107, 108,
　109, 110, 111, 112, 115, 123, 126, 127, 131,
　136, 137, 139, 140, 141, 156, 157, 159, 160,
　162, 172, 173, 174, 175, 177, 178, 181, 198,
　202, 203, 204, 207, 212, 213, 214, 226, 252,
　277, 278, 288, 291, 292, 293, 294, 304, 307,
　311, 319, 323, 326, 327, 328, 329, 330, 332,
　336, 337, 340, 341
역사의식　277
연대성　184

영향사　　111, 198, 332
예술　　11, 14, 15, 16, 18, 36, 50, 54,
　74, 76, 84, 96, 97, 98, 99, 100, 101, 102,
　103, 106, 113, 114, 117, 123, 163, 164, 183,
　196, 205, 235, 243, 278, 284, 286, 288, 289,
　290, 291, 292, 295, 323, 331, 340, 341
예술 비평 102
예술작품의 진리　　331
옐름슬레브, 루이　　159, 161
왓슨　169, 255, 259, 303, 307
우연성　184, 222
『우연성, 아이러니, 연대』　　184
워홀, 앤디　　291
원죄　37, 252, 278
위험한 아마도　　304
유대주의　136, 336
유령론　143, 194, 213, 292, 302
유물론　82, 154, 244, 251, 262
유신론　81, 269, 270, 278, 280, 281, 288,
　338, 339
유전학　252, 253, 257, 258
윤리학　18, 176, 191, 205, 295, 341
은유　131, 162, 163, 244, 252
은총　229
음모론자　21
의미 형성 기술　　245
이해된 질병　　218
인간 과학 96, 103, 331
인간 예외주의　　251
인공지능　168, 169
인식론　77, 100, 176, 329
인터넷　55, 149, 185, 255

(ㅈ)
자가 면역 263, 271
자연과학　15, 16, 65, 66, 68, 95, 164, 322,
　323, 327, 328
자유　12, 23, 45, 50, 53, 54, 57, 59,

60, 66, 85, 101, 102, 115, 117, 136, 137, 148, 183, 209, 214, 216, 236, 245, 256, 262, 328, 336

작가적 권위 104

재문맥화 가능성 104, 105, 149

재해석　17, 78, 87, 299, 303, 309, 310, 324, 329, 331, 338

전통　12, 15, 17, 18, 23, 24, 26, 27, 41, 52, 61, 63, 64, 72, 83, 100, 103, 106, 108, 109, 110, 111, 112, 117, 120, 121, 124, 125, 140, 141, 148, 151, 163, 173, 193, 235, 236, 277, 278, 288, 321, 323, 325, 326, 332, 333, 334, 337, 339

절대 정신　179, 289, 292, 340

절대적/영원한 진리　19, 185, 265

절대주의　20, 22, 24, 177

정보 기술　244

정보 시대　68, 75, 155, 187

정신분석　131, 132, 157, 219

정의　28, 53, 103, 113, 143, 147, 149, 150, 151, 156, 189, 190, 191, 192, 193, 195, 196, 199, 200, 201, 202, 203, 204, 205, 206, 207, 208, 209, 210, 211, 212, 213, 220, 234, 261, 282, 285, 290, 293, 333

제도　12, 18, 28, 105, 122, 178, 179, 186, 202, 203, 215, 216, 217, 227, 234, 293, 341

제임스, 윌리엄　37, 180, 217, 300

제임슨, 프레드릭　113

조이스, 제임스　69, 138, 139, 140, 206, 310, 336, 337

『존재와 시간』　25, 26, 31, 32, 35, 49, 52, 53, 54, 55, 56, 58, 61, 63, 65, 68, 69, 71, 72, 73, 74, 75, 77, 78, 82, 83, 87, 90, 91, 93, 94, 95, 109, 145, 286, 298, 300, 301, 312, 326, 327, 328, 329

존재와 언어　84, 85, 86

존재의 부름　81, 89, 90, 193, 300,

329, 330

종교　14, 18, 21, 22, 23, 28, 29, 51, 53, 71, 76, 97, 100, 105, 116, 134, 140, 141, 149, 160, 165, 167, 177, 183, 186, 191, 193, 197, 198, 200, 205, 227, 243, 258, 266, 267, 268, 269, 270, 271, 272, 273, 274, 275, 276, 277, 278, 279, 280, 281, 285, 286, 287, 288, 289, 290, 293, 294, 295, 298, 308, 309, 318, 319, 321, 322, 338, 339, 340, 341

『종교의 미래』　186

종양학　220, 224, 226, 229

주관성　20, 72, 103, 329, 331

죽음　58, 73, 104, 105, 140, 149, 164, 173, 226, 229, 232, 233, 237, 238, 307, 331, 337

지능　246, 248, 249, 250, 251, 262

지평 융합　107, 108, 142, 332, 337

진리　14, 15, 17, 19, 20, 21, 32, 33, 34, 53, 57, 58, 59, 65, 72, 76, 77, 85, 89, 95, 96, 97, 100, 102, 105, 107, 108, 109, 111, 113, 137, 138, 171, 175, 176, 177, 178, 181, 182, 183, 185, 194, 228, 230, 246, 263, 264, 265, 278, 282, 290, 295, 298, 305, 323, 327, 328, 329, 330, 331, 332, 333, 337, 338

『진리와 방법』　26, 93, 94, 95, 96, 112, 116, 121, 145, 171, 218, 330, 331

질레지우스, 안겔루스　140

(ㅊ)

차이를 일으키는 차이　148, 149, 150

책임　20, 57, 62, 72, 123, 130, 203, 206, 207, 221, 302, 303

철학　11, 12, 14, 15, 16, 17, 19, 25, 31, 32, 33, 35, 36, 37, 38, 39, 41, 43, 44, 46, 52, 55, 58, 67, 70, 71, 73, 76, 78, 79, 80, 82, 83, 84, 87, 88, 90, 93, 94, 95, 97, 100, 102, 106, 107, 120, 122, 123, 124, 127, 137, 148, 149, 150, 151, 157, 160, 164, 171,

175, 178, 180, 181, 182, 183, 189, 212, 215,
217, 227, 243, 245, 260, 261, 262, 264, 265,
267, 268, 269, 277, 283, 284, 289, 290, 291,
298, 299, 303, 304, 305, 307, 308, 315, 316,
321, 322, 323, 325, 326, 330, 331, 338, 339,
340, 342
철학의 68세대   157
철학적 해석학   94, 95, 297, 298,
330, 331
촘스키, 노엄   154
총체성 45, 232
침묵   81, 114, 300, 301, 303

(ㅋ)

카오스모스(조이스) 140
칸트, 임마누엘   74, 75, 78, 93, 97,
98, 120, 198, 261
컴퓨터   152, 165, 166, 168, 169, 244, 248,
255, 256, 257, 258, 259, 260, 307
컴퓨터 프로그램   145, 209, 247, 248,
256, 307
키어네이, 리처드 28, 319
켈러, 캐서린   298, 319
코넬, 드루실라   189, 190, 191, 196,
200, 215
코페르니쿠스, 니콜라우스   67
코헨, 레너드   123
쿤, 토마스   65, 68, 69, 324
클리마쿠스, 요한스 55, 132
키르케고르, 쇠렌   36, 37, 52, 53, 55,
56, 58, 75, 77, 78, 79, 112, 161, 164, 168,
173, 174, 183, 197, 198, 209, 211, 238, 284,
321
키츠, 존 222
킹, 마르틴 루터   64

(ㅌ)

탈신화 하는 종교 274, 277

텍스트 바깥   127, 132, 253
투사   23, 51, 60, 65, 66, 67, 74, 75,
79, 327, 328
트럼프, 도날드   185, 267
틸리히, 폴   46, 55, 109, 279,
280, 281, 282, 283, 284, 285, 286, 287, 288,
289, 290, 291, 292, 308, 318, 339, 340
틸리히의 신학적 무신론   279,

(ㅍ)

파스칼, 블레제   201, 202
팍스, 로사   64
『판단력 비판』   97
평등   64, 150
포스트-세속   267, 271, 293
포스트-종교   267, 271, 293
포스트-휴머니즘   85, 317, 318
포스트모더니즘   16, 20, 26, 35, 73,
157, 298
포스트모던 세계   25, 28, 267, 293, 319
폴리스   38, 101, 108
푸코, 미셸   157, 164
프랑켄슈타인, 줄리아 256
프로그램화 가능성   163, 166, 167
프로그램화 불가능성 306
프로테스탄트 원리   288, 290
프톨레마이오스   274
플라톤주의 246
플라톤   23, 84, 93, 96, 110, 115, 117, 121,
160, 173, 176, 191, 193, 200, 233, 245, 246,
253, 254, 255, 264, 265, 331, 334
피카소, 파블로   67, 69
피타고라스 233

(ㅎ)

하이데거, 마르틴   25, 26, 31, 32, 33,
34, 35, 36, 37, 38, 39, 40, 41, 44, 46, 47,
48, 49, 51, 52, 53, 54, 55, 56, 58, 60, 61,

62, 63, 64, 65, 66, 67, 68, 69, 70, 71, 72,
73, 74, 75, 76, 77, 78, 79, 80, 81, 82, 83,
84, 85, 86, 87, 88, 89, 90, 91, 93, 94, 95,
96, 100, 101, 102, 103, 105, 108, 111, 113,
114, 119, 121, 128, 129, 130, 141, 145, 146,
151, 158, 160, 164, 172, 174, 177, 179, 180,
181, 185, 186, 190, 219, 229, 249, 256, 261,
284, 289, 292, 297, 298, 299, 300, 301, 302,
309, 312, 313, 315, 321, 324, 325, 326, 327,
328, 329, 330, 331, 335

해러웨이, 도나   166, 244, 251

해석   11, 12, 13, 14, 15, 16, 18, 19,
20, 21, 22, 23, 24, 25, 26, 27, 28, 29, 31,
33, 34, 35, 38, 39, 40, 41, 42, 43, 44, 45,
46, 47, 49, 50, 51, 52, 54, 56, 57, 59, 60,
61, 62, 63, 64, 65, 70, 71, 73, 74, 75, 76,
77, 82, 83, 84, 85, 86, 87, 88, 89, 90, 91,
94, 102, 103, 104, 106, 107, 108, 113, 117,
119, 122, 123, 125, 126, 127, 128, 130, 133,
134, 135, 136, 137, 138, 139, 140, 141, 142,
143, 156, 164, 168, 171, 172, 175, 176, 177,
178, 179, 181, 185, 186, 192, 194, 195, 196,
197, 198, 199, 206, 207, 208, 209, 213, 214,
216, 217, 220, 223, 229, 236, 243, 248, 249,
250, 251, 252, 255, 259, 265, 266, 268, 269,
273, 292, 297, 298, 299, 300, 301, 302, 303,
305, 306, 307, 309, 310, 312, 314, 315, 322,
323, 324, 325, 326, 327, 329, 330, 331, 332,
333, 334, 335, 336, 337, 338, 340, 341

해석적 상황   303
해석적 폭력   202

해석학   11, 12, 13, 14, 15, 17, 18, 19,
20, 21, 22, 23, 24, 25, 26, 27, 28, 29, 31,
32, 34, 35, 36, 38, 39, 40, 41, 42, 43, 44,
45, 46, 47, 49, 51, 52, 57, 59, 61, 62, 63,
64, 65, 66, 67, 68, 69, 71, 72, 73, 75, 76,
77, 79, 83, 84, 85, 86, 87, 88, 89, 90, 91,
93, 94, 95, 96, 101, 102, 103, 105, 107, 109,

111, 112, 113, 114, 115, 116, 117, 119, 120,
121, 122, 123, 126, 129, 130, 132, 133, 135,
136, 140, 142, 143, 145, 146, 150, 158, 161,
163, 164, 166, 167, 169, 171, 172, 175, 176,
177, 178, 179, 185, 186, 187, 193, 194, 195,
196, 198, 202, 207, 212, 217, 218, 221, 223,
224, 225, 228, 229, 230, 232, 233, 234, 235,
237, 242, 251, 255, 258, 259, 261, 263, 266,
267, 270, 271, 273, 275, 277, 278, 280, 281,
287, 288, 291, 292, 293, 294, 295, 297, 298,
299, 300, 302, 303, 305, 306, 309, 310, 311,
312, 316, 319, 321, 322, 323, 324, 325, 326,
327, 328, 329, 330, 331, 332, 333, 334, 335,
336, 337, 338, 339, 340, 341, 342

해석학의 보편성   115
해석학적 순환   41, 43, 45, 49, 56,
57, 60, 86, 108, 109, 110, 121, 254, 299,
334

해석학적 탐구   43, 232

해체   16, 17, 18, 25, 26, 27, 48, 119,
120, 121, 122, 123, 125, 132, 142, 160, 167,
179, 185, 190, 191, 192, 193, 194, 196, 199,
200, 203, 204, 205, 206, 207, 211, 215, 216,
245, 252, 271, 280, 286, 290, 292, 315, 322,
324, 325, 333, 334, 337, 338, 340

허무주의   61, 172, 173, 174, 175, 178

헤겔, 게오르그 빌헬름 프리드리히   75,
82, 88, 93, 96, 101, 110, 117, 120, 141, 179,
212, 261, 289, 290, 292, 340

히니, 셰이머스   140

헤라클레이토스   35

헤르메스   22, 23, 24, 25, 27, 84, 85, 87,
119, 120, 122, 133, 163, 164, 165, 166, 167,
169, 171, 180, 196, 215, 247, 253, 282, 303,
314, 325, 335

현사실성의 해석학   36, 37, 41, 326

현상학   32, 78, 108, 293, 312, 317, 322,
341

현존재의 존재론   39

협상   140, 141, 176, 214, 225, 232, 259, 282, 337

형식주의   156, 158

형이상학   61, 110, 151, 154, 159, 160, 173, 174, 175, 176, 177, 179, 180, 182, 183, 185, 186, 291, 292, 293, 340, 341

호르크하이머, 막스   189

홀로코스트 109, 160, 226

홉킨스, 제럴드 맨레이 140, 229, 233

환원주의   166, 260, 262, 278

후기 구조주의   27, 77, 136, 145, 146, 147, 150, 157, 158, 161, 163, 164, 165, 325

후설, 에드문트   78, 128, 138, 139, 158, 206, 233, 256, 321, 336, 337

후성설   262

휴머니즘   71, 72, 73, 78, 79, 80, 82, 89, 119, 138, 143, 166

『휴머니즘에 관한 편지』   74, 76, 77, 87, 88, 91, 190, 329, 330

희망   84, 134, 167, 176, 179, 193, 209, 210, 227, 263, 266, 267, 308, 309, 336, 338

• 지은이_ 존 카푸토 John D. Caputo

존 카푸토는 브린모어대학에서 철학박사 학위를 받고 빌라노바대학교에서 철학 교수를 지내면서 키르케고르, 니체, 후설, 하이데거, 레비나스, 들뢰즈, 데리다 등에 대해 강의하였다. 현재는 시러큐스대학교의 토마스 J. 왓슨 명예 종교 교수이자 빌라노바대학교의 데이비드 쿡 명예 철학 교수로 봉직하고 있다. 포스트모던적 조건 하에 있는 종교에도 관심을 보여 데리다의 해체주의와 현대 신학을 접목하였으며, 그 결과 소위 '약한 신학weak theology'이라고 하는 새로운 사상을 전개하였다. 중요 저서로『하이데거 사상 속의 신비적 요소』(1978),『급진 해석학』(1987),『하이데거 신화 벗겨내기』(1993),『종교에 대하여』(2001),『철학과 신학』(2003),『키르케고르 독해법』(2007),『진리』(2014) 등이 있다.

• 옮긴이_ 이윤일

숭실대학교 철학과를 졸업하고 동 대학원 철학과에서 철학박사 학위를 받았다. 현재 가톨릭관동대학교 VERUM교양대학 교양과 교수로 재직 중이다. 저서로는『의미, 진리와 세계』,『논리로 생각하기 논리로 말하기』,『언어철학연구 II』(공저),『논리교실 필로지아』(공저),『현대의 철학자들』,『논리와 비판적 사고』(공저)를 낸 바가 있으며, 번역서로는『콰인과 분석철학』,『철학적 논리학 입문』,『철학적 논리학』,『인간의 얼굴을 한 윤리학』,『마이클 더밋의 언어철학』,『진리와 해석에 관한 탐구』,『예술철학』등이 있다. 논문으로는「후기 마이클 더밋의 철학과 실재론-반실재론의 분류」,「합리성과 상대주의」,「퍼트남의 실용적 실재론」외 다수가 있다.

바리에테 신서 26

포스트모던 해석학

초판 1쇄 발행 | 2020년 9월 15일
      2쇄 발행 | 2024년 2월 15일

지은이 존 카푸토 | 옮긴이 이윤일 | 펴낸이 조기조
펴낸곳 도서출판 b | 등록 2003년 2월 24일 제2006-000054호
주소 08772 서울특별시 관악구 난곡로 288 남진빌딩 302호 | 전화 02-6293-7070(대)
팩시밀리 02-6293-8080 | 홈페이지 b-book.co.kr | 이메일 bbooks@naver.com

ISBN 979-11-89898-36-6 93160
값 25,000원